第3予想 問題16

金投資に関する次の記述のうち、最も不適切なものはどれか。なお、各選択肢において、金の売買は国内の証券会社を通じて行われるものとする。

1) 金地金は、その購入時に消費税が課されず、換金時にも売却価格に消費税が上乗せされることはない。(→×)

3) 給与所得者が金地金を売却したことによる譲渡所得の金額の計算上生じた損失の金額は、給与所得などの他の所得の金額と損益通算することができない。(→○)

  当たった！

本試験問題 問題16

金投資に関する次の記述のうち、最も不適切なものはどれか。

3) 金の国内小売価格は、通常、国際表示価格である1トロイオンス当たりの米ドル価格を円貨換算した1グラム当たりの金額を基礎にして、取扱会社の諸費用と消費税を上乗せして算出される。(→○)

4) 個人が金地金や金貨を譲渡した場合、原則として、譲渡益は譲渡所得として総合課税の対象となり、譲渡損失は譲渡所得以外の所得と損益通算することはできない。(→○)

第1予想 問題56

〈米ドル建て定期預金の概要〉
・預入期間：6ヵ月満期
・利率（年率）：0.8％（満期時一括償還）
・適用為替レート（円／米ドル）

	TTS	TTM	TTB
購入時	103.00円	102.00円	101.00円
売却時	105.65円	104.65円	103.65円

《設例》の〈米ドル建て定期預金の概要〉の条件で、為替予約を付けずに円貨を外貨に交換して当該外貨預金に預け入れ、満期時に円貨で受け取る場合における利回り（単利による年換算）を求めなさい。〔計算過程〕を示し、〈答〉は表示単位の小数点以下第3位を四捨五入し、小数点以下第2位までを解答すること。また、6ヵ月は0.5年として計算し、税金等は考慮しないものとする。(→**2.07％**)

  当たった！

本試験問題 問題56

〈米ドル建債券の概要〉
・利率（年率）：4.5％（米ドルベース、年2回利払）
・残存期間：5年
・単価（額面100米ドル当たり）および適用為替レート（米ドル／円）

	単価	TTS	TTM	TTB
購入時	98.25米ドル	148.00円	147.00円	146.00円
売却時	102.50米ドル	142.00円	141.00円	140.00円

《設例》の〈米ドル建債券の概要〉の条件で、為替予約を付けずに円貨を外貨に交換して当該債券を購入し、1年6ヵ月後に売却して、売却金額と3回分の利子をまとめて円貨に交換した場合における所有期間利回り（単利による年換算）を求めなさい（計算過程の記載は不要）。〈答〉は表示単位の小数点以下第3位を四捨五入し、小数点以下第2位までを解答すること。また、1年6ヵ月は1.5年として計算し、税金等は考慮しないものとする。(→**3.46％**)

あてるFPでかけこみ合格!

START

1 出題歴と予想をチェック!

TAC独自のデータベースに基づく予想をチェック。学習すべきところが一目でわかる!

2 最新の法改正情報をチェック!

2023年5月試験にバッチリ対応の法改正情報が一目瞭然! 試験ごとに発刊される『あてるFP』が最新の法改正情報を公開。

3 試験制度も実技対策もまるわかり!

FPの試験制度はとても複雑。実技試験はどっちの団体で受けるべき? 実技の学習方法は? まるわかり試験ガイドでスッキリ解決!

4 模試3回分にチャレンジ！

本試験を完全再現した模試3回分を解いて予行演習をしよう！
TACの模試は法改正にも完全対応！

模試3箇条
・集中できる環境をつくる
・時間を計って解く
・解いたらすぐに復習する

5 復習でニガテをつぶそう！

苦手論点チェックシートで復習すべきところがまるわかり！ TAC講師陣による詳細な解答・解説でインプットも完璧。

6 ポイント整理が試験当日までお役立ち！

各科目の最重要ポイントのみを厳選収載！
試験直前の知識の確認に最適！

GOAL

2023年5月28日 本試験

模試を制する者は本試験を制す！

CONTENTS

2023年5月試験はここが出る！
ＴＡＣ講師の予想を大公開！ ……………………………………… 5

リアルタイム　法改正情報 ………………………………………… 12

ＦＰ１級　まるわかり試験ガイド ………………………………… 29

直前対策
必勝！　ポイント整理 ……………………………………………… 48

直前予想模試　解答・解説

第1予想

基礎編　解答一覧・苦手論点チェックシート ……………………… 116

　　　　解答・解説 …………………………………………………… 118

応用編　解答一覧・苦手論点チェックシート ……………………… 133

　　　　解答・解説 …………………………………………………… 134

第2予想

基礎編　解答一覧・苦手論点チェックシート ……………………… 144

　　　　解答・解説 …………………………………………………… 146

応用編　解答一覧・苦手論点チェックシート ……………………… 163

　　　　解答・解説 …………………………………………………… 164

第3予想

基礎編　解答一覧・苦手論点チェックシート ……………………… 174

　　　　解答・解説 …………………………………………………… 176

応用編　解答一覧・苦手論点チェックシート ……………………… 191

　　　　解答・解説 …………………………………………………… 192

直前予想模試　問題〈別冊〉

第1予想　基礎編・応用編

第2予想　基礎編・応用編

第3予想　基礎編・応用編

答案用紙

2023年5月試験はここが出る！TAC講師の予想を大公開！

近年の出題傾向と、予想的中に定評のあるTAC講師の予想から次回の出題を大予想！

1 ライフプランニングと資金計画

予想論点ベスト5	長沼講師の3つ星予想	過去の出題歴 2022.1 基	過去の出題歴 2022.5 基	過去の出題歴 2022.9 基
1位 ライフプランと資金計画	★	1		1
2位 中小企業の資金計画	★		1	
2位 関連法規	★		1	
4位 ライフプランニングの手法（係数計算）		1		1
その他の論点				
雇用保険法				
働き方改革関連法				

過去の出題歴の数値は、学科基礎と応用で、それぞれの項目で出題された問題数を示します。
講師の3つ星予想では、次回の試験で出題がねらわれると予想する論点3つに★を記載しています。
過去の出題歴の問題数と、★（＝2問分として計算）を足し合わせ、予想論点ベスト5を算出しました。

長沼講師の必勝アドバイス！

基礎編
問題数は1問から2問です。係数表を利用して算出する計算問題に慣れておきましょう。企業の資金調達（助成金含む）について出題された場合、借入形態の基本的な特徴や信用保証協会保証付融資などについては今後も注意したい内容です。決算書に関する詳細な記述にも備えておきたいものです。雇用に関する各種助成金の内容も理解しておきましょう。また、フラット35や奨学金、教育一般貸付などについては詳細な内容まで問われる傾向があります。法改正や制度変更に伴う出題にも備えておきましょう。時事問題から制度の趣旨を問う内容も出題される傾向がみられます。

応用編
出題なし

2 年金・社会保険

<table>
<tr><td rowspan="3" colspan="2">👑 予想論点ベスト5</td><td colspan="7">予想の根拠</td></tr>
<tr><td rowspan="2">長沼講師の
3つ星予想</td><td colspan="6">過去の出題歴</td></tr>
<tr><td colspan="2">2022.1</td><td colspan="2">2022.5</td><td colspan="2">2022.9</td></tr>
<tr><td></td><td></td><td></td><td>基</td><td>応</td><td>基</td><td>応</td><td>基</td><td>応</td></tr>
<tr><td>1位</td><td>公的年金</td><td>★</td><td>2</td><td>3</td><td>2</td><td>3</td><td>1</td><td>2</td></tr>
<tr><td>2位</td><td>企業年金等の私的年金</td><td>★</td><td>1</td><td></td><td>1</td><td>1</td><td>2</td><td></td></tr>
<tr><td>3位</td><td>雇用保険</td><td>★</td><td>1</td><td>1</td><td>1</td><td></td><td>1</td><td></td></tr>
<tr><td>4位</td><td>労災保険</td><td></td><td>1</td><td></td><td>1</td><td></td><td>1</td><td></td></tr>
<tr><td>5位</td><td>健康保険</td><td></td><td>1</td><td>1</td><td></td><td></td><td>1</td><td>1</td></tr>
<tr><td colspan="9">その他の論点</td></tr>
<tr><td colspan="2">後期高齢者医療</td><td></td><td></td><td></td><td></td><td></td><td></td><td></td></tr>
<tr><td colspan="2">公的介護保険</td><td></td><td></td><td></td><td>1</td><td></td><td></td><td></td></tr>
<tr><td colspan="2">社会保険の給付に係る併給調整</td><td></td><td></td><td></td><td></td><td></td><td></td><td></td></tr>
</table>

長沼講師の必勝アドバイス！

基礎編

問題数は6から7問です。**公的年金**・遺族給付・障害給付に関する問題が1から2問、**雇用保険**、労災保険に関する問題が2問程度、出題されます。公的年金・私的年金ともに出題頻度が高い傾向がみられます。**健康保険**、公的介護保険、後期高齢者医療制度についても詳細な内容まで問われる可能性があります。老齢厚生年金における在職支給停止の仕組みを理解しておきましょう。また、年金の繰上げ・繰下げ支給の計算問題にも慣れておきましょう。なお、法改正部分について把握して確認しておくと正解肢を選択しやすくなります。全選択肢の正誤判定を求める個数問題にも対応できるよう、正確な知識が必要です。

応用編

老齢給付や**遺族給付**の計算問題は頻出となります。計算問題は定番問題で失点することのないように練習を重ねておきましょう。被保険者期間の月数を正確に求めたうえで、年金受給額を算出できるように慣れておきましょう。社会保険制度に関する穴埋め問題は、基本となる単語や数値を基礎編試験対策の中で覚えていくことが効率の良い学習といえます。法令基準日以降に改正される内容も出題されることがあります。自営業者の社会保険制度についても細かい内容まで覚えておきましょう。

3 リスク管理

予想論点ベスト5	長沼講師の3つ星予想	過去の出題歴 2022.1 基	2022.5 基	2022.9 基
1位 損害保険	★	3	2	2
2位 保険と税金	★	2	2	2
3位 保険制度全般	★	1	2	1
4位 生命保険		1	1	1
5位 団体信用生命保険				
5位 各種共済				1

長沼講師の必勝アドバイス！

基礎編
問題数は7問程度です。税金分野においては**個人年金保険**の課税関係、**保険金**の課税関係、**法人契約の経理処理**、**生命保険料控除**に関する問題は定番といえます。保険会社の健全性・収益性に関する指標や保険募集に関する規定など契約者保護に関する内容が出題されます。生命保険分野では、一般的な規定や募集および契約締結に関する問題が出題される傾向にあります。個人年金保険の一般的な商品性の理解も深めておきましょう。一方、損害保険分野では、企業向けの賠償責任保険、個人賠償責任特約、労働災害総合保険、失火責任法、自賠責保険、自動車保険、火災保険・地震保険、保険金と圧縮記帳に関する問題が多数出題されています。

応用編
出題なし

4 金融資産運用

予想論点ベスト5	森講師の3つ星予想	2022.1 基	2022.1 応	2022.5 基	2022.5 応	2022.9 基	2022.9 応
1位 株式投資	★	1	2	2	2	2	2
2位 投資信託	★	2		1		1	1
3位 債券投資	★	1		1		1	
4位 金融商品と税金				1	1		
4位 マーケット環境の理解		1				1	
4位 金融派生商品（デリバティブ）		1		1	1		
4位 外貨建商品		1		1			
その他の論点							
ポートフォリオ運用		1				2	
関連法規				1		1	
セーフティネット		1					
預貯金・金融類似商品等				1			
金投資				1			
金融資産運用の最新の動向							

森講師の必勝アドバイス！

基礎編
様々な論点から満遍なく出題されています。出題頻度が比較的高いものは、各種経済指標、**国債**、**割引債・利付債の利回り**、信用取引、ＮＩＳＡ、外貨預金の利回り、シャープ・レシオ、オプション取引、金融商品取引法などとなります。すべての論点を偏りなく学習するとともに、出題頻度の高い論点では確実に得点できるように繰り返し問題を解くことが必要です。なお、テクニカル分析や行動ファイナンスについても基本論点の確認はしておきましょう。また、金投資についても出題が多くなっています。

応用編
近年の出題は株式投資に関する**財務分析**が中心で、形式は毎回類似していますので、基礎編よりも対応がしやすいといえます。最も出題頻度が高いものは**サスティナブル成長率**、総資本（資産）回転率などの**回転率**、売上高営業利益率などの**利益率**となります。また、**インタレスト・カバレッジ・レシオ**や**ＲＯＥ**なども高い頻度です。これらに加え、ＮＩＳＡ（つみたてＮＩＳＡ、ジュニアＮＩＳＡを含む）は制度拡充や改正のタイミングでの出題もされており注意が必要です。さらに、株式の課税関係（配当課税や譲渡益課税）、ポートフォリオの**標準偏差**や**相関係数**についても確認しておきましょう。

5 タックスプランニング

予想論点ベスト5	森講師の3つ星予想	2022.1 基	2022.1 応	2022.5 基	2022.5 応	2022.9 基	2022.9 応
1位 法人税	★	2	2	2	2	1	3
2位 各種所得の内容	★	1		2		1	3
3位 所得控除	★	1	1	2		1	
4位 消費税		1		1		1	
4位 所得税の申告と納付		1		1			
その他の論点							
住民税		1				1	
損益通算		1				1	
会社、役員間および会社間の税務							
決算書と法人税申告書				1			
税額控除						1	
事業税							
所得税の税額計算							

森講師の必勝アドバイス！

基礎編
所得税は、出題数が最も多い分野であり、学習の中心となります。各種所得では配当所得、事業所得および**退職所得**が、所得控除では雑損控除、医療費控除および寄附金控除が高い出題率となりますが、給与所得や基礎控除についても改正が行われたため重点的に確認しておきましょう。また、損益通算、住宅ローン控除は出題頻度が上がってきています。手続規定では、青色申告や申告手続となります。法人税に関しては、概ね3〜4問の出題がありますが、**貸倒損失、役員報酬等**が頻出です。なお、消費税と個人事業税のいずれかが数回ごとに出題されています。

応用編
過去の出題では、法人税の**別表四**の空所補充、**法人税額の算定**が定番であり、これらに加え、投資促進税制などが出題されていましたが、近年は所得税について各種所得、扶養控除、医療費控除および所得税額の算定も定番になっています。また、法人税と所得税を合わせた問題も出題されました。今後の対策としては、概ね法人税の出題を想定のうえ、上記の定番論点をマスターしつつ、基礎編での学習をベースに、所得税等の応用編での出題パターンを確認するといいでしょう。

6 不動産

予想論点ベスト5	海宝講師の3つ星予想	2022.1 基	2022.1 応	2022.5 基	2022.5 応	2022.9 基	2022.9 応
1位 不動産に関する法令上の規制	★	4	1	2	1	3	1.5
2位 不動産の取引	★	1		2		1	
3位 不動産の譲渡に係る税金	★	1		1		1	1
4位 不動産の見方			1	1	1	1	
5位 不動産の有効活用				1	1	1	
その他の論点							
不動産の取得・保有に係る税金		1		1			0.5
不動産の証券化		1				1	
不動産の最新の動向							

(予想の根拠：過去の出題歴／基・応)

海宝講師の必勝アドバイス！

基礎編
最近の傾向として、不動産に関する法令上の規制からの出題が多くなっています。法令上の規制では、建築基準法、区分所有法、農地法についてはしっかりと学習しておきましょう。また、不動産の譲渡に係る税金では居住用財産の譲渡の特例が中心で、特に3,000万円の特別控除は基礎編・応用編ともに頻出です。適用要件を中心に整理しておきましょう。その他に、不動産の取引については、手付と契約不適合責任等の民法の規定、不動産の見方については、不動産登記と借地借家法を優先して学習しましょう。不動産の有効活用の手法も近年出題がありますので、整理しておきましょう。

応用編
建築基準法の建蔽率・容積率の計算は頻出です。基礎事項をきちんと整理し、容積率の緩和（特定道路に70m以内で接している場合の特例）の問題にも対応できるようにしましょう。また、固定資産の交換の特例、居住用財産の譲渡の特例（3,000万円の特別控除、買換えの特例）については、税額の算出まで押さえておくことが重要です。

7 相続・事業承継

予想論点ベスト5

予想論点ベスト5	橋本講師の3つ星予想	2022.1 基	2022.1 応	2022.5 基	2022.5 応	2022.9 基	2022.9 応
1位 自社株式の評価	★		3		3	2	2
2位 相続税額の計算	★	1		2		2	
3位 小規模宅地等の特例				2			1
4位 遺言・遺留分	★					1	
4位 自社株式の相続税・贈与税の納税猶予		1		1		1	
その他の論点							
贈与税の非課税措置		1		1			
相続税・贈与税の申告・納付		1		1		1	
寄与分		1		1			
金融商品等の評価		1					
債務控除		1					
贈与税額の計算				1			
贈与契約						1	
養子		1					
配偶者居住権						1	
会社法						1	

橋本講師の必勝アドバイス！

基礎編

民法における相続・遺贈・贈与、相続税、贈与税について、幅広く詳細なポイントが問われます。民法では、相続分や放棄、遺言・遺留分等、相続税では、非課税財産、債務控除、2割加算等、贈与税では、暦年課税の計算、配偶者控除、直系尊属からの非課税の特例等がよく出題されます。また、相続税・贈与税に関して、納付の特例（延納・物納・納税猶予）や財産評価（小規模宅地等の評価減）も確認しておきましょう。

応用編

自社株式の評価に関する計算問題が毎回のように出題されます。原則的評価方式の類似業種比準価額、純資産価額および併用方式、特例的評価方式の配当還元価額は、計算過程も含めて記述できるように備えましょう。また、相続税の総額を計算する問題が出題されることもあります。文章の正誤や空欄の記述問題では、相続税の計算体系や民法の相続・遺贈に関する詳細な内容が問われるため、重要な数値や語句を正確に覚える必要があります。

リアルタイム 法改正情報

　試験ごとに発刊される本書では、最新の法改正情報を掲載しています！　これらの情報を押さえて、確実に得点につなげましょう。
　なお、各法改正情報の重要度が高い順にＡ・Ｂ・Ｃとランク付けしています。

年金・社会保険

1. 公的医療保険に関する改定　　　　　　　　　　　　　　　　　　　　　重要度 A

① 後期高齢者医療における窓口負担割合の見直し（2022年10月）
　　現役並み所得者（課税所得145万円以上）以外で課税所得が28万円以上かつ「年金収入＋その他合計所得」が単身世帯200万円以上（複数世帯は合計が320万円以上）の被保険者は窓口負担割合が1割→2割。ただし、外来の負担増を最大3,000円とする配慮措置あり（2025年9月末までの措置）。現役並み所得者は3割のまま。

② 育児休業中の社会保険料免除要件の見直し（2022年10月）
　【月額保険料の免除】
　　月末時点で育児休業を取得している→育児休業等開始日が含まれる月に14日以上育児休業を取得している場合も免除
　【賞与保険料の免除】
　　賞与月の月末時点で育児休業取得している→賞与月の月末時点を含む1カ月超の育児休業を取得しているに限り免除

③ 被用者保険の適用拡大
　・短時間労働者を被用者保険の適用対象とすべき事業所の企業規模要件を引き下げる。
　　被保険者の総数（常時）現行500人超→100人超（2022年10月）→50人超（2024年10月）
　・5人以上の従業員を雇用している士業の個人事業所（弁護士、税理士等）を追加（2022年10月）
　・勤務期間要件は、1年以上→2カ月超（2022年10月）
　・厚生年金・健康保険の適用対象である国・自治体等で勤務する短時間労働者に公務員共済の短期給付を適用（2022年10月）

④ 全世帯の未就学児に係る国民健康保険の均等割保険料について5割軽減（2022年4月）
　（例）7割軽減対象の未就学児の場合
　　　　残り3割の半分を減額する　　∴　8.5割の軽減

⑤ 出産育児一時金の支給額内訳が変更される（2022年1月）。
　　出産育児一時金42万円は変更なし（2023年4月より50万円に引き上げ）
　【内訳】40.4万円＋1.6万円（産科医療補償制度の加算）
　　　　　→40.8万円＋1.2万円（産科医療補償制度の加算）

⑥ 傷病手当金は、途中の不支給期間を除き、支給期間を通算して1年6カ月とする（2022年1月）。
　　出勤に伴い不支給となった期間は、その分を延長して受給可能

⑦ 任意継続被保険者制度の見直し（2022年1月）
　　被保険者が任継の資格喪失の申請手続きを任意で行って、国保等に切り替え可能

リアルタイム　法改正情報

2．介護保険に関する改定　重要度 B

① 介護保険料率の引き下げ（2022年3月分より）

・1.80％→1.64％（協会けんぽ）

3．雇用保険に関する改定　重要度 A

① 一般事業の雇用保険料率引き上げ0.95％→1.35％（2022年10月）→1.55％（2023年4月）

② 基本手当の受給要件緩和（2022年7月）

基本手当の受給資格者が起業等して廃業に至るまでの期間（3年間）を受給期間に算入しない（最長4年まで）。

③ マルチジョブホルダー制度を新設（2022年1月）

複数の事業所に雇用されている65歳以上の労働者が、ハローワークに申し出ると雇用保険のマルチ高年齢被保険者になれる制度

【適用要件】

・複数の事業所に雇用される65歳以上の労働者

・2事業所（1事業所の所定労働時間が週5〜20時間未満）の所定労働時間の合計が週20時間以上

・2事業所のそれぞれの雇用見込み31日以上

④ 専門実践教育訓練給付金の給付率は費用の50％（年間上限40万円、最大3年間受給）である。訓練終了後1年以内に資格を取得し就職した場合は、さらに20％が追加支給されて給付率は費用の最大70％（年間上限56万円）となる。45歳未満の離職者に対する「教育訓練支援給付金」の支給額が基本手当日額に相当する額の80％である（2025年3月末までの時限措置）。

⑤ 基本手当日額の上限額と下限額が変更（2022年8月）

年齢区分に応じた離職者の賃金日額・基本手当日額の上限額が引き上げ。なお、基本手当日額の下限額は、年齢に関係なく、変更後2,125円になる。

4．労災保険に関する改定　重要度 B

特別加入制度の対象拡大

芸能従事者・アニメ制作者・柔道整復師・創業支援等措置に基づき事業を行う人（2021年4月）

自転車を使用して貨物運送事業を行う者・ITフリーランス（2021年9月）

あん摩マッサージ指圧師、はり師、きゅう師（2022年4月）

歯科技工士（2022年7月）

※ 個人事業主等に業務依頼している事業者は、実態として働き方が労働者と同様である場合には労災保険に加入する必要がある。

5．育児・介護休業法に関する改正（2022年4月から段階的に施行）　重要度 A

① 産後パパ育休（出生時育児休業）の創設（2022年10月）

育休とは別途、出生後8週間以内に4週間まで分割して2回取得可能。休業の申出は、休業の2週間前まで。労使協定を締結し、労使合意により休業中の就業可。就業日数が、最大10日（10日超の場合は就業時間数80時間）以下であれば出生時育児休業給付金が受給できる。

② 育児休業の分割取得（2022年10月）

・夫婦ともに分割して2回取得できる。

・保育所に入所できない等で1歳以降も育休を延長する場合、開始時点を限定せず柔軟化することで、夫婦が育休を途中交代できる。

・育児休業（出生時育児休業を含む）期間中は、原則、休業開始時の賃金の67％（180日経過後は50

13

％）の育児休業給付を受けることができる。

③　育児休業（出生時育児休業を含む）期間中における社会保険料の免除要件の追加と変更（2022年10月）

・月額保険料：（要件追加）育児休業等を月内に14日以上取得した場合も免除

・賞与保険料：（要件変更）賞与等を支払った月の末日を含んだ連続した１カ月超取得した場合のみ免除

④　育児休業と産後パパ育休を取得しやすい雇用環境の整備。妊娠・出産を申し出た労働者に育児休業制度を周知し、休業の取得意向を個別に確認するよう義務付け（2022年４月）

本人または配偶者が妊娠・出産したことを理由に、解雇や不利益な取扱いを禁止する。

産後パパ育休の申出・取得について拒むことはできず、不利益な取り扱いを禁止する。

この規定に違反し、是正勧告に従わず公表されると、求人不受理の対象になる。

⑤　有期雇用労働者の育児・介護休業取得要件の緩和（2022年４月）

「事業主に引き続き雇用された期間が１年以上」の要件を撤廃、「１歳６カ月までの間に契約が満了することが明らかでない場合」のみ。

⑥　育児休業の取得の状況の公表の義務付け（2023年４月）

従業員数1,000人超の企業は、育児休業等の取得状況を年１回公表する義務

6．公的年金に関する改定　　　重要度 A

①　2022年度の老齢基礎年金の満額は、「本来額780,900円×0.996（改定率）＝777,800円」

（マクロ経済スライドを発動せず、年金額は0.4％マイナス改定（2022年度））

×1.018 改 =795000
×1.015 医ヶ =792600

②　国民年金保険料額は2022年度16,590円、2023年度16,520円

③　繰下げ受給の開始時期の上限を70歳→75歳に引き上げ（2022年４月）

④　繰上げ受給の減額率が0.5％→0.4％に緩和。対象は、2022年４月１日以降、60歳に到達する者（2022年４月）。

⑤　国民年金手帳を廃止して基礎年金番号通知書に切替（2022年４月）

⑥　年金生活者支援給付金

低年金・低所得の年金受給者（前年の所得額が老齢基礎年金満額以下の者など）の生活を支援するために、年金に上乗せして支給する。

・老齢年金生活者支援給付金（月額5,020円（2022年度価額）を基準に保険料納付済期間等に応じて算出）

　(1)　65歳以上の老齢基礎年金の受給者である。

　(2)　同一世帯の全員が市町村民税非課税である。

　(3)　前年の公的年金等の収入金額とその他の所得との合計額が881,200円以下である。

・障害年金生活者支援給付金（障害等級１級月額6,275円、障害等級２級月額5,020円（2022年度価額））

　(1)　障害基礎年金の受給者である。

　(2)　前年の所得が4,721,000円以下である。

・遺族年金生活者支援給付金（月額5,020円※（2022年度価額））

　(1)　遺族基礎年金の受給者である。

　(2)　前年の所得が4,721,000円以下である。

　　　※　年額：5,020円×12月＝60,240円

⑦　年金額改定ルールの見直し（2021年４月）

賃金変動が物価変動を下回る場合に、賃金変動に合わせて年金額を改定する。なお、賃金と物価による改定率がマイナスの場合は、マクロ経済スライドによる調整なし

⑧　未婚ひとり親等を寡婦と同様に国民年金保険料の申請全額免除の対象とする（2021年4月）。

⑨　脱退一時金の支給額計算に用いる支給上限月数の見直し3年→**5年**（2021年4月）
　（日本を出国した外国人は2年以内に請求できる）

(手書きメモ: 1628 × 1.018 再掲 = 1657 × 1.015 R2 = 1652)

7．厚生年金保険に関する改定　　　重要度 A

①　2022年度の従前額保障を計算する際の従前額改定率は0.995(1938年4月2日以降生まれ)。本来水準
　と従前額保障を計算した際、高い方を報酬比例部分の年金額とする。

②　2022年度の定額部分等を計算する際の定額単価は**1,621円**（1,628円×0.996（改定率））

③　在職老齢年金の年金額

	2022年度	（2021年度）
60歳～64歳の支給停止調整開始額	47万円	（28万円）
65歳～69歳と70歳以降の支給停止調整開始額	47万円	（47万円）

④　受給権者が厚生年金の被保険者である場合、年金額は毎年**9月1日**を基準日とし、**翌10月**から改定
　する（2022年4月）。

8．確定拠出年金に関する改定　　　重要度 B

①　企業型DCとiDeCoの併用について要件緩和（2022年10月）
　・労使合意の規約等がなくても、全体の拠出限度額から事業主掛金を控除した残余の範囲内でiDeCo
　に加入可能になる。
　・マッチング拠出を導入している企業の企業型DC加入者は、マッチング拠出かiDeCo加入かの選択
　可能になる。

②　加入可能年齢の拡大（2022年5月）
　・企業型：65歳→**70歳未満**
　・個人型：60歳→**65歳未満**※
　※　60歳以降も厚生年金に加入する第2号被保険者と、第1・3号被保険者で国民年金に任意加入
　　している者は**65歳**まで加入可能になる。

③　企業型DCの脱退一時金の受給要件の見直し（2022年5月）
　個人別管理資産額が1.5万円超の場合も、全ての要件を満たせば、脱退一時金を受給できる。（例）
　外国籍の者が帰国する。
　【要件】(1)～(7)の全てに該当すること
　(1)　企業型DCの加入者・運用指図者、iDeCoの加入者・運用指図者でない
　(2)　企業型DCの資格喪失した日の翌月から6カ月を経過していない
　(3)　60歳未満
　(4)　iDeCoに加入できない
　(5)　日本国籍を有する海外移住者（20歳以上60歳未満）でない
　(6)　障害給付金の受給権者でない
　(7)　企業型DC及びiDeCoの加入者として掛金拠出期間が**5年**以内、または、個人別管理資産**25万円**
　　以下

④　国民年金に任意加入している海外居住者はiDeCoに加入できる（2022年5月）。

⑤　ポータビリティの改善（2022年5月）
　・終了したDBからiDeCoへ移換可
　・企業型DC（退職等）から通算企業年金へ移換可

⑥ 受給開始時期の年齢上限引き上げ（2022年4月）
・60歳〜70歳→60歳〜**75**歳

ライフプランニングと資金計画

月60時間超の時間外労働に対する割増賃金率が引き上げ　重要度 B

中小企業において月60時間超の法定割増賃金率を引き上げる（2023年4月）
1カ月60時間超の時間外労働に対して、大企業・中小企業ともに50％
（中小企業：25％→50％、大企業は50％の変更なし）
※労使協定により、法定割増賃金の支払いを有給休暇に代えることも可

リスク管理

1．保険業法に関する改定（2022年5月9日施行）　重要度 A

クーリングオフの通知手段として、従来の書面による方法に加え「電磁的記録（例：ホームページ・Eメール等）による方法」も可能

2．火災保険の改定について（2022年10月）　重要度 A

① 参考純率引き上げによる保険料の改定（多くは値上げ）
② 保険期間短縮　最長10年→最長5年および長期割引率の引き下げ
③ 水漏れ、破損・汚損についての免責金額引き上げ

3．地震保険料に関する改定（2022年10月）　重要度 A

① 地震保険料を改定（都道府県および建物の構造により改定率は異なる）
② 保険期間が5年の長期係数を見直し

金融資産運用

1．証券市場の再編　重要度 A

東京証券取引所は、**2022年4月4日**、従来の市場区分（市場第一部、市場第二部、マザーズおよびジャスダック）を「**プライム市場**」、「**スタンダード市場**」、「**グロース市場**」の3つの新しい市場区分へと再編した。また、従来の市場第一部に上場されていた内国普通株式全銘柄により構成されるTOPIX（東証株価指数）等の株価指数について見直しが行われている。また、名古屋証券取引所も、2022年4月4日、従来の市場区分（市場第一部、市場第二部およびセントレックス）を「プレミア市場」、「メイン市場」、「ネクスト市場」の3つの新しい市場区分へと再編した。

① 東京証券取引所の各市場のコンセプト
　・プライム市場
　　多くの機関投資家の投資対象になりうる規模の時価総額（流動性）を持ち、より高いガバナンス水準を備え、投資者との建設的な対話を中心に据えて持続的な成長と中長期的な企業価値の向上にコミットする企業向けの市場をいい、上場基準として株主数800人以上、流通株式数20,000単位以上、流通株式時価総額100億円以上などの要件を満たす必要がある。
　・スタンダード市場
　　公開された市場における投資対象として一定の時価総額（流動性）を持ち、上場企業としての基

本的なガバナンス水準を備えつつ、持続的な成長と中長期的な企業価値の向上にコミットする企業向けの市場をいい、上場基準として株主数400人以上、流通株式数2,000単位以上、流通株式時価総額10億円以上などの要件を満たす必要がある。
- グロース市場

  高い成長可能性を実現するための事業計画及びその進捗の適時・適切な開示が行われ一定の市場評価が得られる一方、事業実績の観点から相対的にリスクが高い企業向けの市場をいい、上場基準として株主数150人以上、流通株式数1,000単位以上、流通株式時価総額5億円以上などの要件を満たす必要がある。

② 株価指数の見直し
- TOPIX（東証株価指数）

  従来の東証市場第一部に上場されていた内国普通株式全銘柄を対象とするTOPIXの構成銘柄について、プライム、スタンダード、グロースの各市場区分と切り離し、市場代表性に加え投資対象としての機能性の更なる向上を目指すものとされている。なお、従来の東証第二部株価指数、JASDAQ INDEX、東証マザーズCore指数などは廃止され、東証プライム市場指数、東証スタンダード市場指数、東証グロース市場指数、旧東証市場第一部指数などが新設された。

- JPX日経インデックス400

  従来の東証の市場第一部、市場第二部、マザーズ、JASDAQを主市場とする普通株式を対象としたJPX日経インデックス400の対象市場が、プライム、スタンダード、グロースの各市場に変更された。

2. 株式等の決済期間短縮化（T＋2化） 重要度A

東京証券取引所、日本証券クリアリング機構及び日本証券業協会が事務局を務める「株式等の決済期間の短縮化に関する検討ワーキング・グループ」は、株式等の決済期間短縮化（T＋2化）に向けた検討を行った結果、2019年7月16日（火）の取引（約定分）より株式等の受渡日が従来の取引日から起算して4営業日目から、1営業日短縮され、取引日から起算して3営業日目に受渡しが行われることとなった。

（例）月曜日に売買が成立した場合（変更前）

（例）月曜日に売買が成立した場合（変更後）

3. 長短金利操作付き量的・質的金融緩和の導入 重要度A

2016年9月の金融政策決定会合において、「量的・質的金融緩和」導入以降の経済・物価動向と政策効果についての総括的な検証が行われ、その結果を踏まえて、金融緩和強化のための新しい枠組みである「長短金利操作（イールドカーブ・コントロール）付き量的・質的金融緩和」が導入されている。

なお、消費者物価上昇率の実績値が安定的に2％の「物価安定の目標」を超えるまで、マネタリーベースの拡大方針を継続する「オーバーシュート型コミットメント」も同時に行うこととされた。

また、2020年4月の金融政策決定会合により、ＣＰ・社債等の追加買入れの増額等、国債のさらなる

積極的な買入れを行うこととされた。

4. 景気動向指数の系列の変更　重要度 A

　2020年6月速報から、先行指数11、一致指数10、遅行指数9の30系列に変更された。

　なお、第16循環の景気の山の暫定設定時に、内閣府が公表する「輸出数量指数（季節調整値）」が新たに「一致指数」に加えられた。また、その後、2021年1月速報から一致指数のうち「所定外労働時間指数」が除外され、「労働投入量指数」が採用された。

　※　現在「景気を把握する新しい指数（一致指数)」の導入に向けて検討が行われている。

5. MMFの償還　重要度 C

　MMFは、マイナス金利政策により運用が困難となり、全運用会社が償還をした。

6. 信用取引における委託証拠金等の拡大　重要度 B

　2019年7月16日より、委託証拠金の範囲に米ドルが加えられ、また、代用有価証券の範囲に米国株券（米国の金融商品取引所に上場されている外国株券等）が加えられた。

7. 金融商品販売法の名称変更等　重要度 A

　2021年11月1日より「金融商品の販売等に関する法律（金融商品販売法)」が改正され、その名称が「金融サービスの提供に関する法律（金融サービス提供法)」となった。この改正により「金融サービス仲介業」が創設され、銀行・証券・保険分野の商品をワンストップで仲介することが可能となった。

タックスプランニング

1. 青色申告特別控除額の引き下げ　重要度 A

　2020年分以降の所得税につき、取引を正規の簿記の原則に従って記録している者に係る青色申告特別控除額が65万円から55万円に10万円引き下げられた。

　ただし、取引を正規の簿記の原則に従って記録している者であって、電子申告等の要件を満たすものに係る青色申告特別控除額は65万円となる。青色申告特別控除額10万円については改正されていない。なお、住民税は2021年分から適用されている。

2. 給与所得控除額の引き下げ　重要度 A

　2020年分以降の所得税につき、給与所得控除額が一律10万円引き下げられ、また、上限額が適用される給与等の収入金額が850万円に、その上限額が195万円に引き下げられた。なお、住民税は2021年分から適用されている。

給与等の収入金額		給与所得控除額	
		2017～2019年分	2020年分～
	162.5万円以下	65万円	55万円
162.5万円超	180万円以下	収入金額×40%	収入金額×40% － 10万円
180万円超	360万円以下	収入金額×30% ＋ 18万円	収入金額×30% ＋ 8万円
360万円超	660万円以下	収入金額×20% ＋ 54万円	収入金額×20% ＋ 44万円
660万円超	850万円以下	収入金額×10% ＋120万円	収入金額×10% ＋110万円
850万円超	1,000万円以下		195万円（上限額)
1,000万円超		220万円（上限額)	

3．所得金額調整控除の創設　　重要度 A

① 子育て・介護世帯

2020年分以降、給与収入が850万円を超え、かつ、本人が特別障害者または年齢23歳未満の扶養親族を有する者もしくは特別障害者である同一生計配偶者・扶養親族を有する者のいずれかに該当した場合には、給与所得の金額から、次の算式で計算した所得金額調整控除額を総所得金額の計算上控除する。なお、住民税は2021年分から適用されている。

> 所得金額調整控除＝（給与等の収入金額（1,000万円限度）－850万円）×10％

② 給与収入と公的年金等の受給がある場合

2020年分以降、給与所得控除後の給与等の金額および公的年金等に係る雑所得の金額があり、かつ、これらの合計額が10万円を超える場合には、給与所得の金額から、次の算式で計算した所得金額調整控除額を総所得金額の計算上控除する。なお、住民税は2021年分から適用されている。

> 所得金額調整控除＝給与所得控除後の給与等の金額（10万円限度）＋公的年金等に係る雑所得の金額（10万円限度）－10万円

4．公的年金等控除額の引き下げ　　重要度 B

2020年分以降の所得税につき、公的年金等控除額が一律10万円引き下げられ、また、年齢と収入金額に応じて上限額が設けられた。なお、住民税は2021年分から適用されている。

〈年齢65歳未満〉

		公的年金等に係る雑所得以外の所得に係る合計所得金額		
		1,000万円以下	1,000万円超 2,000万円以下	2,000万円超
公的年金等の収入金額	130万円以下	60万円	50万円	40万円
	130万円超 410万円以下	公的年金等の収入金額 ×25％＋27.5万円	公的年金等の収入金額 ×25％＋17.5万円	公的年金等の収入金額 ×25％＋7.5万円
	410万円超 770万円以下	公的年金等の収入金額 ×15％＋68.5万円	公的年金等の収入金額 ×15％＋58.5万円	公的年金等の収入金額 ×15％＋48.5万円
	770万円超 1,000万円以下	公的年金等の収入金額 ×5％＋145.5万円	公的年金等の収入金額 ×5％＋135.5万円	公的年金等の収入金額 ×5％＋125.5万円
	1,000万円超	195.5万円	185.5万円	175.5万円

〈年齢65歳以上〉

		公的年金等に係る雑所得以外の所得に係る合計所得金額		
		1,000万円以下	1,000万円超 2,000万円以下	2,000万円超
公的年金等の収入金額	330万円以下	110万円	100万円	90万円
	330万円超 410万円以下	公的年金等の収入金額 ×25％＋27.5万円	公的年金等の収入金額 ×25％＋17.5万円	公的年金等の収入金額 ×25％＋7.5万円
	410万円超 770万円以下	公的年金等の収入金額 ×15％＋68.5万円	公的年金等の収入金額 ×15％＋58.5万円	公的年金等の収入金額 ×15％＋48.5万円
	770万円超 1,000万円以下	公的年金等の収入金額 ×5％＋145.5万円	公的年金等の収入金額 ×5％＋135.5万円	公的年金等の収入金額 ×5％＋125.5万円
	1,000万円超	195.5万円	185.5万円	175.5万円

5．配偶者控除および配偶者特別控除の見直し　重要度 B

2018年分以降、配偶者控除につき①居住者本人の所得要件（合計所得金額1,000万円以下）の新設、②居住者本人の所得に応じた3段階の控除額（38万円、26万円、13万円）へと改正された。

居住者の合計所得金額	控　除　額	
	控除対象配偶者	老人控除対象配偶者
900万円以下	38万円	48万円
900万円超　950万円以下	26万円	32万円
950万円超　1,000万円以下	13万円	16万円

また、配偶者特別控除についても居住者の合計所得金額を3段階に区分し、各区分ごとに配偶者の合計所得金額に応じて9段階の控除額となった。

配偶者の合計所得金額 ＼ 居住者の合計所得金額	900万円以下	900万円超 950万円以下	950万円超 1,000万円以下
48万円超　95万円以下	38万円	26万円	13万円
95万円超　100万円以下	36万円	24万円	12万円
100万円超　105万円以下	31万円	21万円	11万円
105万円超　110万円以下	26万円	18万円	9万円
110万円超　115万円以下	21万円	14万円	7万円
115万円超　120万円以下	16万円	11万円	6万円
120万円超　125万円以下	11万円	8万円	4万円
125万円超　130万円以下	6万円	4万円	2万円
130万円超　133万円以下	3万円	2万円	1万円

これらの改正にあわせて、用語の整理も行われた。

・同一生計配偶者

…居住者の配偶者でその居住者と生計を一にするもの（青色事業専従者等を除く）のうち、合計所得金額が48万円以下である者（従来の控除対象配偶者）。

・控除対象配偶者

…同一生計配偶者のうち、合計所得金額が1,000万円以下である居住者の配偶者。

・源泉控除対象配偶者

…居住者（合計所得金額が900万円以下であるものに限る）の配偶者でその居住者と生計を一にするもの（青色事業専従者等を除く）のうち合計所得金額が95万円以下である者。

6．寡婦（寡夫）控除の見直しとひとり親控除の創設　重要度 A

(1)　寡婦控除

従来の寡婦（寡夫）控除を見直し、寡婦控除と改称したうえで、居住者本人が寡婦である場合に27万円の所得控除を適用できることとされた。

なお、寡婦（(2)のひとり親を除く）とは、合計所得金額が500万円以下で、次の要件のいずれかを満たす者をいう。

①　夫と離婚した後婚姻していない者のうち、扶養親族を有すること

②　夫と死別（生死不明を含む）した後婚姻していない者であること

(2)　ひとり親控除

従来の寡婦（寡夫）控除のうち35万円の控除を受けられた寡婦、寡夫および未婚のひとり親に対す

20

る控除として、ひとり親控除が新設され、本人がひとり親である場合に35万円の所得控除を適用できることとされた。

　なお、ひとり親とは、合計所得金額が500万円以下で、次のすべての要件を満たす者をいう。

① 　現に婚姻していない者（配偶者の生死不明を含む）であること
② 　総所得金額等の合計額が48万円以下の同一生計の子があること
③ 　事実上婚姻関係にあると認められる者がいないこと

		本人の合計所得金額500万円以下					
		死別		離婚		未婚	
		女性	男性	女性	男性	女性	男性
扶養親族等あり	子※1	35万円※2	35万円※2	35万円※2	35万円※2	35万円※2	35万円※2
	その他	27万円※3	−	27万円※3	−	−	−
扶養親族なし		27万円※3	−	−	−	−	−

※1 　総所得金額等の合計額が48万円以下で同一生計
※2 　ひとり親控除
※3 　寡婦控除

7．基礎控除額の引き上げと所得制限の導入 　重要度A

　2020年分以降、基礎控除額が一律10万円引き上げられ、また、合計所得金額が2,400万円を超える場合には、その合計所得金額に応じて基礎控除額が逓減し、合計所得金額が2,500万円を超える場合にはその適用はできない。なお、住民税は2021年分から適用されている。

合計所得金額	基礎控除額	
	2019年分以前	2020年分以後
2,400万円以下	38万円（33万円）	48万円（43万円）
2,400万円超　2,450万円以下		32万円（29万円）
2,450万円超　2,500万円以下		16万円（15万円）
2,500万円超		0円（0円）

※ 　カッコ内は住民税の控除額である。

　また、基礎控除額の引き上げに伴い、配偶者控除、配偶者特別控除および扶養控除について、配偶者や扶養親族の合計所得金額を基準とする所得制限額を次のように改正することで、控除の対象となる配偶者や扶養親族の適用範囲に影響を及ぼさないように調整されている。

① 　同一生計配偶者および扶養親族の合計所得金額要件を48万円以下（改正前：38万円以下）に引き上げる。
② 　源泉控除対象配偶者の合計所得金額要件を95万円以下（改正前：85万円以下）に引き上げる。
③ 　配偶者特別控除の対象となる配偶者の合計所得金額要件を48万円超133万円以下（改正前：38万円超123万円以下）とし、その控除額の算定の基礎となる配偶者の合計所得金額の区分を、それぞれ10万円引き上げる。
④ 　その他一定の措置

8．退職所得の見直し 　重要度A

　2022年分以後の退職所得金額の計算において、その年中の退職手当等のうち、勤続年数が5年以下である者が支払を受けるものであって、特定役員退職手当等に該当しないもの（短期退職手当等）に係る退職所得の金額の計算につき、短期退職手当等の収入金額から退職所得控除額を控除した残額のうち300万円を超える部分については、退職所得の金額の計算上2分の1とする措置を適用しない。

	改正前	改正後
特定役員退職手当等	所得の金額の計算上2分の1しない	同左
短期退職手当等	—	所得の金額の計算上300万円超の部分について2分の1しない

9. 扶養控除の対象となる扶養親族の見直し

　2023年1月から、扶養控除の対象となる扶養親族のうち国外居住親族（非居住者である親族）については、次の(1)から(3)までのいずれかに該当する者に限られる。

　なお、国外居住親族について、扶養控除の適用を受けようとする場合には、一定の確認書類（親族関係書類など）の提出または提示をする必要がある。

⑴　年齢16歳以上30歳未満の者

⑵　年齢70歳以上の者

⑶　年齢30歳以上70歳未満の者のうち、留学により国内に住所及び居所を有しなくなった者、障害者またはその居住者からその年において生活費または教育費に充てるための支払を38万円以上受けている者のいずれかに該当する者

10. 住宅ローン控除の見直し　　重要度 A

　2022年分以降の住宅ローン控除について適用期限を2025年12月31日まで4年延長するとともに、次の措置が講じられた。

①　借入限度額等

・一般住宅

（新築住宅等）

居住年	借入限度額	控除率	控除期間
2022年・2023年	3,000万円	0.7%	13年
2024年・2025年	2,000万円※		10年

※2023年までに新築の建築確認を受けた場合など

（中古住宅等）

居住年	借入限度額	控除率	控除期間
2022～2025年	2,000万円	0.7%	10年

・認定住宅等

（新築認定住宅）

居住年	借入限度額	控除率	控除期間
2022年・2023年	5,000万円	0.7%	13年
2024年・2025年	4,500万円		

（新築ZEH※水準省エネ住宅（特定エネルギー消費性能向上住宅））

居住年	借入限度額	控除率	控除期間
2022年・2023年	4,500万円	0.7%	13年
2024年・2025年	3,500万円		

　※　ZEH（ネット・ゼロ・エネルギー・ハウス）とは、高断熱化及び高効率な省エネルギー設備を備え、再生可能エネルギー等により年間の一次エネルギー消費量が正味ゼロまたはマイナスの

住宅をいう。

（新築省エネ基準適合住宅（エネルギー消費性能向上住宅））

居住年	借入限度額	控除率	控除期間
2022年・2023年	4,000万円	0.7%	13年
2024年・2025年	3,000万円		

（中古認定住宅等）

居住年	借入限度額	控除率	控除期間
2022～2025年	3,000万円	0.7%	10年

② 所得要件

適用対象者の所得要件が合計所得金額2,000万円以下（従来：3,000万円以下）に引き下げられた。

③ 床面積が40㎡以上50㎡未満である住宅

2023年12月31日以前に建築確認を受けた新築住宅等についても、住宅ローン控除の適用ができる。ただし、合計所得金額が1,000万円を超える年については適用できない。

④ 2024年1月1日以後に建築確認を受ける住宅等

一定の省エネ基準を満たさないものの新築又は当該家屋で建築後使用されたことのないものの取得については、住宅ローン控除の適用ができない。

⑤ 中古住宅等の築年数要件の廃止

中古住宅の築年数要件を廃止し、新たに新耐震基準に適合しているものとする。

⑥ 所得税額から控除しきれない住宅ローン控除

翌年度分の個人住民税において、控除しきれない金額を所得税の課税総所得金額等の額の5％（最高9.75万円）の控除限度額の範囲内で減額する。

11. 申告手続の簡素化　　　　　　　　　　　　　　重要度 B

2020年4月1日以後に提出する所得税の申告について、以下の書類の添付が不要となった。

① 給与所得等の源泉徴収票

② 特定口座年間取引報告書

③ その他支払通知書など

12. ふるさと納税制度の規制　　　　　　　　　　　重要度 B

2019年6月1日以後に支出された寄附金に係る住民税の寄附金税額控除について、次の見直しが行われた。

総務大臣は、次の基準に適合する都道府県等をふるさと納税（特例控除）の対象として指定し、指定対象外のものについては、住民税の寄附金税額控除のうち特例控除の適用対象とならないこととなる。

① 寄附金の募集を適正に実施する都道府県等

② ①の都道府県等で返礼品を送付する場合には、次のいずれも満たす都道府県等

イ　返礼品の返礼割合を3割以下とすること

ロ　返礼品を地場産品とすること

13. 地方法人特別税の廃止と特別法人事業税の創設　重要度 A

2019年10月1日以後開始の事業年度から、地方法人特別税が廃止され、新たに特別法人事業税が創設され課税されている。

14. 消費税率の引上げ等　重要度 B

① 消費税等の税率引き上げと軽減税率制度の実施

　2019年10月１日から、消費税および地方消費税の税率が８％から10％へ引き上げられ、この税率引上げと同時に消費税の軽減税率制度が実施された。

	2019年 ９月30日以前	2019年10月１日以後	
		標準税率	軽減税率
消費税率	6.3%	7.8%	6.24%
地方消費税率	1.7%	2.2%	1.76%
合計	8.0%	10.0%	8.0%

② 軽減税率の対象となる品目等

　イ　飲食料品

　　　飲食料品とは、食品表示法に規定する食品（酒類を除く）をいい、一定の一体資産を含む。

　　　なお、外食やケータリング等は軽減税率の対象には含まれないが、テイクアウトや飲食料品の出前・宅配等は軽減税率の対象となる。

　　※　外食とは、飲食店営業等の事業を営む者が飲食に用いられる設備がある場所において行う食事の提供をいう。

　　※　外食かテイクアウトかは、飲食料品を提供する時点で、顧客に意思確認を行うなどの方法で判定する。

　ロ　新聞

　　　軽減税率の対象となる新聞とは、一定の題号を用い、政治、経済、社会、文化等に関する一般社会的事実を掲載する週２回以上発行するもの（定期購読契約に基づくもの）をいう。

③ 簡易課税制度の届出期限の特例

　簡易課税制度の適用を受ける場合には、原則、その課税期間の開始の日の前日までに簡易課税制度選択届出書を提出する必要があるが、次の要件を満たす場合には、簡易課税制度選択届出書を提出した課税期間から簡易課税制度の適用を受けることができる。

　イ　基準期間における課税売上高が5,000万円以下

　ロ　税率の異なるごとに区分することが困難

　ハ　2019年10月１日から2020年９月30日までの日の属する課税期間の末日までに簡易課税制度選択届出書を提出

15. 居住用賃貸建物の取得に係る消費税の仕入税額控除制度の見直し　重要度 A

　2020年10月１日以後に取得した居住用賃貸建物に係る消費税額の仕入税額控除が認められない。

　なお、居住用賃貸建物とは、住宅の貸付けの用に供しないことが明らかな建物以外の建物であって高額特定資産（一の取引の単位につき、課税仕入れに係る支払対価の額が1,000万円以上の棚卸資産又は調整対象固定資産をいう）に該当するものをいう。

　ただし、その取得日から同日の属する課税期間の初日以後３年を経過する日の属する課税期間の末日までに住宅の貸付け以外の貸付けや譲渡をした場合には、貸付けや譲渡の対価の額を基礎として計算した額を３年を経過する日の属する課税期間又は譲渡をした日の属する課税期間の仕入控除税額に加算する。

16. 国外中古建物の不動産所得に係る損益通算の特例　重要度 B

　2021年以後の各年において、国外中古建物から生ずる不動産所得を有する場合においてその年分の不動産所得の金額の計算上、国外不動産所得の損失の金額があるときは、その国外不動産所得の損失の金

額のうち国外中古建物の償却費に相当する部分の金額は、生じなかったものとみなされる。したがって、国内不動産所得の金額との**内部通算**や他の所得との**損益通算**が認められない。

※　国外中古建物とは不動産所得の金額の計算上その建物の償却費として必要経費に算入する金額を計算する際の耐用年数をいわゆる簡便法等により算定しているものをいう。

※　国外中古建物以外の国外不動産所得の金額がある場合には、国外中古建物から生じた国外不動産所得の損失の金額を当該国外不動産所得の金額の計算上控除してもなお控除しきれない金額をいう。

17. 消費税の申告期限延長特例の創設 　　重要度 A

「法人税の確定申告期限の延長の特例」を受けている法人が、納税地の所轄税務署長に対して「消費税申告期限延長届出書」を提出した場合には、その提出をした日の属する事業年度以後の各事業年度終了の日の属する課税期間に係る消費税の確定申告期限が**1カ月延長**される。なお、申告期限の延長は2021年3月31日以後に終了する事業年度終了の日の属する課税期間から適用される。

18. 適格請求書等保存方式（インボイス制度）の導入

① インボイス制度

2023年10月1日以後、原則として「仕入税額控除」を控除するためには適格請求書発行事業者から交付を受けた適格請求書（インボイス）等の保存が必要になる。

なお、2029年9月30日までは一定の事業者の課税仕入の対価が1万円未満のものについては適格請求書の保存等が不要となる経過措置がとられている。

② 適格請求書と適格請求書発行事業者

適格請求書とは、適用税率や消費税額等を伝えるために一定の事項（従来の請求書（区分記載請求書）に加えて、適格請求書発行事業者の登録番号や税率ごとに区分した消費税額等の記載事項が必要となる）が記載された請求書や納品書などをいう。また、適格請求書を交付しようとする事業者は、税務署長から適格請求書発行事業者として登録を受ける必要がある。なお、適格請求書発行事業者となれるのは課税事業者に限定されるため、免税事業者は対象とならない。

③ 免税事業者の取扱い

免税事業者はインボイス制度における適格請求書発行事業者になれないため、免税事業者からの仕入等については適格請求書が発行されず「仕入税額控除」を適用することができない。なお、この場合においても一定額を「仕入税額控除」として控除できる経過措置がとられている。また、免税事業者が、適格請求書発行事業者となりたい場合には、課税事業者を選択することになる。

不動産

1. 税制改正（2022年度） 　　重要度 A

① 新築住宅に係る固定資産税の減額措置の2年間延長（2024年3月31日まで）

・一般住宅：3年間　税額2分の1減額

・マンション：5年間　税額2分の1減額

② 住宅用家屋の所有権の保存登記等に係る登録免許税の特例措置の2年間延長（2024年3月31日まで）

・所有権の保存登記：本則0.4%→0.15%

・所有権の移転登記：本則2%→0.3%

・抵当権の設定登記：本則0.4%→0.1%

③ 個人が相続等により土地の所有権を取得した場合における登記に係る登録免許税の免除措置を3年

間延長（2025年3月31日まで）

　　※　当該個人が当該相続による当該土地の所有権の移転の登記を受ける前に死亡したときに、当該個人を当該土地の登記名義人とするために受ける登録免許税の免除措置

④　個人が宅地建物取引業者により一定の質の向上を図るための特定の増改築等が行われた既存住宅を取得した場合の登録免許税の特例措置の2年間延長（2024年3月31日まで）

　　所有権移転登記：一般住宅　特例税率0.3％→0.1％

⑤　認定長期優良住宅及び認定低炭素住宅の普及促進を目的とした特例措置の2年間延長（2024年3月31日まで）

　〈認定長期優良住宅〉

　・登録免許税

　　所有権保存登記→0.1％

　　所有権移転登記→戸建て0.2％、マンション0.1％

　・不動産取得税（課税標準からの控除額の特例）

　　一般住宅：1,200万円→1,300万円

　・固定資産税（新築住宅特例2分の1減額の適用期間を2年間延長）

　　戸建て：3年→5年に延長

　　マンション：5年→7年に延長

　〈認定低炭素住宅〉

　・登録免許税

　　所有権保存登記（→0.1％）

　　所有権移転登記（→0.1％）

⑥　一定の改修工事を含む住宅リフォームをした場合の固定資産税の減額措置の2年間延長（2024年3月31日まで）

　・省エネ改修：工事の翌年度3分の1減額

　・耐震改修：工事の翌年度2分の1減額

　　（特に重要な避難路として自治体が指定する道路の沿道にある住宅の場合は工事の翌年度から2年間2分の1減額）

　・バリアフリー改修：工事の翌年度3分の1減額

　・長期優良住宅への改修（耐震改修または省エネ改修を行った住宅が認定長期優良住宅に該当することとなった場合）：工事の翌年度3分の2減額

2．宅地建物取引業法改正（2022年5月18日施行）　重要度 A

　「デジタル社会の形成を図るための関係法律の整備に関する法律」の施行に伴い、「宅地建物取引業法」および「宅地建物取引業法施行規則」における不動産取引の電子化に関連した改正が行われた。

(1)　次の書面について宅地建物取引士の押印が不要となった。

　①　重要事項説明書

　②　宅地又は建物の売買・交換・賃貸契約締結時の交付書面

(2)　次の書面について電磁的方法※による交付が可能となった。

　①　重要事項説明書

　②　売買・交換・賃貸借契約締結時の交付書面（37条書面）

　③　媒介契約・代理契約締結時の交付書面

　④　指定流通機構（レインズ）登録時の交付書面

　※　電磁的方法とは、電子メール、Webページからのダウンロード、USBメモリ等での交付などをい

う。

相続・事業承継

1. 直系尊属から住宅取得等資金の贈与を受けた場合の贈与税の非課税の見直し 重要度 B

① 適用期限と非課税限度額

適用期限を2023年12月31日まで延長し、非課税限度額は以下の金額とする。

	耐震、省エネ住宅等	一般住宅
非課税限度	1,000万円	500万円

② 既存住宅の築年数要件の廃止

既存住宅用家屋について、築年数の要件は廃止され、新耐震基準に適合している住宅用家屋であることを要件とする。

③ 受贈者の年齢要件

2022年4月1日以後の贈与は、受贈者の年齢要件を18歳以上に引き下げる。

2. 未成年者控除の見直し 重要度 B

2022年4月1日以後の相続は、相続税の未成年者控除の対象となる相続人の年齢を18歳未満に引き下げる。

FP1級まるわかり試験ガイド

金財・日本FP協会と２つの団体が運営していて、制度が複雑なFP試験。
１級の試験制度は、学科は金財のみが実施、実技は両団体が実施していて
試験月や形式も異なるなど、特に複雑な構造になっています。
また、実技試験の対策法がわからないという不安をよく耳にします。

そこで本書では、安心して効率よく学習を進めて頂けるよう、
両団体の試験制度をわかりやすく一覧にまとめました。
また、実技試験については、金財の面接試験では体験レポートを掲載し、
日本FP協会の筆記試験では記述問題の解き方のポイントをまとめ、対策法を示しました。

ここで試験制度や対策法を押さえ、不安を解消してから学習に打ち込んでください。

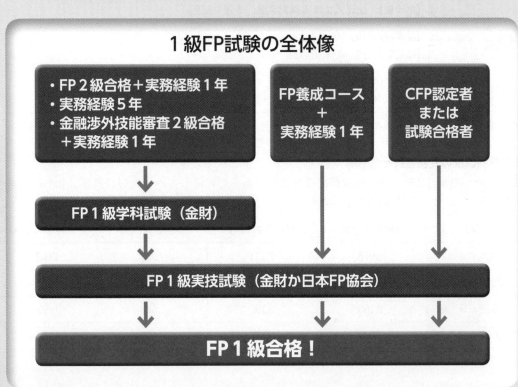

FP1級 学科試験ガイド

学科試験の概要を確認しておきましょう。

❖ **1級学科試験の基本情報**

受検資格として、「実務経験」が求められています。

受検資格 (右記のいずれかに 該当するもの)	・2級技能検定合格者で、FP業務に関し1年以上の実務経験を有する者 ・FP業務に関し5年以上の実務経験を有する者 ・厚生労働省認定金融渉外技能審査2級の合格者で、1年以上の実務経験を有する者
実施月	9月、1月、5月
受検料	8,900円
試験実施団体	金財
出題形式	【基礎編】　マークシート方式による筆記試験 　　　　　　四答択一式　50問 【応用編】　記述式による筆記試験　5題（15問）
試験時間	【基礎編】　10：00～12：30 【応用編】　13：30～16：00
試験科目	ライフプランニングと資金計画・リスク管理・金融資産運用・タックスプランニング・ 不動産・相続/事業承継
合格基準	200点満点で120点以上

❖ **1級学科試験の受検者数と合格率**

3級が70～80％、2級が20～40％程度の合格率であるのに対して、1級の合格率は10～15％前後。3・2級と比べ、かなり難易度の高い試験であることがわかります。

実施年月	受検申請者数	受検者数（A）	合格者数（B）	合格率（B/A）
2021・9	10,978	7,134	930	13.03％
2022・1	12,824	7,958	531	6.67％
2022・5	9,160	6,192	582	9.39％
2022・9	8,027	5,347	657	12.28％

　FP1級の試験は、学科試験は金財でのみ実施していますが、実技試験は金財、日本FP協会の両団体で実施しています。どちらの実技試験に合格しても、1級ファイナンシャル・プランニング技能士として認定されるのです。
　ここで両団体の実技試験の特色を知り、自分に合ったほうの実技試験を受検するとよいでしょう。

❖受検資格（両団体共通）

　以下のいずれかに該当する必要があります。受検資格には、期限付きのものと無期限のものがあります。

> 金財の1級学科試験の合格者(注1)
> 1級FP技能検定合格者
> 日本FP協会のCFP認定者
> 日本FP協会のCFP資格審査試験の合格者(注1)
> 金財のFP養成コース修了者(注2)で1年以上の実務経験を有する者

（注1）合格日が実技試験の行われる日の前々年度以降のものに限ります。
（注2）修了日が実技試験の行われる日の前々年度以降のものに限ります。

ひとこと
　片方の団体の実技試験に合格した後でも、もう片方の団体の実技試験を受検することができます。ただし、学科試験に合格しただけでは実技試験を受検する権利が2年後の年度末に失効します。

❖試験月

金　財	6月、10月、2月
日本FP協会	9月

❖受検手続き

試験実施団体	金　財	日本ＦＰ協会
受検料	28,000円	20,000円
受検地	東京、岡山、大阪、名古屋、福岡	札幌、仙台、宇都宮、東京、新潟、金沢、静岡、名古屋、大阪、広島、高松、福岡、熊本、那覇
受検申請方法 ※詳細は各団体のHPをご覧ください	1級学科試験に合格した場合、金財から案内が送付される。 それ以外の場合は、受検申請書（書面）による出願	インターネットによる出願か受検申請書（書面）による出願

ひとこと

最寄りの受検地を確認しましょう。

❖試験形式と合格基準

試験実施団体	金　財	日本ＦＰ協会
試験形式	口頭試問形式（面接）	筆記試験（記述式）
科目名	資産相談業務	資産設計提案業務
問題数	異なる設例に基づき、2回面接を行う	2題（各10問、計20問）
合格基準	200点満点で120点以上 （1回目・2回目の面接がそれぞれ100点満点）	100点満点で60点以上

FP1級　まるわかり試験ガイド

❖試験科目と試験範囲

〈金財（資産相談業務）〉

試験科目及びその範囲	範囲の細目
1．関連業法との関係及び職業上の倫理を踏まえたファイナンシャル・プランニング	ファイナンシャル・プランニング業務に必要とされる倫理観を正しく理解し、関連業法との関係を理解したうえで相談に当たることができること
2．顧客のニーズおよび問題点の把握	顧客属性、保有金融資産、保有不動産等に関する具体的な前提条件に基づいた総合事例における相談の全体像を理解し、資産運用、相続・事業承継等に関して顧客のニーズおよび顧客が抱える問題点を詳細に把握できること
3．問題解決策の検討・分析	問題解決に当たって、当該問題を解決する知識を活用できるとともに、ファイナンシャル・プランニング業務で必要とされる関連知識を駆使した分析ができ、複数の解決策の検討ができること
4．顧客の立場に立った対応	顧客のライフプランに基づき、最も現実的かつ適切な問題の解決策を、明確な論旨に基づくとともに、相手にわかりやすく説明できること

〈日本ＦＰ協会（資産設計提案業務）〉

試験科目及びその範囲	範囲の細目
1．関連業法との関係及び職業上の倫理を踏まえたファイナンシャル・プランニング	ファイナンシャル・プランナーと関連業法の関係や、ファイナンシャル・プランナーに求められる職業上の倫理観を正しく理解したうえで、適切かつ総合的な提案が行えること。ファイナンシャル・プランニングの現状を正しく理解したうえで、顧客に説明できること
2．顧客データの収集と目標の明確化	顧客データを正確に把握するとともに、顧客の生活設計上の希望を、具体的かつ適切な数値上の目標に設定できること
3．顧客のファイナンス状況の分析と評価	現状の顧客のファイナンス状態の分析や問題点の把握・検討を行えること
4．プランの検討・作成と提示	顧客の数値化した目標を達成でき、生活設計上の目標を達成できるための対策を、総合的に検討し、適切かつ包括的な提案が行えること。プランの見直しの必要性について顧客に説明し、理解させることができること

ひとこと

　金財では「相続・事業承継」と「不動産」から、日本ＦＰ協会では「ライフプランニングと資金計画」からの出題が多めです。

❖受検者数と合格率

〈金財（資産相談業務）〉

実施年月	受検申請者数	受検者数（A）	合格者数（B）	合格率（B/A）
2022・2	1,203	1,119	961	85.88%
2022・6	760	742	638	85.98%
2022・10	499	474	401	84.59%

〈日本FP協会（資産設計提案業務)〉

実施年月	受検申請者数	受検者数（A）	合格者数（B）	合格率（B/A）
2020・9	543	523	511	97.7%
2021・9	1,231	1,201	1,126	93.8%
2022・9	1,213	1,198	1,186	99.0%

　本書に掲載の情報は2023年1月現在のものです。最新の情報については各試験団体にお問い合わせください。

一般社団法人　金融財政事情研究会
URL：https://www.kinzai.or.jp/
〒160-8529　東京都新宿区荒木町2-3
一般社団法人　金融財政事情研究会　検定センター
TEL：03-3358-0771

厚生労働大臣指定試験機関　特定非営利活動法人（NPO法人）
日本ファイナンシャル・プランナーズ協会　試験業務部試験事務課
URL：https://www.jafp.or.jp/
〒105-0001　東京都港区虎ノ門4-1-28　虎ノ門タワーズオフィス5F
TEL：03-5403-9890（AM9：00～PM5：30〈土・日・祝日を除く〉）

FP1級　まるわかり試験ガイド

FP1級 実技対策❶
金財 面接試験 超リアルレポート

試験概要

❖試験時間

　試験は2回に分けて実施されます。以下のタイムスケジュールは、標準的な会場の場合で、実際の時間は受検者の人数等により異なります。

　集合時間は「受検票」に記載してありますので、必ず各自でご確認ください。集合時間に遅れた場合は、受検できません。

〈標準的なタイムスケジュール〉

	受検要領説明	実技試験
前半	9：50〜10：10	10：10〜13：00
後半	13：00〜13：45	13：45〜17：15

❖採点分野

　1回の面接は100点満点、2回合わせて200点満点で、120点以上取得で合格となります。

❖Part Ⅰ、Part Ⅱの設問の内容

・Part Ⅰ

　相続事業承継に関する問題です。相談者はオーナー社長または個人事業者が多く、医療法人やM＆Aに関する内容も問われます。いずれのケースも業績は良好です。子への住宅取得資金・教育資金の援助を検討しているという設定もあるため、生前贈与の基本的な知識も確認しておく必要があります。FPと職業倫理は必ず問われるので確実に答えられるように準備が必要です。

・Part Ⅱ

　不動産に関する問題ですが、相続問題も絡んでくることが多くなっています。相談者は所有する不動産の有効利用を考える、または自宅を購入するという設定になっていて、具体的には、アパート・マンションの購入、自宅の建て替え、不動産の賃貸、土地の交換などが問われます。相談を受けるにあたって必要な資料は？という問いに対してはまず登記事項証明書があげられます。FPと関連法規も必ず問われるので確認しておくことが必要です。

❖その他注意事項

・服装は原則として自由ですが、試験の性格上、華美またはラフな服装にならないように注意してください。
・設例課題の検討にあたっては、とくに指示のない限り、試験日現在施行の法令等に基づいてください。

❖当日の流れ

　まずは受付を済ませ、指定された控え室に行きます。1つの控え室で、約6～12人の受検者が待機します。各受検者は、番号順に、「PartⅠ」と「PartⅡ」の設例に基づく2回の面接試験を受けます。なお、「PartⅠ」と「PartⅡ」のどちらの面接試験を先に受けるかは決まっておらず、1回目の面接が必ず「PartⅠ」の面接というわけではありません。

① 待ち時間

　待ち時間中は、参考書などを読むことができます。

② 設例を読む時間

　係員に呼ばれた人は、控え室中の指定の席に移動し、そこで設例が記載された用紙を受け取ります。設例を読む時間は15分程度あり、この時間にポイントをまとめたり、メモを取ったりするとよいでしょう。なお、ここでは参考書を見ることはできません。

③ 面接

　面接室へ移動します。面接は12分程度で実施されます。面接官は2人いて、主に質問をするのは1人ですが、採点は2人で行っているようです。

　1回目の面接を終えた人は再び控え室で待機し、①～③の流れを繰り返します。2回の面接を終えた人から解散となります。

FP1級　まるわかり試験ガイド

合格者による　超リアルレポート

名前　　　Kさん（男性）

受検日時・場所　　2019年6月8日　13：00～16：00　東京

当日までにした対策

過去3年分の過去問を読んで、自分だったらどのように回答をするか練習しました。また、過去問で問われたテーマを中心に知識の確認をしました。

他の受検生の服装

受検会場では、ほとんどの方がスーツでした。私もスーツで行きました。

控え室の雰囲気

指定された席に座り、テキストを読んで過ごしていました。受検生が一人ずつ呼ばれて、控え室の後方で設例を読むという流れなので、試験前特有の緊張感がありました。

面接官の雰囲気

PartⅠ・Ⅱでそれぞれ面接官は2人ずついて、片方の面接官から質問されました。もう片方の面接官はメモを取るだけで質問されませんでした。

設例を読んで考えたこと・押さえたポイント

PartⅠについては、検討のポイントに沿って、自分の考えを整理しました。設例の本文に出てくる情報を親族関係図などに加筆して、事実関係を整理するように努めました。また、相談内容を想定して、自分なりに回答の方向性をメモ欄にできる限りメモしました。

PartⅡについては、FPへの質問事項が明示されていますので、それに沿って自分の考えを整理しました。

PartⅡの面接の様子

私の場合、1回目の面接がPartⅡでした。まず、「設例に示された情報のほかに、どのような情報が必要でしょうか」と聞かれました。これは設例のFPへの質問事項にありましたので、準備していた回答を述べました。しかし情報が記載されている資料について、準備していた回答のを次々と列挙すると、それ以上話すことがなくなってしまいました。

すると、私の回答では情報に不足があったのか、面接官から回答を促すようなヒントが出されました。そのヒントを頼りにして思いつくままに回答したところ、いくつか回答したところで、面接官の求める回答に辿り着きました。

37

しかし、その回答に至るまでに余計なことを話してしまったので、話から主題から逸れてしまうことがありました。

Part I では、「関与する専門職業家」が定番問題なので、必ず答えられるように準備しておくと良いと思います。

Part I の面接の様子

すでに１回目の面接を終えていたので、緊張はほぐれていました。また、Part II はあまり手応えがなかったので、良い意味で開き直ることができました。

まず、「設例を読んで問題点と思われる点をできるだけたくさんあげてください」と聞かれました。準備していた回答を述べるのですが、Part II での反省を踏まえ、面接官の目を見ながら、一つずつ丁寧に回答しました。なるべく、面接官が何を求めているのかを考えながら、面接官と会話することを心がけました。

Part I で必ず聞かれるのは、「FPと職業倫理」です。これは完璧に答えられるようにしておいた方が良いと思います。

面接試験を受けたうえでの感想・反省点

口頭試験なので、検討のポイントやFPへの質問事項などが、設問の順番通りに聞かれることは限りません。また、ベテランの面接官２人は採点しつつも、受検生から回答を引き出そうとしていただき、優しい印象でした。

反省点としては、問題に対して回答しながらも、面接官と会話することにより重きを置くことができれば、良かったと思います。当たり前ですが、聞かれたことに答える、ということが大事だと思います。

学習のアドバイス

過去問などを通じて、設例に対する自分なりの回答を実際に声に出して練習すると良いと思います。スラスラと立派な回答をしなくても、基本的なことが答えられれば、合格点はもらえるのではないかと思いますので、基本的な事項が答えられることを意識して勉強すると良いと思います。

実際の設例 Part I （2019年6月8日）

2019年度第1回ファイナンシャル・プランニング技能検定1級実技試験

Part I （2019年6月8日）　　　　氏名　_____

●設　例●

Aさん（71歳）は、情報サービス業を営む株式会社X社（非上場会社）の代表取締役社長である。Aさんが1972年に設立したX社は、顧客のビジネスサポートに徹した直接取引にこだわり、ITコンサルティングとソフトウェア開発を強みとして、優良企業に成長した。

【X社の事業承継に関して】

Aさんは、10年前、大手システム会社に勤務していた長男Cさん（40歳）をX社に入社させた。長男Cさんは、5年前から専務取締役として営業部門の責任者を務めており、後継者としてのキャリアを着実に積んでいる。

Aさんは、メインバンクの本部担当者から「事業承継税制の特例」に関する情報提供を受けたことを機に、先月、認定経営革新等支援機関である顧問税理士の指導のもと、特例承継計画を提出したところである。

X社の株主には、3年前に退任した元取締役のEさん（71歳）がいる。Eさんから「所有するX社株式を買い取ってほしい」との申出があった。

【Aさんおよび妻Bさんの資産承継に関して】

妻Bさん（68歳）は、父親の不動産賃貸業を引き継ぎ、相応の財産を所有している。妻Bさんは、不動産賃貸業を長女Dさん（38歳）に承継させたいと考えている。専業主婦の長女Dさんは、実家近くの持家で公務員の夫と2人の子と暮らしており、X社の経営に関与する予定はない。なお、法定相続分どおりに相続した場合の相続税の総額は、Aさんが先に亡くなった場合で約3億6,000万円、妻Bさんが先に亡くなった場合で約1億3,000万円（役員退職金支給前、配偶者の税額軽減および小規模宅地等の評価減適用前）と見積もられている。

【X社の概要】
資本金　：5,000万円　　会社規模：大会社　　従業員数：150人
売上高　：25億円　　　 経常利益：1億円　　　純資産　：13億円
株式の相続税評価額：類似業種比準価額1万2,000円／株、純資産価額1万3,000円／株
株主構成（発行済株式総数10万株）：Aさん60％、妻Bさん10％、Eさん10％
　　　　　　　　　　　　　　　　　取引先の大手電機メーカー10％、従業員持株会10％
※Aさん・Eさんは、それぞれが特殊の関係にある者（同族関係者）ではない。
※X社株式は譲渡制限株式である。

【Aさんの所有財産の概要】（相続税評価額、土地は小規模宅地等の評価減適用前）
現預金等　　　　：　1億8,000万円（役員退職金は考慮していない）
自宅　　　　　　：　1億円（土地（250㎡）8,000万円、建物2,000万円）
X社株式　　　　：　7億2,000万円（X社株式の60％部分）
合計　　　　　　　　10億円

【妻Bさんの所有財産の概要】（相続税評価額、土地は小規模宅地等の評価減適用前）
現預金等　　　　：　8,000万円
賃貸マンション　：　2億円（土地（400㎡）1億2,000万円、建物8,000万円）
賃貸アパート　　：　1億円（土地（500㎡）7,500万円、建物2,500万円）
X社株式　　　　：　1億2,000万円（X社株式の10％部分）
合計　　　　　　　　5億円

（注）設例に関し、詳細な計算を行う必要はない。

検討のポイント

● 設例の顧客の相談内容および問題点として、どのようなことが考えられるか。
● それらの相談内容および問題点を解決するために、どのような提案・方策が考えられるか。
● それらの方策（解決策）のなかで、何を顧客に提案するか。その理由・留意点は何か。
● FPと職業倫理について、どのようなことが考えられるか。

【親族関係図】

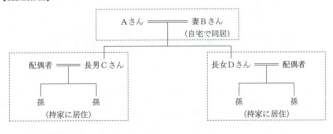

実際の設例 Part Ⅱ （2019年6月8日）

2019年度第1回ファイナンシャル・プランニング技能検定1級実技試験

Part Ⅱ （2019年6月8日）　　　　氏名＿＿＿＿＿＿＿＿

●設例●

Aさん（75歳）は、妻Bさんと T 市内の戸建て住宅（持家）に暮らしており、自宅近くで賃貸アパートを経営している。賃貸アパートの敷地（甲土地）は、母親の相続により取得したもので、25年前に現在の賃貸アパートを建築した。賃貸アパートは、最寄駅から徒歩12分と少し距離があることに加えて、水回り設備等の老朽化が目立ち始め、入居率が年々低下している。隣接の乙土地では、15年前に大手コンビニチェーンのX社が土地を購入し、コンビニ店舗を開業している。近隣に店舗が少なく、コンビニ店舗は繁盛している。甲・乙土地周辺にコンビニ店舗が進出できる規模の土地は見当たらない。

【賃貸アパート（甲土地および建物）の概要およびAさんの資産状況】
・敷地面積200㎡、路線価200D
・築25年、軽量鉄骨造2階建て、延べ床面積200㎡、総戸数10戸（1Kタイプ）
・1戸平均月額45,000円（普通借家契約）で6戸賃貸中（4戸空室）
・賃貸アパートに係る借入金はない
・預貯金3,000万円、夫婦2人の年金収入月額18万円

【X社の提案内容】

Aさんは、先日、今後のアパート経営について、アパートの賃貸管理と建物管理を委託している地元の不動産業者Y社に相談したところ、担当者から「水回り設備等を全室取り替えると総額1,000万円、屋根・外壁等の補修や塗装で別途200万円かかります。実は、X社から弊社に、甲土地を買うか、借りられないかという相談がきています。X社は、甲土地を取り込んで、規模の大きい店舗への建替えを検討しているようです」と言われた。Aさんは、Y社を通じて、下記のX社の条件を提示された。
・甲土地の買取価格は、6,000万円（30万円／㎡）
・甲土地を借りる場合は、期間30年の事業用定期借地権で賃借し、地代は月額25万円　預託金は、通常6カ月であるが、要相談
・買い取る場合／借りる場合、いずれの場合も建物はそのままでよいが、賃借人の立退きは、Aさんの責任と負担でお願いしたい。賃借人の立退きは、早いほうがよいが、1～2年以内には完了してもらいたい。

【Aさんの意向】

Aさんは、今後のアパート経営は難しくなると考えており、これ以上建物に修繕費をかける意向はない。X社に甲土地を利用してもらうほうがよいと考えている。

Aさんは、将来の生活を考えると、定期収入が得られる地代に魅力を感じている。他方、長男Cさんからは私立大学医学部に入学した娘の学費として1,000万円程度援助してほしいと頼まれており、甲土地を売却すれば、その援助は可能である。Aさんは、甲土地を売却し、その一部を学費の援助資金とし、残りの資金で収益物件を購入することも選択肢の1つであると思っているが、甲土地を売却しないで済むのであれば、そのほうがよいと考えている。

（FPへの質問事項）
1．Aさんに対して、最適なアドバイスをするためには、示された情報のほかに、どのような情報が必要ですか。以下の①および②に整理して説明してください。
　①Aさんから直接聞いて確認する情報
　②FPであるあなた自身が調べて確認する情報
2．賃貸アパートの賃借人の退去はどのように進めればよいですか。
3．甲土地を事業用定期借地権で賃貸し、まとまった資金を得る方法はありますか。
4．Aさんが現時点で賃貸アパート（甲土地および建物）を売却し、その売却代金の一部を活用して別の収益物件を購入した場合の税務上の特例について教えてください。
5．本事案に関与する専門職業家にはどのような方々がいますか。

【甲土地（賃貸アパート）および乙土地の概要】

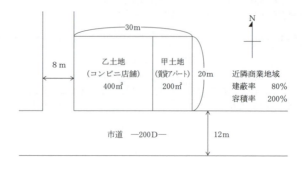

FP1級 実技対策❷
日本FP協会 記述問題 必勝攻略法

試験概要

　日本FP協会の実技「資産設計提案業務」では、設例が2題あり、1題につき各10問の計20問が出題されます。全6科目から出題されますが、「ライフプランニングと資金計画」からの出題数が、6〜8問と多めになっています。問題の形式は、四肢択一問題、穴埋め問題、○×問題、計算問題（計算過程の記述なし）、記述問題があります。

　最近の試験で毎回出題される問題としては、生命保険証券の読み取り、建蔽率・容積率を使った計算、土地の相続税評価額の計算、年金額の計算があげられます。過去問を使い、これらの項目を最優先して学習しましょう。また、改正点の出題が多いのも特徴ですから、確認しておくことも重要です。記述問題を除けば、日本FP協会の実技試験は、全体的に学科試験よりも難易度は低いため、基本的な内容を確実に理解しておきましょう。

　問題・解答は日本FP協会のHPからダウンロードできるので、実際に過去問を解いてみるのが一番でしょう。

　記述問題が毎回1問出題されています。ここで、その記述問題の傾向と対策を伝授します。

記述問題必勝攻略法

❖記述問題一覧表

試験年度	問の番号	文字数	記述する内容
2013年	問16	300字	著作物引用上の留意点
2014年	問16	300字	税理士法に定める税理士の専門業務、税理士資格を持たないFPの留意点
2015年	問16	300字	消費者契約法における消費者の範囲および契約の取消しの事由となる事業者の行為
2016年	問16	300字	金融商品取引法における「投資助言・代理業」と金融商品取引業者としての登録を受けていないFPの留意点
2017年	問5	300字	保険業法に定める保険募集等に関する禁止事項と新たに創設された保険募集の基本的ルールとして定められた義務
2018年	問12	300字	「金融商品販売法」の概要
2019年	問6	300字	「税理士法」の概要
2020年	問6	300字	「消費者契約法」の概要
2021年	問6	300字	保険業法が定める保険契約の募集上の留意点
2022年	問6	300字	税理士法に定める税理士の専門業務、税理士資格を持たないFPの留意点

> **ひとこと**
> ここ10年間は、文字数は300字程度と規定されています。以前は、数年連続でほぼ同じ内容の問題が出題されていましたが、ここ数年は違う内容となっています。

❖ **過去3回分の記述問題を実際に解いてみよう！**
まずは解答を見ずに自分で書いてみましょう。

問題

① 2020・9　問6

FPが業務を行うに当たって、理解しておくべき法律の一つに消費者契約法がある。消費者契約法は、情報などに格差のある消費者と事業者の間の契約全般に適用される消費者保護を目的とした法律で、事業者の一定の行為により消費者が誤認または困惑した場合、契約の申込みまたはその承諾の意思表示を取り消すことができるようにしている。また、消費者の利益を不当に害する一定の契約条項は無効とされる。①消費者契約法における消費者の範囲、②契約の取消しの事由となる事業者の行為、③無効となる契約条項について、合わせて300字程度で述べなさい。

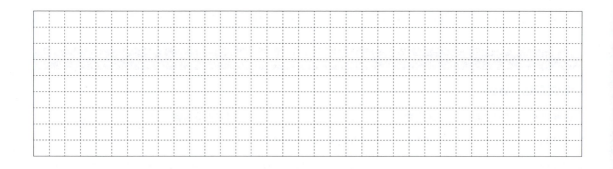

② 2021・9　問6

　ＦＰが業務を行うに当たって、十分理解しておくべき法律の一つに保険業法があり、同法は、保険募集の公正を確保することなどにより、保険契約者等を保護することを目的とした法律である。同法では、保険会社等は保険募集等を行うに当たって、「情報提供義務」および「意向把握義務」を負うとされており、また、顧客の判断に影響を及ぼす一定の保険募集等に関する禁止行為が定められている。①「情報提供義務」の内容、②「意向把握義務」の内容、③保険業法において禁止されている一定の保険募集等に関する行為について、合わせて300字程度で述べなさい。

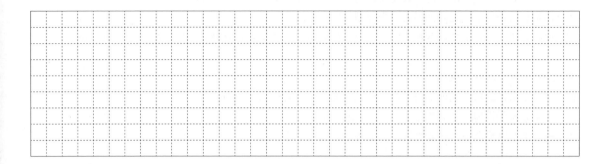

③ 2022・9　問6

　税理士ではないＦＰが顧客から税金に関する相談を受けた場合、税理士法に抵触しないよう留意する必要がある。①税理士法に定める税理士の専門業務は具体的に何を指しているかを説明し、②ＦＰ業務を行ううえで税理士資格を持たないＦＰはどのような点に留意すべきか、300字程度で説明しなさい。

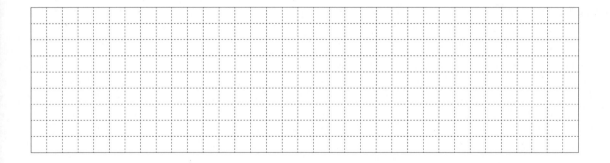

各問のポイント

① 2020・9　問6　消費者契約法

1. 消費者契約法の消費者の範囲を把握しているか。
2. 取消し事由となる事業者の行為について理解しているか。
3. 無効となる契約条項について説明できるか。

② 2021・9　問6　保険業法

1. 保険契約募集上の情報提供義務を理解しているか。
2. 保険契約募集上の意向把握義務を理解しているか。
3. 保険業法において禁止されている一定の保険募集等に関する行為について把握しているか。

③ 2022・9　問6　税理士法

1. 税理士法に定める税理士の「3つの独占業務」を理解しているか。
2. FP業務と税理士の業務との違いを理解しているか。
3. 税理士と協働関係の必要性について理解しているか。

FP1級　まるわかり試験ガイド

解答例（日本FP協会公表のもの）　※　重要と思われる箇所に下線を引いています。

① 2020・9　問6　消費者契約法

消費者契約法における消費者とは、「事業としてまたは事業のために契約の当事者となる場合」を除く個人をいう。事業者が、重要事項について事実と異なることを告げる「不実告知」、消費者に不利な事実を故意に告げない「不利益事実の不告知」、自宅などに押しかけて退去しない「不退去」、店舗などから消費者を退去させない「退去妨害」などをして消費者を誤認または困惑させて契約を締結させるなどの行為があった場合、消費者は契約の申込みまたは承諾の意思表示を取り消すことができる。また、事業者は責任を負わないとする条項、消費者はどんな理由でもキャンセルできないとする条項などは消費者にとって不利益な契約条項であるとして無効となる。（302文字）

ひとこと

消費者契約法の消費者とは、個人をいいます。ただし、事業としてまたは事業のために契約の当事者となる場合は除きます。

事業者が契約に際し、「重要事項について事実と異なることを告げる」、「消費者に不利益になることを故意に告げない」、「将来の不確実な事実について確実であると告げる」、「自宅から退去すべきと意思表示しても退去しない」、「退去する旨を伝えても帰らせない」等の不当な行為によって消費者に誤認や困惑を与え契約したときは、その契約を取り消すことができます。

また、事業者の賠償責任の全部を免除する条項、および如何なる理由によっても契約解除ができない条項等、消費者にとって不利益な契約条項は無効となります。

② 2021・9　問6　保険業法

「情報提供義務」とは、保険募集の際に、保険金の支払条件や保険期間、保険金額、その他顧客に参考となるべき情報など、顧客が保険加入の適否を判断するために必要な情報を提供するものである。「意向把握義務」とは、顧客ニーズを把握し、当該ニーズに合った保険プランを提案し、顧客ニーズと提案プランの最終的な確認を行うことを求めるものである。また、顧客の判断に影響を及ぼす一定の保険募集等に関する禁止行為としては、「虚偽の説明」、「重要な事項について虚偽のことを告げるよう勧める行為」、「告知義務違反を勧める行為」、「不適切な乗換募集」、「特別の利益の提供」、「誤解させるおそれのある表示・説明」等が挙げられている。（300字）

ひとこと

保険業法が求める情報提供義務とは、保険募集の際に顧客が保険加入の適否を判断するのに必要な情報を提供することです。

具体的には、保険金の支払条件、保険期間、保険金額、その他顧客に参考となるべき情報（ロードサービス等の付帯サービス等）を提供することです。

一方、意向把握義務とは、保険募集の際に顧客ニーズの把握、ニーズに合った保険プランの具体化、顧客ニーズと提案プランの最終的な確認等を行うことです。

また、保険募集に際して禁止されている行為としては、虚偽の説明、重要事項について虚偽のことを告げることを勧める行為、告知義務違反を勧める行為、不適切な乗換募集行為、特別の利益の提供行為等が挙げられています。

45

③ 2022・9 問6 税理士法

税理士法に定める税理士の専門業務とは、具体的には、租税法令等に基づく申告等について代理もしくは代行する等の「税務代理行為」、「税務書類の作成」、「税務相談」を指す。税理士資格を持たない者がこれらを業として行うと、営利目的の有無や有償・無償の別は問わず、税理士法違反となる。従って、税理士資格を持たないFPは、税務代理や税務書類の作成、個別具体的な税務相談に応じてはならず、税金に関する顧客からの相談に回答する際には、顧客データを参考にしながら具体的な数値を離れた事例に引き直すなど、一般的な説明にとどめるべきである。また、具体的な税額計算等が必要な場合に備え、税理士との協働関係を築いておくことも重要である。(304文字)

ひとこと

　税理士法に定める税理士の業務は、税理士法第2条において、他人の求めに応じ、「税務代理」、「税務書類の作成」、「税務相談」を行うことと定めています。これら3つの独占業務を指して、税理士法に定める税理士の専門業務といいます。

　税理士資格を持たないFPは、顧客からの要請があったとしても、有償、無償を問わず税理士業務を行うことはできません。したがって、顧客から税金の申告や申請、税金に関する相談等を受けたとしても具体的には応じることはできず、通常、顧客データを参考に具体的な数値から離れた事例に置き替えて、一般的な説明にとどめます。そのため税理士と協働関係を築くことも重要になります。

まとめ

　今後の試験においても、FP業務と何らかの関連性のある法規等が出題されることが想定されます。FPとして知っておくべき制度や関連業法、職業倫理上の留意点、コンプライアンスなどが出題論点として考えられますので、十分に再確認しておきましょう。これらの内容について、「どのような点に留意すべきか」と問われた場合には、どれだけ具体例をあげられるかがポイントになります。300字程度にまとめることは容易ではありません。まずは下書きとして要点を書き出してから、解答用紙に清書するようにしましょう。また、他の問題をすべて解いて見直しまで終わってから、残りの時間を記述問題にあてるようにするとよいでしょう。

FP1級　まるわかり試験ガイド

直前対策 必勝！ポイント整理

　各項目の最重要ポイントのみを厳選収載しました。直前期に確認して知識を確実なものとし、万全な状態で試験にのぞんでください。

1　ライフプランニングと資金計画

1　FPと関連法規

税理士法	税理士でない者は、営利目的の有無や有償・無償を問わず、「税務代理行為」「税務書類の作成」「税務相談」を行うことはできない。個別具体的な税務相談を反復継続して行うことは税理士法に抵触する。仮定の事例や金額を用いた説明に留める必要がある ※一般的な情報・資料の提供や相談、講演等を行うことは可能
保険業法	保険募集人として登録しなければ、保険契約の募集、勧誘を目的とした商品説明はできない ※保険商品の一般的な仕組み、活用法の説明・講演等を行うことは可能
弁護士法	弁護士でない者は、具体的な法律事件（一般の法律事務）についての相談、判断、アドバイスはできない。債務整理、遺言書・遺産分割などは弁護士（または司法書士、行政書士）の領域である ※一般的な説明の範囲で相談を行うことは可能

2　フラット35

1．フラット35（買取型）概要

申込資格	原則、申込年齢70歳未満で、年収に占める総返済負担率※の基準を満たす者 ※総返済負担率：年収400万円未満は30％以下、400万円以上は35％以下
融資対象住宅	床面積70㎡以上（共同住宅は30㎡以上）、技術基準の適合している住宅（2019年10月1日以降、建設費・購入価額1億円（消費税を含む）の制限は撤廃されている）
融資金額	100万円以上8,000万円以下で、建設費・購入価額の100％以内
適用金利	全期間固定金利（金融機関ごとに金利は異なり、融資実行時の金利が適用）。融資率が9割超の場合は金利が上乗せされる
返済方法	元利均等毎月払い・元金均等毎月払い・ボーナス払い（借入金額の40％以内）併用
保証人・保証料	不要
繰上返済	手数料無料 1カ月以上前に金融機関に申し出る必要がある。一部繰上返済の場合100万円以上※ ※インターネットサービス「住・MyNote」による一部繰上返済は、10万円以上
団体信用生命保険	［フラット35］と［団体信用生命保険］が一つになり、「新機構団信」・「新三大疾病付機構団信」にリニューアルしたことで団信特約料（年払い）の支払い不要

借換融資を利用する場合、借入期間は①と②のうちいずれか短い年数が上限となる。

① 80歳－借換申込時の年齢
② 35年（50年※）－従前ローンの経過期間（※長期優良住宅の場合は35年→50年に変更　2022年10月）

2．金利引下げメニュー

住宅性能、管理・修繕やエリアごとに1つ選んで組み合わせた合計ポイント数に応じて、期間および金利引下げ幅が異なる

合計1ポイント　　→5年間　年△0.25%
　　2ポイント　　→10年間　年△0.25%
　　3ポイント　　→1～5年間　年△0.5%、6～10年目　年△0.25%
　　4ポイント以上→10年間　年△0.5%

選択グループ	フラット35	要件など	ポイント数
住宅性能	S（金利Aタイプ）	省エネルギー性、耐震性、バリアフリー性、耐久性・可変性	2
	S（金利Bタイプ）		1
	S（ZEH）	省エネルギー性 2022年10月～新設	3
	リノベ（金利Aタイプ）	300万円以上の工事	4
	リノベ（金利Bタイプ）	200万円以上の工事	2
管理・修繕	維持保全型	長期優良住宅など6要件 2022年4月～新設	各1
エリア	地域連携型	子育て支援と地域活性化がある	2※
	地方移住支援型		2

※　地域活性化は1ポイント。「フラット35地域連携型利用対象証明書」の交付を地方公共団体から受けて利用する。

3 日本政策金融公庫の「国民生活事業」（新企業育成貸付など）

1．新規開業資金

対象者	新たに事業を始める者や事業開始後おおむね7年以内の者
融資額	7,200万円以内（うち運転資金4,800万円以内）

2．女性、若者／シニア起業家支援資金

対象者	女性または35歳未満か55歳以上の者で、新たに事業を始める者や事業開始後おおむね7年以内の者
融資額	7,200万円以内（うち運転資金4,800万円以内）

３．再挑戦支援資金（再チャレンジ支援融資）

対象者	新たに事業を始める者や事業開始後おおむね**7年**以内の者で、**廃業歴等があり**、創業に再チャレンジする者
融資額	**7,200万円以内**（うち運転資金**4,800万円以内**）

４．新創業融資制度（上記制度を利用する場合の特例措置）

対象者	新たに事業を始める者や、事業開始後で税務申告を2期終えていない者で、「創業の要件」「雇用創出等の要件」「自己資金の要件」を満たす者
融資額	**3,000万円以内**（うち運転資金**1,500万円以内**）

※　上記１～４は、個人事業主向けのものであり、これとは別に、中小企業向けの融資として日本政策金融公庫の「中小企業事業」がある。

4 信用保証協会のセーフティネット保証制度

　信用保証協会には、取引先の倒産や事業活動の制限、災害、取引先金融機関の破綻、大規模な経済危機等により、経営の安定に支障が生じている中小企業・小規模事業者向けに保証制度がある。

１．対象となる中小企業者

事業所の住所地を管轄する市町村長または特別区長の認定を受けている中小企業者

２．保証料率

おおむね**1％**以内。信用保証協会ごとに、また、保証制度ごとに異なる。

３．保証限度額

【一般の保証】 保証限度額：2億8,000万円 　無担保保証限度額8,000万円を含む 　（無担保無保証人保証2,000万円以内）	＋	【別枠の保証】[1] 保証限度額：2億8,000万円[2] 　無担保保証限度額8,000万円を含む 　（無担保無保証人保証2,000万円以内）

※１　危機関連保証と経営安定関連保証を併用する場合、それぞれに対して別枠の保証が付与される。
※２　経営安定関連保証6号（取引金融機関の破綻）の場合、3億8,000万円

5 働き方改革関連法

１．時間外労働の上限規制（大企業：2019年4月、中小企業：2020年4月、自動車運転業務・建設業・医師：2024年4月）

〈残業時間の上限〉

- ・法律による上限（原則）：月**45時間**・年**360時間**
- ・法律による上限（例外）：年**720時間**以内・複数月平均**80時間**以内※・月**100時間**未満※、月45時間を超えることができるのは**6カ月**まで
  - ※　休日労働を含む

〈有給休暇〉

・10日以上の年次有給休暇が付与される労働者に対して、原則そのうち5日は時季を指定して取得させる義務がある（2019年4月より）。

2．同一労働同一賃金（大企業：2020年4月、中小企業：2021年4月）

不合理な待遇差をなくすための規定の整備

・均衡待遇規定（不合理な待遇差の禁止）

・均等待遇規定（差別的取扱いの禁止）

・派遣先の事業主に対し、派遣先労働者の待遇に関する派遣元への情報提供義務を新設

3．月60時間超残業に対する割増賃金率引き上げ（大企業：実施済、中小企業：2023年4月）

・割増賃金率：大企業、中小企業ともに50％

4．その他

(1) 勤務間インターバル制度の導入

　1日の勤務終了後、翌日の出社までの間に一定時間以上の休息時間（インターバル）を確保する仕組み。十分な生活時間や睡眠時間を確保するため、企業の努力義務とする。

(2) フレックスタイム制により働きやすくするための制度を拡充

労働時間の調整可能な期間（＝清算期間）：1カ月→3カ月に延長

(3) 高度プロフェッショナル制度を新設

・対象：年収1,075万円以上で特定の高度専門職

・年間104日以上かつ4週4日以上の休日確保措置や健康管理時間の状況に応じた健康・福祉確保措置等を講ずることにより、労働基準法に定められた労働時間・休日及び深夜の割増賃金等の規定を適用しない自由な働き方を認める制度のこと

6 教育資金

1．高等学校等就学支援金制度

高等学校等就学支援金（返還不要の授業料支援）の制度により、私立高校等に通う生徒の授業料は実質無償化。支給額は最大396,000円。高校生等奨学給付金と併用利用可

〈支給額の判定（両親2人分の合計額)〉

市町村民税の課税標準額×6％－市町村民税の調整控除（政令指定都市は3／4を乗じる）

・「上記による算出額＜154,500円」の場合、支給額は最大396,000円

・「上記による算出額＜304,200円」の場合、支給額は118,800円

2．高等教育の修学支援新制度（2020年4月）

(1) 対象の学校：大学・短期大学・高等専門学校（4年・5年）・専門学校

(2) 支援内容：授業料・入学金の免除又は減額…費用は公費から支出

　　　　　　　返還不要の給付型奨学金を拡充…日本学生支援機構が支給

(3) 支援対象：住民税非課税世帯及びそれに準ずる世帯の学生（在学中も対象）、学ぶ意欲がある学生

(4) 支援額：住民税非課税世帯に準ずる世帯の学生は、住民税非課税世帯の学生の2／3又は1／3

(例) 住民税非課税世帯

・授業料等減免⇒私大の入学金約26万円、授業料約70万円

・給付型奨学金⇒私大の自宅生約46万円、自宅外生約91万円

2 年金・社会保険

1 健康保険

1．被扶養者の範囲
(1) 被扶養者の範囲
 ① 被保険者の直系尊属（父母・祖父母・曽祖父母）、配偶者、子、孫、兄弟姉妹。
 ② 被保険者と同一の世帯に属する、被保険者の三親等内の親族。（例）配偶者の父母

(2) 被扶養認定
 ① 収入要件（障害者年金・遺族年金などの公的年金や失業給付による収入も含む）
  年間収入が130万円未満（60歳以上の者と一定の障害者は180万円未満）
 ② 生計同一要件（事実婚・同じ事情にある内縁関係も含む）
  ・同居の場合…被保険者の年間収入の2分の1未満
  ・別居の場合…被保険者からの援助による収入額未満
 ③ 国内居住要件

なお、2016年10月より短時間労働者に対する社会保険の適用が拡大されている。
〈加入対象となる要件〉

> ・1週間の所定労働時間20時間以上
> ・勤務期間は、2022年10月より2カ月超
> ・月額賃金8.8万円以上（年収106万円相当以上）。ただし、賞与・残業代・通勤手当等を除く
> ・学生ではないこと
> ・従業員数は、2022年10月より101人以上（2024年10月以降51人以上）の企業

2．保険料
(1) 保険料率
 協会管掌健康保険では、都道府県単位で異なる。2022年度の全国平均の保険料率は10.0％である。

(2) 保険料の負担
 協会管掌健康保険では、労使折半

3．保険給付
(1) 高額療養費
 ・算定上、対象となる自己負担額は、受診者別、医療機関別、入院・通院別で21,000円以上（ただし、70歳以上の者は、受診者別、入院・通院別で全ての自己負担額が対象）
 ・療養があった月以前12カ月以内に3カ月以上支給を受けている場合、4カ月目からは「多数該当」。
 ・保険外負担分や入院時の食事負担額などは対象外

必勝！　ポイント整理

〈70歳未満の高額療養費の自己負担限度額〉

所得区分	ひと月の上限額（世帯ごと）	
①区分ア 健保：標準報酬月額83万円以上	252,600円＋（医療費－842,000円）×1％ 多数該当：140,100円	（※1）
②区分イ 健保：標準報酬月額53万円～79万円	167,400円＋（医療費－558,000円）×1％ 多数該当：93,000円	（※2）
③区分ウ 健保：標準報酬月額28万円～50万円	80,100円＋（医療費－267,000円）×1％ 多数該当：44,400円	（※3）
④区分エ 健保：標準報酬月額26万円以下	57,600円 多数該当：44,400円	（※4）
⑤区分オ 被保険者が住民税非課税者	35,400円 多数該当：24,600円	

〈70歳以上の高額療養費の自己負担限度額〉

現役並み所得者	上表※1～3と同じ
一般所得者	上表※4に加え、外来だけの上限額も設定されている 個人外来18,000円（年間上限144,000円） 世帯ごと57,600円
低所得者	個人外来8,000円（年間上限144,000円） 世帯ごと（Ⅰ）15,000円（Ⅱ）24,600円

(2)　傷病手当金
①　1日あたりの金額：傷病手当金の支給を始める日以前の継続した12カ月間の各月の標準報酬月額を平均した額の30分の1に相当する額の**3分の2**相当額。傷病手当金の額より多い報酬や出産手当金、または障害厚生年金が支給される場合は、支給されない。報酬や出産手当金、または障害厚生年金の額が傷病手当金の額を下回る場合は、その差額のみ支給される。
②　支給期間：療養のため休業した日が連続して3日間（土日祝や有給日を含む）あったうえで、**4日目**から支給される。支給を始めた日から起算して通算で**1年6カ月**※が限度
　　※　出勤に伴い不支給となった期間分は延長して支給される（2022年1月施行）。

(3)　出産育児一時金（家族出産育児一時金）
　　1児ごとに**42万円**（産科医療補償制度に加入する医療機関等において出産した場合。それ以外の場合は40万8,000円）※2023年度からは1児当たり50万円に変更

(4)　出産手当金
①　1日あたりの金額：出産手当金の支給を始める日以前の継続した12カ月間の各月の標準報酬月額を平均した額の30分の1に相当する額の**3分の2**相当額
②　支給期間：出産の日（実際の出産が予定日後のときは出産の予定日）以前**42日目**（多胎妊娠の場合は98日目）から、出産の日の**翌日以後56日目**までの範囲内で支給される。支給中に退職しても、退職日まで継続して**1年以上**の被保険者期間がある場合は支給継続。

4．任意継続被保険者

一定の条件のもとに被保険者として最長**2年間継続**※できる。

※　任意継続被保険者でなくなることを希望する旨を保険者に申し立て、受理された場合は、その日の属する月の翌月1日で資格を喪失する（2022年1月施行）。

(1)　任意継続被保険者となるための要件

①　資格喪失日の前日までに、**継続して2カ月以上**の被保険者期間がある。

②　資格喪失日から**20日以内**に保険者に届出

(2)　任意継続被保険者の保険料（協会けんぽの場合）

全額自己負担となる。保険料算出の基礎となる標準報酬月額は、「退職時の標準報酬月額（上限**30万円**）」「前年（1月から3月までの標準報酬月額については、前々年）の9月30日時点における全ての協会けんぽの被保険者の標準報酬月額の平均額」のうちいずれか**低い額**であるため、期間中の変更もありえる。なお、健康保険組合（協会けんぽ以外）においては、「退職時の標準報酬月額」の額の方が多い場合でも、健康保険組合が規約に定めた場合は、標準報酬月額とすることができる（2022年1月施行）。

保険料を納付期日までに納付しない場合、資格を喪失する。再び資格取得要件を満たさない限り、2年以内であっても、任意継続被保険者になることはできない。

(3)　任意継続被保険者の保険給付

傷病手当金・出産手当金は支給されない。

(4)　任意継続被保険者とならずに、国民健康保険に加入する場合（退職日の翌日から**14日以内**）

①　保険料（税）は、保険者により異なる。

（保険者が都道府県・市町村（特別区を含む）である場合、所得割・資産割・均等割・平等割の一部または全部の組合せにより決定）

②　年間保険料（税）には上限がある。

［一世帯あたりの上限（2022年度）］

基礎分（医療分）65万円、後期高齢者支援金分　20万円、介護納付金　17万円　計102万円（2023年度は104万円に引上げ予定）

※　65歳以上の世帯は、年間**85万円**（65万円＋20万円）が上限。

2 後期高齢者医療制度

1．保険者

後期高齢者医療広域連合

2．被保険者

75歳以上（65歳から74歳で一定の障害のある者を含む）

3．保険料

均等割額と所得割額との合計額。都道府県ごとに異なる。年間保険料は66万円が上限。年額**18万円以上**の公的年金を受給する者は、原則として公的年金（老齢年金、障害年金、遺族年金）から特別徴収

される。後期高齢者医療保険の保険料と介護保険料との合算額が年金受給額の50%を超える者は特別徴収されず普通徴収となる。

4．自己負担割合

住民税課税所得かつ年金収入等	自己負担割合	
	2022年10月より	〜2022年9月まで
住民税課税所得145万円以上の者がいる 後期高齢者単身世帯：383万円以上 （後期高齢者2人以上世帯：合計520万円以上）	3割	3割
住民税課税所得28万円以上の者がいる 単身世帯：200万円以上 （後期高齢者2人以上世帯：合計320万円以上）	新設 2割	1割
それ以外	1割	

3 公的介護保険制度

1．保険者

市区町村

要介護認定または要支援認定の申請を市区町村にする。「介護認定審査会」は審査・判定を30日以内に行う。その処分に不服がある場合は、「介護保険審査会」に審査を請求することができる。初回認定の有効期間は6カ月であるが、介護認定審査会の意見に基づき必要と認める場合は、3カ月〜12カ月までの範囲内で定めることができる。

2．被保険者の種類

	第1号被保険者	第2号被保険者
被保険者	65歳以上の者 ・被保険者全員に被保険者証を交付	40歳以上65歳未満の医療保険加入者 ・認定者にのみ被保険者証を交付
保険料	市区町村が徴収 ・年額18万円以上の公的年金を受給している者は、公的年金から特別徴収	医療保険者が医療保険料として徴収 〈協会けんぽ〉 労使折半 ※介護保険料率は全国一律 〈国民健康保険〉 所得割、均等割等（市区町村により異なる）
受給権者	原因を問わず、要介護者・要支援者となった者	特定疾病（末期がんを含む老化に起因する16種類の疾病）によって、要介護者・要支援者となった者に限定

3．利用者負担（第1号被保険者）

年金収入等	負担割合
単身世帯340万円以上 （2人以上世帯463万円以上）	3割
単身世帯280万円以上 （2人以上世帯346万円以上）	2割
単身世帯280万円未満 （2人以上世帯346万円未満）	1割

本人の合計所得金額が160万円以上の場合は原則2割負担、220万円以上の場合は原則3割負担となる。最終的には、世帯の年金収入等により負担割合が決まる（第2号被保険者は、所得に関わらず1割負担）。

4．高額介護サービス費（2021年8月利用分から）

1カ月の負担限度額（65歳以上の者がいる市民税課税世帯の方の場合）
・年収約770万円未満（課税所得380万円未満）の世帯：44,400円
・年収約770万円以上（課税所得380万円以上）の世帯：44,400円→93,000円
・年収約1,160万円以上（課税所得690万円以上）の世帯：44,400円→140,100円

4 労働者災害補償保険

1．強制適用事業
すべての事業所

2．適用労働者
すべての労働者（在宅勤務を含む）

3．保険料
保険料の乗率は事業の種類ごとに異なり、保険料の負担は全額事業主負担

4．業務災害と通勤災害
(1) 業務災害
業務災害は、「業務遂行性」「業務起因性」の2つの要件を満たした場合に認められる。
遺族厚生年金を受給している間は、遺族補償年金（労働者災害補償保険）が減額支給される。

(2) 通勤災害
通勤とは、「就業に関し、住居と就業の場所との往復行為」を指す。合理的な経路および方法でなければならず、業務の性質を有するもの（出張など）を除く。

5．休業（補償）給付
業務災害または通勤災害による傷病の療養のため休業した場合
・保険給付　：休業1日につき、給付基礎日額の60%相当額を休業4日目から支給
・特別支給金：休業1日につき、給付基礎日額の20%相当額を休業4日目から支給

必勝！　ポイント整理

※　複数就業者の場合

全勤務先の合算賃金額を基礎に給付額等が決定

全勤務先の負荷を総合的に評価して労災認定を判断する。

6．労災年金

傷病（補償）年金	療養開始後**1年6カ月**経過しても完治せず、傷病等級に該当する程度の障害がある場合に受け取れる年金
障害（補償）年金	完治せずに一定の後遺障害が残ってしまった場合に受け取れる年金（1～**7**級：年金受取、8～14級：一時金受取）
遺族（補償）年金	労災事故で死亡した場合に遺族に支払われる年金 遺族が若年停止であっても、1回限り、給付基礎日額の**1,000日分**を限度として前払一時金を請求できる

厚生年金との調整：障害厚生年金や遺族厚生年金は**全額支給**されるが、労災年金は**調整して減額**される。ただし、調整後の労災年金と厚生年金の合計額が、調整前の労災年金額より低くならない。

7．特別加入制度

本来、労災保険の加入対象とならない者でも、中小事業主、一人親方等、海外派遣者に該当する者は、特別加入をすることができる。ただし、個人タクシー業者や個人貨物運送業者などは**通勤災害**の規定適用外

5 雇用保険

1．被保険者

一般被保険者とは、1週間の所定労働時間が**20時間以上**であり、かつ、同一の事業主に引き続き**31日以上**の雇用の見込みがある労働者のこと

2017年1月より**65歳以上**の労働者についても「高年齢被保険者」として適用の対象であり、2020年4月分より雇用保険料が給与から天引きされている。

2．基本手当

(1)　支給要件

離職の日以前**2年間**に、被保険者期間が**通算12カ月以上**あること

※　倒産・解雇等、雇止め、または高年齢被保険者として離職した者は、離職の日以前**1年間**に、被保険者期間が**通算6カ月以上**あること

※　被保険者期間：賃金支払いの基礎となる日数が11日未満でも、労働時間数が80時間以上ある月は1カ月とみなす。

(2)　所定給付日数

〈自己都合等（定年退職含む）による離職〉

離職時の年齢	算定基礎期間		
	10年未満	10年以上20年未満	20年以上
全年齢共通 （65歳未満）	90日	120日	150日

※　65歳以上の場合、高年齢求職者給付金（被保険者期間1年以上は50日分、1年未満は30日分の一時

57

金）を支給

〈倒産・解雇による離職〉

（例）・被保険者期間が1年以上5年未満の場合

　　　　30〜35歳未満：所定給付日数120日、35〜45歳未満：所定給付日数150日

　　　・被保険者期間が20年以上の場合

　　　　45〜60歳未満：所定給付日数330日

(3)　基本手当日額

　　　| **賃金日額**[※1]**×給付率**[※2] |

　　※1　基本日額

　　　　　最後の**6カ月**間に支払われた賃金（賞与等を除く）の総額を基に算出。受給資格者の年齢区分に応じた上限額および下限額が設定されている。

　　※2　給付率

　　　　・離職時の年齢が60歳未満：50%〜**80%**

　　　　・離職時の年齢が60歳以上65歳未満：45%〜**80%**

(4)　給付制限

　①　待期期間7日

　②　自己都合により退職した場合、さらに3カ月。ただし、5年間のうち2回までは2カ月になる。

(5)　基本手当と特別支給の老齢厚生年金

　　　基本手当の支給を受けている間は、特別支給の老齢厚生年金は支給停止

3．高年齢雇用継続給付

(1)　支給要件

　　・60歳以上65歳未満の雇用保険の被保険者

　　・被保険者であった期間が通算して**5年**以上

　　・賃金月額が60歳到達時の賃金月額の**75%**未満に低下

　　　⇒賃金の低下率に応じて賃金額の**15%**を限度として高年齢雇用継続給付金を支給

(2)　雇用継続基本給付金と再就職給付金

給付金の種類	支給対象者	支給期間
雇用継続基本給付金	雇用保険の基本手当を受給しないで就職した人（継続雇用も含む）	65歳に達する月まで
再就職給付金[※]	雇用保険の基本手当の受給残日数が200日以上または**100日**以上ある人	就職日から2年間または1年間

※　**再就職手当**のいずれか一方を**選択**して受給する。再就職手当は、雇用保険の基本手当の受給残日数が所定給付日数の**3分の1**以上であることが要件の1つとなる。

(3) 高年齢雇用継続給付による年金支給調整

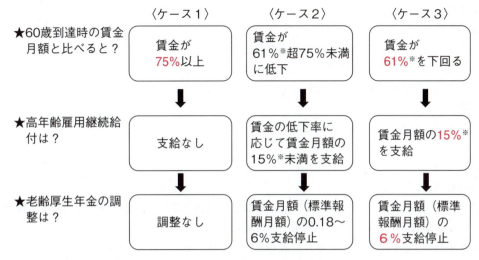

※ 2025年4月以降、61%→64%、15%→10%に変更予定

(4) 高年齢雇用継続基本給付金と特別支給の老齢厚生年金
① 在職による老齢年金の支給停止額：（総報酬月額相当額＋基本月額－47万円）÷2
② 高年齢雇用継続給付の受給による老齢年金の支給停止額
　賃金月額が60歳到達時の75%未満の場合、最高で賃金月額の6％
【例】特別支給の老齢厚生年金月額15万円、賃金月額が60万円（60歳到達時）から36万円となった場合（賃金割合が61％以下に低下）

[図解] 62歳（1961年生まれ・女性）のひと月あたり受給予定額を求める

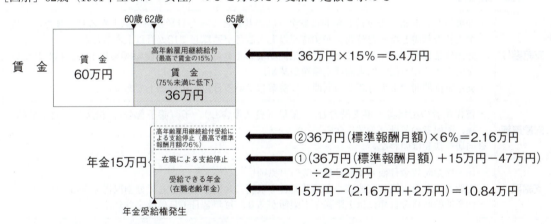

∴ 年金の支給停止額（月額）：4.16万円（① 2万円＋② 2.16万円）
　62歳の受給総額（月額）：52.24万円
　　　　　　　　　　　　（賃金月額36万円＋年金10.84万円＋高年齢雇用継続基本給付金5.4万円）

4．就業促進手当

(1)　就業手当

　①　支給要件
　　・基本手当受給中に、契約期間1年以下の契約社員・アルバイト・パートタイマーなど再就職手当の支給対象とならない形態で就業した場合に支給される。
　　・基本手当の支給残日数が所定給付日数の3分の1以上、かつ、45日以上ある

　②　支給額
　　　就業手当：基本手当日額×就業日数×30％

(2)　再就職手当

　①　支給要件
　　・基本手当受給中に、1年を超えて安定した職業に就いた場合や一定の事業を開始する場合に支給される（離職前の事業主に再び雇用された場合は支給されない）。
　　・基本手当の支給残日数が所定給付日数の3分の1以上あること
　　・過去3年以内の就職について再就職手当または常用就職支度手当を受給していないこと

　②　支給額
　　・再就職手当（支給残日数3分の2以上）：基本手当日額（上限有）×支給残日数×70％
　　・再就職手当（支給残日数3分の1以上）：基本手当日額（上限有）×支給残日数×60％

(3)　就業促進定着手当
　　・再就職手当を受給した人が6カ月以上雇用され、そのみなし賃金日額が再就職手当の算定基礎賃金日額を下回った場合に支給される。

5．介護休業給付

支給要件	・介護休業を開始した日前2年間に賃金支払の基礎となった日数が11日以上ある月、または、賃金支払の基礎となった時間数が80時間以上ある月が通算して12カ月以上あること ・介護休業期間中の1カ月ごとに、休業開始前の1カ月当たりの賃金の80％以上が支払われていないこと（13％超80％未満は支給額が減額） ・支給単位期間（1カ月ごとの期間）に就業している日数が10日以下であること
対象家族	・被保険者の配偶者（事実婚含む）、父母（養父母含む）、子（養子含む）、祖父母、兄弟姉妹、孫、配偶者の父母（養父母含む） ※同居や扶養は問わない
支給額	・休業開始時賃金日額×支給日数×67％（原則） ・支給対象となる同じ家族につき通算93日を限度に3回を上限として分割取得できる ・休業開始時賃金日額には上限額・下限額があり、毎年8月1日に改定される
申請手続	・原則、介護休業終了日（介護休業期間が3カ月以上のときは介護休業開始日から3カ月を経過する日）の翌日から起算して2カ月を経過する日の属する月の末日までに行う

6．育児休業給付

① 被保険者期間要件：産休開始日前2年間に、11日以上就労している月が12カ月以上ある

② 産後パパ育休（出生時育児休業）と育児休業制度

	産後パパ育休 (育休とは別に取得)	育児休業制度	
	2022.10月創設	2022.10月以降	2022.9月末まで
給付金	出生時育児休業給付金	育児休業給付金	
対象期間 取得可能日数	子の出生後8週間以内に 4週間まで取得可	子が1歳（最長2歳）まで	
申出期限	休業の2週間前まで	1カ月前まで	
分割取得	2回まで分割取得可 （まとめて申出）	2回まで分割取得可 （取得ごとに申出）	分割不可
休業中の就業	就業可※ （労使協定の締結必須）	就業不可	
1～2歳まで延長 （保育所に 入所できない等）	―	育休開始日は いつでも可 （夫婦途中交代可）	育休開始日は 1歳と1歳半
1歳以降の再取得	―	再取得可※3	再取得不可

※ 最大10日（10日を超える場合は就業した時間数が80時間）以下であり、休業期間が28日間より短い場合は、その日数に比例して短くなる。

（例） 出生時育児休業期間：1回目は8日間・2回目は15日間の場合

　　　最大10日×休業23日/28日≒8.21⇒9日（端数切り上げ）

　　　∴ 就業可能日数が9日以下であれば、出生時育児休業給付金は支給される

6 公的年金

1. 老齢厚生年金の支給開始年齢の引上げ

	生年月日 ※女性は5年遅れ（定額部分の減額開始）	60歳 61歳 62歳 63歳 64歳 65歳
①	男性）1941.4.2生～1943.4.1生 女性）1946.4.2生～1948.4.1生	報酬比例部分／老齢厚生年金 定額部分／老齢基礎年金
②	男性）1943.4.2生～1945.4.1生 女性）1948.4.2生～1950.4.1生	報酬比例部分／老齢厚生年金 定額部分／老齢基礎年金
③	男性）1945.4.2生～1947.4.1生 女性）1950.4.2生～1952.4.1生	報酬比例部分／老齢厚生年金 定額部分／老齢基礎年金
④	男性）1947.4.2生～1949.4.1生 女性）1952.4.2生～1954.4.1生	報酬比例部分／老齢厚生年金 定額部分／老齢基礎年金
⑤	男性）1949.4.2生～1953.4.1生 女性）1954.4.2生～1958.4.1生	報酬比例部分／老齢厚生年金 老齢基礎年金

	（報酬比例部分の減額開始）	
⑥	男性）1953.4.2生～1955.4.1生 女性）1958.4.2生～1960.4.1生	報酬比例部分／老齢厚生年金 老齢基礎年金
⑦	男性）1955.4.2生～1957.4.1生 女性）1960.4.2生～1962.4.1生	報酬比例部分／老齢厚生年金 老齢基礎年金　62歳
⑧	男性）1957.4.2生～1959.4.1生 女性）1962.4.2生～1964.4.1生	報酬比例部分／老齢厚生年金 老齢基礎年金　63歳
⑨	男性）1959.4.2生～1961.4.1生 女性）1964.4.2生～1966.4.1生	報酬比例部分／老齢厚生年金 老齢基礎年金
⑩	男性）1961.4.2生～ 女性）1966.4.2生～	老齢厚生年金 老齢基礎年金

2. 老齢基礎年金の計算式（保険料免除期間を有しないときの計算式）

$$老齢基礎年金の額 = 777,800円 \times \frac{保険料納付済期間の月数^{※1}}{加入可能年数^{※2} \times 12}$$

※1　20歳未満や60歳以上の国民年金第2号である期間は含まない

※2　加入可能年数は、原則として40年

※　1カ月繰上げるごとに0.4%が減額され、1カ月繰下げるごとに0.7%が増額される。なお、0.4%の減額率は2022年4月1日以降に60歳に到達する者に適用される。なお、繰下げて受給する場合の振替加算は、増額されない。

3. 付加年金の計算式（付加保険料の納付済期間がある場合）

$$付加年金の年金額 = 200円 \times 付加保険料納付済期間の月数$$

※　付加保険料：月額400円

必勝！　ポイント整理

4．老齢厚生年金（60歳台後半）⇒報酬比例部分の額＋経過的加算額＋加給年金額

(1) 報酬比例部分の計算式（本来水準による価額）

> 年金額＝平均標準報酬月額[※1]×新乗率[※2]×2003年3月以前の被保険者期間の月数
> 　　　　＋平均標準報酬額[※1]×新乗率[※2]×2003年4月以降の被保険者期間の月数

※1　2022年度再評価による額。標準報酬月額の上限は、32級65万円

※2　1946年4月2日以降生まれの場合

報酬比例部分の給付乗率			
総報酬制導入前（2003年3月以前）		総報酬制導入後（2003年4月以降）	
新乗率	旧乗率	新乗率	旧乗率
1,000分の7.125	1,000分の7.5	1,000分の5.481	1,000分の5.769

(2) 経過的加算額の計算式

・老齢厚生年金を繰上げすると、同じ減額率で同時に繰上げとなる

> 経過的加算額＝定額部分の額－老齢基礎年金相当額
> ＝1,621円×被保険者期間の月数[※]
> －777,800円×$\dfrac{1961年4月以降で20歳以上60歳未満の厚生年金保険の被保険者期間の月数}{加入可能年数×12}$

※　1946年4月2日以降生まれの者の場合、480月が上限

被保険者期間の月数について、退職日の翌日を資格喪失日としてその前月まで

（例）退職日→被保険者期間

　・11月20日→10月まで

　・11月30日→11月まで

(3) 加給年金額

① 支給要件

・本人の厚生年金加入期間が20年以上

・配偶者が65歳未満で生計維持関係にある

・配偶者の年収が850万円未満

・配偶者の厚生年金加入期間が20年未満、または、20年以上で老齢厚生年金等を受給するまで

・年金法上の子

② 支給額

配偶者223,800円、第1子・第2子223,800円、第3子以降74,600円

なお、在職支給停止の仕組みにより老齢厚生年金の全額が支給停止されない限り、加給年金額は全額支給される。

また、老齢厚生年金の繰下げ待機期間中は、加給年金も支給停止となる。

(4) 遺族厚生年金との併給調整

老齢厚生年金は全額支給されたうえで、差額分のみ遺族厚生年金として支給される。

$$
\left.
\begin{array}{l}
遺族厚生年金 \\
老齢厚生年金 \\
老齢基礎年金
\end{array}
\right\}
\begin{array}{l}
遺族厚生年金 \\
または \\
遺族厚生年金 \times \dfrac{2}{3} + 老齢厚生年金 \times \dfrac{1}{2}
\end{array}
$$

5．特別支給の老齢厚生年金（60歳台前半）⇒定額部分の額＋報酬比例部分の額（本来水準による価額）

> 定額部分：1,621円×被保険者期間の月数※
>
> 報酬比例部分：老齢厚生年金（報酬比例部分）と同じ計算方法

※　1946年4月2日以降生まれの者の場合、480月が上限

6．遺族年金（2022年度価額）

(1) 遺族基礎年金の計算式

子のある配偶者（年収850万円未満）が受給する場合の遺族基礎年金の計算式は以下のとおり。

> 777,800円＋子の加算※
>
> ※　子の加算：2人目までは1人につき223,800円、3人目からは1人につき74,600円

遺族基礎年金を受給できる遺族がいない場合に、死亡一時金が一定の遺族に支給される。

(2) 遺族厚生年金の計算式

配偶者または子（18歳到達年度末日まで、障害等級1級、2級を除く）、父母（55歳以上）、孫（18歳到達年度末日まで、障害等級1級、2級を除く）、祖父母（55歳以上）の順。年収850万円未満。遺族が夫の場合は55歳以上

> 遺族厚生年金の年金額＝老齢厚生年金の報酬比例部分の額×$\dfrac{3}{4}$
>
> ※　短期要件の場合は、加入期間が300月に満たなくても被保険者月数300月として計算する

中高齢寡婦加算（遺族基礎年金×$\dfrac{3}{4}$）：583,400円

7．障害年金（2022年度価額）

(1) 障害基礎年金

> ・1級：972,250円（2級障害基礎年金×1.25）＋子の加算※
>
> ・2級：777,800円＋子の加算※
>
> ※　子の加算：2人目までは1人につき223,800円、3人目からは1人につき74,600円

(2) 障害厚生年金

> 1級：老齢厚生年金の報酬比例部分の額×1.25＋配偶者加給年金※
>
> 2級：老齢厚生年金の報酬比例部分の額＋配偶者加給年金※
>
> 3級：老齢厚生年金の報酬比例部分の額（最低保障額　583,400円（2級障害基礎年金×$\dfrac{3}{4}$）
>
> ※　配偶者加給年金：65歳未満であり、年収850万円未満の配偶者がいる場合は、223,800円

８．公的年金等に係る所得税

(1)　公的年金の源泉徴収額の計算

$$所得税＝（年金額－社会保険料控除等、各種控除）×5.105\%^{※}$$

※　2020年分以降、「扶養親族等申告書」を提出していない場合も所得税率は5.105％で源泉徴収される。

(2)　申告手続

①　公的年金等に係る雑所得の金額から所得控除を差し引いて残額があれば、確定申告して税額を精算する。

②　公的年金等に係る確定申告不要制度

公的年金等に係る雑所得を有する居住者で、その年中の公的年金等の収入金額が400万円以下であり、かつ、その年分の公的年金等に係る雑所得以外の所得金額が20万円以下である場合には確定申告の必要はない。

※　医療費控除による所得税の還付を受けるためには確定申告する必要がある。

※　公的年金等以外の所得金額が20万円以下で確定申告の必要がない場合でも、住民税の申告が必要な場合がある。

③　死亡等により、未支給の年金を遺族が受け取った場合は、遺族の一時所得として所得税の対象となる。

7 企業年金等

１．確定拠出年金

(1)　確定拠出年金とは

掛金を企業が拠出する企業型DCと、個人が自分で加入して掛金を自分で拠出する個人型DC（iDeCo）がある。iDeCoの加入可能年齢は、2022年5月から60歳未満→65歳未満に拡大されている。ただし、第1・3号被保険者は国民年金に（任意）加入している者に限る。海外居住でも国民年金に任意加入していれば、iDeCoに加入できる。

(2)　加入者と拠出限度額

<table>
<tr><td colspan="3" align="center">加入対象者</td><td align="center">拠出限度額</td></tr>
<tr><td rowspan="6" align="center">個人型DC（iDeCo）</td><td colspan="2">国民年金の第1号被保険者</td><td align="center">年額 81.6万円</td></tr>
<tr><td colspan="2">国民年金の第3号被保険者</td><td align="center">年額 27.6万円</td></tr>
<tr><td rowspan="4">国民年金の
第2号被保険者</td><td>会社員</td><td align="center">企業型DC＋DB等</td><td align="center">月額 1.2万円</td></tr>
<tr><td></td><td>企業型DCのみ</td><td align="center">月額 2万円</td></tr>
<tr><td></td><td>DB等のみ</td><td align="center">年額 14.4万円</td></tr>
<tr><td></td><td>企業年金なし</td><td align="center">年額 27.6万円</td></tr>
<tr><td colspan="2">公務員等</td><td align="center">年額 14.4万円</td></tr>
</table>

	企業型DC＋DB等	年額 33.0万円
企業型DC	iDeCoとの合計※	月額 2.75万円
	企業型DCのみ	年額 66.0万円
	iDeCoとの合計※	月額 5.5万円

DBとは、確定給付企業年金のこと。

※ 規約の定めがなくても、全体の拠出限度額から事業主掛金を差し引いた残余の範囲内で、個人型年金iDeCoの拠出が認められるように改正（2022年10月）。各月の事業主掛金との合算拠出限度額あり。なお、マッチング拠出とするか個人型年金に加入するかを加入者ごとに選択できる。

(3) ポータビリティ

加入者が退職して国民年金の加入者となった場合は個人型年金へ、転職した場合は転職先の企業型年金または個人型年金へ資産を移換することができる。

(4) 掛金と課税関係

個人が拠出した掛金は、小規模企業共済等掛金控除として全額所得控除になる。

(5) 給付

① 種類：老齢給付金・障害給付金・死亡一時金（障害給付金の支給を請求すれば老齢給付金の受給権消滅）

② 通算加入者等期間10年以上の老齢給付金：60歳から受給可能

（遅くとも75歳までに受給開始。企業型の場合、請求がなくても75歳に達すれば支給。）

③ 有期年金の場合：期間は5年以上20年以下

④ 一括受取の場合：退職所得として所得税の対象

2．中小事業主掛金納付制度（愛称：iDeCo＋（イデコプラス））

(1) 中小事業主掛金納付制度とは

従業員が個人型確定拠出年金（iDeCo（イデコ））に加入している場合、従業員の掛金に企業が中小事業主掛金を上乗せ拠出する助成制度である。

(2) 実施要件

・従業員数100人以下→300人以下に拡大（2020年10月）

・企業年金（厚生年金基金・確定給付企業年金・企業型DC）を実施していない。

・加入者掛金を給与天引きで納付している。

・中小事業主掛金納付制度の実施について労使合意している。

(3) 拠出額

加入者掛金と事業主掛金の合計が、月額5,000円以上2.3万円以下（年額27.6万円以下）

(4) 掛金と課税関係

・加入者掛金：小規模企業共済等掛金控除の対象

・事業主掛金：損金算入

必勝！　ポイント整理

３．小規模企業共済制度

掛金月額：1,000〜70,000円（500円単位、増額や減額は可能）

前納割引：前納月数に応じた前納減額金を受け取れる

解　　約：掛金合計額の80〜120％相当額、納付月数240月未満に任意解約は元本割れ

　　　　　納付月数12月未満の任意解約は解約手当金なし

　　　　　・65歳以上または廃業による解約→（一括）退職所得、（分割）公的年金等の雑所得

　　　　　・その他任意解約→一時所得

受取方法：一括・分割・併用。分割は300万円以上、併用は330万円以上あることが要件

3　リスク管理

1　保険契約者保護機構

　国内で営業を行うすべての保険会社は、生命保険契約者保護機構・損害保険契約者保護機構に強制加入する。

１．補償対象契約の補償割合

(1)　生命保険契約者保護機構

　　国内の元受保険契約で、運用実績連動型保険契約の特定特別勘定部分以外について、破綻時点の責任準備金等の90％（高予定利率契約等を除く）

　　かんぽ生命保険の生命保険契約や国内で事業を行う生命保険会社の外貨建保険も対象

(2)　損害保険契約者保護機構

　　・自賠責保険・家計地震保険は破綻後も100％補償

　　・火災保険、任意の自動車保険は破綻後３カ月間は100％補償、３カ月経過後は80％補償

2　生命保険の商品

１．総合福祉団体定期保険

契約者：法人、被保険者：役員・従業員、受取人：被保険者の遺族（法人も可）

主契約に、ヒューマン・バリュー特約（受取人は法人）や災害総合保障特約を付加できる。

保険料は全額法人負担（損金算入）。保険期間は１年の告知書扱い

被保険者の同意が必要となる（受取人を法人とするときも被保険者の同意が必要）。

２．財形貯蓄（勤労者財産形成貯蓄）

貯蓄型	銀行・証券会社等の財形貯蓄商品
保険型	保険会社の財形貯蓄商品（生命保険料控除の対象とならない）

　保険型の場合、一般財形・財形住宅（払込保険料550万円まで非課税）・財形年金（払込保険料385万円まで非課税）のいずれも、保険期間中（財形年金については年金開始前）に被保険者が不慮の事故で死亡した場合は払込保険料累計額の５倍相当額が災害保険金として支払われる。

67

3 損害保険と法律

1．自動車事故と損害保険

(1) 自動車損害賠償保障法（自賠法）

被害者保護のため、加害者に無過失責任に近い責任を負わせている。

(2) 自動車賠償責任保険（自賠責保険）

加入せずに自動車を運転した場合、1年以下の懲役または50万円以下の罰金が科される。

① 補償対象：対人賠償事故のみ

② 保険金等の請求方法

被害者請求と加害者請求の2つがある（仮渡金に加害者請求はない）。

・本請求：すべての治療が終わってからまとめて請求すること

・仮渡金請求：被害者の当座の出費に充てるために被害者が請求すること

③ 補償内容（被害者1名ごとの支払限度額）

傷害：120万円、後遺障害：4,000万円、死亡：3,000万円

※ 被害者に70%以上の過失がある場合、保険金額は減額される（重過失減額）。

④ 保険料：車種や保険期間に応じて定める。損害保険会社、年齢、走行距離等による差異なし

(3) 政府による自動車損害賠償保障事業（政府保障事業）

ひき逃げ事故や無保険車にひかれた被害者救済のため、被害者は自動車損害賠償保障事業に対して直接請求して補償を受けることができる。

① 損害のてん補請求

被害者請求のみ（内払金請求、仮渡金請求の制度はない）

② 補償内容

支払限度額は、自動車賠償責任保険と同様

※ 被害者が社会保険から給付を受けた場合や、加害者から支払いがあった場合は、その金額が差し引かれる。

(4) 時効

① 民法上（第709条）の不法行為による損害賠償請求権の時効

・被害者またはその法定代理人が損害および加害者を知ったときから3年

（ただし、人の生命または身体の侵害による損害賠償請求権は5年）

・損害および加害者を知らなかった場合は事故が発生したときから20年

② 保険金請求権の時効（2010年4月1日以後の事故の場合）

自賠責保険・自動車損害賠償保障事業（政府の保障事業）

加害者請求	被害者に損害賠償金を支払ったときから3年
被害者請求	・傷害は事故発生日から3年 ・後遺障害は症状固定日から3年 ・死亡は死亡日から3年

※ 治療が長引いたり、加害者と被害者の話し合いがつかないなど3年以内に請求できない場合、時効の更新ができる。仮渡金や内払金が支払われたときも、時効が更新する。また、自賠責保険のような仮渡金の制度はない。

必勝！　ポイント整理

※　自動車損害賠償保障事業（政府保障事業）では、時効の更新はできない。

(5)　任意の自動車保険（対人・対物）は法律上の損害賠償責任の額が示談・判決などにより確定したときから3年

(6)　自動車保険（任意保険）

	ノンフリート契約	フリート契約
契約台数	1～9台	10台以上 （異なる保険会社に分割して付保している場合は必ず登録申請する。共済は含まない）
契約単位 （割引・割増の適用単位）	自動車1台単位	契約者単位
割引・割増の決定方法等	・1台ごとの事故件数（保険金の額とは無関係） ・年齢条件 ・運転者条件 ・等級（1～20）が上がるほど割引率は高くなり、保険料は安くなる ・対人・対物事故は3等級下がる ・台風、洪水、窓ガラス破損等により車両保険を使用すると1等級下がる	・自動車の総契約台数 ・契約全体での損害率（保険料と支払保険金の割合）によって、優良割引率・第一種デメリット料率 ・1つの保険証券で契約するとフリート多数割引（全車両一括特約） ・用途車種別基本保険料を適用（運転者年齢条件はなし）

・リスク細分型保険では、年齢、運転免許証の色、使用目的、年間走行距離、地域等により細分化している。衝突被害軽減ブレーキ（AEB）が装着されている場合、一律9％のASV割引（発売後約3年以内の型式に限る）を適用。
・自動車を廃棄・譲渡した場合や海外渡航（一時的に被保険自動車を所有または使用しない）ときは保険契約の「中断制度」がある。「中断制度」とは、保険会社を問わず、中断証明書の有効期限内に新たに契約する自動車保険に中断前の等級を引き継ぐことができる制度。

2．失火責任法
(1)　失火により隣家を焼失させた場合

軽過失による失火	失火責任法が適用され、損害賠償責任を負わない
重過失または故意による失火・爆発による損壊	失火責任法は適用されず、損害賠償責任を負う（民法の不法行為責任）

4 損害保険商品

1．地震保険
(1)　保険の目的
居住用建物（店舗併用住宅含む）および家財（生活用動産）
※　区分所有建物の共用部分も契約することができる。
※　通貨、有価証券、1個または1組の価値が30万円超の貴金属、骨董品、書画等は含まれない。
※　紛失、盗難による損害は対象外

69

※　目的が建物の場合、門・堀・給排水設備が単独で損害を受けると対象外

(2)　補償の対象

地震・噴火・津波を直接または間接の原因とする火災・損壊・埋没・流失による損害（全損・大半損・小半損・一部損）を補償

(3)　地震保険の保険金額

火災保険の保険金額の30〜50％、かつ、建物5,000万円、家財1,000万円が限度

(4)　加入方法

・火災保険に新規加入する場合、原則自動付帯となる。加入を希望しない場合は、「付帯しない」旨の確認印が必要

・保険期間は、短期（１年）および長期（２〜５年）となる。

・火災保険の保険期間が５年超の場合、付帯する地震保険の保険期間は、１年の自動継続または５年の自動継続となる。

・既加入の火災保険にも中途付加できる。

(5)　保険料

構造（イ構造・ロ構造の２区分、イ構造の保険料が安い）と所在地（都道府県による等地別の３区分、１等地の保険料が安い）によって保険料が異なる。保険会社によって保険料が異なることはない。

〈保険料の割引制度〉

「建築年割引（10％）」・「耐震等級割引（等級１：10％、等級２：30％、等級３：50％）」・「耐震診断割引（10％）」・「免震建築物割引（50％）」の４つの割引制度があるが、重複適用はできない。

(6)　地震保険の損害区分の細分化

2017年１月以降の契約は、損害区分が３区分から4区分に細分化され、これまでの「半損」が「大半損」と「小半損」に分割された。

損害の程度	保険金の支払割合
全　損	100％
大半損	60％
小半損	30％
一部損	5％

２．会社役員賠償責任保険（Ｄ＆Ｏ保険）

経営判断に関わる責任を追及する株主代表訴訟、会社訴訟、第三者から役員に対する訴訟など、役員を取り巻く訴訟リスクに備える目的

・被保険者：取締役・監査役・執行役などすべての役員

　　　　　　（保険期間中に退任した役員・新選任された役員を含む）

・契約内容の決定：株主総会（取締役会設置会社の場合は、取締役会）の決議

・支払い対象：第三者訴訟や社員代表訴訟の損害賠償金や争訟費用（弁護士報酬等）

インサイダー取引を行ったことに起因する損害賠償請求は対象外
・税務上の取扱い：役員個人に給与課税されない（株主総会の決議による加入が条件）

3．その他、事業活動に係る損害保険の商品性

サイバー保険	事業者の情報漏えいや他人の業務阻害等による賠償金や対応費用を補償（第三者への賠償責任、情報漏えい対応費用や再発防止実施費用等、利益損害など）
請負業者賠償責任保険	請負作業遂行中に発生した偶然な事故、または請負作業遂行のために所有・使用・管理している施設の欠陥や管理不備等に起因する対人・対物事故による賠償責任を補償
生産物賠償責任保険	マンションの改修工事など作業完了後、工事結果の不良に起因する対人・対物事故を補償
建設工事保険	住宅、事務所ビル等の建物の建築工事期間中における、火災・爆発・落雷・盗難等の不測かつ突発的な事故による工事の目的物について生じる損害を補償
施設所有（管理）者賠償責任保険	各種施設・設備・用具等の構造上の欠陥や管理の不備による事故と業務活動等での不注意による事故で生じる損害を補償
労働災害総合保険	政府労災保険の上乗せ補償となる法定外補償と使用者賠償責任を補償

5 保険料と税金

1．生命保険料控除

(1) 一般の生命保険料控除・介護医療保険料控除

保険金受取人が契約者、配偶者またはその他の親族（6親等以内血族と3親等以内姻族）である保険が対象

※ 財形貯蓄保険や少額短期保険は対象外

※ 自動振替貸付によりその年中の払込分として充当された保険料は対象

(2) 個人年金保険料控除

以下①～④の要件をすべて満たし、「個人年金保険料税制適格特約」を付加した個人年金保険が対象。

※ 変額個人年金保険は一般生命保険料控除の対象になる。

① 年金受取人が保険契約者または配偶者であること

② 年金受取人と被保険者が同一であること

③ 保険料払込期間が10年以上（一時払は除く）であること

④ 年金種類が確定年金・有期年金の場合、年金受取開始年齢が60歳以上、かつ、年金支払期間が10年以上であること（終身年金の場合は年金受取開始年齢要件はない）

(3) 控除限度額

契約時期	所得税の控除限度額		住民税の控除限度額	
	2011年まで	2012年以降	2011年まで	2012年以降
一般生命保険料控除	5万円	4万円	3.5万円	2.8万円
個人年金保険料控除	5万円	4万円	3.5万円	2.8万円
介護医療保険料控除	―	4万円	―	2.8万円
控除限度額	10万円	12万円	7万円	7万円
新旧通算控除限度額	12万円		7万円	

※ 新制度と旧制度ともに適用がある場合、適用の最高限度額は、所得税12万円、住民税7万円となる。

6 個人の損害保険契約と税金

1. 人身傷害補償保険
事故の相手方の過失割合に相当する金額は非課税

2. 車両保険
自家用車の盗難で受け取った保険金は非課税

3. 火災保険
雑損控除の対象金額は、損害額から受け取った保険金額を控除する

4. 所得補償保険
医療控除の対象金額は、医療費から受け取った保険金額を控除しない

7 個人事業主の損害保険契約と税金

1. 棚卸資産（個人事業主が所有する店舗内の商品）に対する損害
受け取った保険金は事業収入となる。

2. 事業用固定資産（店舗や設備）そのものに対する損害
受け取った保険金は非課税
（損失額から受け取った保険金額を差し引き、損失額が上回った場合は必要経費に計上できる。逆に、保険金が上回ったとしても税金の対象にはならない）

3. 休業に対する損害
受け取った保険金は事業収入となる。

4. 従業員の傷害に対する損害
受け取った死亡保険金は事業収入となる。

必勝！　ポイント整理

8 法人契約と経理処理

１．生命保険料の経理処理

(1)　保険期間 **3** 年以上の定期保険または第三分野保険

〈最高解約返戻率が50％超の場合（2019年7月8日以降の契約分から適用）〉

最高解約返戻率	保険期間		
	当初4割期間（資産計上期間）	次の3.5割期間	最後2.5割期間（資産取崩期間）
50％超70％以下	40％資産計上 （60％損金算入）	全額損金算入	全額損金算入 資産計上額を均等に取り崩し、損金算入
70％超85％以下	60％資産計上 （40％損金算入）		
85％超	［当初10年間］ 「保険料×最高解約返戻率×90％」を資産計上（残額を損金算入） ［11年目以降※］ 「保険料×最高解約返戻率×70％」を資産計上（残額を損金算入） ［資産計上期間と資産取崩期間の間の期間］ 　全額損金算入 ［資産取崩期間］ 　解約返戻金が最も高くなる時期（解約返戻金額ピーク）から資産計上額を均等に取り崩し、損金算入		

※　11年目以降は、「最高解約返戻率となる期間（解約返戻率ピーク）」または「年間の解約返戻金増加額÷年間保険料（解約返戻金増加率）≦70％になる年」のいずれか遅いほうまでの期間

・　最高解約返戻率50％以下の場合は、**全額損金算入**
・　保険期間が終身である第三分野保険については、保険期間の開始の日から被保険者の年齢が**116歳**に達する日までを計算上の保険期間とする。
・　最高解約返戻率が**50％超70％**以下で、かつ、年換算保険料相当額が**30万円**以下の場合、年間保険料は**全額損金算入**

(2)　上記(1)以外の定期保険または第三分野保険

〈保険期間を通じて解約返戻金がなく（ごく少額を含む）、保険料の払込期間が保険期間よりも短い場合（2019年10月8日以降の契約分から適用）〉

年間の支払保険料	経理処理
30万円以下	支払った日の属する事業年度で損金算入
30万円超	保険期間の経過に応じて損金算入（保険期間を116歳満了とみなす）

(3)　払済終身保険に変更時の経理処理

変更時における解約返戻金相当額－前払保険料（資産計上額）

$$= \begin{cases} +の場合：雑収入として益金算入 \\ -の場合：雑損失として損金算入 \end{cases}$$

（例）定期保険（長期平準定期保険ではない）から払済終身保険に変更時

定期保険の場合、前払保険料（資産計上額）は0円であるため、**解約返戻金相当額**を**雑収入**として**益金**

算入する。

借　方	貸　方
保険積立金：解約返戻金相当額 【資産の増加（⇒資産計上）】	雑収入：解約返戻金相当額 【収益の発生（⇒益金算入）】

２．契約者および保険受取人の地位（権利）を法人→個人に名義変更
（2019年7月8日以後に加入した契約において、2021年7月1日以後に名義変更した場合に適用）

名義変更時の評価額
・原則：解約返戻金相当額
・例外（解約返戻金相当額が資産計上額の70％未満）：資産計上額

３．保険金と圧縮記帳

　工場など事業用固定資産が全焼し、法人が受け取った火災保険金で新しい工場を代替取得する場合には、一定要件を満たせば保険差益に課税されず課税を繰り延べることができる。

(1) 圧縮限度額

> 保険差益＝保険金[※1]－（建物等の損失発生前の帳簿価額のうち被害部分相当額＋支出費用[※2]）
> ※1　保険金（企業費用・利益総合保険の保険金は含まれない）
> ※2　支出費用とは、取壊し費、焼跡の整理費など（見舞金や賠償金は含まれない）

> 圧縮限度額＝保険差益×$\dfrac{\text{代替資産の取得に充てた保険金（分母の金額が限度）}}{\text{保険金－支出費用}}$

　保険差益のうち圧縮限度額を損金算入し、その額を保険金で購入した新たな資産の帳簿価額から減額する。

［図解］

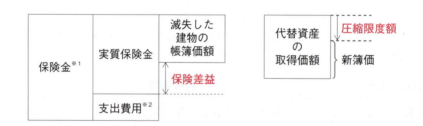

(2) 留意点
・保険金で購入する代替資産が被災した資産と同種であること
・固定資産が被災した日から3年以内に保険金が支払われることが確定していること
・圧縮記帳の対象は、法人所有の固定資産に限られる（個人所有不可、棚卸資産不可）。
・保険金等の額が確定する前に、代替資産を取得した場合には、保険金等の額が確定日の属する事業年度において圧縮記帳の適用対象となる。
・車両保険の保険金で代替車を取得した場合も圧縮記帳が認められる。

9 健全性・収益性に関する指標等

指標など	内容
基礎利益	期間損益の状況を表す指標 基礎利益＝経常利益－キャピタル損益（有価証券売却損益など）－臨時損益（危険準備金繰入額など）
EV （エンベディッド・バリュー）	企業価値を表す指標 EV＝修正純資産（内部留保や含み損益を含む）＋保有契約価値（保有契約から将来的にもたらされる利益）
ソルベンシー・マージン比率	保険金等の支払余力を表す指標 200％を下回ると、金融庁による業務改善命令などの早期是正措置の対象
実質純資産額	実質純資産額＝時価ベースの資産合計－負債合計（価格変動準備金や危険準備金など資本性の高い負債） マイナスになると、金融庁による業務停止命令の対象
リスク管理債権	何らかの理由で返済されない、延滞しているといった状況にある貸出金のこと。破綻先債権・延滞債権・3カ月以上延滞債権・貸付条件緩和債権がある。

10 キャッシュフロー計算書（間接法）

構成する主な要素は、「営業活動」「投資活動」「財務活動」で、キャッシュの動きを示す。

	現金が減少する要因
営業活動によるキャッシュフロー （本業による現金の増減）	● 売上高の減少 ● 販売費および一般管理費の増加
投資活動によるキャッシュフロー （固定資産等の取得・売却による現金の増減）	● 有形固定資産の取得 ● 投資有価証券の取得
財務活動によるキャッシュフロー （借入や返済による現金の増減）	● 自己株式の取得 ● 社債の償還

※ フリー・キャッシュフロー（会社が自由に使える現金のこと。投資余力があり事業成長の可能性を示す）
＝「営業活動によるキャッシュフロー」－「投資活動によるキャッシュフロー」

4 金融資産運用

1 マーケット環境の理解

1．経済指標

企業物価指数	企業間で取引される財の価格の変動を指数化したもので、日本銀行が毎月公表。サービス価格は含まれていない
消費者物価指数	全国の世帯が購入する家計に係る財およびサービスの価格等を総合した物価の変動を時系列的に測定するもので、総務省が毎月公表。消費税などの間接税は、物価指数に反映される
完全失業率	労働力人口（15歳以上の就業者数および完全失業者数）に占める完全失業者数の割合で、総務省が「労働力調査」で毎月公表。完全失業者とは、求職活動をしたが職につかなかった者
有効求人倍率	公共職業安定所で扱った有効求人数を求職者数で除したもので、厚生労働省が「職業安定業務統計」で毎月公表
マネーストック統計	通貨保有主体が保有する現金通貨や預金通貨などの通貨量の残高。通貨・発行主体の範囲により、M1、M2、M3、広義流動性の4つの指標がある。日本銀行が毎月公表
鉱工業指数	鉱工業製品を生産する国内事業所における生産、出荷、在庫に係る諸活動、設備の稼働状況、生産能力の動向、生産の先行き2カ月の計画の把握を行うことを目的とするもので、経済産業省が毎月調査・公表

2．景気動向指数

　内閣府が毎月公表。コンポジット・インデックス（CI）とディフュージョン・インデックス（DI）があるが、2008年4月値以降、CI中心の公表形態に移行した。

　また、2020年6月速報から、先行指数11、一致指数10、遅行指数9の30系列※になっている。

CI	採用系列の変化量を合成することで、景気変動の大きさやテンポを測定することを目的とする。一致CIが上昇している時は景気拡張局面、低下している時は景気後退局面である
DI	採用系列のうち改善している指標の割合で、景気の各経済部門への波及度合いを測定することを目的とする。一致DIは、景気拡張局面では50%を上回り、景気後退局面では50%を下回る傾向がある
ヒストリカルDI	景気転換点の判定に用いられる

※　2018年1月から遅行指数である「家計消費支出（勤労者世帯、名目）」は速報時に含めない（改訂時に含める）ことになっている。

　また、2020年6月から第16循環の景気の山の暫定設定時に、内閣府が公表する「輸出数量指数（季節調整値）」が新たに「一致指数」に加えられた。なお、2021年1月速報から、一致指数のうち「所定外労働時間指数」が除外され、「労働投入量指数」が採用された。

2 投資信託

1．投資信託の運用スタイル

(1) パッシブ運用

　目標となるベンチマークと連動する投資成果を目指す運用スタイル

(2) アクティブ運用

目標となるベンチマークを上回る投資成果を目指す運用スタイル

〈トップダウン・アプローチとボトムアップ・アプローチ〉

トップダウン・アプローチ	金利、為替、景気などのマクロ経済の動向を分析して投資比率・業種などを決める手法
ボトムアップ・アプローチ	個別企業の情報を基にして投資魅力の高い銘柄をピックアップする手法

〈グロース運用とバリュー運用〉

グロース運用	個別銘柄の成長性を重視して銘柄選択を行うスタイル
バリュー運用	個別銘柄の割安性を重視して銘柄選択を行うスタイル

2．個別元本方式

　同じファンドを追加で買付けした場合には、移動平均法により個別元本がその都度変更される。公募追加型株式投資信託における収益分配金は、配当所得として20.315％（所得税15.315％（復興特別所得税を含む）、住民税5％）源泉徴収となる普通分配金と、非課税となる元本払戻金（特別分配金）の2つに区分される。

(1) 分配落ち後の基準価額≧個別元本　の場合

・全額が普通分配金として課税される。

・分配金受取後の個別元本は修正されない。

(2) 分配落ち後の基準価額＜個別元本　の場合

・個別元本と分配落ち後の基準価額の差額は元本払戻金として非課税である。

・残額は普通分配金として課税される。

・分配金受取後の個別元本は、元本払戻金の分だけ減額修正される。

3 債券投資

1．個人向け国債

	変動10年	固定5年	固定3年
金利水準	基準金利×0.66	基準金利−0.05％	基準金利−0.03％
下限金利	0.05％		
発行頻度	毎月		
中途換金	第2期利子支払日以後（発行後1年経過後）、中途換金可能（国が額面金額で買取る）直前2回分の各利子（税引前）×0.79685が差し引かれる		

2．債券の利回り計算

$$\text{利付債券の最終利回り（単利）（\%）} = \frac{\text{クーポン} + \dfrac{100 - \text{単価}}{\text{残存年数}}}{\text{単価}} \times 100$$

77

$$割引債券の最終利回り（1年複利）（\%）=\left(\sqrt[残存年数]{\frac{100}{単価}}-1\right)\times100$$

$$割引債券の単価（円）=\frac{100}{（1+利回り）^{残存年数}}$$

4 株式投資

1．配当性向と内部留保率

配当性向は、利益の株主還元状況を示す指標

$$配当性向（\%）=\frac{配当金総額}{当期純利益}\times100 \quad 内部留保率（\%）=1-配当性向$$

2．資本利益率（ROAとROE）

(1) 使用総資本事業利益率（ROA）

$$使用総資本事業利益率（ROA）（\%）=\frac{事業利益}{使用総資本（総資産）}\times100$$

【2指標分解】＝売上高事業利益率×総資本回転率

※　事業利益＝営業利益＋受取利息および受取配当＋有価証券利息

※　分子の利益を経常利益にすると、総資産経常利益率となる

(2) 自己資本当期純利益率（ROE）

$$自己資本当期純利益率（ROE）（\%）=\frac{当期純利益}{自己資本}\times100$$

【3指標分解】＝売上高純利益率×総資本回転率×財務レバレッジ

$$＝売上高純利益率×総資本回転率×\frac{1}{自己資本比率}$$

※　自己資本比率（\%）$=\dfrac{自己資本}{総資本}\times100$

※　自己資本＝純資産－新株予約権－非支配株主持分

3．サスティナブル成長率（内部成長率）

企業の内部留保を事業に再投資して得られる理論成長率

サスティナブル成長率（\%）＝ROE×内部留保率

＝ROE×（1－配当性向）

4．インタレスト・カバレッジ・レシオ

金融費用の支払原資が事業利益でどの程度まかなわれているかを示す。

$$\text{インタレスト・カバレッジ・レシオ(倍)} = \frac{\text{事業利益}}{\text{金融費用}}$$

※　事業利益＝営業利益＋受取利息および受取配当＋有価証券利息
※　金融費用＝支払利息および割引料＋社債利息

5 外貨建商品

1．外貨預金の利回り計算

　預入時（円を外貨に両替）にはTTS、換金時（外貨を円に両替）にはTTBを用いる。

2．外貨建MMF

　購入時には外国証券取引口座の開設が必要である。いつ換金しても信託財産留保額は徴収されない。為替差益は申告分離課税。なお、外貨建MMFの利用であれば口座管理手数料は不要である。

6 金融派生商品

1．先物取引

　保有している現物が今後値下がりすると予想されてもすぐに売却できない場合、先物を売建て、値下がりしたときに先物を買戻す（売りヘッジ）。

2．オプション取引

　原資産を買う権利をコール・オプション、原資産を売る権利をプット・オプションという。買い手はプレミアムを支払い、売り手はプレミアムを受け取る。

(1)　プレミアムの価格変動要因

要　因	条　件	コールのプレミアム	プットのプレミアム
権利行使価格	高い	低い	高い
	低い	高い	低い
原資産価格	上昇	高い	低い
	下落	低い	高い
残存期間	長い	高い	
	短い	低い	
ボラティリティ	上昇	高い	
	下落	低い	

(2)　金利オプション

キャップ	変動金利の上限のこと。金利上昇リスクのヘッジに利用される
フロア	変動金利の下限のこと。金利低下リスクのヘッジに利用される

(3) 通貨オプション

輸入企業	将来の米ドルに対するドル高/円安をヘッジするためには、円プット/ドルコールの通貨オプションを購入することが効果的
輸出企業	将来の米ドルに対するドル安/円高をヘッジするためには、ドルプット/円コールの通貨オプションを購入することが効果的

3. スワップ取引

金利スワップ	同一通貨間の異なる種類の金利（固定金利と変動金利）の将来のキャッシュフローを交換する取引
通貨スワップ	異なる通貨間の異なる種類の金利の将来のキャッシュフローを交換する取引で、原則として元本の受払いが行われるが、元本の受払いを行わないもの（クーポンスワップ）もある

7 ポートフォリオ理論

1. 期待収益率と標準偏差

(1) 期待収益率

　　複数のシナリオと、そのシナリオの実現しそうな確率（生起確率）を決めて、それぞれの予想収益率を加重平均したもの

(2) 標準偏差

　　リスクとは、収益率の散らばり具合のこと。分散とは、各シナリオの予想収益率から期待収益率を差し引き、その差を二乗した値に各シナリオの生起確率を乗じ、これらの数値を合計したもの。分散の平方根が標準偏差（標準偏差 ＝ $\sqrt{分散}$）

2. 資本資産評価モデル（CAPM）

資本資産評価モデルでは、資産の期待収益率を下記の算式によって求める。

> **資産の期待収益率＝安全資産利子率＋（市場の期待収益率－安全資産利子率）× β**
>
> ※　$\beta = \dfrac{資産と市場の共分散}{市場の分散}$
>
> ※　β（ベータ）とは、市場に対する資産のリスクを図る指標

3. シャープ・レシオ

> シャープ・レシオ＝$\dfrac{ポートフォリオの収益率－安全資産利子率}{ポートフォリオの標準偏差}$

必勝！　ポイント整理

8 金融商品と税金

1．一般NISA（非課税上場株式等管理契約に係る非課税措置）

利 用 可 能 者	その年の１月１日において20歳以上の居住者（2023年１月以降口座開設する場合は18歳以上）
口座（勘定）開 設 数	投資できるのは各年１人１口座 ※NISA口座を開設する金融機関は１年単位で変更可能
非 課 税 対 象	NISA口座内の上場株式等の配当等と譲渡益 ※株式の配当は、株式数比例配分方式による受取りに限る
年間投資上限額	2014年〜2015年は100万円。2016年以後は120万円 ※他の口座で保有している上場株式等をNISA口座へ移管不可 ※未使用の非課税枠の翌年以後への繰越しは不可
非 課 税 期 間	投資した年から最長5年間
損 益 通 算	NISA口座で生じた譲渡損失は、他の口座で生じた譲渡益や配当等と損益通算することはできない

※　現行の一般NISAへの投資期間は2023年で終了し、2024年１月１日以降は新NISA（仮称）が創設される。

2．つみたてNISA（非課税累積投資契約に係る非課税措置）

2018年１月に、少額からの積立・長期分散投資を目的として創設された。

利 用 可 能 者	その年の１月１日において20歳以上の居住者（2023年１月以降口座開設する場合は18歳以上）
口座（勘定）開 設 数	投資できるのは各年１人１口座 ※上記1．の一般NISAと選択適用となる。ただし、年単位での変更は可能である
非 課 税 対 象	長期の積立・分散投資に適した一定の上場等株式投資信託（公募株式投資信託とETF）の分配金や譲渡益
年間投資上限額	40万円 ※定期的に継続して購入する必要がある
非 課 税 期 間	投資した年から最長20年間

3．ジュニアNISA（未成年者少額投資非課税制度）

2016年１月から口座開設の受付が開始され、2016年４月１日から投資が可能になった。一般NISAとの相違点は以下の通り。なお、2023年12月31日をもって廃止される。

利 用 可 能 者	その年の１月１日において20歳未満の居住者（2023年１月以降口座開設の場合は18歳未満）
口 座 開 設 数	投資できるのは各年１人１口座 ※金融機関の変更は不可
年間投資上限額	80万円
非 課 税 期 間	投資した年から最長5年間 ※新規投資は2023年で終了する
運 用 管 理	原則、親権者等が未成年者のために代理して運用を行う
払 出 制 限	原則、その年の３月31日において18歳である年の前年12月31日まで払出不可

9 セーフティネット・関連法規

1．預貯金の保護

(1) 預金保険制度
　① 対象外の預金等
　　・国内金融機関の海外支店、**外国銀行の在日支店**の預金等は対象外
　　・**外貨預金**は保護の対象外
　② 保護される預金等の範囲
　　・**決済用預金**（無利息、要求払い、決済サービスを提供できること、という３要件を満たす預金）は**全額保護**
　　・決済用預金以外の一般預金等は、１金融機関ごとに預金者１人当たり元本**1,000万円**までとその利息等が保護

(2) ゆうちょ銀行の貯金
　　預金保険制度の保護の対象（政府による保証なし）。振替口座（振替貯金）は決済用預金として全額保護の対象。なお、ゆうちょ銀行の預入限度額は、2019年４月１日以降、1,300万円から**2,600万円**に引き上げられている。

2．金融サービス提供法（2021年10月31日以前は「金融商品販売法」）
　　民法の**特別法**。金融商品販売業者が顧客（特定投資家を除く）に金融商品を販売する際には重要事項の説明を義務付けているほか、断定的判断の提供による勧誘を禁止している。金融商品販売業者がこれらに違反し、顧客に損失が生じた場合には、顧客は**損害賠償を請求**できる。

3．金融商品取引法
　　金融商品取引業者を規制する**業法**。企業内容等の開示や金融商品取引業者の行為規制、インサイダー取引の禁止などの禁止行為等を定めている。

5　タックスプランニング

1 所得税

1．納税義務者
　　所得税法では、所得税の納税義務者を居住者、非居住者、内国法人、外国法人に分けてそれぞれ納税義務を定めている。

種　類		課税所得の範囲
居住者 （国内に住所を有し、または、引き続いて**１年以上**居所を有する個人）	非永住者以外	すべての所得 （国内源泉所得および国外源泉所得）
	非永住者 （日本国籍がなく、かつ過去**10年以内**に日本に住所または居所を有していた期間が**５年以下**の個人）	国内源泉所得および国外源泉所得のうち**国内で支払われ**または**国外から送金されたもの**
非居住者（居住者以外の個人）		国内源泉所得

必勝！　ポイント整理

・1年以上の予定で海外支店勤務や海外子会社に出向する場合は出国当初から非居住者となる。
・職業に従事するために国内に居住することになった者は、滞在期間が明らかに1年未満でない場合には入国当初から居住者となる。
・国家公務員または地方公務員は、国内に住所を有しない期間も原則として国内に住所を有するものとする。

2．非課税所得

・当座預金の利子（年利1％以下のもの）、「マル優制度」の一定の利子、財形貯蓄制度（住宅・年金）の一定の利子、納税準備預金の利子（目的外引き出しは課税）
・オープン型証券投資信託（追加型株式投資信託）の元本払戻金（特別分配金）
・遺族の受ける恩給・年金（遺族年金、障害者年金など）
・給与所得者の通勤手当（月額15万円まで）、出張旅費、制服等の現物給付
・生活用動産の譲渡による所得（貴金属、宝石、書画、骨董等で1個または1組の価額が30万円を超えるものは課税）
・損害保険金、損害賠償金、慰謝料等
・オリンピック・パラリンピックにおける報奨金

3．不動産所得

(1) 他の所得との区分
　・アパートなどの家賃収入
　　食事を供さない場合…不動産所得
　　食事を提供する場合（下宿など）…事業所得または雑所得
　・駐車場収入
　　保管責任がない場合…不動産所得
　　保管責任がある場合…事業所得または雑所得

(2) 不動産貸付業の規模の大小（5棟10室基準）により取り扱いが異なる規定

	事業的規模	事業的規模以外
専 従 者 給 与	適用あり	適用なし
青色申告特別控除	最高65万円※	最高10万円
固定資産の資産損失	全額必要経費算入	不動産所得の金額を限度として必要経費に算入

※　2020年分以降、青色申告特別控除額が55万円に引き下げられる改正が行われている。ただし電子申告等をした場合には従来どおり65万円となる。

4．事業所得

(1) 租税公課
　・必要経費となるもの…事業税、固定資産税、登録免許税、印紙税など
　・必要経費とならないもの…所得税、住民税、加算税、延滞税など

(2) 親族が事業から受ける対価

① 原則

・事業主が同一生計親族に対して支払う給与、賃借料、利子などは、その事業主の所得の計算上必要経費に算入しない。

・親族側では、受け取った対価はなかったものとみなす。

② 青色事業専従者給与（青色申告者）

・青色事業専従者に対して支払った給与は、事業所得の計算上必要経費に算入する。

・青色事業専従者とは、同一生計の親族（15歳以上）で、その事業に1年を通じて6カ月を超える期間、もっぱら従事する者をいう。

・青色事業専従者に対するものでも、退職金は必要経費に算入できない。

③ 専従者控除（白色申告者）

次のイとロのうちいずれか少ない金額を必要経費に算入する。

イ　配偶者の場合は86万円、配偶者以外の場合は専従者一人につき50万円

ロ　$\dfrac{\text{適用前の事業の所得の金額}}{\text{事業専従者の数}+1}$

(3) 減価償却

① 償却方法

・減価償却費の計算方法には、定額法と定率法があり、償却方法を選定し、届け出をする。

・届け出をしなかった場合は法定償却方法（個人の場合は定額法）により償却をする。

・1998年4月1日以後に取得した建物は定額法のみとなる。

・2016年4月1日以後に取得した建物附属設備および構築物は定額法のみとなる。

② 少額減価償却資産

・使用可能期間が1年未満のもの、または取得価額が10万円未満のもの※については、取得価額の全額を事業の用に供した年分の必要経費に算入する。

・中小企業者である青色申告者は、取得価額30万円未満（年間300万円を限度）のもの※については、取得価額の全額を事業の用に供した年分の必要経費に算入することができる。

※　2022年より一定の貸付用のものには適用できない。

5. 退職所得

(1) 退職所得の範囲

・退職手当、一時恩給など、退職により一時に受ける給与や、社会保険制度・退職金共済制度に基づく一時金が該当する。

・解雇予告手当は、退職所得に該当する。

・年金として支払われる場合は、雑所得となる。

(2) 退職所得の計算

$$\text{退職所得の金額} = (\text{収入金額} - \text{退職所得控除額}) \times \dfrac{1}{2}$$

・役員等としての勤続年数が5年以下の者が受けるもの（特定役員退職手当等）は、2分の1を乗じない。

・2022年より特定役員以外の者が受ける勤続年数5年以下の退職手当（短期退職手当等）のうち、

300万円超部分（退職所得控除額控除後の金額）は、2分の1を乗じない。

〈退職所得控除額〉

勤続年数	退職所得控除額
20年以下	40万円×勤続年数（最低80万円）
20年超	800万円＋70万円×（勤続年数－20年）

※　勤続年数の1年未満の端数は、1年に切上げる。

※　障害者になったことに直接起因して退職した場合は、上記の金額に100万円を加算

(3)　退職所得の受給に関する申告書
　①　退職所得の受給に関する申告書を提出した場合
　　・所得税・住民税について適正額が源泉徴収される（住民税の税率は10%）。
　　・原則として確定申告は不要
　②　退職所得の受給に関する申告書を提出しない場合
　　・「退職金の収入金額×20.42%」相当額の所得税（復興特別所得税を含む）が源泉徴収される。
　　・確定申告により税額の精算をする。

6．配当所得

(1)　源泉徴収税率（復興特別所得税を含む）

区　分		税　率
上場株式等	大口株主以外	20.315% （所得税15.315%、住民税5%）
	大口株主	所得税のみ20.42% （住民税は徴収されないため総合課税）
非上場株式等		

※　大口株主とは、発行済株式総数の3%以上を所有している株主をいう。

※　申告不要制度：大口株主が受け取る上場株式等の配当および非上場株式等の配当のうち少額配当（年1回配当の場合は10万円以下）は申告不要を選択できる。上場株式等の配当（大口株主が受け取るものを除く）は金額等の要件はなく、任意に選択できる。なお、2023年10月以降については大口株主となる場合の所有割合の算定方法が改正される予定である。

(2)　上場株式等の配当所得（大口株主が受け取るものを除く）の課税方法
　①　総合課税（配当控除の適用あり）
　②　申告分離課税（上場株式等の譲渡損失と損益通算可）
　③　申告不要制度を選択

		上場株式等の譲渡損失との損益通算	配当控除の適用
申告不要とした場合		※	×
申告した場合	総合課税	×	○
	申告分離課税	○	×

※　源泉徴収を選択した特定口座に受け入れた上場株式等の配当は、特定口座内において上場株式等の譲渡損失と損益通算され、申告不要とすることができる。

7. 株式等の譲渡所得

(1) 税率（復興特別所得税を含む）
20.315％（**所得税15.315％、住民税5％**）

(2) 所得の区分
株式等に係る譲渡所得等は、次の2つに分類される。
① 特定公社債等及び上場株式等に係る譲渡所得等の分離課税
② 一般公社債等及び非上場株式等に係る譲渡所得等の分離課税
※1 特定公社債とは、国債、地方債、外国国債、公募公社債、上場公社債などをいう。
※2 上記①と②の所得の間で、損益通算はできない。

(3) 内部通算・損益通算および繰越控除
上場株式等に係る譲渡所得等

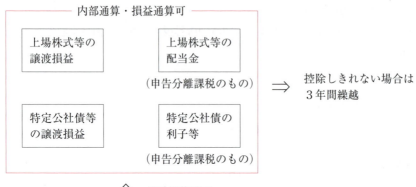

非上場株式等に係る譲渡所得等

8. 損益通算

(1) 損益通算の対象となる所得
不動産所得、事業所得、山林所得、譲渡所得の損失

(2) 上記(1)のうち損益通算の対象とならないもの
① 不動産所得の損失のうち土地等の取得のための借入金利子に相当する部分の金額
② 国外不動産所得の損失の金額のうち国外中古建物の償却費に相当する部分の金額
③ 非課税所得の計算上生じた損失
・生活用動産の譲渡損失
④ 株式等の譲渡損失
※ ただし、上場株式等の譲渡損失は、上場株式等の配当所得（申告分離課税を選択したもの）、特定公社債等の譲渡益および利子と損益通算できる。
⑤ 土地建物等の譲渡損失

※　ただし、居住用財産の買換え等の譲渡損失、特定の居住用財産の譲渡損失は、一定要件を満たした場合には損益通算できる。
⑥　生活に通常必要でない資産に係る所得の計算上生じた損失
・ゴルフ会員権、別荘、30万円超の貴金属・書画・骨董品など

9. 損失の繰越控除

(1) 純損失の繰越控除

①　損益通算をしても控除しきれなかった純損失の金額は、連続して確定申告書を提出することにより、翌年以後3年間繰り越すことができる。なお、特定被災事業用資産の損失については、一定の場合、翌年以降5年間繰り越すことができる。

②　繰越控除の対象
・損失発生年が青色申告…純損失の全額を繰り越すことができる。
・損失発生年が白色申告…変動所得の金額の計算上生じた損失の金額および被災事業用資産の損失の金額などを繰り越すことができる。

③　純損失の繰戻還付
青色申告者は、損失発生の前年も青色申告をしている場合には、純損失の繰越控除に代えて繰戻還付を選択することもできる。

(2) 雑損失の繰越控除

雑損控除の適用を受けても控除しきれなかった金額は、連続して確定申告書を提出することにより、翌年以後3年間繰り越すことができる。なお、特定非常災害の指定を受けた災害により生じた損失については、翌年以後5年間繰り越すことができる。
・雑損控除は青色申告者、白色申告者ともに適用を受けられる。

10. 所得控除

(1) 医療費控除

①　医療費控除の原則
本人または生計を一にする配偶者その他の親族に対する医療費を支払った場合に、適用できる。

イ　医療費控除の対象となる医療費
・医師や歯科医師による診療や治療の費用、入院費用、出産費用

ロ　対象とならないもの
・人間ドック、健康診断料（診断の結果、重大な疾病が見つかり、かつ治療した場合は控除の対象）
・美容整形費
・疾病予防や健康増進などのための医薬品や健康食品の購入費用
・通院のための自家用車のガソリン代や駐車代
・医師や看護師などに対する謝礼、診断書の作成料

ハ　医療費控除の額

控除額（最高200万円）
＝支出した医療費の額－保険金等の額※－（次の①、②のうち少ない方）
①総所得金額等の合計額×5％　②10万円
※　保険金等の額：健康保険からの給付金、生命保険・損害保険等からの給付金（ただし、給付金の対象となった医療費の額を限度とする）

② 医療費控除の特例（セルフメディケーション税制）

　　健康の保持増進及び疾病の予防への取組として一定の取組を行っている納税者が、本人又は自己と生計を一にする配偶者その他の親族のために特定一般用医薬品等購入費（スイッチOTC医薬品購入費）を支払った場合には、一定の金額の所得控除（医療費控除）を受けることができる。

　イ　特定一般用医薬品等購入費の範囲

　　　特定一般用医薬品等購入費とは、医師によって処方される医薬品（医療用医薬品）から、ドラッグストアで購入できるOTC医薬品に転用された医薬品（スイッチOTC医薬品）等の購入費をいう。

　　　なお、一部の対象医薬品については、その医薬品のパッケージにセルフメディケーション税制の対象である旨を示す識別マークが掲載されている。

　ロ　控除額

> 控除額（最高88,000円）
> ＝支出した特定一般用医薬品等購入費の合計額－保険金等の額－12,000円

　ハ　選択適用

　　　従来の医療費控除と選択適用となる。

(2) 寄附金控除

　　居住者が支払った特定寄附金の額の合計額が2千円を超えるときは、その超える部分の金額を、一定額を限度として総所得金額等から控除する。

　① 特定寄附金の範囲

　　・国、地方公共団体に対する寄附金、指定寄附金

　　・学校法人（入学に関するものを除く）、社会福祉法人等に対する寄附金

　　※　宗教法人に対する寄附金は、寄附金控除の対象とならない。

　　・政党または政治資金団体に対する政治活動に関する寄附金

　　※　政党等に対する寄附金は、所得控除に代えて税額控除を選択できる。

　　・認定特定非営利法人（認定NPO法人）に対する寄附金

　② 控除額

> 控除額＝特定寄附金の額の合計額－2千円

　③ ふるさと納税ワンストップ特例制度

　　確定申告が不要な給与所得者等は、寄附先が5自治体以内であれば寄附時に「寄附金税額控除に係る申告特例申請書」を提出することにより、確定申告をしなくても住民税からの控除が受けられる。

(3) 扶養控除

区　　分		控除額
原則（16歳以上）		38万円
特定扶養親族（19歳以上23歳未満）		63万円
老人扶養親族（70歳以上）	同居老親等以外	48万円
	同居老親等	58万円

※　年齢は、その年の12月31日現在。年の中途で死亡した場合は死亡時点

11. 税額控除

(1) 住宅借入金等特別控除

償還期間が10年以上の住宅ローンを利用して住宅の取得等（増改築含む）をした場合に、居住開始年から10年間（一定のものについては13年間）、借入金の年末残高に控除率を乗じた金額等を、各年分の所得税額から控除できる。

① 借入限度額と控除率など

種類			居住年				控除期間
			2022年	2023年	2024年	2025年	
借入限度額	新築	認定住宅	5,000万円		4,500万円		13年間 ＊10年間
		ZEH住宅	4,500万円		3,500万円		
		省エネ住宅	4,000万円		3,000万円		
		一般住宅	3,000万円		2,000万円＊		
	中古	認定住宅	3,000万円				10年間
		ZEH住宅					
		省エネ住宅					
		一般住宅	2,000万円				

＊ 2024年以降、一般住宅は借入限度額が2,000万円、控除期間が10年間となる。なお、一般住宅について2024年以降適用が受けられるのは、2023年12月31日までに建築確認を受けたもの（2024年以降に建築確認を受けたものであっても、登記上の建築日が2024年6月30日以前であるものを含む）に限られる。

※ 控除率0.7%

※ 住宅の床面積は50㎡以上を原則とするが、合計所得金額が1,000万円以下の場合には40㎡以上50㎡未満であっても適用可能

※ 合計所得金額2,000万円以下（床面積40㎡以上50㎡未満の場合には合計所得金額1,000万円以下）の年に適用可能。ただし、2023年12月31日までに建築確認を受けたものに限られる。

② 適用要件等

・返済期間が10年以上の住宅ローンで住宅を取得等したこと

・新築または取得の日から6カ月以内に居住の用に供し、適用を受ける各年の12月31日まで引き続き居住していること

・床面積50㎡（一定の場合には40㎡）以上かつ床面積の2分の1以上が居住用の家屋であること。

・適用を受ける年分の合計所得金額が、2,000万円以下（床面積40㎡以上50㎡未満の住宅については、合計所得金額1,000万円以下）であること

・転勤等で住宅に居住しなくなった場合でも、適用期間中に再び居住することになれば、残存期間について再適用を受けることができる（その家屋を賃貸の用に供していた場合は、再居住年の翌年から再適用）。

・災害等で住宅が滅失した場合でも、残存期間について引き続き適用を受けられる。

・所得税から控除しきれない場合には控除不足を翌年度分の個人住民税から控除できる（ただし、所得税の課税総所得金額等×5%（最高97,500円）が限度）。

2 法人税

1．法人税の申告と納付

⑴ 青色申告

① 青色申告承認申請書

・青色申告を受けようとする事業年度開始の日の前日までに「青色申告承認申請書」を提出する。

※　新設法人は、設立日以後３カ月経過日と設立後最初の事業年度終了日のうちいずれか早い日の前日までに提出

② 青色申告の特典

・欠損金の繰越控除…10年間の繰越控除ができる（2018年３月までは９年間）。

※　控除限度額＝所得の金額×50％（2018年３月までは55％）

ただし、中小法人等（期末資本金が１億円以下の法人）は、所得の全額を控除できる。

なお、特例対象欠損金額については控除限度額が所得の金額の100％になる。

・欠損金の繰戻還付（中小法人等のみ認められる）

⑵ 申告期限

原則として、各事業年度終了の日の翌日から２カ月（特例として３カ月、さらに一定の場合には６カ月）以内

⑶ 中間申告（予定申告）

前年度実績による予定申告	事業年度が６カ月を超える場合、事業年度開始の日以後６カ月経過日から２カ月以内に中間申告書を提出しなければならない
仮決算による中間申告	事業年度開始日以後６カ月の期間を１事業年度とみなして、所得金額・納付税額を計算して中間申告書を提出することができる

ただし、納付税額が10万円以下である場合には、中間申告を要しない。

⑷ 税率

原　則		23.2％
中小法人	所得金額のうち年800万円以下の部分	15％
	所得金額のうち年800万円を超える部分	23.2％

2．役員給与

⑴ 定期同額給与

① 定期同額給与とは、その支給時期が毎週、毎月のように１月以下の一定の期間ごとである定期給与で支給額が同額であるものをいう。特に届出等は必要なく損金算入が認められる。

② 定期給与の改定が認められる場合は以下のケースに限られる。

・通常改定：その事業年度開始の日から３カ月を経過する日までに改定されたもの。

・臨時改定：役員の職制上の地位の変更、職務の内容の重大な変更その他これらに類するやむを得ない事情によりされたその役員に係る改定

・業績悪化改定：経営状況が著しく悪化したことその他これに類する理由によりされた改定（その定期給与の額を減額した改定に限られる）

必勝！　ポイント整理

⑵　事前確定届出給与

①　事前確定届出給与とは、所定の時期に確定額を支給する旨の定めに基づいて支給する給与で、一定の届出期限までに納税地の所轄税務署長に届出をしているものをいう。

②　実際支給額が、あらかじめ届出た支給額と異なる場合は、実際の支給額が増額支給・減額支給のどちらであっても、その支給額全額が損金不算入となる。

③　非常勤役員に対し、年俸または期間俸として年に１回または２回支給するようなものは事前確定届出給与に該当し、届出が必要である。ただし、同族会社以外の法人は、届出をしなくても損金算入が認められる。

3．交際費

資本金が１億円以下の中小法人は、交際費の損金算入額について、次のいずれかを選択することができる。

イ　交際費の額のうち、800万円以下の金額（定額控除制度）

ロ　交際費の額のうち接待飲食費の額の50%

※　資本金が１億円超の法人は、上記ロのみが適用される。なお、2020年４月１日以後開始する事業年度からは、資本金の額等が100億円を超える法人については、上記ロの適用もできない。

4．中小法人向け特例措置の取り扱い

資本金５億円以上の法人に株式の100%を保有されている資本金１億円以下の子法人等には、次の中小法人向け特例措置が適用されない。

①　中小法人の軽減税率

②　特定同族会社の特別税率（留保金課税）の不適用

③　交際費等の損金不算入制度における定額控除制度

④　欠損金の繰戻しによる還付制度

⑤　繰越欠損金の100%控除

⑥　貸倒引当金の損金算入

3　消費税

1．税率

⑴　2019年９月30日まで

８%（国税6.3%、地方税1.7%）

⑵　2019年10月１日から

10%（国税7.8%、地方税2.2%）

なお、外食を除く飲食料品および一定の新聞については軽減税率８%（国税6.24%、地方税1.76%）

2．不動産と消費税

①　土地等の譲渡・貸付は原則として非課税

※　貸付期間が１カ月未満の貸付、駐車場施設の貸付は課税

②　建物の譲渡・貸付は原則として課税

※　居住用建物の貸付（貸付期間が１カ月未満の貸付を除く）は非課税

91

３．課税事業者と免税事業者

次の①、②のいずれかに該当した場合には、当期は課税事業者となる。

① 基準期間の課税売上高が1,000万円を超えた場合

② 前年上半期の課税売上高および給与の額が1,000万円を超えた場合

４．仕入税額控除

課税売上割合が95％以上の場合、課税仕入れ等に係る消費税額の全額を仕入税額控除できる。ただし、その課税期間の課税売上高が５億円を超える事業者には認められない（課税仕入に係る税額のうち、課税売上に対応する部分の税額だけが仕入税額控除の対象となる）。

５．簡易課税制度

基準期間の課税売上高が5,000万円以下で、原則として課税期間の開始の前日までに「消費税簡易課税制度選択届出書」を提出した事業者に適用される。

※ 簡易課税を選択すると、２年間は継続適用となる。

〈納付税額の計算〉

納付税額＝課税売上に係る消費税額－課税売上に係る消費税額×みなし仕入率

〈みなし仕入率〉

第１種（卸売業）	90％
第２種（小売業）	80％
第３種（製造業等）	70％
第４種（飲食店業、事業用資産の譲渡等）	60％
第５種（サービス業、金融・保険業等）	50％
第６種（不動産業）	40％

6 不動産

1 不動産の見方

１．不動産登記記録

(1) 各部の記録事項

表 題 部		土地や建物の表示に関する事項	・土地：所在、地番、地目、地積等 ・建物：所在、家屋番号、種類、構造、床面積等
権利部	甲区	所有権に関する事項	所有権保存、所有権移転、差押等
	乙区	所有権以外の権利に関する事項	抵当権、賃借権、地上権等

必勝！ ポイント整理

(2) 仮登記

仮登記では第三者に対抗できないが、順位保全の効力がある。

1号仮登記	書類の不備など、実体上の権利変動は生じているが、手続き上の条件が整っていない場合に行う登記
2号仮登記	売買の予約契約を仮登記する場合など、実体上の権利変動は生じていないが、将来の請求権を保全するために行う登記

① 仮登記の申請

原則として、仮登記権利者と仮登記義務者の共同申請によるが、以下の場合は、仮登記権利者が単独で申請することができる。

・仮登記義務者の承諾があるとき

・裁判所の仮登記を命ずる処分があるとき

② 仮登記を本登記にする手続き

仮登記義務者と仮登記権利者との共同申請による。

なお、所有権に関する仮登記を本登記にする際に、登記上の利害関係を有する第三者がいるときには、第三者の承諾が必要である。

③ 仮登記の抹消

仮登記の抹消は、仮登記名義人が単独で申請できる。また、仮登記名義人の承諾がある場合は、仮登記の登記上の利害関係人が単独で申請できる。

２．土地の公的価格

(1) 公的価格の４種

	公示価格	基準地標準価格	相続税評価額 （路線価）	固定資産税評価額
目　的	土地取引の指標	公示価格の補完	相続税、贈与税の算出	固定資産税、都市計画税、不動産取得税等の算出
決定機関	国土交通省 （土地鑑定委員会）	都道府県	国税局	市町村
評価時点	毎年1月1日	毎年7月1日	毎年1月1日	基準年度の前年の1月1日 ※3年に一度評価替え
公表日	3月下旬	9月下旬	7月初旬	3月1日 （基準年度は4月1日）
価格水準	100%	100%	公示価格の80%	公示価格の70%

① 公示価格の標準地は、都市計画区域内および都市計画区域外の土地取引が相当見込まれる区域（公示区域）に設けられている。

② 基準地標準価格の基準地は、公示価格の標準地の不足を補い、基準地の指標性を高めるため一部は公示価格の標準地と同一地点に設定している。

③ 固定資産課税台帳を閲覧することができるのは、本人または代理人となるが、借地人・借家人も借地・借家の対象となる土地・建物について記載された部分については閲覧が可能である。

2 不動産の取引

1．重要事項説明書

宅地建物取引業者は、契約を締結する前に、宅地建物取引士が記名した重要事項説明書を交付し、宅地建物取引士に説明をさせなければならない。

① 説明および交付の相手方は、権利を取得しようとする者である（売買の場合は買主）。

② 宅地建物取引士は説明をする際に、宅地建物取引士証を提示しなければならない。

③ 重要事項説明書への記名および説明、契約書（37条書面）への記名は宅地建物取引士のみ行うことができるが、専任の宅地建物取引士でなくてもよい。

※ 2022年5月18日以降、電磁的方法による交付が可能となり押印は不要となった。

2．媒介契約

宅地・建物の売買や貸借を宅地建物取引業者に依頼する場合には、依頼者と宅地建物取引業者との間で媒介契約を締結する。

	一般媒介契約	専任媒介契約	専属専任媒介契約
他の業者へ重ねての依頼	できる	できない	できない
自己発見取引※1	できる	できる	できない
有効期間の上限	定めなし	3カ月※2	3カ月※2
依頼者への業務報告義務	報告義務なし	2週間に1回以上	1週間に1回以上
指定流通機構への物件情報の登録義務	登録義務なし	7日以内（休業日を除く）	5日以内（休業日を除く）

※1 自己発見取引とは、依頼者が自ら契約の相手方をみつけること

※2 契約の有効期間を3カ月超とした場合、3カ月を超えた部分は無効となり、契約期間は3カ月となる。

3．手付金

① 手付金の目的には、証約手付、違約手付、解約手付があり、当事者間で取り決めがない場合は解約手付と推定される。

② 解約手付が交付された場合、相手方が契約の履行に着手するまでは、買主からは手付金の放棄、売主からは手付金を返還し、さらに同額を買主に現実に提供することにより契約を解除できる。

③ 解約手付による契約の解除により損害が発生しても損害賠償の請求をすることはできない。

④ 宅地建物取引業法では、売主が宅地建物取引業者で、買主が宅地建物取引業者以外の場合、手付金の目的は当事者間の取り決めにかかわらず解約手付とみなされる。また、売買代金の2割を超える手付金を受領することは禁止されている。

4．筆界特定制度

① 筆界とは、公法上の境界線であり、隣接する土地の所有者が合意したとしても、筆界を変更することはできない。

② 筆界特定が行われた土地については、利害関係の有無に係らず、誰でも手数料を納付して筆界特定書等の写しの交付を請求できる。

③ 筆界の特定は、筆界調査委員の意見を踏まえて、筆界特定登記官が行う。

必勝！　ポイント整理

5．危険負担

　不動産の売買契約締結後、引き渡しまでの間に契約内容に従った履行ができない（建物の引渡しができない）場合、買主は売買代金の支払いを拒むことができる。

6．売主の契約不適合責任

① 　売買により引渡された目的物が、種類、品質または数量に関して契約の内容に適合しない場合は、当該不適合が買主の責めに帰すべき事由である場合を除いて、売主は買主に対して契約不適合責任を負う。

② 　民法の規定では、原則として、買主は、目的物の種類または品質に関する契約不適合を知ったときから1年以内に売主に対して通知すれば、履行の追完請求（補修等）、代金の減額請求、損害賠償請求ができる。また、債務不履行の要件を満たせば、債務不履行が買主の責めに帰すべき事由であるときを除いて、契約を解除することもできる。

③ 　売主が宅地建物取引業者で、買主が宅地建物取引業者以外の場合、宅地建物取引業法により売主に対して通知する期間を「引渡日から2年以上とする」という特約を除き、民法の規定よりも買主に不利となる契約を締結することはできない。

　　　※ 　住宅の品質確保の促進等に関する法律（品確法）では、新築住宅の構造耐力上主要な部分等に係る瑕疵についての担保期間は、物件の引渡日から10年（特約により物件の引渡日から20年間に伸長することができる）とされている（中古住宅は対象外）。

3 不動産に関する法令上の制限

1．建築基準法

(1) 　建蔽率の緩和

　　次のいずれかに該当するときは、建蔽率が10％緩和される。

　　① 　建蔽率が80％となっている地域以外で、防火地域内に耐火建築物等を建築する場合

　　② 　準防火地域において、耐火建築物等または準耐火建築物等を建築する場合

　　③ 　特定行政庁が指定した角地の場合

　　④ 　①と③または②と③の両方を満たす場合は、20％緩和される。

(2) 　建蔽率の不適用（制限なし）

　　① 　建蔽率が80％となっている地域内でかつ、防火地域内に耐火建築物等を建築する場合

　　② 　派出所、公衆便所、公共用歩廊（アーケード）等

　　③ 　公園、広場、道路、川等のうちにある建築物で特定行政庁が安全上、防火上および衛生上支障がないものと認めて建築審査会の同意を得て許可したもの

(3) 　容積率不算入規定（主なもの）

　　① 　住宅の地階：住宅または老人ホーム等の地階（天井が地盤面から高さ1m以下にあるもの）の床面積は、建築物の住宅等部分の延べ面積の3分の1を限度として容積率の計算上、延べ面積に算入しない。

　　② 　共同住宅の共用部分：共同住宅の共用の廊下、階段、エントランスホール、エレベーターホール部分は、容積率の計算上、延べ面積に算入しない。

　　③ 　老人ホーム、福祉ホームその他これらに類するものについては、共用の廊下または階段の用に供する部分の床面積を容積率の算定基礎となる延べ面積に算入しない。

(4) 　防火地域・準防火地域における構造制限

　　防火地域・準防火地域においては、建物規模および階数によって、耐火建築物等または準耐火建築

95

物等にしなければならない。

階数 \ 規模	防火地域[※1]		準防火地域[※2]		
	100㎡以下	100㎡超	500㎡以下	500㎡超 1,500㎡以下	1,500㎡超
4階建て以上	耐火建築物等[※3]		耐火建築物等[※3]		
3階建て			耐火・準耐火建築物等[※3]		
2階建て	耐火・準耐火建築物等[※3]		防火構造の建築物等[※4]でも可		
1階建て					

※1 防火地域の場合、階数は地階を含める。

※2 準防火地域の場合、階数は地階を除く。

※3 耐火建築物等または準耐火建築物等については、いずれも同等以上の延焼防止性能を有する建築物を含む。

※4 木造建築物以外の場合は一定の延焼防止性能を有する建築物

２．農地法

　以下の行為を行うには、原則として農地法の許可が必要であり、許可を受けない契約は無効となる。また、転用も原状回復を命じられることがある。併せて罰則もある。

(1) 権利移動（農地法3条）

　　農地や採草放牧地を農地や採草放牧地として売却などにより権利移動する場合は農業委員会の許可が必要である。

(2) 転用（農地法4条）

　　農地を農地以外のものに自ら転用する場合には、原則として都道府県知事の許可が必要である。

(3) 権利移動と転用（農地法5条）

　　農地や採草放牧地を他の用途に転用する目的（採草放牧地を農地に転用する目的で権利移動する場合は3条の許可）で権利移動する場合には、原則として都道府県知事の許可が必要である。

　　※　4条と5条の許可の場合、市街化区域内の農地を他の用途に転用する場合は、あらかじめ農業委員会に届出をすることで、面積に関わらず都道府県知事の許可は不要となる。

３．区分所有法

(1) 管理組合

・区分所有者は全員で管理組合を構成する（任意の脱退はできない）。

・管理者は、規約に別段の定めがなければ、集会の決議によって選任または解任される。

・管理組合は、区分所有者および議決権の各4分の3以上の多数による集会の決議で、管理組合法人になることができる。

(2) 区分所有者の権利義務

　　区分所有建物の売主が管理費を滞納したまま譲渡した場合、管理組合は売主および買主の双方に管理費を請求することができる。

(3) 規約

・規約は区分所有者だけでなく、区分所有建物の承継人に対しても効力を生ずる。

・専有部分を賃借している者等の占有者は、建物、敷地、付属施設の使用方法について、区分所有者が規約または集会の決議に基づいて負う義務と同一の義務を負う。

(4) 集会
・管理者は、少なくとも毎年1回は集会を招集しなければならない。
・管理者がいないときは、区分所有者の**5分の1**以上で議決権の**5分の1**以上を有するものは、集会を招集することができるが、この定数は規約で減ずることができる。
・集会の招集の通知は、開催日の少なくとも1週間前に、会議の目的たる事項を示して各区分所有者に発しなければならないが、この期間は規約で伸縮することができる。
・集会の議事録を書面で作成するときは、議長および集会に出席した区分所有者の2人が、当該議事録に署名しなければならない。

〈主な集会の決議事項〉

各過半数の賛成 （主なもの）	・管理者の選任・解任 ・共用部分の変更（形状・効用の著しい変更を伴わないもの） ・建物価格の2分の1以下の滅失（小規模滅失）の復旧決議
各4分の3以上の賛成 （主なもの）	・共用部分の変更（形状・効用の著しい変更を伴わないものを除く） →規約で区分所有者の定数を過半数まで減ずることができる ・規約の設定・変更・廃止 ・管理組合法人の設立、解散 ・建物価格の2分の1を超える滅失（大規模滅失）の復旧決議
各5分の4以上の賛成	建替え ・建替え決議を目的とする集会を招集するときは、開催日の2カ月前までに、招集通知を出す必要がある。この期間は、規約により伸長できるが、短縮はできない ・決議に賛成した区分所有者は、反対した区分所有者に対して、建物およびその敷地に関する権利を時価で売り渡すべきことを請求できる

4 不動産の譲渡に係る税金

1. 居住用財産を譲渡した場合の3,000万円の特別控除の特例
個人が自己の居住用財産を譲渡した場合は、譲渡益から**3,000万円**を特別控除できる。
〈適用要件〉
・所有期間の要件はない。
・その年およびその年の前年、前々年に本特例または特定の居住用財産の買換えの特例を受けている場合は適用できない。
・転勤等のやむをえない事情により本人が単身赴任した場合、その家屋に配偶者や扶養親族が住み、転勤等の解消後、本人がその家屋に住むと認められた場合の家屋は、適用対象となる。
・家屋を共有している場合には、共有者それぞれが3,000万円まで特別控除を適用できる。

2. 居住用財産の譲渡に関する特例
居住用家屋の譲渡に関する特例の「居住用財産を譲渡した場合の3,000万円の特別控除の特例」、「居住用財産の軽減税率の特例」、「特定の居住用財産の買換えの特例」の適用には、次のような共通の要件がある。
〈適用要件〉
・現に自己の居住の用（生活の拠点）に供している家屋を譲渡すること

・上記の家屋と同時に譲渡する土地または借地権の譲渡の場合も適用できる。
・家屋に自己が居住しなくなった日から3年を経過する日の属する年の12月31日までに譲渡すること
・家屋が災害等により滅失した場合は、滅失した家屋の敷地であった土地または借地権のみの譲渡でも適用できる。
・家屋を先に取り壊して土地または借地権を譲渡する場合にも適用できるが、その場合、取壊しから1年以内に譲渡に関する契約を締結し、かつ、家屋に居住しなくなった日から3年経過した日の属する年の12月31日までの譲渡であること。ただし、取壊し後に土地を貸し付けた等の場合には適用できない。
・配偶者、直系血族、生計を一にする親族への譲渡ではないこと

3．固定資産の交換の特例

　個人が1年以上所有していた固定資産を同種類の資産に交換し、交換譲渡資産の譲渡直前の用途と同一の用途に使用した場合には、譲渡がなかったものとして課税が繰り延べられる。

(1)　適用要件
・交換譲渡資産・交換取得資産とも固定資産であること（棚卸資産は不可）
・交換譲渡資産・交換取得資産は同種の資産であること
　（例）土地と土地、土地と借地権、建物と建物等。土地と建物は不可
・交換譲渡資産は所有期間1年以上であること
・交換取得資産は、交換の相手方の所有期間が1年以上で、かつ、交換の目的のために取得したものでないこと
・交換取得資産は、交換譲渡資産の譲渡直前の用途と同一の用途に使用すること
　（例）宅地と宅地、田畑と田畑、居住用建物（自宅）と居住用建物（賃貸）は可。宅地と田畑、居住用建物と店舗は不可
・交換時の交換譲渡資産の時価と交換取得資産の時価との差額が、いずれか高い方の時価の20%以内であること

(2)　留意点
・「土地・建物」と「土地・建物」を交換した場合、土地と土地、建物と建物を交換したものとみなしてそれぞれ適用要件を判定する。
・地域や面積についての要件はない。
・当事者間において合意された資産の時価が、交換に至った事情等に照らし合理的に算定されていると認められるときは、その合意された資産の時価によることができる。

(3)　取得日と取得費
・交換取得資産の取得日は、交換譲渡資産の取得時期が引き継がれる。
・交換取得資産の取得費は、交換譲渡資産の取得費が引き継がれる。

4．「既成市街地等内にある土地等の中高層耐火建築物等の建設のための買換えの場合の譲渡所得の課税の特例」（立体買換えの特例）

　個人が、次の事業の施行される区域内にある土地等、建物および構築物を譲渡し、当該事業の施行によりその譲渡した土地等の上に建築された構築物等の全部または一部を取得したときは、一定の要件のもとで買換えの特例が適用される。

（1）　適用要件

・既成市街地等内およびそれに準じる区域内において、地上３階以上の中高層耐火共同住宅の建築をする事業の用に供すること
・中高層耐火共同住宅は、譲渡資産を取得した者か、または譲渡資産を譲渡した者が建築した建築物で、次のいずれにも該当すること
・耐火構造または簡易耐火構造を有すること
・その建築物の延べ床面積の２分の１以上に相当する部分がもっぱら居住の用に供されるものであること
・買換資産は、譲渡資産の譲渡をした者の事業の用もしくは居住の用に供すること
・買換資産は、原則として譲渡資産を譲渡した年中または翌年中までに取得し、かつ、取得の日から１年以内に事業の用もしくは居住の用に供すること

（2）　取得日と取得費

・買換資産の取得日は、譲渡資産の取得日を引き継がず実際の取得日となる。
・買換資産の取得費は、譲渡資産の取得費が引き継がれる。

５．特定の事業用資産の買換えの特例

一定の要件を満たした事業用資産を買換えた場合、買換えた金額の80%に相当する金額について、収入がなかったものとして譲渡所得の計算ができる。

（1）　適用要件

・買換資産は、譲渡資産を譲渡した年か、その前年中、あるいは譲渡した年の翌年中に取得すること
・事業用資産を取得した日から１年以内に事業の用に供すること。なお、事業の用に供した場合でも、１年以内に事業の用に供しなくなった場合には適用されない。
・買換資産が土地の場合、譲渡した土地の面積の５倍以内の部分について適用される。
　※　東京23区および首都圏近郊整備地帯等を除いた地域から、東京23区への買換えは70%
・東京23区および首都圏近郊整備地帯等を除いた地域から、東京23区を除く首都圏既成市街地、首都圏近郊整備地帯、近畿圏既成都市区域、名古屋市の一部への買換えは75%
・それ以外、たとえば東京23区内での買換えは80%

６．空き家に係る譲渡所得の特別控除の特例

相続により旧耐震基準しか満たしていない空き家を取得した者が、耐震改修を施し、もしくは除却して土地のみを譲渡する場合、一定の要件を満たせば譲渡益から3,000万円を控除できる。

（1）　適用要件

・2016年４月１日から2023年12月31日までの間に譲渡すること（相続の開始があった日以後３年を経過する日の属する年の12月31日までの間に譲渡したものに限る）
・相続の開始の直前において被相続人の居住の用に供されていた家屋（1981年５月31日以前に建築された家屋（区分所有建築物を除く。））であって、当該相続の開始の直前において当該被相続人以外に居住をしていた者がいなかったもの、およびその土地を取得したこと
・被相続人が相続開始直前まで老人ホーム等に入所していた場合にも、次に掲げる①および②の要件、その他一定の要件を満たせば適用を受けられる。
　①　被相続人が介護保険法に規定する要介護認定等を受け、かつ相続の開始の直前まで老人ホーム等に入所をしていたこと
　②　被相続人が老人ホーム等に入所をした時から相続の開始の直前まで、その家屋について、その

者による一定の使用がなされ、かつ事業の用・貸付けの用またはその者以外の者の居住の用に供されていたことがないこと
・譲渡の時において地震に対する安全性に係る規定またはこれに準ずる基準に適合する家屋、もしくは家屋を除却した土地であること
・譲渡の対価が1億円以下であること
・当該相続の時から当該譲渡の時まで事業の用、貸付けの用または居住の用に供されていたことがないこと

7 相続・事業承継

1 贈与契約

　贈与は、当事者の一方がある財産を無償で相手方に与える意思表示をし、相手方がこれを受諾することによって成立する諾成契約をいう。贈与契約は、口頭でも成立する。

2 贈与税の配偶者控除

適要要件	戸籍上の婚姻期間が20年以上である配偶者から居住用不動産（土地・家屋）または居住用不動産を取得するための金銭の贈与があった場合、最高2,000万円の贈与税の配偶者控除が受けられる ※同一配偶者から過去にこの特例の適用を受けていないこと
居住要件	居住用不動産（または居住用不動産を取得するための金銭）の贈与を受け（またはその金銭で居住用不動産を取得し）、翌年3月15日までに贈与を受けた者の居住の用に供し、かつ、その後も引き続き居住の用に供する見込みであること

◆ 店舗併用住宅の贈与があった場合

　　店舗併用住宅の贈与を受けた場合、居住用部分のみが適用対象。店舗併用住宅の持分の贈与を受けた場合、居住用部分から優先的に贈与を受けたものとして配偶者控除を適用できる。したがって、贈与を受けた持分の割合が、その家屋全体の面積のうち居住用部分の面積の占める割合の範囲内であれば、贈与を受けた部分はすべて居住用部分とされる。

　　※　居住用部分の面積が10分の9以上の場合、全体を居住用不動産として適用を受けられる。

3 相続時精算課税制度

(1)　適用対象者

贈与者 （親）	贈与をした年の1月1日において60歳以上の親・祖父母（＝特定贈与者） ※住宅取得等資金の贈与の場合、年齢要件はない
受贈者 （子）	贈与を受けた年の1月1日において18歳以上（2022年3月31日以前は20歳以上）の直系卑属である推定相続人および孫（＝相続時精算課税適用者） ※推定相続人であるかどうかは、贈与の日において判定する ※養子縁組により年の中途で推定相続人になった場合、それ以後に取得した財産について適用を受けることができる

(2)　贈与税額の計算

　　贈与回数に制限はなく、贈与者ごとに累計で2,500万円に達するまで特別控除額を控除し、2,500万

円を超えた部分に一律20%の税率を乗じて贈与税額を算出する。

　　※　「相続時精算課税選択届出書」を提出すると撤回することができず、その特定贈与者からの贈与については暦年課税へ戻れない。

(3)　相続税額の計算

　　特定贈与者の死亡時に、相続時精算課税制度を選択した贈与財産の価額（贈与時の価額）と相続財産の価額を合計した金額を基に相続税額を計算し、その相続税額から、既に納付した贈与税相当額を控除する。相続税額から控除しきれない贈与税相当額は、還付を受けることができる。

　　※　相続時精算課税制度を適用した財産は、受贈者が相続・遺贈により財産を取得していなくても相続税の課税対象となる。

　　※　相続時精算課税制度を選択した財産は小規模宅地等の評価減は適用できず、また、相続税の物納財産とすることはできない。

(4)　相続税の納税義務の承継等

①　相続時精算課税適用者が特定贈与者よりも先に死亡した場合

　　相続時精算課税適用者の相続人は、相続時精算課税適用者の有していた相続時精算課税制度の適用を受けていたことに伴う納税に関する権利または義務を承継する。ただし、相続時精算課税適用者の相続人が特定贈与者である場合には、特定贈与者は権利または義務を承継しない。

　　※　相続人が特定贈与者しかいない場合は、相続時精算課税制度の適用を受けていたことに伴う権利または義務は誰にも承継されない（相続時における精算は必要ない）。

②　贈与により財産を取得した者が「相続時精算課税選択届出書」の提出前に死亡した場合

　　贈与により財産を取得した者の相続人は、その相続の開始があったことを知った日の翌日から10カ月以内に「相続時精算課税選択届出書」を提出できる。その相続人は、被相続人が有することになる相続時精算課税制度の適用を受けることに伴う納税に関する権利または義務を承継する。

4 直系尊属から住宅取得等資金の贈与を受けた場合の贈与税の非課税

　直系尊属（父母・祖父母等）から住宅取得等資金の贈与を受けた受贈者が、贈与を受けた年の翌年3月15日までにその住宅取得等資金を自己の居住の用に供する一定の家屋の新築・取得・増改築等に充て、同日までに自己の居住の用に供したとき、または居住が確実であると見込まれるときは、一定金額について贈与税が非課税となる。

　　※　贈与後3年以内に贈与者が死亡しても、非課税の適用を受けた部分は相続税の課税価格に加算されない。

(1)　非課税金額

　　暦年課税、相続時精算課税制度いずれの贈与においても併用して適用を受けることができる。

贈与年	良質な住宅用家屋	左記以外の住宅用家屋
2022年1月〜2023年12月	1,000万円	500万円

(2)　受贈者の要件

　　贈与者の直系卑属で、贈与の年の1月1日において18歳以上（2022年3月31日以前は20歳以上）であり、贈与年の合計所得金額が2,000万円（床面積が40㎡以上50㎡未満の場合は1,000万円）以下の者

(3) 床面積の要件

住宅用家屋の床面積が40㎡以上240㎡以下であること。

5 直系尊属からの教育資金の一括贈与に係る贈与税の非課税

金融機関との間で締結した教育資金管理契約に基づき、30歳未満の子や孫の教育資金に充てるための金銭を直系尊属が贈与した場合、受贈者ごとに最大1,500万円まで贈与税が非課税となる。

非課税限度額	受贈者1人につき1,500万円 そのうち学校以外に支払う教育資金は500万円
受贈者の要件	・教育資金管理契約締結の日において30歳未満 ・前年の合計所得金額が1,000万円以下
受贈者が23歳に達した場合	受贈者が23歳に達した日の翌日以後は、学校等以外の者に支払われるものは非課税の対象から除外 ただし、教育訓練の受講費用は非課税の対象
教育資金管理契約の終了事由	・受贈者が30歳に達した場合 ・受贈者が30歳に達しても次の①②のいずれかに該当する場合は、①または②の事由がなくなった年の12月31日または受贈者が40歳に達する日のいずれか早い日 ① 受贈者が学校等に在学中の場合 ② 受贈者が教育訓練給付の支給対象となる教育訓練を受講している場合 ※教育資金管理契約終了時に管理残額がある場合は贈与税の課税対象 ただし、受贈者が30歳前に死亡して教育資金管理契約が終了した場合には、管理残額に贈与税は課税されない
教育資金管理契約期間中に贈与者が死亡した場合	贈与者が死亡した場合は、次の①～③に該当する場合を除き、管理残額は贈与者の死亡に係る相続税の課税対象となり、子以外の直系卑属には相続税額の2割加算が適用される ① 受贈者が23歳未満である場合 ② 受贈者が学校等に在学中の場合 ③ 受贈者が教育訓練給付の支給対象となる教育訓練を受講している場合

6 直系尊属からの結婚・子育て資金の一括贈与に係る贈与税の非課税措置

金融機関との間で締結した結婚・子育て資金管理契約に基づき、18歳以上（2022年3月31日以前は20歳以上）50歳未満の子や孫等の結婚・子育て資金に充てるための金銭を直系尊属が贈与した場合、受贈者ごとに最大1,000万円まで贈与税が非課税となる。

非課税限度額	受贈者1人につき1,000万円 そのうち結婚資金は300万円
受贈者の要件	・結婚・子育て資金管理契約締結の日において18歳以上（2022年3月31日以前は20歳以上）50歳未満 ・前年の合計所得金額が1,000万円以下
結婚・子育て資金管理契約の終了事由	・受贈者が50歳に達した場合（管理残額は贈与税の課税対象） ・受贈者が50歳前に死亡した場合（管理残額に贈与税は課税されない）
結婚・子育て資金管理契約期間中に贈与者が死亡した場合	管理残額は贈与者の死亡に係る相続税の課税対象となり、子以外の直系卑属には相続税額の2割加算が適用される

7 相続の承認と放棄

　原則として、自己のために相続の開始があったことを知った時から**3カ月以内**（熟慮期間）に、単純承認・限定承認・放棄の手続きが必要であるが、次の場合は、単純承認したものとみなされる。

・相続の開始があったことを知った時から3カ月以内に限定承認・放棄をしなかった場合
・相続人が相続財産の全部または一部を処分した場合

(1) 承認

　① 単純承認

　　被相続人の権利義務をすべて無制限に承継すること

　② 限定承認

　　積極財産の範囲内で消極財産を支払い、積極財産を超える消極財産の責任を負わない方法

　　※　限定承認の場合、相続を放棄した者を除く相続人**全員**が共同して家庭裁判所へ申述することが必要

(2) 放棄

　　一切の権利義務の承継を放棄すること

　　※　各相続人が**単独**で放棄できる（家庭裁判所へ申述することが必要）。

　　※　被相続人の相続開始前に相続を放棄することはできない。

〈相続放棄のポイント〉

> ・相続を放棄した者は、相続開始の時から相続人ではなかったものとみなされる
> 　※　被相続人の本来の財産は取得することができないが、死亡保険金・死亡退職金等のみなし相続財産は取得することができる
> ・相続を放棄した者を代襲相続することはない
> ・相続税額計算上の法定相続人の数には、相続を放棄した者も**含む**

8 遺言書

(1) 自筆証書遺言

・遺言者が、遺言書の全文、日付および氏名を自書し、押印しなければならない。
・財産目録をパソコンで作成することは認められ、預貯金の通帳や不動産の登記事項証明書のコピーを添付することもできる。この場合、その目録のすべてのページに署名・押印をしなければならない。
・保管方法は、自分で保管するほか、自筆証書遺言書保管制度を利用することにより法務局で保管することができる。
・家庭裁判所による**検認が必要**。ただし、**自筆証書遺言書保管制度**を利用した場合は、**検認が不要**。

(2) 公正証書遺言

・公証役場において2人以上の証人の立ち合いのもとに、遺言者が公証人に対して遺言の内容を口授し、公証人がそれを筆記して遺言書を作成し、遺言者と証人はその筆記が正しいことを確認して承認した上で各自署名押印し、公証人が法律に従って作成した旨を記述して署名押印する。
・家庭裁判所による**検認は不要**

・原本は公証役場で保管されるため紛失や書き換えられる恐れがない。
(3) 秘密証書遺言
・遺言書を作成（パソコンによる作成も可）して封筒に入れて封印し、2人以上の証人とともに公証役場において手続きを行う。
・家庭裁判所による**検認が必要**

※ 遺言者はいつでも遺言の全部または一部を撤回することができる。撤回は、遺言の方式（自筆証書、公正証書、秘密証書）によらなければならないが、先に作成した遺言書と同じ方式である必要はない。

9 特別受益

(1) 特別受益の持戻し
　共同相続人の中に、被相続人から遺贈を受け、または婚姻、養子縁組のためもしくは生計の資本として贈与を受けた者があるときは、相続財産の価額にその贈与の価額を加えたものを相続財産とみなして各相続人の相続分を計算する。

(2) 持戻し免除
① 被相続人が特別受益の持戻しをしないという意思表示をした場合は、持戻しは免除される。
② 婚姻期間が20年以上の配偶者間において居住用不動産（配偶者居住権を含む）の遺贈または贈与があった場合は、持戻し免除の意思表示があったものと推定する。持戻しは、持戻し免除をしない意思表示があった場合にのみ行う。

10 遺留分

　遺言に優先して相続人のために残しておくべき最小限の財産の割合を民法で定めている。
(1) 遺留分権利者
　　兄弟姉妹以外の相続人（配偶者、子およびその代襲相続人、直系尊属）

(2) 遺留分の放棄
　　遺留分は、家庭裁判所の許可を得ることにより、相続開始前でも放棄することができる。相続開始後に遺留分を放棄する場合には、家庭裁判所の許可は必要ない。
　※ 遺留分を放棄しても、それ以外の権利（相続に係る権利）は喪失しない。
　　共同相続人の一部の者がした遺留分の放棄は、他の各相続人の遺留分に影響を及ぼさない。

(3) 遺留分算定基礎財産

> **遺留分算定基礎財産＝被相続人が相続開始の際に有した財産＋贈与財産－債務**

贈与財産は次のものに限られる。
① 相続人に対する贈与財産は、相続開始前10年以内のもので、特別受益に該当するもの
② 相続人以外に対する贈与財産は、相続開始前1年以内のもの（当該者双方が遺留分権利者に損害を加えることを知って贈与したときは、1年前の日より前にしたものも含む）

(4) 遺留分の割合

直系尊属のみが相続人のとき	遺留分算定基礎財産の3分の1
上記以外のとき	遺留分算定基礎財産の2分の1

※ 各相続人の遺留分は、全体の遺留分の割合に各相続人の法定相続分を乗じた割合

(5) 遺留分侵害額請求権

　　遺留分を侵害された場合には、受遺者または受贈者に対し、遺留分侵害額に相当する金銭の支払いを請求することができる。遺留分侵害額請求権は、相続の開始および遺留分を侵害する贈与または遺贈があったことを知ったときから1年間行使しないとき、または相続開始の時から10年を経過したときに、時効により消滅する。

　　※ 遺留分侵害額請求は、家庭裁判所に申し立てる必要はなく、侵害者に対して金銭の請求の意思表示をするだけでよい。

(6) 遺留分に関する民法の特例

　　会社の後継者が、旧代表者から生前贈与を受けた株式（自社株式）は、特別受益として遺留分算定基礎財産に算入される。しかし、「経営承継円滑化法」による民法の特例により、後継者が遺留分権利者全員と合意した場合、遺留分算定基礎財産から株式を除外したり、遺留分算定基礎財産に算入する株式の評価額をあらかじめ固定することができる（2つを組み合わせてもよい）。

除外合意	生前贈与された自社株式を、遺留分算定基礎財産から除外する 効果：自社株式に係る遺留分侵害額請求を未然に防止でき、株式の分散を回避できる
固定合意	生前贈与された自社株式の遺留分算定基礎財産に算入すべき評価額を、あらかじめ合意時の評価額に固定する（本来は、相続時点の評価額である） 効果：後継者の貢献による自社株式の評価額の値上がり分が遺留分侵害額請求の対象外となるため、後継者の経営意欲が阻害されない

※ 適用を受けるためには、経済産業大臣の確認をとり、家庭裁判所の許可を得ることが必要
※ 後継者が総議決権数の50％超をすでに所有している場合は、適用できない。
※ 後継者は、合意時点において会社の代表者でなければならない。

11 成年後見制度

(1) 法定後見制度

		後　見	保　佐	補　助
要件	〈対象者〉（判断能力）	精神上の障害により事理を弁識する能力を欠く常況に在る者	精神上の障害により事理を弁識する能力が著しく不十分な者	精神上の障害（認知症・知的障害・精神障害等）により事理を弁識する能力が不十分な者
開始の手続き	申立権者	本人、配偶者、4親等内の親族、検察官等、市町村長 任意後見受任者、任意後見人、任意後見監督人		
	本人の同意	不要	不要	必要
同意権・取消権	付与の対象	日常生活に関する行為以外の行為 ※　同意権はなし	民法13条1項各号所定の行為	申し立ての範囲内で家庭裁判所が定める「特定の法律行為」
	付与の手続き	後見開始の審判	保佐開始の審判	補助開始の審判 ＋同意権付与の審判 ＋本人の同意
	取消権者	本人・成年後見人	本人・保佐人	本人・補助人
代理権	付与の対象	財産に関するすべての法律行為	申し立ての範囲内で家庭裁判所が定める「特定の法律行為」	同左

(2) 任意後見制度

　　本人が判断能力のあるうちに、任意後見契約によって選任した任意後見人に財産管理等の事務について代理権のみを付与する。同意権・取消権はない。必ず公正証書により行われる。本人の判断能力が低下後、任意後見人等が家庭裁判所に任意後見監督人の選任を請求し、同監督人が選任された時点から効力が生じる。

　　※　法定後見、任意後見制度ともに後見人として複数人や法人を選任できる。

12 相続税の申告

相続の開始があったことを知った日の翌日から**10カ月以内**

(1) 申告書の提出義務がない場合

　　課税価格の合計額が**遺産に係る基礎控除額**（3,000万円＋600万円×法定相続人の数）以下である場合。

　　※　課税価格の合計額には、生前贈与加算や相続時精算課税制度による贈与財産も含まれる。

必勝！　ポイント整理

(2)　申告書の提出義務がある場合

> ・課税価格の合計額が遺産に係る基礎控除額を超える場合
> ・「小規模宅地等についての相続税の課税価格の計算の特例」の適用を受ける場合
> ・「配偶者の税額軽減」の適用を受ける場合
> ・相続時精算課税適用者が、相続税から控除しきれない贈与税額の還付を受ける場合

13 債務控除

　相続人（包括受遺者を含む）に適用される。控除できるのは、確実と認められる債務。制限納税義務者は、国内財産に関する債務および被相続人の営業上（国内営業所）の債務について控除できる。

〈適用対象者〉

	債　務	葬式費用
適用者	相続人および包括受遺者 相続を放棄した者および相続権を失った者は債務控除の適用はない	相続人および包括受遺者 相続を放棄した者および相続権を失った者であっても葬式費用は控除できる
留意点	上記適用者のうち、居住、非居住無制限納税義務者には控除の対象の全てについて適用がある	
	制限納税義務者のうち国内財産を取得した者は、その財産にかかる一定の債務のみ控除できる	制限納税義務者は控除できない

〈適用範囲〉

	控除の対象	控除の対象外
債　務	・借入金 ・未払税金（所得税・固定資産税等） ・未払医療費 ・アパート等の預り敷金	・非課税財産にかかる債務 ・保証債務（原則として） ・遺言執行費用 ・団体信用生命保険付住宅ローン ・税理士費用、弁護士費用
葬式費用	・通夜、本葬費用 ・葬式前後の出費で通常葬式に伴うもの ・死体の捜索、運搬費用 ・お布施	・初七日、四十九日法要 ・香典返戻費用 ・墓地の購入費 ・医学上または裁判上特別な処置に要した費用

14 相続税の延納・物納

(1)　延納

　　納付すべき相続税額が10万円を超え、納期限までに金銭一時納付が困難である場合

　　延納する場合、担保を提供しなければならないが、延納税額が100万円以下かつ延納期間が３年以内であるときは、担保は不要となる。

　　延納期間は原則５年だが、「不動産等の占める割合」が50％以上75％未満の場合は不動産等の価額（小規模宅地等の特例適用後の金額）に対応する部分の延納税額の最長延納期間は15年、「不動産等の占める割合」が75％以上の場合は最長延納期間は20年となる。延納税額は、動産等に係る部分と不動産に係る部分とを区分して計算する。

107

(2) 物納

　延納によっても金銭で納付することが困難な場合

① 物納適格財産

・相続または遺贈により取得した財産。相続人固有の財産は物納できない。

・相続開始前3年以内に被相続人から贈与により取得した財産

（相続時精算課税制度の適用を受けた財産は物納できない）

② 物納劣後財産…他に物納財産がない場合に限り物納できる財産

・法令の規定に違反して建築された建物およびその敷地

・地上権の設定されている土地

③ 管理処分不適格財産…物納できない財産

・担保権の目的となっている不動産

・境界線が明確でない土地

・所有権の帰属が係争中の財産

・共有財産（共有者全員の持分を物納する場合を除く）

④ 収納価額

　相続税の課税価格計算の基礎となった財産の価額による。ただし、小規模宅地等の特例を受けた宅地については評価減適用後の価額となる。収納時までに著しい状況の変化があった場合は、収納時の現況により収納価額が改定される。

⑤ 許可、却下

　物納の申請があれば税務署長は許可または却下を原則3カ月以内に行う。却下された場合、却下された日の翌日から20日以内であれば物納の再申請を1回のみできる。

⑥ 延納から物納への変更（特定物納制度）

　延納の許可を受けた者が資力の状況の変化等により延納による納付が困難となる事由が生じた場合は、その相続税の申告期限から10年以内の申請により延納から物納へ変更できる。

15 宅地の評価

　宅地は、路線価方式または倍率方式により、1画地（利用単位）ごとに評価する。

(1) 貸宅地と借地権の評価

　貸宅地とは、借地権の目的となっている宅地のこと

貸宅地の価額＝自用地価額×（1－借地権割合）
借地権の価額＝自用地価額×借地権割合

(2) 貸家建付地の評価

　貸家建付地とは、貸家の目的に供されている宅地のこと

貸家建付地の価額＝自用地価額×（1－借地権割合×借家権割合×賃貸割合）

(3) 貸家建付借地権の評価

　貸家建付借地権とは、貸家の目的に供されている借地権のこと

貸家建付借地権の価額＝自用地価額×借地権割合×（1－借家権割合×賃貸割合）

必勝！　ポイント整理

⑷　使用貸借に係る宅地の評価

　無償で貸し付けられている宅地は、家屋の所有を目的としていても借地権は生じずに、自用地価額により評価する。

> 使用貸借に係る宅地の価額＝自用地価額

※　使用貸借に係る宅地が貸家の敷地であっても、原則として貸家建付地として評価しない。

⑸　「土地の無償返還に関する届出」がある場合の宅地等の評価

　建物の所有を目的として宅地を貸し付ける場合で、借地人が将来その宅地を無償で返還する旨を記載した「土地の無償返還に関する届出」を税務署長に提出している場合、借地権の価額は評価せず、貸宅地の価額は借地権割合に関係なく、自用地価額の80％として評価する。

> 貸宅地の価額＝自用地価額×0.8

16 小規模宅地等についての相続税の課税価格の計算の特例

　個人が、相続または遺贈により取得した財産のうち、その相続の開始の直前において被相続人等の事業の用または居住の用に供されていた宅地等で一の要件を満たしたものについては、限度面積までの部分について相続税の課税価格に算入すべき価額を減額することができる。

1．減額割合と限度面積

適用対象となる宅地等	減額割合	上限面積
①特定事業用宅地等 　特定同族会社事業用宅地等	80%	400㎡
②特定居住用宅地等		330㎡
③貸付事業用宅地等	50%	200㎡

※　対象となる宅地が複数ある場合の評価減の対象面積
・特例を受けようとする宅地等のすべてが、特定居住用宅地等と特定事業用宅地等である場合には、それぞれ330㎡と400㎡のあわせて最大730㎡まで
・貸付事業用宅地等も含めて適用を受ける場合は、面積について次のように調整が行われる。

$$①の面積×\frac{200}{400}+②の面積×\frac{200}{330}+③の面積≦200㎡$$

2．特例の対象となる宅地等

⑴　特定事業用宅地等の要件
・被相続人の事業（貸付事業を除く）を引き継いで申告期限までその事業を営み、かつ、その宅地等を所有していること
・相続開始前3年以内に事業の用に供された宅地は対象とならない。ただし、事業用減価償却資産の価額が、その宅地等の相続税評価額の15％以上である場合は対象となる。

109

(2) 特定居住用宅地等の要件
  ① 配偶者が取得した場合
    ・被相続人の配偶者が宅地等を取得した場合は、無条件に特定居住用宅地等となる。
  ② 同居親族が取得した場合
    ・相続開始時から申告期限まで引き続きその家屋に居住し、かつ、その宅地等を所有していること
  ③ 同居親族以外が取得した場合
    ・被相続人に配偶者または同居の法定相続人がいないこと
    ・相続開始前3年以内に、宅地等を取得した親族、その親族の配偶者、その親族の3親等内の親族またはその親族と特別の関係がある法人が所有する家屋に居住したことがないこと。
    ・相続開始時に宅地等を取得した親族が居住している家屋を、相続開始前のいずれの時においても所有したことがないこと
    ・相続開始時から申告期限までその宅地等を所有していること

(3) 特定同族会社事業用宅地等の要件
    ・相続開始の直前において被相続人および被相続人の親族等が発行済株式総数の50%超を有している法人の事業（貸付事業を除く）の用に供されていた宅地等で、その宅地等を取得した親族が、申告期限において役員であること
    ・その宅地等を申告期限まで所有していること

(4) 貸付事業用宅地等の要件
    ・被相続人の貸付事業を引き継いで申告期限までその事業を営み、かつ、その宅地等を所有していること
    ・相続開始前3年以内に新たに貸付事業の用に供された宅地等は対象外となる。ただし、被相続人が相続開始の日まで3年を超えて事業的規模で貸付事業を行っていた場合は対象となる。

3. その他
    ・宅地等を共有で取得した場合には、取得者ごとに適用要件を判定する。
    ・被相続人と親族が居住する二世帯住宅（区分所有建物登記がされているものは除く）の敷地の用に供されている宅地等を親族が取得した場合、その者は被相続人の同居親族とされ、敷地全体に特例が適用される。
    ・被相続人が老人ホームに入所した場合でも、被相続人に介護が必要なために入所したもので、家屋を貸付けの用に供していないときは、その家屋の敷地は被相続人の居住の用に供されていた宅地等として特例の対象となる。
    ・被相続人が医療介護院に入所したために居住の用に供されなくなった家屋の敷地も、被相続人の居住の用に供されていた宅地等として特例の対象となる。

必勝！　ポイント整理

17 事業承継税制の特例措置

　取引相場のない株式等にかかる贈与税および相続税の納税猶予制度については、従来の事業承継税制に加えて特例措置が講じられ、2018年1月1日から2027年12月31日までの間に取引相場のない株式の贈与、相続等があった場合には、納税猶予制度の要件が緩和される。

⑴　適用期間

　2018年1月1日から2027年12月31日までの間の贈与および相続等が特例の対象となる。

⑵　特例承継計画の策定

　会社の後継者や承継時までの経営見通し等を記載した「特例承継計画」を策定し、2024年3月31日までに都道府県知事に提出し、その確認を受けなければならない。

⑶　納税猶予対象株式数と猶予割合

　贈与税・相続税ともに、後継者が取得した株式の全部が納税猶予の対象となり、また、贈与税・相続税の全額が納税猶予される。

⑷　雇用要件

　特例経営承継期間（贈与税・相続税の申告期限の翌日以後5年を経過する日）内に雇用の8割以上を維持できなかった場合でも、維持できない理由を記載した報告書を都道府県に提出することにより、納税猶予が継続される。

⑸　適用対象者の範囲

　親族外を含む複数の株主から、代表者である後継者（最大3人まで）への贈与・相続等が対象となる。

⑹　相続時精算課税制度の適用対象者の範囲

　60歳以上の贈与者から18歳以上の後継者（推定相続人および孫以外の者も含む）への贈与に相続時精算課税制度を適用することができる。

18 個人の事業用資産についての贈与税・相続税の納税猶予

　青色申告（正規の簿記の原則によるものに限る。）に係る事業（不動産貸付事業等を除く。）を行っていた事業者の後継者として円滑化法の認定を受けた者が、個人の事業用資産を贈与または相続等により取得した場合には、一定の要件のもと、贈与税または相続税の納税が猶予される。

⑴　適用期間

　2019年1月1日から2028年12月31日までの贈与および相続等が対象となる。

⑵　個人事業承継計画の策定

　後継者は、事業の承継を確実にするための計画を記載した「個人事業承継計画」を策定し、2024年3月31日までに都道府県知事に提出し、その確認を受けなければならない。

111

(3) 納税猶予額

　後継者が贈与または相続等により取得した特定事業用資産に係る贈与税または相続税の**全額**の納税が猶予される。

　特定事業用資産とは、先代経営者の事業の用に供されていた次の資産で贈与または相続があった年の前年の事業所得に係る青色申告書の貸借対照表に計上されていたものをいう。
- 宅地等（400㎡まで）
- 建物（床面積800㎡まで）
- 営業用自動車
- 建物および乗用自動車以外の減価償却資産で一定のもの

(4) 先代経営者および後継者の要件

① 先代経営者

　先代経営者は、贈与または相続開始年、その前年および前々年において青色申告をしていなければならない。

② 後継者

　後継者は「中小企業における経営の承継の円滑化に関する法律」の認定を受け、承継した事業について青色申告をする者で、以下の要件を満たすもの

贈与の場合：贈与の日において18歳以上（2022年3月31日以前は20歳以上）で、贈与の日まで引き続き3年以上特定事業用資産に係る事業に従事していること

相続の場合：相続開始の直前において特定事業用資産に係る事業に従事していたこと

19 取引相場のない株式（自社株）の評価

1．自社株評価の概要

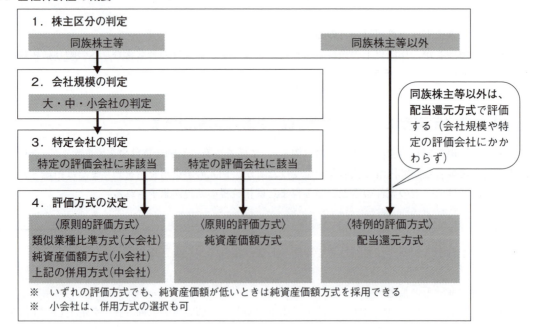

２．株主区分の判定

株主区分は、「評価会社に同族株主はいるか」「株式の取得者は同族株主等か」「株式の取得者の議決権割合はいくらか」により判定する。

※　同族株主のいる会社であっても、特例的評価方式となる株主がいる（下表██の部分）。

区分	株主の態様				評価方式
同族株主のいる会社	同族株主※1	議決権割合が**5％以上**の株主			原則的評価方式
		議決権割合が5％未満の株主	中心的な同族株主がいない場合		
			中心的な同族株主がいる場合	**中心的な同族株主**※2	
				役員である株主	
				その他の株主	特例的評価方式（配当還元方式）
	同族株主以外の株主				

※１　**同族株主**：判定はグループとして行う。
　　　本人および同族関係者の有する議決権割合の合計が50％超のグループに属する株主。どの同族グループも50％以下の場合は30％以上のグループに属する株主
※２　**中心的な同族株主**：判定しようとする**個々の株式取得者**ごとに行う。
　　　本人、配偶者、直系血族、兄弟姉妹および１親等の姻族の有する議決権割合の合計が**25％以上**となる株主

３．会社規模の判定（大会社・中会社・小会社）

同族株主等である場合、次の３つの基準（従業員数・総資産価額・取引金額）により、会社規模区分を判定する。中会社は、さらに「中会社の大」「中会社の中」「中会社の小」に区分される。

> ・従業員数（直前期）
> 　※　従業員数が**70人以上**の会社は業種にかかわらず常に大会社とする
> ・総資産価額および従業員数（直前期末）
> ・取引金額（直前期末以前１年間）

４．特定の評価会社の判定

同族株主等が取得した株式について、以下の会社に該当した場合、会社規模区分にかかわらず純資産価額で評価する。

土地保有特定会社	総資産の一定割合以上が土地である会社（大会社で70％以上、中会社で90％以上）
株式保有特定会社	総資産の一定割合以上が株式である会社（大・中・小会社いずれも50％以上）
新　設　会　社	開業後**3年**未満の会社等

5. 自社株評価の具体的方法

(1) 類似業種比準方式

> 類似業種比準価額＝A×$\dfrac{\dfrac{ⓑ}{B}+\dfrac{ⓒ}{C}+\dfrac{ⓓ}{D}}{3}$×斟酌率×$\dfrac{1株当たりの資本金等の額}{50円}$
>
> A…類似業種の株価（①課税時期の属する月以前3カ月間の各月の株価、②前年の平均額および③課税時期の属する月以前2年間の平均株価のうちいずれか低い金額）
> B…類似業種の1株当たり配当金額（課税時期の属する年）
> C…類似業種の1株当たり年利益金額（課税時期の属する年）
> D…類似業種の1株当たり簿価純資産価額（課税時期の属する年）
> ⓑ…評価会社の1株当たり配当金額（直前期末以前2年間の平均額）
> 　※　特別配当、記念配当は除いて計算
> ⓒ…評価会社の1株当たり年利益金額（直前期末以前1年間、または2年間の年平均のうちいずれかを選択）
> ⓓ…評価会社の1株当たり簿価純資産価額（直前期末）
> ⓑⓒⓓ…**1株当たりの資本金等の額を50円**とした場合の金額。マイナスの場合はゼロ
> ※　1株当たりの資本金等の額＝$\dfrac{直前期末の資本金等の額}{直前期末の発行済株式数（自己株式を除く）}$
>
> 　斟酌率‥**大会社0.7**、**中会社0.6**、小会社0.5

(2) 純資産価額方式

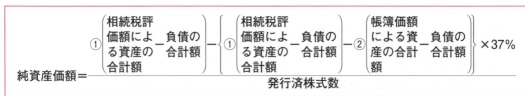

※　上記式を整理すると、以下のとおり

純資産価額＝$\dfrac{①-(①-②)×37\%}{発行済株式数}$

(3) 併用方式

> 併用方式による評価額＝類似業種比準価額×Lの割合＋純資産価額×(1－Lの割合)
> 　Lの割合：中会社の大…0.90　中会社の中…0.75　中会社の小…0.60　小会社…0.50

(4) 配当還元方式

> 配当還元価額＝$\dfrac{年配当金額}{10\%}$×$\dfrac{1株当たりの資本金等の額}{50円}$
> 年配当金額：類似業種比準方式における1株当たりの年配当金額を用いる
> 　　　　　　年配当金額が2円50銭未満または無配当の場合、年配当金額を2円50銭とする

直前予想模試

解答・解説

第1予想・基礎編

解答一覧・苦手論点チェックシート

※ 間違えた問題に✓を記入しましょう。

問題	科目	論点	正解	難易度	あなたの苦手※ 1回目	あなたの苦手※ 2回目
1	年金・社保	後期高齢者医療制度	3	B		
2		雇用保険	4	B		
3		公的介護保険	3	B		
4		遺族給付	4	B		
5		確定拠出年金	4	B		
6		確定給付企業年金	4	B		
7	ライフ	生活福祉資金貸付制度	2	B		
8		産業雇用安定助成金	1	C		
9	リスク	傷害保険	1	A		
10		民法・失火責任法	2	B		
11		生命保険料控除	3	B		
12		法人契約の経理処理	1	C		
13		自賠責保険等	1	B		
14		外貨建て保険	3	B		
15		損害保険と税金	3	B		
16	金融	経済指標	2	B		
17		ドルコスト平均法	3	B		
18		債券の利回り計算	1	A		
19		海外の株価指標	2	B		
20		サスティナブル成長率	1	B		
21		特定口座	3	B		
22		ポートフォリオの収益率の測定方法	4	B		
23		配当割引モデル	3	B		
24		預金保険制度	3	B		
25	タックス	退職所得	4	C		
26		事業所得	2	B		
27		損益通算	4	B		
28		住宅借入金等特別控除	2	B		

※ 間違えた問題に✓を記入しましょう。

問題	科目	論点	正解	難易度	あなたの苦手※	
					1回目	2回目
29	タックス	青色申告	3	B		
30		法人税（益金）	3	C		
31		法人税（会社・役員間の取引）	2	B		
32		法人税（欠損金）	3	B		
33		消費税（軽減税率制度）	4	A		
34	不動産	不動産登記法	3	A		
35		宅地建物取引業法	2	A		
36		借地借家法	1	A		
37		農地法	1	B		
38		区分所有法	1	A		
39		不動産の取得に係る税金	2	B		
40		相続財産に係る譲渡所得の課税の特例	2	B		
41		不動産の有効活用	3	A		
42	相続	贈与税の配偶者控除	3	B		
43		相続時精算課税制度	3	A		
44		特別の寄与	4	A		
45		相続の承認と放棄	2	B		
46		遺言	3	B		
47		債務控除	4	A		
48		配偶者の税額軽減	2	A		
49		小規模宅地等の特例	1	B		
50		個人の事業用資産の納税猶予	3	C		

配点は各2点　難易度　A…基本　B…やや難　C…難問

科目別の成績			
年金・社保	ライフ	リスク	金融
1回目　　　/12	1回目　　　/4	1回目　　　/14	1回目　　　/18
2回目　　　/12	2回目　　　/4	2回目　　　/14	2回目　　　/18

タックス	不動産	相続
1回目　　　/18	1回目　　　/16	1回目　　　/18
2回目　　　/18	2回目　　　/16	2回目　　　/18

あなたの得点
（基礎編）

1回目

/100

2回目

/100

第1予想 基礎編 ……… 解答・解説

問1 解答：3

1）**適切**。2022年度分の保険料については、均等割額が本則の最大7割軽減される。なお、所得割額における軽減制度は2018年度分以降の保険料から廃止されている。

2）**適切**。一部負担金の割合は、原則として、被保険者が現役並み所得者である場合は3割であり、それ以外の者は1割である。なお、高齢者単身世帯の場合、収入が383万円以上かつ課税所得が145万円以上であれば3割負担となる。2022年10月より、一定以上の所得のある者は1割から2割に負担が増えている。

3）**不適切**。後期高齢者医療制度の保険料は、原則として、被保険者につき算定した所得割額および均等割額の合計額となるが、被保険者の収入が公的年金の老齢給付のみでその年金収入額が**153万円以下**※の場合、所得割額は賦課されない。

　※　公的年金控除額110万円（年金収入330万円まで）＋基礎控除43万円＝153万円までは所得0となる

4）**適切**。後期高齢者医療制度の被保険者は、生活保護受給者を除く以下のいずれかの者である。
・後期高齢者医療広域連合の区域内に住所を有する75歳以上の者
・後期高齢者医療広域連合の区域内に住所を有する65歳以上75歳未満の者であって一定の障害の状態にある旨の認定を受けた者

問2 解答：4

1）**不適切**。再就職手当および常用就職支度手当は、受給資格者が安定した職業に就いた場合に支給を受けることができるが、その職業に就いた日前3年以内に再就職手当または常用就職支度手当の支給を受けていないことが必要である。

2）**不適切**。就業促進定着手当は、再就職手当の支給に係る同一の事業主の適用事業に、その職業に就いた日から引き続いて6カ月以上雇用される者に支給される。

3）**不適切**。再就職手当の支給を受けるためには、受給資格者が1年を超えて引き続き雇用されることが確実であると認められる職業に就くことや一定の事業を開始することが要件の1つとされる。

4）**適切**。なお、就業手当を受給した場合でも、支給要件を満たすことにより、再就職手当または常用就職支度手当の支給を受けることができる。

問3 解答：3

1）**不適切**。被保険者が介護サービスに要した1カ月の自己負担額が一定の上限額を超えた場合は、所定の手続きにより、高額介護サービス費の支給を受けることができる。

2）**不適切**。第2号被保険者が介護保険の給付を受けるためには、16種類の特定疾病により要介護状態または要支援状態になったことが必要である。特定疾病に該当するがんは、医師が一般に認められている医学的知見に基づき回復の見込みがない状態に至ったと判断したもの（末期がん）に限定されている。

3）**適切**。被保険者が初めて要支援認定を受けた場合、その有効期間は、次の①、②の期間を合算して得た期間（ただし、効力発生日が月の初日である場合は、②の期間のみ）である。
　①　要支援認定の効力発生日から、その日が属する月の末日までの期間
　②　原則6カ月間

4）**不適切**。第2号被保険者が介護サービスを利用した場合の自己負担割合は、当該被保険者の所得の額の多寡にかかわらず、原則として1割である。なお、第1号被保険者については、所得金額に応じ、自己負

担割合は 1 割、 2 割または 3 割となる。

問4 解答：**4**

1）**適切**。次の場合において、30歳未満の妻は遺族厚生年金の受給権を失う。

> ① 遺族厚生年金の受給権を取得した当時30歳未満である妻が、遺族基礎年金の受給権を取得していない場合、遺族厚生年金の受給権を取得した日から 5 年間で受給権を失う。
> ② 遺族基礎年金および遺族厚生年金を受給している妻が、30歳未満で遺族基礎年金の受給権を失った場合、遺族基礎年金の受給権が消滅した日から 5 年間で遺族厚生年金の受給権を失う。

　　本肢は、遺族基礎年金および遺族厚生年金を受給できる妻であるが、長男が18歳になった年度末に遺族基礎年金の受給権を失った時点において、妻の年齢は30歳を超える。したがって、上記②の失権事由に該当しないため、遺族厚生年金の受給権を取得した日から起算して 5 年を経過しても、当該受給権は消滅しない。

2）**適切**。同順位の受給権者が 2 人以上いる場合、当該受給権者は全員受給権を取得する。なお、各受給権者が受給できる年金額は、受給権者の人数で除した額となる。

3）**適切**。兄弟姉妹は、遺族厚生年金の受給権者ではない。

4）**不適切**。被保険者または被保険者であった者の死亡について、労働基準法の規定により遺族補償の支給が行われる場合、遺族厚生年金は死亡の日から 6 年間、支給停止となる。

問5 解答：**4**

1）**適切**。なお、iDeCoにおいて掛金の拠出を希望しない場合は、「個人別管理資産移換依頼書」のみ運営管理機関等に提出して個人別管理資産の運用だけを行うことも可能である。

2）**適切**。2022年10月以降は、企業型確定拠出年金規約なしでも個人型確定拠出年金への加入が認められる。個人型確定拠出年金へ資産を移換して加入者になることも可能である。マッチング拠出を導入している企業の場合は、マッチング拠出と個人型での拠出を併用することはできないため、どちらかを選択する。

3）**適切**。なお、個人型確定拠出年金に資産を移換した場合、支給開始年齢（原則60歳）まで運用指図者として運用のみを行うことも可能である。

4）**不適切**。脱退一時金を受給できる要件としては、「個人型確定拠出年金の通算拠出期間が **5 年**以下、または、個人別管理資産が**25万円**以下」である。

問6 解答：**4**

1）**適切**。リスク分担型企業年金は、所定の方法により測定された将来のリスクに応じた掛金を事業主が拠出し、運用の結果、給付額に満たない積立金の不足が生じた場合は、事業主がその不足分を補塡し、それでも賄いきれない場合は年金給付額を減額する仕組みである。事業主と加入者が、それぞれリスクを負担している企業年金である。

2）**適切**。年金給付は 5 年以上の有期年金または終身年金で、毎年 1 回以上定期的に支給するものでなければならない。

3）**適切**。老齢給付金の支給要件を規約で定める場合、次の条件を満たさなければならない。

① 60歳以上70歳以下の年齢に達したときに支給するもの

② 50歳以上①の規約で定める年齢未満の年齢に達した日以後に退職したときに支給するもの

　　例えば、①の年齢を「65歳」と定めた場合、②では「50歳以上65歳未満で退職した場合」も支給対象に

119

できるということである。

4）**不適切**。規約において、20年を超える加入者期間を老齢給付金の支給要件とすることはできない。

問7 解答：2

1）**適切**。年金担保融資制度は2022年3月末で新規申込を終了した。申込受付完了分は、借入額を繰り上げ返済することなく、これまで通り返済をすればよい。4月以降は年金担保融資の新規申込ができないため、家計に関する支援が必要であれば、社会福祉協議会が実施する生活福祉資金貸付制度を利用する。

2）**不適切**。65歳以上の高齢者世帯も日常生活上療養または介護を要する場合に、生活福祉資金を貸し付ける対象となる。福祉費として福祉費の貸付限度額は580万円以内である。

3）**適切**。貸付日から6カ月以内の据置期間を経過後、20年以内を償還期限とする。

4）**適切**。借入申込者は連帯保証人を立てることが原則必要であり、貸付利子が無利子になる。ただし、連帯保証人を立てない場合も借入は可能であり、貸付利子の利率は年1.5％である。

問8 解答：1

1）**不適切**。出向元事業所と出向先事業所がともに雇用保険の適用事業所であり、従業員が雇用保険の被保険者でないと対象にならない。

2）**適切**。本助成金は雇用維持が目的のため、移籍型出向は対象とならない。

3）**適切**。出向契約期間が2年間の場合も同助成金の対象になるが、12カ月分が支給額の限度である。

4）**適切**。産業雇用安定助成金は、出向元事業主・出向先事業主ともに助成の対象となる。なお、雇用調整助成金（出向）において助成率は中小企業で2／3（大企業1／2）のところ、産業雇用安定助成金は中小企業が一定の要件を満たせば9／10（大企業4／5）の助成率となる。

問9 解答：1

1）**適切**。就業中のみの危険補償特約を付帯した場合、一般に、被保険者がその職業または職務に従事している間（通勤途上含む）に被った傷害に限定して、保険金が支払われる。なお、労災認定の有無にかかわらず、保険金の支払対象となる。

2）**不適切**。普通傷害保険では、自動車による傷害も補償対象となる。

3）**不適切**。海外旅行傷害保険は、旅行行程中の地震・噴火・津波による傷害を補償する。

4）**不適切**。国内旅行傷害保険は、旅行行程中の細菌性食中毒やウイルス性食中毒による傷害を補償する。

問10 解答：2

民法および失火責任法の適用関係は次のとおり。

原因	隣家への賠償	家主への賠償
軽過失による失火	損害賠償責任を負わない （失火責任法の適用）	損害賠償責任を負う （民法の債務不履行責任）(c)(d)
爆発による損壊 重過失または故意による失火	損害賠償責任を負う （民法の不法行為責任）(a)(b)	

(a) **適切**。Aさんはガス爆発事故を起こしているため、失火責任法の適用はなく、隣家の所有者に対し民法の不法行為責任（損害賠償責任）を負う。

(b) **不適切**。Bさんに重過失が認められるため、失火責任法の適用はなく、隣家の所有者に対し民法の不法行為責任（損害賠償責任）を負う。

(c) **適切**。Cさんは家主に対し失火責任法の適用はなく、民法の債務不履行責任（損害賠償責任）を負う。

(d) **不適切**。Dさんは家主に対し失火責任法の適用はなく、民法の債務不履行責任（損害賠償責任）を負う。

したがって、不適切なものは2つである。

問11 解答：**3**

1）**不適切**。自動振替貸付が、その年中に行われた場合、その年分の生命保険料控除の対象となる。

2）**不適切**。少額短期保険の保険料は、生命保険料控除の対象とならない。

3）**適切**。特約の付加を伴わない保険金額の増額または減額は、新制度の対象とならない。したがって、特約の保険金額を減額しただけでは新制度の対象とならない。

4）**不適切**。保険料の負担のない指定代理請求特約やリビングニーズ特約を中途付加しても、新制度の対象とならない。

問12 解答：**1**

2019年7月7日以前の保険契約については、保険の種類ごとの経理処理が適用される。

本問の定期保険は、保険期間満了時の被保険者の年齢が70歳を超えないため、長期平準定期保険ではない。したがって、支払保険料について資産計上額はなく、事業年度に対応する金額が損金算入される。

払済保険に変更する場合、次のとおり、変更前の資産計上額（保険料積立金）と解約返戻金との差額を益金算入（雑収入）または損金算入（雑損失）する。これを洗替処理という。

・資産計上額（保険料積立金）＜ 解約返戻金 → 益金算入（雑収入）

・資産計上額（保険料積立金）＞ 解約返戻金 → 損金算入（雑損失）

本問の定期保険における支払保険料には資産計上額がないため、解約返戻金相当額を保険料積立金として資産計上し、その全額が雑収入（益金算入）となる。

借方		貸方	
保険料積立金	700万円	雑収入	700万円

問13 解答：**1**

1）**適切**。政府保障事業において、被害者の当座の費用としての仮渡金請求の制度はない。また、治療中に治療費などを請求する内払金請求の制度もない。

2）**不適切**。政府保障事業による損害のてん補は、社会保険から給付を受ける場合や、加害者から支払があった場合、その金額が差し引かれる。

3）**不適切**。保険金額が減額されるのは、被害者に7割以上の過失がある場合である（重過失減額）。

4）**不適切**。共同不法行為による自動車事故においては、有効な自賠責保険の保険金額を合算した金額が上限となる。例えば、自動車2台の事故で傷害を負った場合は240万円（120万円×2）が限度となる。支払限度額は加害自動車の台数分、増加するため常に同額ではない。

問14 解答：**3**

1）**適切**。外貨建終身保険の積立利率は、支払保険料から付加保険料を控除した純保険料に対する外貨ベースの運用利回りを表したものである。

2）**適切**。円換算支払特約は保険金の受取りを円貨で行うための特約であるため、保険金受取時の為替レートによる為替変動リスクを回避することはできない。

3）**不適切**。外貨建て保険は為替レートの変動により元本欠損のおそれがある特定保険契約に該当するため、市場価格調整（ＭＶＡ）機能の有無にかかわらず、広告規制や契約締結前書面交付義務など金融商品取引法の行為規制が一部準用されている。

4）**適切**。解約差益は保険差益と為替差益に分割せず、保険差益および為替差益を合わせた解約差益が一時所得として所得税の課税対象となる。

問15 解答：**3**

1）**不適切**。個人事業主が、事業用建物などの棚卸資産以外の事業用資産について保険金を受け取った場合、受け取った保険金は非課税となる。

2）**不適切**。商品などの棚卸資産の損害について火災保険金を受け取った場合、全額が事業所得の収入金額となる。よって課税対象となる。

3）**適切**。営業用什器備品は棚卸資産ではないため、受け取った火災保険金は非課税となる。また、廃棄損が発生した場合の取扱いは、以下のとおり。

　・受取保険金額＞廃棄損→受取保険金額と廃棄損の差額は非課税

　・受取保険金額＜廃棄損→受取保険金額と廃棄損の差額は必要経費

4）**不適切**。店舗休業保険は、火災などによる休業によって失った利益を補償する保険であるため、受け取った保険金は事業所得の収入金額となる。よって課税対象となる。

問16 解答：**2**

1）**不適切**。日本銀行は、国内銀行（ゆうちょ銀行等を除く）および信用金庫における約定時の貸出金利の集計・把握を目的として、「貸出約定平均金利の推移」という資料を毎月作成・公表している。貸出約定平均金利には、「新規」および「ストック」の２種類の計表がある。「新規」は月末貸出残高のうち当月中に実行した貸出であり、「ストック」は月末時点に残高のあるすべての貸出である。

2）**適切**。完全失業率とは労働力人口に占める完全失業者の割合である。労働力人口は15歳以上の人口から非労働力人口を除いたもの、すなわち就業者と完全失業者の合計である。

3）**不適切**。ＤＩは、採用系列のうち３カ月前と比べて改善している指標の割合である。なお、一般的に、ＣＩ一致指数が上昇しているときは景気拡張局面、低下しているときは景気後退局面であり、ＣＩ一致指数の動きと景気の転換点は概ね一致する。

4）**不適切**。消費者態度指数とは、「暮らし向き」「収入の増え方」「雇用環境」「耐久消費財の買い時判断」の４項目に関して、今後半年間の見通しについて５段階評価による回答から算出した消費者意識指標を平均して算出するものであり、毎月公表される。

問17 解答：**3**

ドルコスト平均法とは、価格変動商品を、定期的に一定金額ずつ購入する投資手法である。

購入時期	第１回	第２回	第３回	第４回	第５回	合　計
購入単価	3,750円	6,000円	7,500円	5,000円	6,000円	―
購入金額	15万円	15万円	15万円	15万円	15万円	① 75万円
購入口数	15万円÷ 3,750円 ＝40口	15万円÷ 6,000円 ＝25口	15万円÷ 7,500円 ＝20口	15万円÷ 5,000円 ＝30口	15万円÷ 6,000円 ＝25口	② 140口

平均購入単価＝①75万円÷②140口＝5,357.1…　→　5,357円

問18 解答：**1**

$$\text{割引債券の単価（円）} = \frac{100}{(1+\text{利回り})^{\text{残存年数}}}$$

$$\text{割引債券の単価} = \frac{100}{(1+0.004)^4} = 98.415\cdots \to \underline{98.42}\,\text{（円）}$$

$$\text{利付債券の最終利回り（単利）（\%）} = \frac{\text{クーポン} + \dfrac{100-\text{単価}}{\text{残存年数}}}{\text{単価}} \times 100$$

$$\text{固定利付債券の最終利回り} = \frac{0.60 + \dfrac{100-100.85}{7}}{100.85} \times 100 = 0.474\cdots \to \underline{0.47}\,\text{（\%）}$$

問19 解答：**2**

1）**適切**。なお、ＤＡＸ指数は、ドイツの主要40銘柄（2021年９月以降）を対象とする株価指数であり、1987年12月末の株価を基準値1,000として算出している。

2）**不適切**。ＦＴＳＥ100指数は、ロンドン証券取引所に上場している銘柄の株価指数である。

3）**適切**。なお、日経平均株価と同じように平均株価を指数化したものであるため、株価の高い銘柄（値がさ株）の株価の値動きに影響されやすい。

4）**適切**。なお、ＣＡＣ40指数は、フランスの代表的指数であり、1987年12月31日の株価を基準値1,000として算出している。

問20 解答：**1**

サスティナブル成長率とは、企業の内部留保を事業に再投資した場合に得られる理論成長率のことである。本問ではＲＯＥを直接求めることができないため、ＰＥＲ（株価収益率）およびＰＢＲ（株価純資産倍率）を利用して算出する。

ＰＢＲ＝ＲＯＥ×ＰＥＲ

　4.50＝ＲＯＥ×60.00

ＲＯＥ＝4.50÷60.00＝0.075（7.50％）

サスティナブル成長率（％）＝ＲＯＥ×内部留保率
　　　　　　　　　　　　　＝ＲＯＥ×（１－配当性向）
　　　　　　　　　　　　　＝7.50％×（１－48.00％）
　　　　　　　　　　　　　＝<u>3.90％</u>

問21 解答：**3**

1）**適切**。簡易申告口座には、上場株式等の配当等や特定公社債等の利子等を受け入れることはできない。これについては、郵便振替支払通知書（または配当金領収証）による方法や登録配当金受領口座方式で受領することになる。

2）**適切**。簡易申告口座は、源泉徴収選択口座と同様に、その年中におけるその口座内の取引内容が記載された「特定口座年間取引報告書」が証券会社により作成され、これに基づいて簡易に申告を行うことができる。

3）**不適切**。源泉徴収選択口座では、株式・公社債等の譲渡損失と配当・利子所得との口座内での損益通算

123

が可能だが、配当・利子の支払いの都度ではなく、年間の配当・利子の合計額と株式・公社債等の譲渡損失合計額から損益通算されるため、払い過ぎた源泉徴収税額は翌年の年初に還付される。

4）**適切**。源泉徴収選択口座であれば、上場株式等の譲渡益は申告不要を選択することが可能であり、この場合には配偶者控除等の適用の有無を判定する際の合計所得金額に上場株式等の譲渡益は加算されない。

問22 解答：**4**

1）**適切**。β（ベータ）とは、市場全体（市場ポートフォリオ）が1％動いたときにその証券が何％変動するかを表した数値で、市場全体のリスク（システマティック・リスク）に対する感応度のことである。

2）**適切**。トレイナーの測度は、安全資産の収益率に対するポートフォリオの超過収益率をβ（ベータ）で除して算出することにより、βによるリスク1単位当たりの超過収益率が算出できる。なお、数値が大きいほど、パフォーマンスが優れていたといえる。

3）**適切**。なお、ジェンセンの測度がプラスであれば、パフォーマンスが優れていたといえる。

4）**不適切**。シャープ・レシオの説明である。インフォメーション・レシオ（情報比）は、ベンチマークの収益率に対するポートフォリオの超過収益率をトラッキングエラー（超過収益率の標準偏差）で除したものにより、ポートフォリオの運用成果を評価する手法である。

問23 解答：**3**

株式の価値は、将来支払われる配当の現在価値の総合計であるとの考え方を、配当割引モデルという。将来にわたって定率で配当が成長して支払われると予想する場合、以下の計算式が成り立つ。

$$\text{株式の内在価値（理論株価）} = \frac{\text{1株当たりの予想配当}}{\text{期待利子率} - \text{期待成長率}}$$

株式の内在価値（理論株価）＝900円、1株当たりの予想配当＝20円、期待利子率＝4％を当てはめて、期待成長率をxとして計算する。

$$\frac{20円}{4\% - x} = 900円$$

900円×（4％ − x）＝20円

x ×900円＝16円

x ＝16円÷900円＝0.01777… → 1.78％

問24 解答：**3**

1）**不適切**。決済用預金は「無利息、要求払い、決済サービスを提供できること」という3つの要件を満たす預金である。

2）**不適切**。外貨預金は預金保険制度による保護の対象ではない。

3）**適切**。金融機関が合併を行ったり、営業（事業）のすべてを譲り受けたりした場合には、その後1年間に限り、「1,000万円×合併等に関わった金融機関の数」による金額が保護の対象となる。たとえば、2行合併の場合は2,000万円（＝1,000万円×2行）となる。

4）**不適切**。仮払金の上限は60万円である。なお、仮払金の支払後、預金者への保険金や払戻金が支払われる場合、仮払金の額が精算される。

問25 解答：**4**

1）**適切**。勤続20年6カ月で障害者になったことに直接基因して退職することになった場合の退職所得控除

額は次のように計算する。

800万円＋70万円×（21年※－20年）＋100万円＝970万円

※20年6カ月→21年（1年未満切上げ）

2）**適切**。退職一時金の支払を受ける従業員が「退職所得の受給に関する申告書」を提出しない場合には、退職一時金の収入金額に対して20.42％を乗じた所得税および復興特別所得税を源泉徴収される。なお、確定申告することで還付を受けることができる。

3）**適切**。特定役員退職手当等に該当する場合には、その年中に支払を受ける退職手当等の収入金額から、勤続年数に応じて計算した退職所得控除額を控除した残額について、2分の1する措置はない。

4）**不適切**。短期退職手当等（特定役員退職手当等を除く）に該当する場合には、その年中に支払を受ける退職手当等の収入金額から、勤続年数に応じて計算した退職所得控除額を控除した残額が300万円を超える場合には、その超える部分の金額については2分の1する措置はないが、300万円以下の部分の金額については2分の1する措置がある。

問26 解答：**2**

1）**適切**。事業主が同一生計親族に支払った利息や地代家賃などの金額は、必要経費に算入できない。

2）**不適切**。事業の用に供する減価償却資産の売却益は、譲渡所得となる。

3）**適切**。青色申告者ではない（いわゆる白色申告者である）個人事業主が事業専従者に支払った給与は、必要経費に算入することができない。ただし、事業所得、不動産所得（事業的規模に限る）を生ずべき事業に従事する事業専従者を有する白色申告者は、次の①と②の金額のうち、いずれか少ないほうの金額を専従者控除額として、必要経費とみなす。

① 86万円（専従者が配偶者以外の場合には50万円）

② $\dfrac{この規定適用前の事業所得などの金額}{事業専従者の数＋1}$

4）**適切**。退職金は必要経費に算入できない。青色申告者が必要経費に算入できるのは、毎月の給料と賞与（ボーナス）に限られている。

問27 解答：**4**

・各種所得の金額

給与所得：350万円－113万円＝237万円

退職所得：（2,500万円－1,360万円）×$\dfrac{1}{2}$＝570万円

不動産所得：600万円－960万円＝▲360万円

一時所得：400万円－450万円＝▲50万円

・損益通算

237万円（給与）－（360万円（不動産）－20万円）＝▲103万円

570万円（退職）－103万円＝467万円

※不動産所得の損失の金額は、まず経常所得の金額から控除する。経常所得の金額から控除しきれない場合は、退職所得の金額から控除する。

※不動産所得の損失のうち、土地取得に要した負債の利子は損益通算の対象外。

※一時所得の損失は、損益通算の対象外。

問28 解答：**2**

1）**適切**。控除率は0.7％である。

2）**不適切**。認定住宅等に該当しない一般住宅である中古住宅を取得し入居した者が住宅借入金等特別控除の適用を受ける場合の控除対象期間は、最長**10年間**である。

3）**適切**。一般住宅である中古住宅の控除対象となる年末借入金残高は、最大2,000万円である。

4）**適切**。なお、床面積40㎡以上50㎡未満の住宅を取得した場合には、合計所得金額が1,000万円超の場合には適用できない。

問29 解答：**3**

1）**適切**。「棚卸資産の評価方法の届出書」を納税地の所轄税務署長に提出しなかった場合、青色申告者、白色申告者にかかわらず、最終仕入原価法となる。なお、青色申告者が低価法を選択する場合、その旨を「棚卸資産の評価方法の届出書」に記載のうえ、納税地の所轄税務署長に提出する必要がある。

2）**適切**。被相続人が白色申告者であり、相続人が青色申告をしようとする場合、原則として、相続人はその年の3月15日までに「青色申告承認申請書」を納税地の所轄税務署長に提出しなければならない。ただし、その年の1月16日以後に業務を承継した場合は、業務を承継した日から2カ月以内に提出すればよい。

3）**不適切**。「青色申告の取りやめ届出書」は、青色申告書の提出をやめようとする年の翌年3月15日までに、納税地の所轄税務署長に提出しなければならない。

4）**適切**。損益計算書はそれぞれの業務に区分して作成するが、貸借対照表は業務に区分することなく合併して作成する。

問30 解答：**3**

1）**不適切**。資産評価益は、原則として、所得の計算上益金に算入しない。ただし、一定の場合には資産評価益が益金に算入されることもある。

2）**不適切**。法人税の還付を受けた場合、その還付された金額は、益金の額に算入されない。ただし、還付加算金は益金の額に算入される。

3）**適切**。法人が個人から債務の免除を受けた場合、その免除された債務の金額（債務免除益）は、原則として、所得の計算上益金の額に算入される。

4）**不適切**。完全子法人株式等に係る配当の額は、所定の手続により、その全額が益金不算入となる。

問31 解答：**2**

1）**不適切**。役員が法人に対して無利息で金銭の貸付を行った場合、受取利息の認定は行われず、課税関係は生じない。

2）**適切**。法人が役員に対して無利息で金銭の貸付を行った場合には、法人側では受取利息が認定され、役員側では経済的利益が認定され、給与所得として課税される。

3）**不適切**。役員が所有する資産を適正な時価の2分の1以上の価額で法人に譲渡した場合、法人側では時価と買入価額との差額が受贈益として取り扱われ、役員側では譲渡価額と取得費等の差額が譲渡所得として課税される。

4）**不適切**。役員が所有する資産を適正な時価よりも高い価額で法人に譲渡した場合、法人側では時価と買入価額との差額について、役員に対して給与を支払ったものとして取り扱われ、役員側では時価と譲渡価額との差額が給与所得として課税される。

問32 解答：**3**

1）**不適切**。発生年度の異なる欠損金が複数ある場合、最も古い事業年度に生じた欠損金から順次損金算入する。

2）**不適切**。欠損金の繰越控除は、欠損金が生じた事業年度において青色申告書である確定申告書を提出し、かつ、その後の各事業年度について連続して確定申告書を提出している場合に限り適用を受けられる。ただし、その後の各事業年度の確定申告書は、青色申告書でも白色申告書でもよい。

3）**適切**。なお、資本金の額が1億円超の普通法人については、繰越控除前の所得金額の50%を限度として、欠損金額を損金の額に算入することができる。

4）**不適切**。2008年4月1日以後終了かつ2018年3月31日以前開始の事業年度において生じた欠損金は、9年間の繰越しが認められている。したがって、2013年4月1日開始の事業年度において生じた欠損金額は、2023年4月1日開始の事業年度において損金の額に算入することはできない。

問33 解答：**4**

1）**適切**。

2）**適切**。

3）**適切**。したがって、軽減税率（8%）ではなく、標準税率（10%）の対象である。

4）**不適切**。軽減税率の適用対象となる「新聞」とは、**定期購読契約**が締結された週2回以上発行される、一定の題号を用い、政治、経済、社会、文化等に関する一般社会的事実を掲載するものである。したがって、売店等で購入する場合の新聞は標準税率（10%）の対象である。

問34 解答：**3**

1）**不適切**。所有権に関する仮登記に基づく本登記は、登記上の利害関係を有する第三者がいる場合には、原則として当該第三者の承諾があるときに限り、申請することができる。なお、抵当権など所有権以外の仮登記を本登記にする場合は、第三者の承諾は不要である。

2）**不適切**。次の土地は、合筆の登記をすることができない。
　・相互に接続していない土地
　・地目または地番区域が相互に異なる<u>土地</u>
　・表題部所有者または所有権の登記名義人が相互に異なる土地
　・表題部所有者または所有権の登記名義人が相互に持分を異にする土地
　・所有権の登記がない土地と所有権の登記がある土地
　・所有権の登記以外の権利に関する登記がある土地（権利に関する登記であって、合筆後の土地の登記記録に登記することができる一定の土地を除く）

3）**適切**。なお、登記事項証明書は、オンラインによる交付請求をすることができ、その交付方法は、請求時に郵送または登記所の窓口で受け取る方法のいずれかを選択する。

4）**不適切**。登記事項証明書は、誰でもその交付を請求することができる。

問35 解答：**2**

1）**適切**。売買契約書は書面による交付に加えて、必要な承諾を得られれば、電子メールなどの電磁的方法による交付が認められている。

2）**不適切**。宅建業者が自ら売主となる売買契約において、手付を受領した場合、手付の目的をどのように定めても解約手付とみなされる。すなわち、買主が履行に着手するまでは、宅建業者は手付の倍の金銭を現実に提供することで、売買契約を解除することができる。

3）**適切**。重要事項の説明は、契約が成立するまでの間、権利取得者（売買契約では買主、賃貸借契約では借主）に対して行えばよい。

4）**適切**。宅建業者が自ら売主となる売買契約において、売買代金の額の2割を超える損害賠償額を予定した場合や違約金の定めをした場合、その2割を超える部分が無効となる。契約自体は無効とならない。

問36 解答：**1**

1）**適切**。普通借地権の存続期間中に建物が滅失し、借地権設定者（地主）の承諾を得ずに、借地権者が残りの期間を超えて存続すべき建物を建築した場合、借地権設定者（地主）は借地権者に対して土地の賃貸借の解約を申し入れることが可能となる。なお、借地権設定者（地主）の承諾を得た場合には、承諾日と建築日のいずれか早い日から、普通借地権が20年間存続する。

2）**不適切**。普通借地権の最初の更新後は、合意による更新の場合は20年以上の存続期間を定めなければならない。したがって、更新後の期間を50年と定めることは可能である。

3）**不適切**。建物譲渡特約付借地権が消滅し、建物を継続使用する場合、建物の賃借人と借地権設定者（地主）との間で定期建物賃貸借契約を締結することは可能である。

4）**不適切**。事業用定期借地権であれば存続期間を20年に設定できるが、建物の目的を居住用とすることはできない。本問のように、居住用とするためには一般定期借地権等にする必要がある。

問37 解答：**1**

1）**適切**。個人が農地を相続により取得した場合、取得を知った時からおおむね10ヵ月以内に、農業委員会への届出が必要となる。

2）**不適切**。原則として、農地を農地以外に転用する場合は、面積の大小にかかわらず、事前に農地法第4条または第5条の規定による農地転用の許可または届出が必要となるが、市街化区域の農地を物流倉庫目的で譲渡（転用目的で譲渡）する場合は、面積の大小にかかわらず、農地法第5条に基づく届出で足りる。

3）**不適切**。農地または採草放牧地の賃貸借に係る存続期間は50年以内とされている。したがって、契約でこれより長い期間を定めたときは、その期間は50年とされる。

4）**不適切**。農地または採草放牧地の賃貸借は、その登記がなくても、農地または採草放牧地の引渡しがあったときは、これをもってその後その農地または採草放牧地について物権を取得した第三者に対抗することができる。

問38 解答：**1**

1）**不適切**。規約の設定・変更・廃止は、区分所有者および議決権の各4分の3以上の多数による集会の決議が必要となる。ただし、一部の区分所有者の権利に特別の影響を及ぼすといった特別不利益になるような規約変更は当該区分所有者の承諾が必要となる。

2）**適切**。議決権割合は、共用部分の持分の割合、すなわち専有部分の床面積の割合による。ただし、規約に別段の定めをすることができる。

3）**適切**。建替え決議を目的とする集会を招集する場合、原則として、招集の通知を会日より少なくとも2ヵ月前に発し、会日より少なくとも1ヵ月前までに、区分所有者に対し建替えを必要とする理由等の説明を行うための説明会を開催しなければならない。

4）**適切**。著しい変更を伴う共用部分の変更は、区分所有者および議決権の各4分の3以上の多数による集会の決議が必要となる。また、区分所有者の定数は、規約で過半数まで減らすことが可能であるが、議決権の定数は規約で減らすことはできない。

問39 解答：**2**

1）**適切**。相続により土地の所有権を取得した者が当該土地の所有権の移転登記を受けないで死亡し、その者の相続人等が2025年3月31日までの間に、その死亡した者を登記名義人とするために受ける当該移転登記に対する登録免許税は免税となる。

2）**不適切**。「住宅取得資金の貸付け等に係る抵当権の設定登記の税率の軽減」の適用を受けた場合の税率は、0.1％である。

3）**適切**。遺贈や贈与により取得した場合、「住宅用家屋の所有権の移転登記の税率の軽減」による税率の軽減措置は適用されない。

4）**適切**。表示に関する事項として、土地の所在・地番・地目・地積や、建物の家屋番号・構造・床面積などの土地・建物に関する物理的状況を記載する登記記録の表題部を作成するための登記（表題登記）には、登録免許税は課税されない。

問40 解答：**2**

1）**適切**。譲渡所得の計算上、収入金額の5％相当額を土地の取得費とする「概算取得費」と本特例は重複適用できる。

2）**不適切**。本特例と「被相続人の居住用財産（空き家）に係る譲渡所得の特別控除」は併用することができないため、どちらか有利なほうを選択することになる。

3）**適切**。本特例における譲渡先に制限はないため、譲渡者の親族や同族会社などの特殊関係者への譲渡でも適用を受けることができる。

4）**適切**。本特例における譲渡は、相続税の申告期限の翌日以後3年以内に行っていればよいため、相続開始があった日の翌日から起算して3年を経過した日に譲渡した場合は、適用を受けることができる。

問41 解答：**3**

(a) **不適切**。事業資金の借入は、ディベロッパーではなく土地所有者が行う。

(b) **不適切**。建設協力金方式において、建物の所有権は土地所有者が有する。

(c) **不適切**。等価交換方式では、建設した区分所有建物を土地所有者とディベロッパーが分け合う方式であるため、土地所有者が建物のすべての所有権を取得することはない。

(d) **適切**。なお、定期借地権方式は、土地所有者には建築・管理等の業務がない、地代を安定的に得られる可能性があるといった特徴もある。

したがって、不適切なものは3つである。

問42 解答：**3**

1）**適切**。贈与税の配偶者控除の適用を受けるには、戸籍の謄本または抄本、戸籍の附票の写し、居住用不動産の登記事項証明書を添付して、贈与税の申告書を翌年3月15日までに提出することが必要である。なお、戸籍の附票の写しとは、その戸籍に記載されている者について戸籍が作られてから現在に至るまでの住所を記録したものをいう。

2）**適切**。贈与税の配偶者控除の適用を受けるには、贈与の日において婚姻期間が20年以上であることが必要である。

3）**不適切**。店舗併用住宅の場合、居住用部分から優先して贈与を受けたものとして適用を受けられる。本肢では、居住用部分の割合（40％）が贈与を受けた持分（3分の1≒33％）以上であるため、贈与を受けた部分がすべて居住用であるものとして計算することができる。また、贈与を受けた持分3分の1の価格1,600万円は、配偶者控除額（最高2,000万円）以内であるため、贈与税額は算出されない。

4）**適切**。店舗併用住宅の場合、贈与税の配偶者控除の対象は居住用部分のみに認められる。この居住の用に供されている部分の面積の割合がおおむね90％以上である場合には、その家屋および敷地全体を居住用不動産として、贈与税の配偶者控除の適用を受けることができる。

問43 解答：**3**

1）**不適切**。相続時精算課税選択届出書の提出は最初の贈与の時に1回だけでよいが、贈与税の申告書は、贈与財産の金額の多寡にかかわらず、贈与を受けた年ごとに提出する必要がある。

2）**不適切**。父母または祖父母からの贈与により、自己の居住の用に供する住宅用家屋の新築、取得または増改築等の対価に充てるための金銭を取得した場合で、一定の要件を満たすときは、贈与者がその贈与の年の1月1日において60歳未満であっても相続時精算課税制度を選択することができる。

3）**適切**。養子縁組を解消した場合でも、特定贈与者からの贈与については、特定贈与者の死亡時まで相続時精算課税制度が適用される。

4）**不適切**。相続時精算課税制度の適用を受けていた場合でも、特定贈与者が死亡し、課税価格の合計額が遺産に係る基礎控除額以下であるときは、相続税の申告は不要である。

問44 解答：**4**

1）**適切**。特別寄与料は金銭に限られる。遺産の全部または一部の分割を請求することはできない。

2）**適切**。特別寄与料の支払いの請求をすることができるのは、相続人以外の被相続人の親族である。したがって、内縁関係者は親族でないため、特別寄与料の支払いを請求することはできない。

3）**適切**。特別寄与料の支払いについて当事者間で協議が調わない場合、または協議することができない場合、特別寄与者は、特別寄与者が相続開始および相続人を知ったときから6カ月を経過したとき、または相続開始時から1年を経過したときのいずれか早い日までに、家庭裁判所に対して協議に代わる処分を請求することができる。

4）**不適切**。相続人が複数いる場合、各相続人は、特別寄与料の額に当該相続人の法定相続分、代襲相続分または指定相続分を乗じた額を負担する。

問45 解答：**2**

1）**適切**。限定承認は資産を上回る負債を相続しないという制度であるため、資産額が負債額を超える場合は、通常の相続と同じである。したがって、本肢では、2,500万円の資産と2,000万円の負債が相続人に承継される。

2）**不適切**。相続の放棄をした者は、相続開始時にさかのぼって相続人とならなかったものとみなされる。したがって、相続の放棄をした者を除いた残りの相続人全員で限定承認をすることができる。

3）**適切**。相続人が、相続について単純承認したものとみなされた場合、自己のために相続の開始があったことを知った時から3カ月以内であっても、相続の放棄や限定承認をすることはできない。

4）**適切**。契約者（＝保険料負担者）および被保険者を被相続人、保険金受取人を相続人とする生命保険契約の死亡保険金を当該相続人が受け取った場合、その死亡保険金は相続財産とみなされるが、相続人の固有財産であるため、死亡保険金を受け取っただけでは単純承認したことにはならない。

問46 解答：**3**

1）**不適切**。保管の対象となる遺言書は、法令で定める様式に従って作成した自筆証書遺言でなければならず、また、遺言書は封筒に入れて封印した状態ではなく、無封のものでなければならない。

2）**不適切**。遺言書の保管の申請は、遺言者の住所地もしくは本籍地または遺言者が所有する不動産の所在

地を管轄する法務局に対してすることができる。

3）**適切**。この制度は、代理や郵送が認められないため、本人が出頭できない場合は利用できない。

4）**不適切**。自筆証書遺言書保管制度を利用した場合は、検認が不要である。

問47 解答：4

1）**不適切**。被相続人が生前に購入した墓碑の購入費で、相続開始時に未払いであったものについての支払代金は、債務控除の対象とならない。

2）**不適切**。被相続人の保証債務は、相続発生時に、主たる債務者が弁済不能の状態であり、かつ主たる債務者に求償権を行使しても弁済を受ける見込みのない場合には、その弁済不能部分の金額について債務控除の対象となる。

3）**不適切**。被相続人の準確定申告により算出された所得税額は、相続時に金額が未確定だったものを含めて債務控除の対象となる。なお、未払いの住民税、固定資産税や都市計画税なども同様である。

4）**適切**。相続人が、相続財産の価額の算定のために要する鑑定費用は、債務控除の対象とならない。

問48 解答：2

1）**不適切**。遺産分割が確定していて、期限内申告を失念してしまった場合でも本制度の適用を受けることができる。

2）**適切**。本制度は、被相続人の配偶者が無制限納税義務者または制限納税義務者のいずれに該当する場合でも、適用を受けることができる。

3）**不適切**。相続の放棄をしていても、遺贈により財産を取得し、相続税額が算出されていれば本制度の適用を受けることができる。

4）**不適切**。配偶者は、1億6千万円と配偶者の法定相続分相当額とのいずれか**大きい**金額まで財産を取得しても、納付すべき相続税額は算出されない。

問49 解答：1

1）**不適切**。配偶者居住権に基づく敷地利用権および配偶者居住権が設定されている敷地所有権の双方とも、本特例の適用を受けることができる。

2）**適切**。被相続人の居住の用に供されていた宅地を被相続人と同居していた被相続人の子が相続により取得し、本特例の適用を受ける場合、相続税の申告期限まで当該宅地を所有し、かつ居住していればよい。なお、相続開始前3年以内に国内にあるその者またはその者の配偶者の所有する家屋に居住したことがある場合に本特例の適用を受けることができないのは、非同居親族である。

3）**適切**。本特例の適用を受けることができる宅地の取得者は、被相続人の親族に限られる。したがって、被相続人の居住の用に供されていた宅地を被相続人の親族でない者が取得しても、当該宅地は特定居住用宅地等として本特例の適用を受けることはできない。

4）**適切**。特定居住用宅地等については限度面積330㎡を超えているため、超えた70㎡については適用を受けることができないが、特定事業用宅地等については限度面積400㎡以内であるため、330㎡全体に適用を受けることができる。したがって、2つの宅地の面積の合計のうち660㎡までの部分について、本特例の適用を受けることができる。

問50 解答：3

1）**適切**。納税が猶予されるのは、本制度の適用を受ける特定事業用資産の課税価格の100％相当額に対応する贈与税額である。

2）**適切**。なお、贈与者（先代事業者等）の死亡により相続が発生した場合、相続税額の計算上、本制度の適用を受けた特定事業用資産について「小規模宅地等についての相続税の課税価格の計算の特例」の適用を受けることはできない。

3）**不適切**。特定事業用資産の一部の贈与では、本制度の適用を受けることができない。受贈者は贈与者が事業の用に供している特定事業用資産のすべてを贈与により取得しなければならない。

4）**適切**。なお、棚卸資産は、本制度の対象となる特定事業用資産に該当しない。

第1予想・応用編

解答一覧・苦手論点チェックシート

※ 間違えた問題に✓を記入しましょう。

大問	問題	科目	論点	正解	難易度	配点	あなたの苦手※ 1回目	あなたの苦手※ 2回目
第1問	51	年金・社保	介護休業給付	①2 ②12 ③93 ④10 ⑤67 ⑥2	B	各1		
	52		労働者災害補償保険	①4 ②3 ③労働基準 ④20 ⑤総日数 ⑥1年6カ月	B	各1		
	53		遺族年金	①1,225,400(円) ②408,799(円) ③60,240(円)	C	①③各2 ②4		
第2問	54	金融	財務分析	①8.02 ②財務レバレッジ ③0.42 ④5.45 ⑤9.73 ⑥18.06	B	各2		
	55		サスティナブル成長率、使用総資本事業利益率	①5.78(%) ②4.26(%)	A	各2		
	56		外貨預金の利回り	2.06(%)	B	4		
第3問	57	タックス	別表四	①4,800,000 ②230,000 ③3,000,000 ④9,900,000 ⑤1,500,000 ⑥232,788 ⑦18,600,000	A	各1		
	58		税額計算	3,226,400(円)	B	5		
	59		貸倒引当金、保険金等で取得した固定資産等の圧縮額の損金算入	Ⅰ③法定繰入率を期末一括評価金銭債権の帳簿価額の合計額から実質的に債権とみられない金額を控除した残額に乗じることにより、繰入限度額を算出するⅡ②保険金等の圧縮記帳における圧縮限度額は36,000千円となる	C	各4		
第4問	60	不動産	建築基準法・不動産の取得に係る税金	①近隣商業 ②隣地 ③北側 ④天空 ⑤70 ⑥5分の1 ⑦2分の1 ⑧150 ⑨1.5 ⑩150	A	各1		
	61		建蔽率・容積率	①540(㎡) ②1,900(㎡)	A	各2		
	62		譲渡所得の特例	①15,400,000(円) ②2,358,500(円) ③770,000(円)	A	各2		
第5問	63	相続	類似業種比準価額	3,791(円)	A	6		
	64		純資産価額・併用方式	①4,754(円) ②3,887(円)	A	各3		
	65		株価の引き下げ、自己株式の買取り	Ⅰ③適正な役員退職金を支払うことで、X社の利益が引き下がるため、純資産価額だけでなく類似業種比準価額を引き下げる効果も期待できるⅡ②譲渡価額のうち当該株式に対応する資本金等の額を超える部分の金額については、配当所得として総合課税の対象となる	B	各4		

難易度　A…基本　B…やや難　C…難問

科目別の成績		

年金・社保	金融	タックス
1回目 /20	1回目 /20	1回目 /20
2回目 /20	2回目 /20	2回目 /20

不動産	相続
1回目 /20	1回目 /20
2回目 /20	2回目 /20

あなたの得点（基礎編）	あなたの得点（応用編）	合格点	合格への距離
1回目 /100	1回目 /100	120/200	
2回目 /100	2回目 /100	120/200	

第1予想 応用編 ……… 解答・解説

【第1問】

問51 解答：①2 ②12 ③93 ④10 ⑤67 ⑥2

「雇用保険の一般被保険者および高年齢被保険者（以下、『被保険者』という）が、『育児休業、介護休業等育児又は家族介護を行う労働者の福祉に関する法律』に基づいて、配偶者、父母、子等の対象家族に係る介護休業を取得し、かつ、原則として、介護休業開始日前（①2）年間にみなし被保険者期間が通算して（②12）カ月以上ある被保険者は、雇用保険の介護休業給付金の支給対象となります。

介護休業給付金は、同一の対象家族について介護休業を分割して取得する場合、介護休業を開始した日から通算して（③93）日を限度に3回までに限り支給されます。なお、介護休業給付金は、一支給単位期間中に、公共職業安定所長が就業をしていると認める日数が（④10）日以下でなければ、その支給単位期間については支給対象となりません。

介護休業給付金の額は、介護休業期間中に事業主から賃金の支払いがない場合、一支給単位期間当たり『休業開始時賃金日額×支給日数×（⑤67）％』の算式で算出されます。休業開始時賃金日額には、上限額および下限額が設けられており、この額は毎年8月1日に改定されます。

介護休業給付金の支給申請は、原則として、介護休業終了日（介護休業期間が3カ月以上にわたるときは介護休業開始日から3カ月を経過する日）の翌日から起算して（⑥2）カ月を経過する日の属する月の末日までに行う必要があります」

〈解説〉

介護休業給付（介護休業給付金）の概要は、以下のとおり。

支給要件	・介護休業を開始した日前2年間に賃金支払いの基礎となった日数が11日以上ある月が通算して12カ月以上あること。 ・介護休業期間中の1カ月ごとに、休業開始前の1カ月当たりの賃金の8割以上が支払われていないこと。 ・支給単位期間（1カ月ごとの期間）に就業している日数が10日以下であること。
対象家族	・被保険者の配偶者（事実婚含む）、父母（養父母含む）、子（養子含む）、祖父母、兄弟姉妹、孫、配偶者の父母（養父母含む） ※同居や扶養は問わない
支給額	・休業開始時賃金日額×支給日数×67％（原則） ・支給対象となる同じ家族につき通算93日を限度に3回を上限として分割取得できる。 ・休業開始時賃金日額には上限額・下限額があり、毎年8月1日に改定される。
申請手続	・原則、介護休業終了日（介護休業期間が3カ月以上のときは介護休業開始日から3カ月を経過する日）の翌日から起算して2カ月を経過する日の属する月の末日までに行う。

問52 解答：①4 ②3 ③労働基準 ④20 ⑤総日数 ⑥1年6カ月

「労働者災害補償保険では、業務上の事由または通勤による労働者の負傷、疾病、障害、死亡等に対して保険給付を行うほか、社会復帰促進等事業として特別支給金等が支給されます。

仮に、Aさんが業務上の事由による負傷または疾病の療養のために（①4）日以上休業し、かつ、（①4）日目以降の休業した日について事業主から賃金の支払いがない場合、所定の手続きにより、Aさんは、原則

134

として、（①**4**）日目以降の休業した日について、休業補償給付および休業特別支給金の支給を受けることができます。なお、休業の初日から（②**3**）日目までの休業期間については、事業主が（③**労働基準**）法の規定に基づく休業補償を行わなければならないこととされています。

　その給付額は、原則として、休業１日につき、休業補償給付は休業給付基礎日額の60％相当額であり、休業特別支給金は休業給付基礎日額の（④**20**）％相当額です。休業給付基礎日額とは、原則として、算定事由発生日以前３カ月間にその労働者に対して支払われた賃金の総額（賞与等を除く）を（⑤**総日数**）で除した金額となります。

　また、療養開始後（⑥**1年6カ月**）を経過した日以後において、傷病が治癒せず、当該傷病による障害の程度が所定の傷病等級の第１級から第３級に該当する場合には、休業補償給付に代えて、傷病補償年金が支給されます。傷病補償年金の年金額は、その傷病等級に応じて、年金給付基礎日額の313日分、277日分または245日分となります」

〈解説〉

　業務災害の場合、休業補償給付の支給がない休業の初日から３日目までは、事業主が労働基準法の規定に基づく休業補償を行わなければならない。なお、通勤災害の場合、事業主の責任が問われないため、休業給付の支給がない休業の初日から３日目までについて、事業主は労働基準法の規定に基づく休業補償を行う必要がない。

　休業補償給付は、休業１日につき休業給付基礎日額の60％相当額であり、休業特別支給金は休業給付基礎日額の20％相当額である。休業給付基礎日額は、原則として、算定事由発生日以前３カ月間にその労働者に対して支払われた賃金の総額（賞与等を除く）をその期間の総日数で除した金額である。

　なお、傷病補償年金または傷病年金の受給権者である労働者には、申請により傷病特別支給金が支給される。さらに、特別給与（ボーナス）を基に算出される傷病特別年金も、申請することにより支給される。

問53 解答：①**1,225,400円** ②**408,799円** ③**60,240円**

①　遺族基礎年金の年金額
　　777,800円＋223,800円＋223,800円＝1,225,400円
②　遺族厚生年金の年金額

$$\left(220,000円 \times \frac{7.125}{1,000} \times 24月 + 336,000円 \times \frac{5.481}{1,000} \times 242月\right) \times \frac{300月}{266月} \times \frac{3}{4}$$

　＝408,798.8…　→　408,799円（円未満四捨五入）
③　遺族年金生活者支援給付金の額
　　5,020円×12月＝60,240円

〈解説〉

①　Ｃさん（長男）およびＤさん（二男）が18歳到達年度末日までの子に該当するため、Ｂさん（妻）は遺族基礎年金を受給することができる。したがって、基本年金額777,800円（2022年度価額）に２人分の子の加算額（第１子および第２子とも223,800円）が加算される。
②　Ａさんは死亡当時、厚生年金保険の被保険者であり、被保険者期間が266月（24月＋242月）であるため短期要件に該当する。したがって、300月のみなし計算が適用される。

　　本来水準による価額を算出する場合、給付乗率は新乗率を用いる。遺族厚生年金の年金額は老齢厚生年金の報酬比例部分の４分の３相当額である。なお、遺族基礎年金を受給できるため中高齢寡婦加算額は加算されない。

③ 一定の所得要件を満たし、遺族基礎年金を受給している者は、月額5,020円の遺族年金生活者支援給付金を受給することができる。

【第2問】

問54 解答：①**8.02** ②**財務レバレッジ** ③**0.42** ④**5.45** ⑤**9.73** ⑥**18.06**

〈解説〉

① 自己資本当期純利益率（％）＝$\dfrac{当期純利益}{自己資本}×100$

（Y社）$\dfrac{72,000百万円}{744,000百万円＋154,000百万円}×100＝8.017\cdots\%$ → $\underline{8.02\%}$

※自己資本＝株主資本＋その他の包括利益累計額

② 自己資本当期純利益率（％）＝$\dfrac{当期純利益}{自己資本}×100$

$＝\dfrac{当期純利益}{売上高}×\dfrac{売上高}{使用総資本}×\dfrac{総資本}{自己資本}×100$

＝売上高当期純利益率×使用総資本回転率×<u>財務レバレッジ</u>

③ 使用総資本回転率（回）＝$\dfrac{売上高}{使用総資本}$

（X社）$\dfrac{1,100,000百万円}{2,600,000百万円}＝0.423\cdots回$ → $\underline{0.42回}$

④ 売上高当期純利益率（％）＝$\dfrac{当期純利益}{売上高}×100$

（X社）$\dfrac{60,000百万円}{1,100,000百万円}×100＝5.454\cdots\%$ → $\underline{5.45\%}$

⑤ インタレスト・カバレッジ・レシオ（倍）＝$\dfrac{事業利益^{※1}}{金融費用^{※2}}$

（Y社）$\dfrac{132,000百万円＋1,200百万円＋3,000百万円}{14,000百万円}＝9.728\cdots倍$ → $\underline{9.73倍}$

※1 事業利益＝営業利益＋受取利息および受取配当＋有価証券利息

※2 金融費用＝支払利息および割引料＋社債利息

⑥ 配当性向（％）＝$\dfrac{配当金総額}{当期純利益}×100$

（Y社）$\dfrac{13,000百万円}{72,000百万円}×100＝18.055\cdots\%$ → $\underline{18.06\%}$

問55 解答：①**5.78（%）**　②**4.26（%）**

①　X社のサスティナブル成長率

$$\left[\frac{60,000百万円}{730,000百万円+70,000百万円}\times100\right]\times\left(1-\frac{13,800百万円}{60,000百万円}\right)=5.775\%\ \rightarrow\ \underline{5.78\%}$$

②　Y社の使用総資本事業利益率

$$\frac{132,000百万円+1,200百万円+3,000百万円}{3,200,000百万円}\times100=4.256\cdots\%\ \rightarrow\ \underline{4.26\%}$$

〈解説〉

①　サスティナブル成長率＝ＲＯＥ×内部留保率

$$=ＲＯＥ×(1-配当性向)$$

$$=\frac{当期純利益}{自己資本}\times100\times\left(1-\frac{配当金総額}{当期純利益}\right)$$

※自己資本＝株主資本＋その他の包括利益累計額

②　使用総資本事業利益率$=\dfrac{事業利益}{使用総資本}\times100$

※事業利益＝営業利益＋受取利息および受取配当＋有価証券利息

問56 解答：**2.06（%）**

$$\frac{\left\{\dfrac{123.65円\times(1+0.01\times0.5年)}{123.00円}\right\}-1}{0.5年}\times100=2.062\cdots\%\ \rightarrow\ 2.06\%$$

〈解説〉

　以下のように、計算手順を分割してもよい。

①　投資額

　　1米ドル×123.00円（ＴＴＳ）＝123.00円

②　収入金額

　　1米ドル×（1＋0.01×0.5年）＝1.005米ドル

　　1.005米ドル×123.65円（ＴＴＢ）＝124.26825円

③　利回り（年換算）

$$\frac{②-①}{①}\div0.5年\times100=2.062\cdots\%\ \rightarrow\ \underline{2.06\%}$$

【第3問】

問57 解答：①4,800,000　②230,000　③3,000,000　④9,900,000　⑤1,500,000
　　　　　⑥232,788　⑦18,600,000

〈略式別表四（所得の金額の計算に関する明細書）〉　　　　　　　（単位：円）

区　　分			総　　額
当期利益の額			2,847,212
加算	損金経理をした納税充当金	①　4,800,000)	
	減価償却の償却超過額	②　230,000)	
	役員給与の損金不算入額	③　3,000,000)	
	交際費等の損金不算入額	④　9,900,000)	
	小　　計		17,930,000
減算	減価償却超過額の当期認容額	⑤　1,500,000)	
	納税充当金から支出した事業税等の金額		910,000
	小　　計		2,410,000
仮　　計			18,367,212
法人税額から控除される所得税額（注）		⑥　232,788)	
合　　計			18,600,000
欠損金又は災害損失金等の当期控除額			0
所得金額又は欠損金額			⑦　18,600,000)

（注）法人税額から控除される復興特別所得税額を含む。

・損金経理をした納税充当金

　　見積納税額（未払法人税等の当期末残高）4,800,000円（空欄①）は、損益計算書上、費用とされているが、法人税では損金算入できないため、「損金経理をした納税充当金」として加算する。

・減価償却の償却超過額および減価償却超過額の当期認容額

　　機械装置の減価償却費は、償却限度額を超過した230,000円（8,400千円－8,170千円、空欄②）が損金不算入となる。

　　構築物は当期が償却不足であり、前期からの繰越償却超過額があるため、繰越償却超過額を限度として、償却不足額を認容（減算）する。

　　償却不足額＝8,550千円－6,750千円＝1,800千円＞繰越償却超過額1,500千円

　　∴　認容額1,500,000円（空欄⑤）

・役員給与の損金不算入額

　　役員が所有する資産を法人に高額譲渡した場合、法人は適正な時価で取得したものとされ、時価と譲渡対価との差額は役員給与として損金不算入となる。

　　損金不算入額＝20,000千円－17,000千円＝3,000,000円（空欄③）

・交際費等の損金不算入額

　　中小企業者等は、交際費等の額のうち、ⓐ8,000千円とⓑ接待飲食費×50％とのいずれか大きいほうまで損金の額に算入することができる。

　　損金算入限度額：8,000千円＜18,000千円×50％＝9,000千円　　∴　9,000千円

　　損金不算入額＝19,800千円－900千円－9,000千円＝9,900,000円（空欄④）

・法人税額から控除される所得税額（復興特別所得税額を含む）

預金の利子から源泉徴収された所得税額および復興特別所得税額232,788円は、当期の法人税額から控除することを選択するため加算する（空欄⑥）。

・所得金額又は欠損金額

所得金額＝2,847,212円（当期利益）＋17,930,000円（加算項目小計）－2,410,000円（減算項目小計）＋232,788円（所得税額および復興特別所得税額）＝18,600,000円（空欄⑦）

問58 解答：**3,226,400円**

8,000,000円×15％＋（18,600,000円－8,000,000円）×23.2％＝3,659,200円

3,659,200円－232,788円－200,000円＝3,226,412円 → 3,226,400円（百円未満切捨て）

問59 解答：

	下線部の番号	適切な内容
Ⅰ	③	法定繰入率を期末一括評価金銭債権の帳簿価額の合計額から実質的に債権とみられない金額を控除した残額に乗じることにより、繰入限度額を算出する
Ⅱ	②	保険金等の圧縮記帳における圧縮限度額は36,000千円となる

〈解説〉

・保険差益＝保険金－（建物等の損失発生前の帳簿価額のうち被害部分相当額＋支出費用）

　　　　　＝60,000千円－（18,000千円＋6,000千円）＝36,000千円

・圧縮限度額＝保険差益× $\dfrac{\text{代替資産の取得に充てた保険金（分母の金額が限度）}}{\text{保険金－支出費用}}$

　　　　　　＝36,000千円× $\dfrac{54,000\text{千円}^{※}}{60,000\text{千円}－6,000\text{千円}}$ ＝36,000千円

※代替資産の取得に充てた保険金額は58,000千円であるが、保険金額から支出費用を差し引いた額が54,000千円であるため、分子は54,000千円となる。

【第4問】

問60 解答：①**近隣商業** ②**隣地** ③**北側** ④**天空** ⑤**70** ⑥**5分の1** ⑦**2分の1** ⑧**150** ⑨**1.5** ⑩**150**

〈建築基準法上の規制〉

Ⅰ 「甲土地は準住居地域、第一種中高層住居専用地域および近隣商業地域にまたがっているが、甲土地に建築物を建築する場合、その建築物またはその敷地の全部について、（①**近隣商業**）地域の建築物の用途に関する規定が適用される」

Ⅱ 「建築基準法では、都市計画区域と準都市計画区域内において、用途地域等に応じて、建築物の高さの制限を定めている。甲土地に建築する建築物に適用される高さの制限には道路斜線制限と（②**隣地**）斜線制限があり、さらに第一種中高層住居専用地域内においては、『日影による中高層の建築物の高さの制限』が適用される場合を除き、（③**北側**）斜線制限がある。

　　ただし、（④**天空**）率により計算した採光、通風等が各斜線制限により高さが制限された場合と同程度以上である建築物については、各斜線制限は適用されない」

Ⅲ 「建築基準法では、建築物の延べ面積の敷地面積に対する割合（容積率）について、各種の緩和措置を

定めている。そのうち『特定道路までの距離による容積率制限の緩和』については、建築物の敷地が、特定道路に接続する幅員6m以上12m未満の前面道路のうち当該特定道路からの延長が（⑤70）m以内の部分において接する場合に適用される。

　また、容積率の算定の基礎となる延べ面積の計算にあたって、専ら自動車または自転車の停留または駐車のための施設の用途に供する部分（自動車車庫等部分）の床面積は、その敷地内の建築物の各階の床面積の合計の（⑥5分の1）を限度として、延べ面積に算入しないこととされている」

〈不動産の取得に係る税金〉

Ⅳ　「不動産の所有権を売買、交換、贈与などにより取得した場合、取得者に対して不動産取得税が課される。また、取得した不動産の所有権の移転登記をする場合、登録免許税が課される。

　不動産取得税の額は、不動産を取得した時における不動産の価格に税率を乗じて算定されるが、取得した不動産が土地（宅地）である場合、不動産の価格の（⑦2分の1）相当額が課税標準額となる。Aさんが2022年中に甲土地を取得した場合、標準税率により計算した不動産取得税の額は（⑧150）万円となる。

　登録免許税の額は、課税標準に登記等の区分に応じた税率を乗じて算定されるが、税率には各種の軽減措置が設けられており、土地の売買による所有権の移転登記に対する軽減税率は（⑨1.5）％とされている。Aさんが2022年中に甲土地を取得し、取得後直ちに所有権の移転登記をする場合、登録免許税の額は（⑩150）万円となる」

〈解説〉

① 　敷地が2以上の用途地域にまたがるときは、敷地全部について過半の属する地域の制限を受ける。なお、3つ以上の地域・区域にまたがっている場合で、3種類の用途がいずれも過半を占めない場合は、それぞれの用途地域ごとに建築可能な部分を合計し、過半を占めるかを判断する。本問の場合、商業ビルの建築となるので、近隣商業地域（300㎡）と準住居地域（100㎡）に建築可能であり、この2つの地域の合計が過半を占めるため、近隣商業地域の規定が敷地全体に適用される。

② 　建築物を建築する際に、隣地境界線との間に一定の空間を設けるようにしなければならないという制限を隣地斜線制限という。なお、第一種・第二種低層住居専用地域内および田園住居地域においては、建築物の高さの制限（10mまたは12m）があるため、この制限は適用されない。

③ 　北側に位置する隣地の日照を確保するため、敷地境界線との間に一定の空間を設けなければならないという制限を北側斜線制限という。適用区域は、原則として、低層住居専用地域、中高層住居専用地域および田園住居地域である。

④ 　斜線制限と同程度以上の採光や通風等が確保されるものとして一定の計算（天空率）による基準に適合する建築物には、道路斜線制限、隣地斜線制限および北側斜線制限は適用されない。

⑤ 　前面道路の幅員が6m以上12m未満で、かつ、前面道路に沿って幅員15m以上の道路（特定道路という）からの延長が70m以内にある敷地の場合は、「特定道路までの距離による容積率制限の緩和」を受けられる。

⑥ 　自動車車庫、駐車場等で床面積が建築物全体の延べ面積全体の5分の1までのものは、延べ面積に算入されない。

⑦および⑧ 　不動産取得税は、固定資産税評価額に税率を乗じて算出するが、2024年3月31日まで、宅地の課税標準は固定資産税評価額の2分の1、住宅または土地の取得に係る税率は3％と、それぞれ軽減される。

（甲土地の不動産取得税）　1億円 $\times \dfrac{1}{2} \times 3\%$ ＝<u>150万円</u>

⑨および⑩　所有権移転登記における登録免許税は、固定資産税評価額に税率を乗じて算出するが、2024年3月31日までの土地売買に係る登録免許税の税率は1.50％となる。

（甲土地の所有権移転登記に係る登録免許税）　1億円×1.50％＝<u>150万円</u>

問61 解答：①**540（㎡）**　②**1,900（㎡）**

〈解説〉

①　準住居地域および近隣商業地域が防火地域であり、甲土地に建築物を建築するため、第一種中高層住居専用地域も防火地域の規制を受ける。したがって、ⓐ防火地域内に耐火建築物を建築する、ⓑ特定行政庁の指定する角地であるため、建蔽率の緩和が適用される。なお、建蔽率が80％に指定されている地域内で、防火地域内に耐火建築物を建築する場合は、建蔽率の制限はなくなる。

・準住居地域における建蔽率の上限となる建築面積

100㎡×（60％＋10％＋10％）＝80㎡

・第一種中高層住居専用地域における建蔽率の上限となる建築面積

200㎡×（60％＋10％＋10％）＝160㎡

・近隣商業地域における建蔽率の上限となる建築面積

300㎡×100％＝300㎡

・甲土地における建蔽率の上限となる建築面積

80㎡＋160㎡＋300㎡＝<u>540㎡</u>

②　前面道路は広いほうの15mであり、12m以上であるため、指定容積率が適用される。

・準住居地域における容積率の上限となる建築面積

100㎡×300％＝300㎡

・第一種中高層住居専用地域における容積率の上限となる建築面積

200㎡×200％＝400㎡

・近隣商業地域における容積率の上限となる建築面積

300㎡×400％＝1,200㎡

・甲土地における容積率の上限となる建築面積

300㎡＋400㎡＋1,200㎡＝<u>1,900㎡</u>

問62 解答：①**15,400,000（円）**　②**2,358,500（円）**　③**770,000（円）**

①　課税長期譲渡所得金額

100,000,000円－100,000,000円×80％＝20,000,000円

$(100{,}000{,}000円×5％＋18{,}000{,}000円)×\dfrac{20{,}000{,}000円}{100{,}000{,}000円}＝4{,}600{,}000円$

20,000,000円－4,600,000円＝<u>15,400,000円</u>

②　所得税および復興特別所得税の合計額

15,400,000円×15％＝2,310,000円

2,310,000円×2.1％＝48,510円

2,310,000円＋48,510円＝2,358,510円　→　<u>2,358,500円</u>（100円未満切捨て）

③　住民税額

15,400,000円×5％＝<u>770,000円</u>

〈解説〉

　「特定の事業用資産の買換えの場合の譲渡所得の課税の特例」（以下、「本特例」という）において、譲渡収入以上の事業用資産に買い換える場合、譲渡収入の80％が繰り延べられる。したがって、2,000万円（＝1億円－1億円×80％）に課税される。また、取得費および譲渡費用は、課税対象の2,000万円に対応する部分のみである。本特例の譲渡資産における所有期間の要件は10年超であり、長期譲渡所得となるため、税率は所得税15％、住民税5％である。

【第5問】

問63 解答：**3,791円**

・1株当たりの資本金等の額

　8,000万円÷160,000株＝500円

・類似業種の株価は、「課税時期の属する月の平均株価」「課税時期の属する月の前月の平均株価」「課税時期の属する月の前々月の平均株価」「課税時期の前年の平均株価」「課税時期の属する月以前2年間の平均株価」の5つの中から最も低い金額を選択するため、445円となる。

$$445円 \times \frac{\dfrac{2.5円}{5.7円} + \dfrac{39円}{21円} + \dfrac{425円}{213円}}{3} \times 0.6 \times \frac{500円}{50円}$$

$$= 445円 \times \frac{0.43 + 1.85 + 1.99}{3} \times 0.6 \times \frac{500円}{50円}$$

$$= 445円 \times 1.42 \times 0.6 \times 10$$

$$= 379.1円 \times 10 = \underline{3,791円}$$

〈解説〉

　類似業種比準価額の算式は次のとおりである。

$$類似業種比準価額 = A \times \frac{\dfrac{ⓑ}{B} + \dfrac{ⓒ}{C} + \dfrac{ⓓ}{D}}{3} \times E \times \frac{1株当たりの資本金の額等}{50円}$$

A＝類似業種の株価

B＝類似業種の1株（50円）当たりの年配当金額

C＝類似業種の1株（50円）当たりの年利益金額

D＝類似業種の1株（50円）当たりの簿価純資産価額

ⓑ＝評価会社の1株（50円）当たりの年配当金額

ⓒ＝評価会社の1株（50円）当たりの年利益金額

ⓓ＝評価会社の1株（50円）当たりの簿価純資産価額

E＝斟酌率（大会社0.7、中会社0.6、小会社0.5）

※類似業種の株価については、課税時期の属する月以前3カ月間の各月の類似業種の株価のうち最も低いものとする。ただし、納税義務者の選択により、類似業種の前年平均株価または課税時期の属する月以前2年間の平均株価によることができる。

問64 解答：①**4,754円** ②**3,887円**

〈解説〉

① 純資産価額の算式は次のとおりである。

$$\frac{(A-B)-\{(A-B)-(C-D)\}\times37\%}{E}$$

A：課税時期における相続税評価額で計算した総資産額

B：課税時期における相続税評価額で計算した負債額（引当金等除く）

C：課税時期における帳簿価額で計算した総資産額

D：課税時期における帳簿価額で計算した負債額（引当金等除く）

E：課税時期における議決権総数

・相続税評価額による純資産	108,120万円－27,320万円＝80,800万円
・帳簿価額による純資産	95,320万円－27,320万円＝68,000万円
・評価差額	80,800万円－68,000万円＝12,800万円
・評価差額に対する法人税額等	12,800万円×37％＝4,736万円
・純資産価額	80,800万円－4,736万円＝76,064万円
・純資産価額方式による株価	76,064万円÷16万株＝<u>4,754円</u>

② 併用方式による評価額の算式は次のとおりである。

類似業種比準価額×Lの割合＋純資産価額×（1－Lの割合）

※Lの割合

中会社の大　0.90

中会社の中　0.75

中会社の小　0.60

小会社　　　0.50

3,791円×0.90＋4,754円×（1－0.90）≒<u>3,887円</u>

問65 解答：

	不適切な下線部	適切な内容
Ⅰ	③	適正な役員退職金を支払うことで、X社の利益が引き下がるため、類似業種比準価額を引き下げる効果も期待できる。
Ⅱ	②	譲渡価額のうち当該株式に対応する資本金等の額を超える部分の金額については、配当所得として総合課税の対象となる。

〈解説〉

　株主が保有株式を発行会社へ譲渡した場合、譲渡価額のうち当該株式に対応する資本金等の額を超える部分の金額については、配当所得として総合課税の対象となる。これをみなし配当課税という。ただし、相続または遺贈により財産を取得した個人でその相続または遺贈につき相続税が算出される者が、所定の期間にその相続税額に係る課税価格の計算の基礎に算入された非上場株式を発行会社に譲渡した場合は、みなし配当課税を行わない。

第2予想・基礎編

解答一覧・苦手論点チェックシート

※ 間違えた問題に✓を記入しましょう。

問題	科目	論点	正解	難易度	あなたの苦手※	
					1回目	2回目
1	年金・社保	関連法規	3	A		
2		雇用保険	4	B		
3		健康保険	4	B		
4		公的年金の各種加算	1	B		
5		老齢年金の繰上げ・繰下げ支給	3	B		
6		障害給付	1	B		
7	ライフ	フラット35、リ・バース60	4	B		
8		育児・介護休業法	3	B		
9	リスク	法人契約の損害保険商品	2	B		
10		保険法	2	A		
11		個人年金と税金	1	C		
12		保険業法	2	A		
13		信用保証制度	1	B		
14		災害減免法	3	B		
15		圧縮記帳	3	B		
16	金融	投資信託	2	B		
17		各種信託の特徴	3	C		
18		債券の利回り構造	4	C		
19		つみたてNISA	4	A		
20		株式指標等	2	B		
21		株式の信用取引	3	B		
22		外貨預金の利回り計算	4	B		
23		配当割引モデル	3	B		
24		消費者契約法	2	B		
25	タックス	配当所得	3	B		
26		減価償却	4	A		
27		医療費控除の特例	4	B		
28		所得税の納付等	2	B		

※ 間違えた問題に✓を記入しましょう。

問題	科目	論点	正解	難易度	あなたの苦手※ 1回目	2回目
29	タックス	特定居住用財産の譲渡損失	3	B		
30		法人税（欠損金等）	2	C		
31		法人税（各種届出）	3	C		
32		法人税（交際費等）	3	A		
33		消費税	4	B		
34	不動産	筆界特定制度	1	B		
35		宅地建物取引業法	2	A		
36		借地借家法	4	A		
37		建築基準法	3	B		
38		区分所有法	4	A		
39		不動産の取得に係る税金	3	B		
40		借地権（土地の無償返還に関する届出）	1	C		
41		不動産投資に係る計算	1	C		
42	相続	贈与税額の計算	2	A		
43		住宅取得等資金の贈与	4	C		
44		贈与税の課税財産	4	B		
45		遺言	1	B		
46		配偶者居住権	1	A		
47		相続税の2割加算	4	B		
48		相続税の納税義務者	4	B		
49		相続税の申告	1	A		
50		株式の評価	2	B		

配点は各2点　難易度　A…基本　B…やや難　C…難問

科目別の成績

年金・社保	ライフ	リスク	金融
1回目 /12	1回目 /4	1回目 /14	1回目 /18
2回目 /12	2回目 /4	2回目 /14	2回目 /18

タックス	不動産	相続
1回目 /18	1回目 /16	1回目 /18
2回目 /18	2回目 /16	2回目 /18

あなたの得点
（基礎編）

1回目

/100

2回目

/100

第2予想 基礎編‥‥‥ 解答・解説

問1 解答：**3**

1）**不適切**。他人の求めに応じて報酬を得て「不動産の鑑定評価」を業として行うことは、不動産鑑定士の独占業務である。

2）**不適切**。「税務相談」を業として行うことも、有償・無償を問わず、税理士の独占業務である。

3）**適切**。「申請書等の作成、その提出に関する手続きの代行」「申請等の代理」は、社会保険労務士の独占業務であるが、「年金受給額の試算」は、社会保険労務士の独占業務ではない。

4）**不適切**。不動産の表示に関する登記について、他人の依頼を受けて「必要な土地または家屋に関する調査または測量」「登記の申請手続きまたはこれに関する審査請求の手続きについての代理」を業として行うことは、土地家屋調査士の独占業務であるが、「筆界特定の手続きの代理」は、土地家屋調査士の独占業務ではない。弁護士や認定を受けた司法書士もすることができる。

問2 解答：**4**

1）**適切**。雇用保険マルチジョブホルダー制度における加入要件（①～③の全てを満たすこと）
　①　複数の事業所に雇用される65歳以上の労働者
　②　2つの事業所（1週間の所定労働時間が5時間以上20時間未満）の労働時間を合計して1週間の所定労働時間が20時間以上
　③　2つの事業所のそれぞれの雇用見込みが31日以上
　ただし、要件を満たしても必ずしも加入しなければならないわけではない。

2）**適切**。事業主は、契約変更した翌月の10日までに、事業所の管轄するハローワークへ雇用保険被保険者資格取得届を提出する必要がある。

3）**適切**。通常の雇用保険と同様、各事業所の事業主が労働者に支払う賃金総額に保険料率を乗じて計算した金額になる。

4）**不適切**。高年齢求職者給付金と同様、離職の日以前1年間に被保険者期間が通算6カ月以上あることが受給要件になる。正しくは、同肢の2年間→1年間、1年→6カ月に読み替える。

問3 解答：**4**

被扶養者とは主として被保険者の収入で生活をしている人をいい、別居していてもよい者や同居が条件となる者がいる。さらに、同一世帯に属する場合と別世帯に属する場合で、生計維持の要件が異なる。

被保険者と別居していてもよい者	被保険者と同居が条件となる者
・配偶者（内縁も含む） ・子、孫、兄弟姉妹 ・直系尊属	・左記以外の3親等内の親族 ・被保険者の内縁の配偶者の父母および子 ・内縁の配偶者死亡後の父母、連れ子

被保険者と同一世帯の者	被保険者と別世帯の者
年間収入が130万円未満（60歳以上または障害者は180万円未満）	
原則として、被保険者の年収の**2分の1未満**	被保険者からの援助額（仕送り額など）より収入が**少ないこと**

(a) **被扶養者ではない。**被保険者と同一世帯に属する被保険者の孫（21歳）の年間収入が被保険者の年収の2分の1未満であるが、140万円（130万円以上）であるため、当該孫は被扶養者ではない。

(b) **被扶養者ではない。**被保険者と同一世帯に属する被保険者の配偶者の母（70歳）の年間収入が被保険者の年収の2分の1未満であるが、190万円（180万円以上）であるため、当該母は被扶養者ではない。

(c) **被扶養者ではない。**被保険者の配偶者の兄弟姉妹（3親等内の親族）が被扶養者となるためには、被保険者と同一世帯に属している必要がある。よって、本問における配偶者の弟は被扶養者ではない。
以上より、被扶養者となるのは0（なし）である。

問4 解答：1

1）**不適切。**障害等級2級の障害厚生年金を受給している者が婚姻し、所定の要件を満たす配偶者を有することとなった場合は、所定の手続により、婚姻した日の属する月の翌月分から当該受給権者の障害厚生年金に加給年金額が加算される。

2）**適切。**中高齢寡婦加算は、妻が65歳になると打ち切られるが、1956年4月1日以前に生まれた妻には、経過的寡婦加算が加算される。

3）**適切。**妻が老齢基礎年金の支給を繰り上げても、夫に加算されている加給年金額は打ち切られず、妻が65歳に達するまで加算される。なお、妻が老齢基礎年金の支給を繰り上げても、妻の振替加算は65歳に達するまでは加算されない。

4）**適切。**振替加算は妻自身の年金であるため、離婚しても振替加算の支給は打ち切られない。

問5 解答：3

1）**適切。**老齢基礎年金を繰下げ受給する場合、振替加算は繰り下げた老齢基礎年金とともに支給開始されるが、増額はされない。

2）**適切。**ただし、老齢基礎年金の繰上げ受給をすると、寡婦年金の受給権は消滅する。

3）**不適切。**老齢厚生年金の年金額のうち、在職支給停止の仕組みにより支給停止とされる部分の金額は、支給を繰り下げたことによる増額の対象とならない。

4）**適切。**1959年10月1日生まれの男性は、64歳から報酬比例部分のみの特別支給の老齢厚生年金を受給することができる。この者は64歳に達するまでに繰上げ支給の請求をすることができるが、特別支給の老齢厚生年金とともに老齢基礎年金も同時に繰上げ支給の請求をしなければならない。

問6 解答：1

1）**不適切。**障害厚生年金の支給事由となった障害に係る障害認定日の属する月後における厚生年金保険の被保険者であった期間は、年金額の計算の基礎とされない。

2）**適切。**障害厚生年金を受給するためには、初診日に厚生年金保険の被保険者であればよいため、障害認定日に厚生年金保険の被保険者である必要はない。

3）**適切。**なお、障害等級3級に該当する者に支給される障害厚生年金の額は、老齢厚生年金の報酬比例部分に相当する金額となるが、配偶者の加給年金額は加算されない。

4）**適切。**なお、障害手当金の最低保障額は、障害等級3級に該当する障害厚生年金の最低保障額の2倍に相当する額である。

問7 解答：4

1）**不適切。**収入合算者である父の年収の50％以下を合算するのであれば、申込み本人の年齢（1歳未満切上げで31歳）が基準となるため借入期間は最長35年（80歳−31歳、ただし上限35年）になる。父の年収の

50%を超える400万円を合算するのであれば、父の年齢（1歳未満切上げで56歳）が基準とるため借入期間は最長24年（80歳－56歳）になる。

2）**不適切**。親子リレー返済において満70歳以上でも申込み本人になれるが、その場合、借入期間は上限35年であるため、最長でも35年となる。

3）**不適切**。ノンリコース型は、担保物件（住宅および土地）の売却代金で返済した後に債務が残った場合も、残った債務を相続人が返済する必要はないため、相続人の不安や負担を解消できる方法といえる。

4）**適切**。なお、この3年間のうちに一括返済しない場合は、留保期間が経過すると融資対象住宅から退去する必要がある。

問8 解答：**3**

1）**適切**。1歳までの育児休業は夫婦ともに分割して2回まで取得できるようになり、別途、出生時育児休業（産後パパ育休）が新設されて、子の出生後8週間以内に4週間（28日）まで分割して2回まで取得できるようになった。したがって、1歳までの間に合計4回まで育児休業を取得できる。

2）**適切**。保育所に入所できない等の理由により1歳以降に育児休業を延長した場合、育児休業開始日を柔軟に設定できることにより、各期間途中で夫婦が交代で取得できるようになった。

3）**不適切**。出生時育児休業給付金の支給対象期間中、最大10日間（10日を超える場合は就業した時間数が80時間）まで就業することが可能であるが、15日（120時間）就業しているため、全期間を通じて出生時育児休業給付金は不支給となる。なお、休業期間が28日間より短い場合は、就業可能日（時間）が比例して短くなる。

4）**適切**。労使協定を締結している場合に限って、労働者が合意した範囲内で出生時育児休業（産後パパ育休）中に就業できる。就業可能日（時間）は、休業期間中の所定労働日および所定労働時間の半分が上限であり、また、休業開始日や終了予定日に就業する場合は所定労働時間数未満が上限である。

問9 解答：**2**

1）**適切**。サイバー保険は、サイバー事故により企業に生じた第三者に対する損害賠償責任、事故時に必要となる費用、自社の喪失利益を包括的に補償する保険である。

2）**不適切**。個人情報漏洩保険は、被保険者の保有する個人情報が漏洩したことに起因して、従業員や顧客に対して負う賠償責任を補償する保険である。特約が付加されていなければ、営業秘密等の企業情報が漏洩したことによる賠償責任は、補償されない。

3）**適切**。生産物賠償責任保険（PL保険）は、被保険者が行った仕事の結果に起因して、仕事の終了後に、他人の財物を損壊したことに対する賠償責任を補償する保険である。

4）**適切**。会社役員賠償責任保険（D&O保険）は、会社役員としての業務の遂行に起因して損害賠償請求がなされたことによって被る損害を補償する保険である。

問10 解答：**2**

1）**適切**。本肢のような、保険者からの求めに応じて事実の告知をする義務を質問応答義務という。

2）**不適切**。保険法は、少額短期保険契約や保険契約と同等の内容を有する共済契約についても適用対象となる。

3）**適切**。重大な事由が生じた場合などによる解除は、被保険者の請求により、契約者が保険会社に対して行う。なお、解除の効力は将来に向かってのみ生ずる。

4）**適切**。なお、保険会社の保険料請求権は、時効により1年で消滅する。

148

問11 解答：**1**

公的年金等以外の雑所得の金額＝①総収入金額－②必要経費

①＝基本年金額＋増額年金額＋増加年金額

②＝その年に支給される年金の額×$\dfrac{\text{払込保険料等の総額}^{※1}}{\text{年金支給総額（見込額）}^{※2}}$

> ※1　払込保険料等の総額を算出するにあたり、配当金で保険料等に充当した額を控除する。
> ※2　保証期間付終身年金における年金支給総額（見込額）は、以下のとおり計算する。
> 年金支給総額（見込額）
> ＝年金年額×「保証期間の年数」と「年金支払開始日における被保険者の余命年数」のうち長い
> 　方の年数

①　総収入金額＝90万円

②　必要経費＝90万円×$\dfrac{960万円}{90万円×18年^{※}}$

　　　　　　＝90万円×0.60（小数点第3位切上げ）

　　　　　　＝54万円

雑所得の金額＝①－②＝36万円

※　保証期間の年数（10年）＜年金支払開始日における被保険者の余命年数（18年）

　　∴　18年

問12 解答：**2**

1）**不適切**。一覧を提供しなくても、顧客の意向に沿った商品の中から選別して提案する理由や基準を説明するのであれば保険募集人の判断で行うことができる。

2）**適切**。疾病等を原因とする重度障害保険の上限保険金額は300万円であるため、保険金額が500万円は引き受け不可である。

3）**不適切**。生命保険契約を更新した場合や特約を中途付加した場合などは、クーリング・オフが適用されない。

4）**不適切**。変額保険は元本が欠損する可能性のある商品であるため、あらかじめ顧客に対して資産の運用方法や商品の仕組みについて書面を交付して説明し、契約内容や保険契約者に参考となる情報を提供しなければならない。

問13 解答：**1**

1）**適切**。危機関連保証として、従来の保証限度額とは別枠で最大2.8億円ある。なお、新型コロナウイルス感染症に係る指定期間は2021年末に終了している。

2）**不適切**。保証限度額は2018年4月1日貸付実行分から、1,250万円→2,000万円に拡充されている。

3）**不適切**。保証限度額は2021年8月1日貸付実行分から、2,000万円→3,500万円に拡充されている。

4）**不適切**。保証割合は100％ではなく80％である。

問14 解答：**3**

1）**不適切**。災害減免法の適用を受けるためには、災害にあった年の合計所得金額が1,000万円以下でなければならない。

2）**不適切**。災害によって受けた住宅や家財の損害金額（保険金などにより補てんされる金額を除く。以下同じ）が時価の2分の1以上であり、災害にあった年の合計所得金額が750万円超1,000万円以下である場合、軽減額は所得税額の<u>4分の1</u>である。

3）**適切**。災害減免法の適用を受けるためには、災害によって受けた住宅や家財の損害金額が時価の<u>2分の1以上</u>でなければならない。

4）**不適切**。災害によって受けた住宅や家財の損害金額が時価の2分の1未満の場合、災害減免法の適用を受けることはできない。

問15 解答：**3**

1）**適切**。商品等の棚卸資産の損失に伴う保険金は、販売代金に代わるものとして圧縮記帳の対象とならない。

2）**適切**。代替資産は、固定資産の滅失後に取得等していればよい。したがって、保険金額が確定する前に取得したものであっても、圧縮記帳の適用を受けられる。

3）**不適切**。代替資産は、滅失した固定資産に代わるものとして取得等する固定資産に限られる。したがって、滅失時において、現に建設、製作、製造または改造中であった資産は代替資産に該当しない。

4）**適切**。圧縮記帳の対象となる代替資産は、被災した資産と同種のものでなければならない。同種であるかの判定は、耐用年数省令別表第一に記載されている減価償却資産の場合、表において種類の区分が同じであるかどうかによる。本肢のように、工場建物と倉庫建物は耐用年数表において種類の区分が同じであるため、圧縮記帳の適用対象となる。

問16 解答：**2**

1）**適切**。なお、基準価額は取引申込の締切後に公表されるため、投資家は当日の基準価額が不明のまま取引を行う。このことを「ブラインド方式」という。

2）**不適切**。アクティブ型の運用成果はベンチマークを上回ることを目標としており、そのための分析調査等の各種費用がかかることから、インデックス型よりも運用管理費用が高い傾向がある。

3）**適切**。信託財産留保額は受益者が換金する際に必要な事務手数料を賄うために徴収するものであり、信託財産に留保され基準価格に反映される。委託会社、受託会社、販売会社に対する手数料ではない。

4）**適切**。トータルリターンとは、顧客が投資信託を購入したときから現在までの投資期間全体における分配金を含む損益のことである。

問17 解答：**3**

1）**適切**。暦年贈与信託は、父母等の委託者が信託銀行に信託財産を拠出し、毎年一定額を子や孫等の受益者に贈与する信託商品であり、毎年贈与契約書を締結することで、贈与税の基礎控除110万円まで非課税で贈与が行える。

2）**適切**。後見制度支援信託は、信託契約の締結、一時金の交付、信託の変更・解約等の手続について、あらかじめ家庭裁判所の発行する指示書が必要になる。

3）**不適切**。遺言代用信託は、委託者の生存中は委託者本人が受益者となり、委託者の死亡後には、指定した者に受益権が承継されるため、<u>遺言がない場合でも給付を受けることができる</u>仕組みである。

4）**適切**。特定贈与信託は、特定障害者の生活の安定を図るための信託制度であり、受益者が特別障害者の場合は6,000万円、特別障害者以外の特定障害者の場合は3,000万円まで贈与税が非課税となる。

150

問18 解答：**4**

1）**不適切**。

利付債券Xのデュレーション

$$=\frac{1\times\dfrac{0.6}{1+0.003}+2\times\dfrac{0.6}{(1+0.003)^2}+3\times\dfrac{100+0.6}{(1+0.003)^3}}{\dfrac{0.6}{1+0.003}+\dfrac{0.6}{(1+0.003)^2}+\dfrac{100+0.6}{(1+0.003)^3}}=2.9822\cdots\ \rightarrow\ 2.98年$$

2）**不適切**。

割引債券Yの複利最終利回り

$$=\left(\sqrt[4]{\dfrac{100.0円}{96.97円}}-1\right)\times100=0.772\cdots\ \rightarrow\ 0.77\%$$

3）**不適切**。残存期間の短い債券の利回りと残存期間の長い債券の利回りの差が大きくなると、イールドカーブは**スティープ化**する。

4）**適切**。純粋期待仮説（将来のスポットレートの期待値がフォワードレートに一致するという仮説）が成立しているものとすると、**将来の短期金利が上昇**するという期待がある場合には、**長期金利も上昇**することになり、イールドカーブは右上がりの**順イールド**になる。

問19 解答：**4**

1）**不適切**。つみたてＮＩＳＡ勘定の限度額（非課税枠）は年間40万円であり、その非課税期間は最長20年間である。

2）**不適切**。つみたてＮＩＳＡ勘定を通じて購入することができる金融商品は、長期の積立・分散投資に適した一定の公募株式投資信託およびＥＴＦ（上場投資信託）に限られ、Ｊ-ＲＥＩＴ（上場不動産投資信託）は対象とならない。

3）**不適切**。一般ＮＩＳＡ、ジュニアＮＩＳＡおよびつみたてＮＩＳＡとも、他の口座で保有している公募株式投資信託等をＮＩＳＡ口座に移管することはできない。

4）**適切**。つみたてＮＩＳＡ勘定を通じた金融商品の購入は、累積投資契約に基づき、あらかじめ購入する銘柄を指定したうえで、定期的に継続して一定金額の購入を行う方法（ドルコスト平均法）に限定されている。

問20 解答：**2**

1）**不適切**。東京証券取引所プライム市場に上場するための基準のうち、株主数については**800人以上**の要件を満たす必要がある。

2）**適切**。東京証券取引所スタンダード市場に上場するための基準のうち、流通株式数については2,000単位以上の要件を満たす必要がある。

3）**不適切**。JPX日経インデックス400は、東京証券取引所**プライム、スタンダードおよびグロース各市場**に上場している銘柄から一定の基準により選定された400銘柄を対象とする株価指数である。

4）**不適切**。東証株価指数（TOPIX）の構成銘柄は、東京証券取引所プライム市場に上場している銘柄に限定されない。

問21 解答：**3**

1）**適切**。なお、国内上場銘柄のうち、制度信用取引が可能な銘柄のことを制度信用銘柄といい、このうち貸借取引ができる銘柄のことを貸借銘柄という。いずれも取引所が選定する。

2）**適切**。なお、非上場株式は代用有価証券として認められていない。

3）**不適切**。貸借取引を行うことができるのは、制度信用取引に限定されている。したがって、制度信用取引を行う場合、貸借銘柄については逆日歩が発生することがあるが、一般信用取引を行う場合、逆日歩が発生することはない。

4）**適切**。約定金額の求め方は、次のとおりである。

　　委託保証金＝約定金額×委託保証金率

　　60万円＝約定金額×30％

　　約定金額＝60万円÷30％＝<u>200万円</u>

問22 解答：**4**

1米ドル預け入れたとして計算すると、下記のとおり。

・円貨の元本

　　1米ドル×112.15円（預入時のＴＴＳ）＝112.15円

・満期時（6カ月後）の米ドル元利合計

　　1米ドル×（1＋0.020×0.5年）＝1.01米ドル

・円換算の受取金額

　　1.01米ドル×116.25円（満期時のＴＴＢ）＝117.4125円

・円換算による年利回り

$$\frac{117.4125円－112.15円}{112.15円}÷0.5年×100＝9.384\cdots → \underline{9.38\%}$$

問23 解答：**3**

　株式の価値は、将来支払われる配当の現在価値の総合計であるとの考え方を、配当割引モデルという。将来にわたって定率で配当が成長して支払われると予想する場合、以下の計算式が成り立つ。

$$株式の内在価値（理論株価）＝\frac{1株当たりの予想配当}{期待利子率－期待成長率}$$

　1株当たりの予想配当＝15円、期待利子率＝3.5％、期待成長率＝1.63％を当てはめて計算する。

$$\frac{15円}{3.5\%－1.63\%}＝802.139\cdots → \underline{802.14円}$$

問24 解答：**2**

1）**適切**。事業者が消費者契約の勧誘に際し、当該消費者契約の目的となるものの分量が当該消費者にとっての通常の分量を著しく超えるものであることを知っていた場合には、消費者はこれを取り消すことができる。

2）**不適切**。事業者が、事実と異なることを告げ、消費者がその内容が事実であると誤認をし、それによって当該消費者契約の申込みをしたときは、消費者はこれを取り消すことができる。

3）**適切**。消費者契約の解除により事業者に生ずべき平均的な損害額を超えるときは、その超える部分が無効とされる。

4）**適切**。取消権を行使することができる期間は、消費者が追認をすることができる時から1年間または当該消費者契約の締結の時から5年間とされている。

問25 解答：**3**

1）**適切**。契約者配当金は、保険料の事後精算的な性質により、単独では課税関係が生じない。ただし、契約形態により、保険金や解約返戻金が一時所得として課税される場合、保険金や解約返戻金と合わせて受け取った契約者配当金は、保険金額等に含めて課税される。また、保険金や解約返戻金が相続税や贈与税の課税対象となる場合は、契約者配当金も保険金・解約返戻金として取り扱われる。

2）**適切**。非上場株式の配当について確定申告不要制度を選択するためには、原則として、1銘柄につき1回の配当金額が以下の算式により計算した金額以下でなければならない。

$$10万円 \times \frac{配当計算期間の月数（1月未満切上げ）}{12}$$

※ 配当計算期間が1年を超えるときは12月とする。

3）**不適切**。非上場株式の配当については、受け取った株主が有する当該株式の保有割合にかかわらず、その支払いの際に所得税および復興特別所得税が源泉徴収され、住民税は特別徴収されない。なお、上場株式の株主のうち発行済株式総数の3％以上を保有する者（大口株主）も、所得税（20％）および復興特別所得税（0.42％）が源泉徴収されるが、住民税は特別徴収されない。

4）**適切**。上場株式の配当に係る配当所得と、非上場株式の譲渡に係る譲渡損失とは、損益通算できない。

問26 解答：**4**

1）**適切**。現に採用している償却方法を変更しようとする場合、変更しようとする年の3月15日までに「減価償却資産の償却方法の変更承認申請書」を提出しなければならない。なお、当該申請書には、資産の種類、現在の償却方法、採用しようとする新たな償却方法、変更理由などを記載しなければならない。

2）**適切**。「減価償却資産の償却方法の届出書」を提出しない場合は法定償却方法となるため、所得税では定額法となる。

3）**適切**。中小企業者（常時使用する従業員数が500人以下の個人をいう）である青色申告者は、取得価額30万円未満（年間300万円を限度）の資産については、取得価額の全額を事業の用に供した年分の必要経費に算入することができる。

4）**不適切**。使用可能期間が1年未満のもの、または取得価額が10万円未満のものについては、取得価額の全額を事業の用に供した年分の必要経費に算入する。

問27 解答：**4**

1）**適切**。2026年12月31日までの本特例の対象は、要指導医薬品および一般用医薬品のうち、医療用から転用された医薬品、すなわち医師が処方する医療用医薬品であったもののうち安全性が確認されたこと等により市販薬として薬局で販売されるようになったもの（類似の医療用医薬品が医療保険給付の対象外のものを除く）の購入費である。なお、2022年分以後は適用対象が拡大されている。

2）**適切**。本特例の適用を受けるためには、定期健康診断や予防接種を受けるなど、健康の維持増進および疾病予防を行っていることが条件となる。

3）**適切**。本特例は現行の医療費控除との選択適用である。なお、本特例は2021年度税制改正により2026年末まで5年間延長された。

4）**不適切**。本特例は、自己または自己と生計を一にする配偶者その他の親族に係る特定一般用医薬品等を購入し、その年中に支払った購入額の合計額が1万2千円を超える場合、その超える部分の金額（8万8千円を限度とする）について、その年分の総所得金額等から控除する。

問28 解答：**2**

1）**不適切**。納付の延期（延納）をするためには、納付すべき所得税額の2分の1に相当する金額以上の所得税を納期限までに納付しなければならない。なお、延納税額に応じた利子税も支払わなければならない。

2）**適切**。予定納税基準額が15万円以上である場合には、第1期（7月1日から7月31日までの期間）および第2期（11月1日から11月30日までの期間）において、予定納税基準額の3分の1ずつを納付しなければならない。

3）**不適切**。再調査の請求をした場合でも、再調査の請求についての決定後の処分になお不服があるときは、国税不服審判所長に審査請求をすることができる。この場合、審査請求書の提出期限は、再調査決定書謄本の送達があった日の翌日から1カ月以内である。

4）**不適切**。税務署長等が行った更正や決定などの処分に不服があるときは、原則として、処分の通知を受けた日の翌日から3カ月以内に、処分をした税務署長等に対して再調査の請求をすることができる。

問29 解答：**3**

(a) **不適切**。損益通算をする年については、合計所得金額は3,000万円以下でなくてもよい。なお、繰越控除を受ける年については、合計所得金額は3,000万円以下でなければならない。

(b) **不適切**。譲渡に係る契約を締結した日の前日における当該譲渡資産に係る住宅借入金等の残額から譲渡対価を差し引いた残額（いわゆるオーバーローン）が限度となる。

(c) **不適切**。居住の用に供されなくなった日以後3年を経過する日の属する年の12月31日までに譲渡された家屋であれば、本特例の対象となる。

(d) **適切**。本特例の適用を受けるためには、譲渡した居住用財産の所有期間が譲渡した日の属する年の1月1日において5年を超えていなければならない。

したがって、不適切なものは3つである。

問30 解答：**2**

1）**適切**。法人の有する棚卸資産、固定資産等について災害により生じた損失に係る欠損金額（災害損失欠損金額）は、その損失の発生した事業年度に青色申告書を提出していなくても繰越控除の適用が認められる。

2）**不適切**。繰戻還付を受けるためには、還付を受ける事業年度および欠損金が生じた事業年度に、連続して青色申告書による確定申告書を申告期限までに提出していなければならない。

3）**適切**。欠損金の生じた事業年度は青色申告書の提出が必要であるが、繰越控除の適用を受ける翌事業年度以後は青色申告書を提出する必要はない。

4）**適切**。

問31 解答：**3**

1）**不適切**。事業年度が6カ月を超える場合、原則として、納税地の所轄税務署長に対し、事業年度開始の日以後6カ月を経過した日から2カ月以内に中間申告書を提出し、事業年度終了の日の翌日から2カ月以内に確定申告書を提出しなければならない。

2）**不適切**。更正の請求は、原則として法定申告期限から5年以内に行う必要がある。

3）**適切**。法人を設立した場合は、設立の日以後2カ月以内に、定款等の写しを添付した法人設立届出書を納税地の所轄税務署長に提出しなければならない。

4）**不適切**。設立第1期目から青色申告の承認を受けようとする場合、原則として、設立の日以後3カ月を

経過した日と設立第1期の事業年度終了の日とのうちいずれか早い日の前日までに、青色申告承認申請書を提出しなければならない。

問32 解答：**3**

1）**不適切**。期末の資本金の額が1億円を超える法人が支出した交際費等のうち、接待飲食費以外のために支出した額は、金額の多寡にかかわらず、その全額が損金不算入となる。

2）**不適切**。期末の資本金の額等が100億円を超える法人は、2020年4月1日以後に開始する事業年度から接待飲食費のために支出した額の50％相当額について、損金の額に算入することができなくなった。

3）**適切**。期末の資本金の額が1億円以下である法人が支出した交際費等は、①年間800万円までの全額、または②接待飲食費のために支出した額の50％相当額のいずれか有利な金額を損金算入することができる。接待飲食費のために支出した額が2,000万円の場合、①によると控除額は800万円となり、②によると1,000万円（2,000万円×50％）となる。したがって、損金の額に算入できる交際費等の額は1,000万円である。

4）**不適切**。期末の資本金の額が1億円以下である法人が支出した交際費等は、選択肢3のとおり、①または②のうち、有利な方（金額の大きい方）を選択することができる。したがって、接待飲食費を含む交際費等の額が年間1,000万円である場合は、①または②を選択しても、全額を損金算入することはできない。

問33 解答：**4**

1）**不適切**。2種類以上の事業を営んでいる場合、特定の1種類の課税売上高が全体の課税売上高の75％以上である場合、特例として、すべての課税売上高について、そのみなし仕入率を適用することができる。

2）**不適切**。消費税の課税事業者である個人は、原則として、消費税の確定申告書をその年の翌年3月31日までに納税地の所轄税務署長に提出しなければならない。なお、消費税の課税事業者である法人は、課税期間の末日の翌日から2カ月以内に消費税の確定申告書を納税地の所轄税務署長に提出しなければならない。ただし、法人税の確定申告書の提出期限の延長の特例の適用を受けている法人は、消費税について確定申告書の提出期限の延長の届出をすることにより、消費税の確定申告期限を1カ月延長することができる。

3）**不適切**。新たに開業した個人事業者は、開業年分およびその翌年分は基準期間がないため、原則として免税事業者となる。

4）**適切**。簡易課税を選択した場合、消費税額の還付を受けることはできない。

問34 解答：**1**

1）**不適切**。筆界特定書の写しは、隣地所有者などの利害関係を有する者ではなくても、対象となった土地を管轄する登記所においてその交付を受けることができる。

2）**適切**。筆界特定は、土地所有権の登記名義人およびその相続人等が単独で申請できる。なお、申請後、隣地所有権の登記名義人に「筆界特定の申請がされた旨」の通知が届く。

3）**適切**。筆界は公法上の境界であるため、土地所有者同士の合意により変更することはできない。

4）**適切**。筆界は公法上の境界であるため、所有権の及ぶ範囲を特定するものではない。

問35 解答：**2**

1）**不適切**。専任媒介契約の有効期間は3カ月となっており、依頼者の申出により有効期間3カ月として更新できる。ただし、自動更新することはできないため、更新時に再度契約をする必要がある。

2）**適切**。なお、専属専任媒介契約では、契約締結日から5日以内（休業日を除く）に指定流通機構に物件

155

情報を登録する必要がある。

3）**不適切**。専属専任媒介契約では、依頼者に対して、業務の処理状況を1週間に1回以上報告する必要がある。なお、専任媒介契約では、業務の処理状況を2週間に1回以上報告する必要がある。

4）**不適切**。専任媒介契約（専属専任媒介契約を含む）は、最初の契約の有効期間および更新後の有効期間とも3カ月が上限となっている。

問36 解答：**4**

1）**適切**。床面積200㎡未満の居住用建物の定期建物賃貸借契約においては、賃借人が転勤・療養・親族の介護等のやむを得ない事情により契約維持が困難な場合に、中途解約の申入れが可能であり、申入れ日から1ヵ月経過後に契約を終了させることができる。

2）**適切**。定期借家契約は、原則として更新がないため、契約期間満了後は建物の賃貸借は終了するが、賃貸人と賃借人の双方の合意により再契約は可能となる。

3）**適切**。書面または電磁的記録以外の方法で契約の更新がない旨を定めた建物賃貸借契約を締結した場合、その契約は定期借家契約とならず、普通借家契約とみなされる。

4）**不適切**。定期借家契約における賃貸人は、賃貸借契約締結前に賃借人に対し、当該契約は更新がなく、期間満了により終了する旨をあらかじめ書面を交付または賃借人の承諾を得て電磁的方法により提供して説明しなければならない。この説明をしなかった場合、更新のある普通借家契約になるため、正当事由がない限り、賃借人からの更新請求を拒絶することはできない。

問37 解答：**3**

1）**適切**。第一種・第二種低層住居専用地域および田園住居地域においては、高さ10mまたは12m（絶対高さ制限）を超える建築物を建築できない。

2）**適切**。道路斜線制限（道路高さ制限）は、すべての用途地域が適用対象となる。なお、市街化調整区域等の用途地域の指定のない区域内も適用対象となる。

3）**不適切**。日影規制の対象区域外にある高さが10mを超える建築物で、冬至日において、日影規制の対象区域内の土地に日影を生じさせるものは、当該対象区域内にある建築物とみなして日影規制が適用される。

4）**適切**。日影規制については、天空率による緩和規定はない。

問38 解答：**4**

1）**適切**。管理組合が区分所有者に対して有する債権は、その特定承継人（売買等による所有権取得者）に対しても請求できる。したがって、管理組合は買主に未払管理費を請求することができる。

2）**適切**。管理組合が管理組合法人となるには、区分所有者および議決権の各4分の3以上の集会決議によって法人の名称や事務所等を定め、かつ、事務所の所在地での法人登記する必要がある。

3）**適切**。建物を建て替えるためには、集会で区分所有者および議決権の各5分の4以上の賛成が必要となる。なお、建替え決議に係る区分所有者および議決権の定数については、規約で増減することはできない。

4）**不適切**。専有部分を数人で共有している場合、共有者のうち議決権を行使する者1人を決めなければならない。

問39 解答：**3**

1）**適切**。包括遺贈および相続人に対する特定遺贈によって不動産を取得した場合、相続によって不動産を

156

取得した場合と同様、非課税となる。一方、相続人以外の者が特定遺贈により不動産を取得した場合は、不動産取得税が課税される。

2）**適切**。死因贈与契約は贈与に該当するため、不動産取得税が課税される。

3）**不適切**。表示の登記については、登録免許税は非課税とされている。なお、分筆、合筆の登記は課税される。

4）**適切**。相続により土地の所有権を取得した者（本問では母）が、当該土地の所有権の移転登記を受けないまま死亡し、その者の相続人等（本問では長男）が2018年4月1日から2025年3月31日までの間に、その死亡した者（本問では母）を登記名義人とするために受ける当該移転登記に対する登録免許税は免税となる。

問40 解答：**1**

1）**不適切**。通常の地代を支払い、「土地の無償返還に関する届出書」を提出しているため、借地権は認定課税されない。また、不動産管理会社が営む事業が不動産貸付業であり、その他の要件を満たす場合は、甲土地は貸付事業用宅地等として「小規模宅地等についての相続税の課税価格の計算の特例」の対象となる。

2）**適切**。不動産管理会社が甲土地を使用貸借契約により借り受けているため、相続税額の計算上、甲土地の価額は自用地評価額で評価される。

3）**適切**。通常の地代を支払い、「土地の無償返還に関する届出書」を提出しているため、借地権は認定課税されない。また、甲土地は「貸宅地」であるが「土地の無償返還に関する届出書」が提出されているため、甲土地の価額は「自用地評価額×80％」の算式により評価される。

4）**適切**。権利金や地代の支払いがなく、「土地の無償返還に関する届出書」を提出していないため、権利金の認定課税が行われる。

問41 解答：**1**

ＤＳＣＲとは、借入金の返済能力をみる指標で、年間純収益を年間元利返済額（借入金償還額）で割った数値である。ＤＳＣＲが1を超えると、不動産から得られる純収益によって、借入金の元利金返済が可能となる。

$$\mathrm{DSCR} = \frac{純収益}{元利返済額} = \frac{空室率を加味した賃貸収入 - 運営費用}{元利返済額}$$

$$= \frac{12万円 \times 20戸 \times 12カ月 \times (1 - 25\%) - 450万円}{700万円} = 2.442\cdots \rightarrow \underline{2.44}$$

問42 解答：**2**

贈与税の税率は、一般贈与財産の贈与を受けた場合に適用される一般税率と、特例贈与財産の贈与を受けた場合に適用される特例税率に区分されている。特例税率は、贈与年の1月1日において18歳以上の者が、直系尊属から贈与を受けた場合に適用される。同一年中に、一般贈与財産と特例贈与財産の贈与を受けた場合には、以下のように贈与税額を計算する。

157

① 贈与財産がすべて一般贈与財産であると考えて、一般税率により贈与税額を計算し、その税額の
うち一般贈与財産に対応する部分を求める。

② 贈与財産がすべて特例贈与財産であると考えて、特例税率により贈与税額を計算し、その税額の
うち特例贈与財産に対応する部分を求める。

③ ①と②の合計が贈与税額となる。

本問では、父親から受けた贈与が特例贈与財産に該当し、叔母からの贈与は一般贈与財産に該当する。

① 一般贈与財産に対する税額

（700万円 + 300万円 − 110万円）× 40% − 125万円 = 231万円

$231万円 \times \dfrac{300万円}{700万円+300万円} = 69万3,000円$

② 特例贈与財産に対する税額

（700万円 + 300万円 − 110万円）× 30% − 90万円 = 177万円

$177万円 \times \dfrac{700万円}{700万円+300万円} = 123万9,000円$

③ 69万3,000円 + 123万9,000円 = <u>193万2,000円</u>

問43 解答：4

1）**適切**。本特例の非課税限度額は、受贈者ごとの金額である。したがって、複数の贈与者から贈与を受け
た場合、非課税限度額は合算されない。

2）**適切**。本特例の対象となる住宅取得等資金は、住宅用家屋の取得等の対価が対象となり、売買契約書等
に貼付した印紙、不動産仲介手数料、不動産取得税、登録免許税等の住宅用家屋の取得等に要した費用は
対象外である。

3）**適切**。住宅用家屋の新築につき本特例の適用を受けるためには、当該新築は住宅取得等資金の贈与を受
けた年の翌年3月15日までにされていればよい。

4）**不適切**。本特例の適用を受けることができる家屋は、登記簿上の床面積（マンション等の区分所有建物
の場合はその専有部分の床面積）が40㎡以上240㎡以下であり、かつ、その家屋の床面積の2分の1以上
に相当する部分が受贈者の居住の用に供されるものでなければならない。この床面積は、居住の用および
居住の用以外を含めた家屋全体で判断するため、店舗用100㎡および居住用150㎡の場合、家屋全体では
250㎡となり、本特例の適用を受けることができない。

問44 解答：4

1）**不適切**。対価を支払わないで、または著しく低い価額の対価で債務の免除、引受けまたは第三者のため
にする債務の弁済による利益を受けた場合においては、その受けた利益は贈与により取得したものとみな
される。ただし、債務者が資力を喪失して債務を弁済することが困難である場合において、その債務者の
扶養義務者によってその債務の全部または一部の引受けまたは弁済がなされたときは、贈与税が課税され
ない。

2）**不適切**。不動産、株式等の名義変更があった場合において、対価の授受が行われていないときはその財
産の名義人となった者は、その財産を贈与により取得したものとみなされて贈与税が課税される。

3）**不適切**。婚姻の取消または離婚による財産分与として取得した財産は、原則として贈与税の課税対象と
ならない。ただし、その分与に係る財産の額が婚姻中の夫婦の協力によって得た財産の額その他一切の事
情を考慮してもなお過当であると認められるときは、その過当である部分の金額は贈与により取得したも

のとして贈与税が課税される。

4）**適切**。満期保険金のうち、受取人以外の者が負担した保険料に対応する部分の金額は贈与により取得したものとみなされる。

問45 **解答：1**

1）**適切**。正本を破棄しても原本を破棄したことにならないため、遺言を撤回したことにはならない。

2）**不適切**。遺言書保管制度の対象は自筆証書遺言である。秘密証書遺言は遺言書保管制度の対象となっていない。なお、保管されている自筆証書遺言については、家庭裁判所による検認手続きは不要である。

3）**不適切**。未成年者、推定相続人、受遺者およびその配偶者ならびに直系血族、公証人の4親等内の親族等は証人になれない。

4）**不適切**。前の遺言が後の遺言に抵触する部分は、後の遺言により撤回したものとみなされるため、作成日付の新しい遺言が優先する。公正証書遺言が優先するという民法の規定はない。

問46 **解答：1**

1）**不適切**。配偶者居住権および配偶者短期居住権は、譲渡することができない。また、配偶者が死亡した場合、配偶者居住権は消滅し、当該建物を返還しなければならない。

2）**適切**。配偶者居住権の対抗要件は、登記である。

3）**適切**。配偶者短期居住権は、少なくとも相続開始時から6カ月間、当該建物を無償で使用することができる権利である。

4）**適切**。配偶者短期居住権を取得するための要件として、婚姻期間の定めはない。

問47 **解答：4**

1）**適切**。被相続人の妹は2割加算の対象であるため、代襲相続人である姪も2割加算の対象となる。

2）**適切**。代襲相続人でない孫養子は、相続税額の2割加算の対象となる。

3）**適切**。相続税の納付額は、①相続税の総額に按分割合を乗じて算出相続税額を求める、②算出相続税額に加算額を加算する、③税額控除を適用する、という手順で算出する。

4）**不適切**。2021年4月1日以後に信託受益権または金銭等の贈与を受け、「直系尊属から結婚・子育て資金の一括贈与を受けた場合の贈与税の非課税」の適用を受けた場合、当該非課税に係る管理残額を遺贈により取得したものとみなされた者は、相続税額の2割加算の対象となる。

問48 **解答：4**

1）**適切**。相続人は非居住無制限納税義務者に該当するため、相続人が取得した国内財産および国外財産はいずれも相続税の課税対象となる。

2）**適切**。相続人は非居住制限納税義務者に該当するため、相続人が取得した国外財産は相続税の課税対象とならない。

3）**適切**。相続人は非居住無制限納税義務者に該当するため、相続人が取得した国内財産および国外財産はいずれも相続税の課税対象となる。

4）**不適切**。相続人は非居住無制限納税義務者に該当するため、相続人が取得した国内財産および国外財産はいずれも相続税の課税対象となる。

　相続税の納税義務者は次のとおり。網掛けの部分が「国内・国外財産ともに課税される者」（無制限納税義務者）、空白の部分が「国内財産のみに課税される者」（制限納税義務者）である。

被相続人 ＼ 相続人		相続開始時に国内に住所あり		相続開始時に国内に住所なし			
			短期滞在の外国人※1	日本国籍あり			日本国籍なし
				10年以内に			
				住所あり	住所なし		
相続開始時に国内に住所あり						肢1	
	短期滞在の外国人※1						
相続開始時に国内に住所なし	10年以内に住所あり					肢3	
	短期滞在の外国人※2						
	10年以内に住所なし			肢4	肢2		

※1　相続開始時において在留資格を有する者であって、相続開始前15年以内において日本国内に住所を有していた期間の合計が10年以下である者

※2　日本国籍のない者で、相続開始前15年以内において日本国内に住所を有していた期間の合計が10年以下である者

問49 解答：**1**

1）**適切**。相続税の申告書は、被相続人の死亡の日における住所または居所を所轄する税務署長に提出しなければならない。

2）**不適切**。相続財産が分割されていない場合でも、相続税の申告期限が延長されることはない。この場合、共同相続人は、民法に規定する相続分または包括遺贈の割合に従って財産を取得したものとして相続税の課税価格および相続税額を計算し、申告期限までに申告書の提出および納税をしなければならない。

3）**不適切**。納付すべき相続税額がないために申告書の提出義務がなかった者が、その後において遺言書が発見されたことにより新たに納付すべき相続税額があることとなった場合には、期限後申告書を提出することができる。

4）**不適切**。同一の被相続人から相続または遺贈により財産を取得したすべての者の相続税の課税価格の合計額が、遺産に係る基礎控除額を超える場合には、相続税の申告書を提出しなければならない。相続税の課税価格の合計額には、相続時精算課税の適用を受けた贈与財産が含まれる。相続時精算課税の適用を受けた贈与財産を相続財産に加算しても遺産に係る基礎控除額以下である場合には、相続税の申告書を提出する必要はない。

問50 解答：**2**

配当還元価額の算式は以下のとおり。なお、「その株式に係る年配当金額」の算出にあたっては、算出額が2円50銭未満となる場合または無配の場合は2円50銭とする。

$$\text{配当還元価額} = \frac{\text{その株式に係る年配当金額}}{10\%} \times \frac{\text{1株当たりの資本金等の額}}{50\text{円}}$$

$$\text{その株式に係る年配当金額} = \frac{\genfrac{}{}{0pt}{}{\text{直前期末以前2年間の配当金額}}{(\text{無配は0円とし特別配当など臨時のものを除く}) \times \frac{1}{2}}}{\genfrac{}{}{0pt}{}{\text{直前期末における発行済株式数}}{(\text{1株当たりの資本金等の額を50円とした場合})}}$$

160

1株当たりの資本金等の額を50円とした場合の発行済株式数＝8,000万円÷50円＝160万株

その株式に係る年配当金額＝$\dfrac{(260万円＋380万円)\times\dfrac{1}{2}}{160万株}$＝2円＜2円50銭 　　∴2円50銭

1株当たりの資本金等の額＝8,000万円÷16万株＝500円

配当還元価額＝$\dfrac{2円50銭}{10\%}\times\dfrac{500円}{50円}$＝250円

第2予想・応用編

解答一覧・苦手論点チェックシート

※ 間違えた問題に✓を記入しましょう。

大問	問題	科目	論点	正解	難易度	配点	あなたの苦手※ 1回目	あなたの苦手※ 2回目
第1問	51	年金・社保	確定拠出年金	①276,000 ②144,000 ③55,000	B	各2		
	52		障害年金	①1年6カ月 ②972,250 ③子 ④5 ⑤300 ⑥配偶者	B	各1		
	53		在職老齢年金	1,120,800(円)	C	8		
第2問	54	金融	NISA	①120 ②5 ③株式数比例配分	B	各1		
	55		使用総資本事業利益率	12.06(%)	A	5		
	56		財務分析	①5.36 ②0.90 ③2.74 ④Y ⑤配当性向 ⑥1.00	B	各2		
第3問	57	タックス	医療費控除等	①寄附金控除 ②2,000,000 ③100,000 ④2,000,000 ⑤12,000 ⑥88,000	A	各2		
	58		総所得金額、所得控除	①8,900,000(円) ②4,553,000(円)	B	各3		
	59		所得税額の計算	441,900(円)	B	2		
第4問	60	不動産	建築基準法、譲渡所得の特別控除の特例	①第一種住居 ②3分の1 ③5分の1 ④10 ⑤1 ⑥3 ⑦12月31日 ⑧500	A	各1		
	61		建蔽率・容積率	①196(㎡) ②476(㎡)	A	各4		
	62		譲渡所得の特別控除の特例	①5,160,000(円) ②4,760,300(円)	A	各2		
第5問	63	相続	類似業種比準価額	805(円)	B	6		
	64		相続税の総額	8,716(万円)	A	8		
	65		相続税の税額控除	①1億6,000万 ②3年 ③4カ月 ④85 ⑤10 ⑥20	C	各1		

難易度　A…基本　B…やや難　C…難問

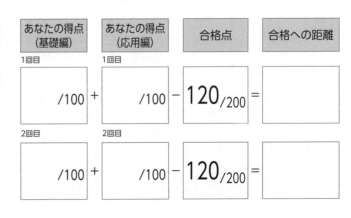

163

第2予想 応用編……… 解答・解説

【第1問】

問51 解答：①**276,000** ②**144,000** ③**55,000**

「専業主婦、公務員、私学共済加入者なども、確定拠出年金（個人型）に加入することができます。専業主婦などの国民年金第3号被保険者が確定拠出年金（個人型）に加入する場合、拠出限度額は年額（①276,000）円ですが、公務員や私学共済加入者が確定拠出年金（個人型）に加入する場合、拠出限度額は年額（②144,000）円です。

また、企業年金等を実施している企業に勤める国民年金第2号被保険者も確定拠出年金（個人型）に加入することができます。確定拠出年金（企業型）のみを実施している企業に勤める国民年金第2号被保険者は、2022年10月からは規約の定めがなくても確定拠出年金（個人型）に加入できるようになりました。ただし、各月の企業型の事業主掛金額と合算して月額（③55,000）円を超えることはできません。また、掛金が各月拠出であること、企業型確定拠出年金のマッチング拠出を利用していないことが条件になります」

〈解説〉

2022年10月1日から、確定拠出年金（企業型）加入者の確定拠出年金（個人型）加入の要件は緩和された。

企業型年金規約の定めにより確定拠出年金（個人型）に加入できなかった確定拠出年金（企業型）加入者も加入できるようになった。ただし、各月の企業型の事業主掛金額と合算して月額5.5万円を超えることはできない。また、掛金（企業型の事業主掛金と個人型の掛金）が各月拠出であること、確定拠出年金（企業型）のマッチング拠出を利用していないことが条件になる。

	確定拠出年金（企業型）のみ	他の企業年金がある
事業主掛金（a）	月額5.5万円以内	月額2.75万円以内
確定拠出年金（個人型）掛金（b）	月額2万円以内	月額1.2万円以内
合計限度額（a＋b）	月額5.5万円以内	月額2.75万円以内

問52 解答：①**1年6カ月** ②**972,250** ③**子** ④**5** ⑤**300** ⑥**配偶者**

Ⅰ 「国民年金の被保険者期間中に初診日のある傷病によって、その初診日から起算して（①1年6カ月）を経過した日、または（①1年6カ月）以内に傷病が治ったときはその治った日において、国民年金法に規定される障害等級1級または2級に該当する程度の障害の状態にあり、かつ、一定の保険料納付要件を満たしている場合は、障害基礎年金の支給を請求することができます。

障害基礎年金の額は、障害等級1級に該当する場合は777,800円の1.25倍相当額である（②972,250）円（2022年度価額）です。また、受給権者によって生計を維持している一定の要件を満たす（③子）があるときは、障害基礎年金の額に加算額が加算されます」

Ⅱ 「厚生年金保険の被保険者期間中に初診日のある傷病によって、その初診日から起算して（①1年6カ月）を経過した日、または（①1年6カ月）以内に傷病が治ったときはその治った日において、厚生年金保険法に規定される障害等級1級から3級までのいずれかに該当する程度の障害の状態にあり、かつ、一定の保険料納付要件を満たしている場合は、障害厚生年金の支給を請求することができます。

また、厚生年金保険の被保険者期間中に初診日のある傷病が、初診日から（④5）年以内に治った日に

おいて、その傷病により障害等級3級の障害の程度より軽度の障害の状態にある者は、一定の要件を満たすことにより障害手当金の支給を受けることができます。

　障害厚生年金の額は、原則として、老齢厚生年金と同様に計算されます。ただし、受給権者の被保険者期間が（⑤**300**）月に満たない場合は、（⑤**300**）月とみなして計算されます。また、受給権者によって生計を維持している一定の要件を満たす（⑥**配偶者**）があるときは、障害等級1級または2級に該当する者に支給される障害厚生年金の額に加給年金額が加算されます」

〈解説〉

Ⅰ　障害の程度を認定する日のことを障害認定日という。障害認定日は初診日から起算して1年6カ月を経過した日、または1年6カ月以内に治った場合にはその治った日とされている。

　障害基礎年金の額（2022年度）は次のとおりであり、1級は2級の1.25倍である。また、受給権者によって生計を維持している一定の要件を満たす子がいる場合には、子の加算額（2人目までは223,800円／人、3人目以降は74,600円／人）が加算される。

1級	972,250円＋子の加算
2級	777,800円＋子の加算

Ⅱ　障害手当金の受給要件は、次のとおりである。

> ①　厚生年金保険の被保険者期間中に初診日があること
> ②　初診日から起算して5年を経過する日までの間に傷病が治り、かつ、一定の障害の状態にあること
> ③　保険料納付要件を満たしていること

　障害厚生年金の額は、老齢厚生年金の報酬比例部分の金額が基準となる。2級と3級は報酬比例部分の相当額であり、1級は報酬比例部分の1.25倍である。被保険者期間の月数が300月に満たない場合には300月として計算する。また、受給権者によって生計を維持している一定の要件を満たす配偶者がいる場合には、配偶者の加算額（223,800円、2022年度価額）が加算される。

問53 解答：**1,120,800（円）**

・在職老齢年金と高年齢雇用継続基本給付金との併給調整前の在職老齢年金の額

基本月額＝1,440,000円÷12＝120,000円

併給調整前の在職老齢年金の額＝特別支給の老齢厚生年金の額－支給停止基準額

$$＝1,440,000円－(360,000円＋120,000円－470,000円)×\frac{1}{2}×12＝1,380,000円$$

・在職老齢年金と高年齢雇用継続基本給付金との併給調整後の在職老齢年金の額

$$調整額＝360,000円×\frac{6}{100}×12＝259,200円$$

1,380,000円－259,200円＝1,120,800円

〈解説〉

・60歳代前半の在職老齢年金では、総報酬月額相当額と基本月額の合計額が47万円（2022年度価額）を超えると、年金額の全部または一部が支給停止となる。なお、「47万円」を支給停止調整開始額という（2022年4月より28万円→47万円に引き上げ）。

・在職老齢年金と高年齢雇用継続基本給付金との併給調整は、標準報酬月額が60歳到達時の賃金月額の61％未満※であるとき、在職老齢年金は標準報酬月額の6％$\left(\frac{6}{100}\right)$が減額される。

※36万円÷60万円＝60％（61％未満）

【第2問】

問54 解答：①120 ②5 ③株式数比例配分

① 非課税枠は年間**120万円**である。

② 非課税期間は、当該非課税管理勘定が設けられた日の属する年の1月1日から最長**5年間**である。

③ 非課税管理勘定に受け入れた上場株式の配当金を非課税とするためには、配当金の受取方法として**株式数比例配分方式**を選択する必要がある。

問55 解答：**12.06（%）**

$$\frac{398,000百万円 + (6,200百万円 + 8,300百万円)}{3,420,000百万円} \times 100 = 12.0614\cdots \rightarrow \underline{12.06\%}$$

使用総資本事業利益率（ROA）（%）＝
$$\frac{事業利益（＝営業利益＋受取利息および受取配当金＋有価証券利息）}{使用総資本（＝資産合計）} \times 100$$

問56 解答：①5.36 ②0.90 ③2.74 ④Y ⑤配当性向 ⑥1.00

① X社の売上高当期純利益率

$$\frac{187,000百万円}{3,487,000百万円} \times 100 = 5.362\cdots \rightarrow 5.36\%$$

※ Y社の売上高当期純利益率

$$\frac{41,600百万円}{725,000百万円} \times 100 = 5.737\cdots \rightarrow 5.74\%$$

売上高当期純利益率（%）＝$\dfrac{当期純利益※}{売上高} \times 100$

※ 親会社株主に帰属する当期純利益

② Y社の使用総資本回転率

$$\frac{725,000百万円}{805,000百万円} = 0.900\cdots \rightarrow 0.90回$$

※ X社の使用総資本回転率

$$\frac{3,487,000百万円}{3,420,000百万円} = 1.019\cdots \rightarrow 1.02回$$

使用総資本回転率（回）＝$\dfrac{売上高}{使用総資本（資産合計）}$

③　Y社の財務レバレッジ

$$\frac{805,000百万円}{294,100百万円^{※}} = 2.737\cdots \rightarrow 2.74倍$$

　　※　306,800百万円 − 12,700百万円 = 294,100百万円

　　※　X社の財務レバレッジ

$$\frac{3,420,000百万円}{1,842,700百万円^{※}} = 1.855\cdots \rightarrow 1.86倍$$

　　※　1,910,000百万円 − 67,300百万円 = 1,842,700百万円

$$財務レバレッジ（倍） = \frac{総資本（資産合計）}{自己資本^{※}}$$

※　自己資本 = 純資産 − 新株予約権 − 非支配株主持分

④　ROE

X社

5.36% × 1.02回 × 1.86倍 = 10.168…→10.17%

Y社

5.74% × 0.90回 × 2.74倍 = 14.154…→14.15%

ROE（株主資本利益率）（%）= 売上高当期純利益率 × 総資本回転率 × 財務レバレッジ

⑤　株主還元率

株主還元率としての指標は、配当性向である。

⑥　配当利回り

X社

$$\frac{40円}{3,990円} \times 100 = 1.002\cdots \rightarrow 1.00\%$$

Y社

$$\frac{25円}{1,250円} \times 100 = 2.000\cdots \rightarrow 2.00\%$$

【第3問】

問57　解答：**①寄附金控除　②2,000,000　③100,000　④2,000,000　⑤12,000　⑥88,000**

Ⅰ　「所得控除のうち、（**①寄附金控除**）、医療費控除および雑損控除については、年末調整では適用を受けることができないため、これらの控除の適用を受けるためには所得税の確定申告が必要である。

　　医療費控除は、総所得金額等の合計額が（**②2,000,000**）円以上である者の場合、その年中に支払った医療費の総額（保険金等により補てんされる部分の金額を除く）が（**③100,000**）円を超えるときは、その超える金額を（**④2,000,000**）円を上限としてその年分の総所得金額等から控除することができるものである」

Ⅱ　「医療費に関する所得控除として、『特定一般用医薬品等購入費を支払った場合の医療費控除の特例』（以下、『本特例』という）もある。本特例は、健康の保持増進および疾病の予防への取組みとして一定の取組みを行う個人が、2017年1月1日から2026年12月31日までの間に、自己または自己と生計を一にする配偶者その他の親族に係る特定一般用医薬品等購入費を支払った場合において、その年中に支払ったその

対価の額（保険金等により補てんされる部分の金額を除く）の合計額が（⑤12,000）円を超えるときは、その超える部分の金額を（⑥88,000）円を上限としてその年分の総所得金額等から控除することができるものである。

　なお、本特例は、従来の医療費控除と選択適用とされている」

問58 解答：①8,900,000（円）　②4,553,000（円）

① 総所得金額

・給与所得

1,075万円 − 195万円 = 880万円

・所得金額調整控除

給与等の収入金額が850万円を超え、23歳未満の扶養親族を有するため、適用を受けることができる。

（1,000万円 − 850万円）× 10% = 15万円

・一時所得

（830万円 + 590万円）−（900万円 + 420万円）− 50万円 = 50万円

・総所得金額

$$（880万円 − 15万円）+ 50万円 × \frac{1}{2} = \underline{8,900,000円}$$

② 所得控除の合計額

・基礎控除

①より、合計所得金額（総所得金額と同額）が2,400万円以下であるため、48万円…㋐

・配偶者控除または配偶者特別控除

Aさんの合計所得金額（総所得金額と同額）：890万円

妻Bさんの合計所得金額（給与所得の金額）

160万円 × 40% − 10万円 = 54万円 < 55万円　∴　55万円

160万円 − 55万円 = 105万円　∴　配偶者特別控除31万円…㋑

・扶養控除

長女Cさん：控除対象扶養親族38万円

二女Dさん

給与所得控除額：70万円 × 40% − 10万円 = 18万円 < 55万円　∴　55万円

給与所得：70万円 − 55万円 = 15万円 ≤ 48万円　∴　特定扶養親族63万円

母Eさん

60万円 ≤ 330万円　∴　公的年金等控除額110万円

雑所得60万円 − 110万円 < 0円　→　0円　∴　同居老親等58万円

扶養控除の合計額：38万円 + 63万円 + 58万円 = 159万円…㋒

・医療費控除

原則

Aさんの合計所得金額890万円 × 5% = 445,000円 > 10万円

控除額：80万円 − 72万円 + 85,000円 − 10万円 = 65,000円

特例

控除額：85,000円 − 12,000円 = 73,000円

∴　73,000円（Aさんにとって有利）…㋓

・所得控除の合計額

㋐＋㋑＋㋒＋㋓＋200万円（社会保険料控除）＋10万円（生命保険料控除）＝4,553,000円

〈解説〉

① 一時払終身保険は5年以内の解約であるが、一時払終身保険には満期保険金がないため金融類似商品に該当しない。また、一時払変額個人年金保険（10年確定年金）は5年超で解約しているため、金融類似商品に該当しない。

2020年分の所得税から所得金額調整控除が創設された。子ども・特別障害者等を有する者等の所得金額調整控除は、その年中の給与等の収入金額が850万円を超える居住者で、次のいずれかの要件に該当する者に適用される。

㋐ 本人が特別障害者
㋑ 23歳未満の扶養親族を有すること
㋒ 特別障害者である同一生計配偶者または扶養親族を有すること

所得金額調整控除の控除額は次の算式により計算した金額を、総所得金額を算出する際に給与所得の金額から控除する。

> {給与等の収入金額（1,000万円を超える場合は1,000万円）−850万円}×10%

総所得金額を算出する際は、一時所得の金額の2分の1を合算する。

② 母Eさんの入院期間は2021年であるが、医療費の支払いが2022年であるため、2022年分の所得税において医療費控除の対象となる。また、医療費控除の原則と特例は選択適用であるため、有利なほう（金額の大きいほう）を選択する。なお、医療費控除の原則は、特定一般用医薬品等購入費を含めて計算する。

問59 解答：**441,900（円）**

・課税総所得金額
　8,900,000円−4,553,000円＝4,347,000円
・算出所得税額
　4,347,000円×20%−427,500円＝441,900円

【第4問】

問60 解答：**①第一種住居（地域）　②3分の1　③5分の1　④10（年）　⑤1（年）　⑥3（年）　⑦12月31日　⑧500（㎡）**

〈建築基準法の規定〉

Ⅰ 甲土地上の第一種中高層住居専用地域に属する部分および第一種住居地域に属する部分に渡って建築物を建築する場合、その建築物の全部について、（**①第一種住居**）地域の用途に関する規定が適用される。

Ⅱ 容積率の算定の基礎となる延べ面積の計算にあたって、建築物の地階でその天井が地盤面からの高さ1m以下にあるものの住宅の用途に供する部分の床面積は、原則として、当該建築物の住宅の用途に供する部分の床面積の合計の（**②3分の1**）を限度として、延べ面積に算入されない。また、専ら自動車または自転車の停留または駐車のための施設の用途に供する部分（自動車車庫等部分）の床面積は、その敷地内の建築物の各階の床面積の合計の（**③5分の1**）を限度として、延べ面積に算入されない。

〈特定の居住用財産の買換えの場合の長期譲渡所得の課税の特例〉

Ⅲ 「特定の居住用財産の買換えの場合の長期譲渡所得の課税の特例」（以下、「本特例」という）は、居住用財産を買い換えた場合に、所定の要件を満たせば、譲渡益に対する課税を将来に繰り延べることができる特例である。

Aさんが、居住の用に供していた家屋を取り壊してその敷地である土地を譲渡し、本特例の適用を受けるためには、その土地について、その家屋が取り壊された日の属する年の1月1日において所有期間が（④10）年を超えるものであり、その土地の譲渡に関する契約がその家屋を取り壊した日から（⑤1）年以内に締結され、かつ、その家屋を居住の用に供さなくなった日以後（⑥3）年を経過する日の属する年の（⑦12月31日）までに譲渡したものでなければならず、その譲渡に係る対価の額が1億円以下でなければならない。また、買換資産として取得する土地については、その面積が（⑧500）㎡以下でなければならない。

〈解説〉
・敷地が2以上の用途地域に渡るときは、敷地の全部について過半の属する地域の制限を受ける。
・「特定の居住用財産の買換えの場合の長期譲渡所得の課税の特例」は、個人が居住用財産を買い換えた場合、譲渡した居住用財産について、買い換えた部分に相当する部分がなかったものとして、課税を繰り延べるものである。

問61 解答：①196㎡ ②476㎡

〈解説〉
① 2m公道は2項道路であるため、セットバックが必要である。甲土地の反対側は宅地であり、がけ地や川等ではないため、道路の中心線から2mが道路とみなされる。
・第一種中高層住居専用地域に属する部分の面積：5m×(15m−1m)=70㎡
・第一種住居地域に属する部分の面積：10m×(15m−1m)=140㎡
　　第一種中高層住居専用地域は防火規制のない地域であるが、第一種住居地域は準防火地域にある。これらの地域に渡って準耐火建築物を建築する場合、甲土地全体が準防火地域とみなされるため、10%緩和される。また、甲土地は、建蔽率の緩和について特定行政庁が指定する角地であるため、10%緩和される。
・第一種中高層住居専用地域に属する部分の建築面積：70㎡×(60%+10%+10%)=56㎡
・第一種住居地域に属する部分の建築面積：140㎡×(80%+10%+10%)=140㎡
・建蔽率の上限となる建築面積：56㎡+140㎡=<u>196㎡</u>
② 前面道路は広いほうの6mである。
・容積率の決定

　　第一種中高層住居専用地域：$6m×\dfrac{4}{10}=240\%>200\%$（指定容積率）　∴　200%

　　第一種住居地域：$6m×\dfrac{4}{10}=240\%<400\%$（指定容積率）　∴　240%

・第一種中高層住居専用地域に属する部分の延べ面積：70㎡×200%=140㎡
・第一種住居地域に属する部分の延べ面積：140㎡×240%=336㎡
・容積率の上限となる延べ面積：140㎡+336㎡=<u>476㎡</u>
※「特定行政庁が都道府県都市計画審議会の議を経て指定する区域ではない」ため、法定乗数は、$\dfrac{4}{10}$を使用する。

問62 解答：①5,160,000円 ②4,760,300円

① 「特定の居住用財産の買換えの場合の長期譲渡所得の課税の特例」の適用後の所得税および復興特別所得税、住民税の合計額

170

$70,000,000円 - 42,000,000円 = 28,000,000円$

$28,000,000円 - (70,000,000円 × 5\% + 3,000,000円) × \dfrac{28,000,000円}{70,000,000円} = 25,400,000円$

$25,400,000円 × 15\% = 3,810,000円$

$3,810,000円 × 2.1\% = 80,010円$

$3,810,000円 + 80,010円 ≒ 3,890,000円$（100円未満切捨て）

$25,400,000円 × 5\% = 1,270,000円$

$3,890,000円 + 1,270,000円 = \underline{5,160,000円}$

② 「居住用財産を譲渡した場合の3,000万円の特別控除」および「居住用財産を譲渡した場合の長期譲渡所得の課税の特例」の適用後の所得税および復興特別所得税、住民税の合計額

$70,000,000円 - (70,000,000円 × 5\% + 3,000,000円) - 30,000,000円 = 33,500,000円$

$33,500,000円 × 10\% = 3,350,000円$

$3,350,000円 × 2.1\% = 70,350円$

$3,350,000円 + 70,350円 ≒ 3,420,300円$（100円未満切捨て）

$33,500,000円 × 4\% = 1,340,000円$

$3,420,300円 + 1,340,000円 = \underline{4,760,300円}$

〈解説〉

① 「特定の居住用財産の買換えの場合の長期譲渡所得の課税の特例」は、譲渡年の1月1日時点で10年を超える長期譲渡所得となるため、税率は所得税15%、住民税5%となる。なお、復興特別所得税は所得税額の2.1%である。また、譲渡資産の取得費が不明であるため、概算取得費を用いる。

② 「居住用財産を譲渡した場合の長期譲渡所得の課税の特例（軽減税率）」は、課税長期譲渡所得金額のうち6,000万円以下の部分は所得税10%、住民税4%となる。6,000万円を超える部分は、通常どおり所得税15%、住民税5%となる。

【第5問】

問63 解答：**805（円）**

・1株当たりの資本金等の額

$9,000万円 ÷ 180,000株 = 500円$

・類似業種の株価は、「課税時期の属する月の平均株価」「課税時期の属する月の前月の平均株価」「課税時期の属する月の前々月の平均株価」「課税時期の前年の平均株価」「課税時期の属する月以前2年間の平均株価」の5つの中から最も低い金額を選択するので、110円となる。

$110円 × \dfrac{\dfrac{1.3円}{2.0円} + \dfrac{17円}{9円} + \dfrac{139円}{120円}}{3} × 0.6 × \dfrac{500円}{50円}$

$= 110円 × \dfrac{0.65 + 1.88 + 1.15}{3} × 0.6 × \dfrac{500円}{50円}$

$= 110円 × 1.22 × 0.6 × 10$

$= 80.5円 × 10 = \underline{805円}$

〈解説〉

類似業種比準価額の算式は、次のとおりである。

$$類似業種比準価額＝A\times\frac{\frac{ⓑ}{B}+\frac{ⓒ}{C}+\frac{ⓓ}{D}}{3}\times E\times\frac{1株当たりの資本金の額等}{50円}$$

A＝類似業種の株価

B＝類似業種の1株（50円）当たりの年配当金額

C＝類似業種の1株（50円）当たりの年利益金額

D＝類似業種の1株（50円）当たりの簿価純資産価額

ⓑ＝評価会社の1株（50円）当たりの年配当金額

ⓒ＝評価会社の1株（50円）当たりの年利益金額

ⓓ＝評価会社の1株（50円）当たりの簿価純資産価額

E＝斟酌率（大会社0.7、中会社0.6、小会社0.5）

※　類似業種の株価については、課税時期の属する月以前3カ月間の各月の類似業種の株価のうち最も低いものとする。ただし、納税義務者の選択により、類似業種の前年平均株価または課税時期の属する月以前2年間の平均株価によることができる。

問64 解答：**8,716（万円）**

① 課税価格の合計額

$4,800万円-\left(4,800万円\times\dfrac{330㎡}{480㎡}\times80\%\right)=2,160万円$（小規模宅地の評価減）

$5,000万円-500万円\times4人=3,000万円$（生命保険の非課税）

$7,000万円+8,000万円+15,000万円+4,000万円+2,000万円+2,160万円+3,000万円$
$=41,160万円$

② 遺産に係る基礎控除額

$3,000万円+600万円\times4人=5,400万円$

③ 課税遺産総額

$41,160万円-5,400万円=35,760万円$

④ 相続税の基となる税額

配偶者：$35,760万円\times\dfrac{1}{2}\times40\%-1,700万円=5,452万円$

子　：$35,760万円\times\dfrac{1}{6}\times30\%-700万円=1,088万円$

⑤ 相続税の総額

$5,452万円+1,088万円\times3人=\underline{8,716万円}$

〈解説〉

　法定相続人は、妻Bさん、長男Cさん、長女Dさんおよび二男Eさんの4人である。

　自宅（敷地）は、「小規模宅地等についての相続税の課税価格の計算の特例」の適用を受けるため、330㎡まで80％の減額を受けることができる。

　Aさんが加入している生命保険は、契約者（＝保険料負担者）および被保険者がAさん、死亡保険金受取

人が妻Ｂさんであるため、みなし相続財産として相続税の課税対象となるが、非課税限度額の適用を受けることができる。

問65 解答：①1億6,000万 ②3年 ③4カ月 ④85 ⑤10 ⑥20

〈配偶者に対する相続税額の軽減〉

Ⅰ　被相続人の配偶者が当該被相続人から相続または遺贈により財産を取得し、「配偶者に対する相続税額の軽減」（以下、「本制度」という）の適用を受けた場合、原則として、相続または遺贈により取得した財産の額が（①1億6,000万）円と配偶者の法定相続分相当額とのいずれか多い金額までは、納付すべき相続税額が算出されない。

　　なお、原則として、相続税の申告期限までに分割されていない財産は本制度の対象とならないが、相続税の申告書に「申告期限後（②3年）以内の分割見込書」を添付して提出し、申告期限までに分割されなかった財産について申告期限から（②3年）以内に分割したときは、分割が成立した日の翌日から（③4カ月）以内に更正の請求をすることによって、本制度の適用を受けることができる。

〈障害者控除〉

Ⅱ　相続または遺贈により財産を取得した者が、被相続人の法定相続人であり、かつ、一般障害者または特別障害者に該当する場合、その者の納付すべき相続税額の計算上、障害者控除として一定の金額を控除することができる。

　　障害者控除の額は、その障害者が満（④85）歳になるまでの年数1年（年数の計算に当たり、1年未満の端数は1年に切り上げて計算する）につき、一般障害者は（⑤10）万円、特別障害者は（⑥20）万円で計算した額である。

〈解説〉

　Ⅰ　配偶者に対する相続税額の軽減の適用対象者は婚姻の届出をした者に限られるため、事実上婚姻関係と同様の事情にある、いわゆる内縁関係にある者は対象外となる。配偶者が相続の放棄をした場合でも、遺贈により取得した財産があれば適用される。

　　　配偶者に対する相続税額の軽減の適用を受けるためには、相続税の申告書を提出することが必要である。たとえ納付すべき相続税額がゼロとなった場合でも、相続税の申告書を提出しなければならない。

　Ⅱ　障害者控除額が一般障害者または特別障害者に該当する者の相続税額から控除しきれない場合には、その控除しきれない部分の金額は、その者の扶養義務者で、同一の被相続人から相続または遺贈により財産を取得した者の相続税額から控除することができる。

173

第3予想・基礎編

解答一覧・苦手論点チェックシート

※ 間違えた問題に✓を記入しましょう。

問題	科目	論点	正解	難易度	あなたの苦手※ 1回目	2回目
1	年金・社保	社会保険	4	B		
2		係数計算	3	C		
3		労働者災害補償保険	3	A		
4		教育一般貸付	1	B		
5		公的年金と税金	4	B		
6		老齢厚生年金	2	C		
7	ライフ	成年後見制度・自立支援事業	2	B		
8		中小企業の資金調達	2	B		
9	リスク	企業年金と税金	2	B		
10		生命保険会社の指標等	4	B		
11		法人契約の経理処理	2	C		
12		年金生活者支援給付金	4	B		
13		火災保険・地震保険	4	A		
14		法人向け損害保険	2	B		
15		個人年金と税金	3	C		
16	金融	金投資	1	B		
17		個人向け国債	2	A		
18		収益分配金	3	B		
19		株式累積投資および株式ミニ投資	3	B		
20		テクニカル分析	4	C		
21		オプション取引	4	B		
22		相関係数	2	B		
23		証券税制	1	B		
24		金融ADR制度	4	B		
25	タックス	所得税の確定申告等	1	B		
26		給与所得	1	B		
27		所得控除	3	B		
28		配当控除	3	B		

※ 間違えた問題に✓を記入しましょう。

問題	科目	論点	正解	難易度	あなたの苦手※ 1回目	2回目
29	タックス	法人税（役員給与）	4	B		
30		法人税（減価償却）	1	B		
31		法人税（貸倒引当金）	1	C		
32		損益分岐点分析	3	B		
33		個人事業税	2	C		
34	不動産	不動産登記法	2	B		
35		不動産の売買における留意点	4	A		
36		都市計画法	2	A		
37		建築基準法	3	A		
38		区分所有法	1	A		
39		特定の居住用財産の買換えの特例	3	B		
40		固定資産の交換の場合の譲渡所得の特例	4	B		
41		不動産の投資判断	2	A		
42	相続	贈与契約	3	A		
43		教育資金の一括贈与	3	A		
44		贈与税の申告	3	B		
45		成年後見制度	3	B		
46		養子	4	B		
47		法定相続分ほか	1	A		
48		相続税の延納・物納	1	B		
49		財産評価	4	A		
50		会社法	1	C		

配点は各2点　　難易度　A…基本　B…やや難　C…難問

科目別の成績

年金・社保	ライフ	リスク	金融
1回目　　　/12	1回目　　　/4	1回目　　　/14	1回目　　　/18
2回目　　　/12	2回目　　　/4	2回目　　　/14	2回目　　　/18

タックス	不動産	相続
1回目　　　/18	1回目　　　/16	1回目　　　/18
2回目　　　/18	2回目　　　/16	2回目　　　/18

あなたの得点（基礎編）

1回目

/100

2回目

/100

第3予想 基礎編 ……… 解答・解説

問1 解答：**4**

1）**適切**。なお、障害手当金が支給される場合、傷病手当金の日額の合計額が障害手当金の額に達するまで、傷病手当金は支給されない。

2）**適切**。同一の支給事由により、遺族補償年金と遺族厚生年金および遺族基礎年金が支給される場合、一定率を乗じて減額された遺族補償年金が支給される。

3）**適切**。高年齢雇用継続給付が支給される場合、在職老齢年金は本来の支給停止に加え、さらに標準報酬月額の最高6％が支給停止となる。

4）**不適切**。「老齢基礎年金と障害厚生年金」の組合せによる併給はない。なお、「障害基礎年金と老齢厚生年金」の組合せによる併給を選択することもできる。

問2 解答：**3**

年2％で複利運用しながら10年間、毎年600千円の受け取りに必要な金額をaとする。

    a×0.1113（資本回収係数）＝600千円

    a＝5,390.8千円

年2％で複利運用しながら10年後に10,000千円残すために必要な金額をbとする。

    b×1.2190（終価係数）＝10,000千円

    b＝8,203.4千円

① 10年後の75歳時点で積み立てておきたい金額

    a＋b＝5,390.8千円＋8,203.4千円＝13,594.2千円

② ①の金額を得るために25年間、毎年積み立てる金額をcとする。

    c×32.0303（年金終価係数）＝13,594.2千円

    c＝424.4千円→424千円

問3 解答：**3**

1）**適切**。業務上の疾病が再発した場合、独立した別個の疾病ではなく、疾病の連続であるため、業務上の疾病と認められる。

2）**適切**。労働者派遣法においては、派遣元事業主が災害補償責任を負うこととされているため、労災保険においても同様に取扱い、派遣元を適用事業として労災保険が適用される。

3）**不適切**。通勤とは、合理的な経路および方法でなければならず、逸脱・中断の間およびその後は通勤とは認められない。ただし、通勤途中に逸脱・中断があっても、それが日常生活上必要な行為であり、やむを得ない理由で行う最小限度のものである場合、逸脱・中断の間を除き、通勤と認められる。この具体例としては、帰途で惣菜等を購入する行為、独身労働者が食堂に食事に立ち寄る行為、クリーニング店に立ち寄る行為、理美容院に立ち寄る行為などが挙げられる。

4）**適切**。出張は、特別な事情を除き、その全過程が事業主の支配下にあるといえる。したがって、出張中における災害は業務災害の対象となる。

問4 解答：**1**

1）**不適切**。在学期間中は元金の返済を据え置き、利息のみの返済とすることも可能である。なお、融資額

176

の2分の1を上限に、ボーナス月（年2回）の増額返済も可能である。

2）**適切**。保証については、公益財団法人教育資金融資保証基金または連帯保証人のいずれかを選ぶ。公益財団法人教育資金融資保証基金を選択した場合、融資額や返済期間に応じた保証料が必要であり、融資金から一括して差し引かれることになる。

3）**適切**。なお、自宅外通学、修業年限5年以上の大学（昼間部）、大学院の資金として利用する場合の融資限度額も450万円である。

4）**適切**。融資対象となる学校は、修業年限が原則6カ月以上で、中学校卒業以上の者を対象とする次の教育施設である。ただし、大学等であっても在籍する課程や学校教育法によらない学校については、対象とならない場合がある。

> ・大学、大学院（法科大学院など専門職大学院を含む）、**短期大学**
> ・専修学校、各種学校（予備校、デザイン学校など）
> ・高等学校、高等専門学校、特別支援学校の高等部
> ・外国の高等学校、短期大学、大学、大学院、語学学校
> ・その他職業能力開発校などの教育施設

問5 解答：**4**

1）**適切**。過去5年分を一括して受給した場合でも、各年分の雑所得として総合課税の対象となる。

2）**適切**。未支給年金は相続人固有の権利として請求するものであるため、相続人の一時所得として所得税の課税対象となる。

3）**適切**。なお、「公的年金等の受給者の扶養親族等申告書」の提出の有無により、源泉徴収税額の計算が異なる。

4）**不適切**。「公的年金等の受給者の扶養親族等申告書」の提出の有無にかかわらず、所得税および復興特別所得税の合計税率は5.105％である。

問6 解答：**2**

1）**適切**。在職老齢年金では、総報酬月額相当額と基本月額の合計額が47万円以下である場合、老齢厚生年金は支給停止されず全額支給される。合計額は32万円（17万円＋15万円）であるため、全額が支給される。

2）**不適切**。在職老齢年金では、総報酬月額相当額と基本月額の合計額が47万円以下である場合、老齢厚生年金は支給停止されず全額支給される。

　総報酬月額相当額：24万円＋48万円÷12月＝28万円

　総報酬月額相当額と基本月額の合計額：28万円＋20万円＝48万円＞47万円

　したがって、47万円を超えるため、老齢厚生年金は全額支給されず、47万円を超える額の2分の1（5,000円）が支給停止となる。

3）**適切**。老齢厚生年金について、在職支給停止の仕組みにより、その一部が支給停止となる場合でも、加給年金額は全額支給される。

4）**適切**。老齢厚生年金について、在職支給停止の仕組みにより、その全部が支給停止となる場合でも、経過的加算額は全額支給される。

問7 解答：**2**

1）**不適切**。日常生活自立支援事業を利用する対象者は、精神上の理由により日常生活を営むことに支障が

ある者であり、判断能力が一定程度あるが十分ではないことで自らが様々なサービスを適切に利用することが困難な者である。本肢のような場合は、「成年後見制度」の利用を促すことになる。

2）**適切**。能力が著しく不十分な場合は保佐人が、能力を欠く常況に在る場合は成年後見人が家庭裁判所に申し立てることにより選任される。本人の同意は不要である。

3）**不適切**。家庭裁判所が関与することはなく、本人と社会福祉協議会とにより援助内容を決定する。援助の内容は本肢記述の通りである。

4）**不適切**。成年後見人には日常生活に関する行為以外の行為について取消権と代理権がある。ただし、本人が事理弁識する能力を欠く常況に在るため、同意権は与えられていない。なお、任意後見人には取消権も同意権もない。

問8 解答：**2**

1）**適切**。なお、インパクトローンは外貨によって資金調達する方法で、使途は限定されていない。なお、為替差損を回避する方法として、為替先物予約を付けることもできる。

2）**不適切**。金銭消費貸借契約証書により資金調達する方法は、証書貸付である。手形貸付は、借入金融機関宛の約束手形を振り出すことにより資金調達する方法である。

3）**適切**。なお、法人の場合、資本金または常時使用する従業員数のいずれか一方が、一定の要件を満たしていることが必要となる。

4）**適切**。なお、ＡＢＬ（動産・債権担保融資）の対象となる債権には、診療報酬債権や工事請負代金債権なども含まれる。

問9 解答：**2**

(a)　**適切**。確定拠出年金の個人型年金における掛金は、加入者自身の所得控除の対象となる。したがって、夫が生計を一にする妻の掛金を支払っても、夫の所得控除の対象とすることはできない。

(b)　**不適切**。加入者が拠出した確定拠出年金の掛金は、<u>小規模企業共済等掛金控除</u>として所得控除の対象となる。

(c)　**不適切**。加入者が拠出した確定給付企業年金の掛金は、<u>生命保険料控除</u>として所得控除の対象となる。

(d)　**適切**。なお、国民年金基金の掛金は社会保険料控除として、小規模企業共済の掛金は小規模企業共済等掛金控除として所得控除の対象となるため、事業所得の必要経費ではない。

　　したがって、不適切なものは<u>2つ</u>である。

問10 解答：**4**

1）**不適切**。「キャピタル損益」と「臨時損益」の説明が逆になっている。基礎利益は、次のように計算する。

> **基礎利益＝経常利益－キャピタル損益－臨時損益**
> 　**キャピタル損益＝キャピタル収益－キャピタル費用**
> 　　キャピタル収益…有価証券売却益、為替差益など
> 　　キャピタル費用…有価証券売却損、為替差損など
> 　**臨時損益＝臨時収益－臨時費用**
> 　　臨時収益…危険準備金戻入額、個別貸倒引当金戻入額など
> 　　臨時費用…危険準備金繰入額、個別貸倒引当金繰入額など

2）**不適切**。保有契約高とは、生命保険会社が保障する金額の総合計額であり、各保険に応じた集計額となっている。個人保険については、死亡時の支払金額等の総合計額となる。

個人保険、団体保険…死亡時の支払金額等の総合計額

個人年金保険…①および②の合計額

① 年金支払開始前の契約：年金支払開始時における年金原資の額

② 年金支払開始後の契約：責任準備金の額

団体年金保険…責任準備金の額

3）**不適切**。修正純資産は貸借対照表などから計算され、保有契約価値は保有契約に基づき計算される。

4）**適切**。なお、ソルベンシー・マージン比率が200％を下回ると、金融庁は早期是正措置を命じることができる。

問11 解答：**2**

1）**適切**。最高解約返戻率が高い契約ほど、損金算入が制限されて資産計上額は大きくなる。

2）**不適切**。契約から25年後（Aさんが65歳の時）は、保険期間の前半4割の期間内における払込保険料の40％の2,400万円を資産計上している。その資産計上額は2,400万円（＝250万円×0.4×24年）であるため、解約返戻金4,800万円との差額2,400万円を雑収入として益金算入する。

3）**適切**。なお、会社は退職金支払時までの資産計上額を取り崩す経理処理をしなければならない。

4）**適切**。最高解約返戻率50％超70％以下に該当するため、1～24年目（前半4割の期間）において年払保険料250万円のうち、40％の100万円を資産計上して、残額150万円を損金算入する。

問12 解答：**4**

1）**適切**。65歳以上の老齢基礎年金の受給者であり、同一世帯の全員が市町村民税非課税であり、また、前年の公的年金等の収入金額とその他の所得との合計額が881,200円以下であれば老齢（補足的老齢）年金生活者支援給付金が支給される。

2）**適切**。老齢年金生活者支援給付金の額（2022年度価額）は、次の①と②の合計額である。ただし、前年の年金収入額とその他の所得額の合計によって、①に一定割合を乗じた補足的老齢年金生活者支援給付金が支給される。

① 保険料納付済期間に基づく額（月額）$= 5,020円 \times \dfrac{保険料納付済期間}{480月}$

② 保険料免除期間に基づく額（月額）$= 10,802円 \times \dfrac{保険料免除期間}{480月}$

3）**適切**。障害年金生活者支援給付金の額は、受給資格者の障害の程度によって異なり、障害等級2級の場合は月額5,020円（2022年度価額）、障害等級1級の場合は月額6,275円（2022年度価額）である。

4）**不適切**。2人以上の子が遺族基礎年金を受給している場合は、月額5,020円を子の数で割った金額がそれぞれに支払われる。例えば、3人の子が遺族基礎年金を受給している場合、1人当たりの受給額（月額）は次のとおりである。

5,020円÷3人＝1,673.3…→1,673円（円未満四捨五入）

問13 解答：**4**

1）**適切**。火災保険において、1個または1組の価額が30万円超の貴金属、書画、骨董品などは明記物件といい、契約時に申込書に明記することで保険の対象となるが、地震保険においては、明記物件という制度はない。

2）**適切**。火災保険では、全部保険の場合が実損てん補、一部保険の場合が比例てん補となり、地震保険の

179

ような区分はない。

3）**適切**。保険始期が2022年10月1日以降となる火災保険の保険期間は、最長5年である。地震保険の保険期間も最長5年である。

4）**不適切**。記述が逆である。店舗併用住宅と専用住宅では火災などに対するリスクが異なることがあるため、火災保険の保険料率は異なる場合がある。これに対して、地震保険では、所在地と建物の構造区分により保険料が決定されるため、店舗併用住宅と専用住宅が同一の所在地および建物の構造区分である場合、保険料率の差異はない。

問14 解答：2

a）**不適切**。施設の管理の不備または従業員の業務作業中のミスにより発生した偶然な事故に起因して、他人の生命や身体を害したり、他人の財物を損壊したりした場合に被る損害賠償金や争訟費用等を補償する。自社のビルを修理する費用は補償の対象ではない。

b）**不適切**。偶発的な事故により生じた損害を補償するが、地震・噴火・津波に起因する災害により生じた損害は補償の対象ではない。

c）**適切**。取引先に引き渡した商品または提供したサービスの売上に係る債権（売掛金、受取手形等）が、倒産等により回収不能となった場合に被る損害を補償する。

d）**適切**。パワハラやセクハラ、差別、不当解雇などを理由として会社が法律上の損害賠償責任を負担することによって被る損害を補償する。

したがって、不適切なものは2つである。

問15 解答：3

1）**適切**。なお、契約者と年金受取人が異なる場合、源泉徴収されない。

2）**適切**。一時払変額個人年金保険（終身年金）には満期保険金がないため、金融類似商品に該当しない。したがって、その解約返戻金は一時所得の収入金額となり、総合課税の対象となる。

3）**不適切**。保証期間分の年金額を一括して受け取った後でも、年金受取人が生存している場合は年金が受け取れるため、この一時金は雑所得となる。

4）**適切**。総所得金額に算入される一時所得の金額が20万円を超える場合、確定申告が必要となる。

$$（600万円 - 500万円 - 50万円）\times \frac{1}{2} = 25万円 > 20万円 \quad \therefore \quad 確定申告必要$$

問16 解答：1

1）**不適切**。金地金は、購入時に消費税が課されるが、換金時には売却価格に消費税が上乗せされた金額を受け取ることになる。なお、金地金の売買が事業に該当しない限り、消費税の納税義務者にはならない。

2）**適切**。証券会社の純金積立は、月々の積立金額を決定し、その金額を日割りした範囲内で毎営業日に購入する仕組みが一般的となっている。

3）**適切**。金地金は生活に通常必要でない資産であるため、売却による譲渡損失は損益通算の対象外である。

4）**適切**。給与所得者が金地金を売却したことによる譲渡所得は、譲渡日における所有期間に応じ、長期（5年超）・短期（5年以下）を区別する総合課税の対象となる。

問17 解答：2

1）**不適切**。個人向け国債の利子は、支払時に20.315％が源泉徴収され、申告分離課税の対象とされている。

なお、個人向け国債は特定公社債に該当するため、申告分離課税を選択した場合、上場株式等の譲渡損失との損益通算、繰越控除の適用を受けることができる。

2）**適切**。個人向け国債の換金金額は、額面金額に経過利子相当額を加えた金額から中途換金調整額を差し引いた金額である。なお、換金手数料は差し引かれない。

3）**不適切**。「固定金利型 3 年満期」「固定金利型 5 年満期」「変動金利型10年満期」のいずれも、毎月発行されている。

4）**不適切**。変動金利型の個人向け国債の各利払期における適用利率（年率）は、基準金利に0.66を掛けた値である。なお、「固定金利型 3 年満期」の適用利率（年率）は基準金利から0.03％を差し引いた値であり、「固定金利型 5 年満期」の適用利率（年率）は基準金利から0.05％を差し引いた値である。

問18 解答：**3**

収益分配金を受け取る都度、個別元本が修正されるか確認する。

・2021年 3 月期

分配落後基準価額13,500円≧個別元本13,000円 　　∴　個別元本の修正なし

・2022年 3 月期

分配落後基準価額12,500円＜個別元本13,000円

かつ

個別元本13,000円≦決算時基準価額13,500円（＝1,000円＋12,500円）

したがって、個別元本と分配落後基準価額との差額500円（13,000円－12,500円）が元本払戻金であるため、元本払戻金の額だけ個別元本が減額修正される。

個別元本：13,000円－500円＝12,500円

・2023年 3 月期

分配落後基準価額12,000円＜個別元本12,500円

かつ

個別元本12,500円≦決算時基準価額12,800円（＝800円＋12,000円）

したがって、個別元本と分配落後基準価額との差額500円（12,500円－12,000円）が元本払戻金であり、残額300円（800円－500円）は普通分配金である。

源泉徴収税額：300円×20.315％＝60.945円 → 60円（円未満切捨て）

手取金額：800円－60円＝<u>740円</u>

問19 解答：**3**

1）**適切**。株式累積投資（るいとう）は、毎月、特定の銘柄を一定金額ずつ積み立てて買い付けることができる制度である。ドルコスト平均法の効果を得ることができる。

2）**適切**。単元株数に達していなくても、配当金は株式の持分に応じて配分される。ただし、自動的に翌月の買付代金に充当されるため、現金で受け取ることはできない。なお、当該株式が単元株数に達するまでは、株式の名義人は取扱会社の株式累積投資口名義となる。

3）**不適切**。株式ミニ投資は、一般に、株式を、単元株数の<u>10分の 1</u>の整数倍で、かつ、単元株数に満たない株数で買い付けることができる投資方法である。

4）**適切**。約定価格は、各証券会社の注文受付終了後の最初に可能となる取引日の始値となるため、指値による注文はできず、成行による注文となる。

181

問20 解答：**4**

1）**適切**。統計的に株価は約68.3％の確率で「移動平均線±1σ」、約95.4％の確率で「移動平均線±2σ」、約99.7％の確率で「移動平均線±3σ」の範囲内に収まるとされる。

2）**適切**。短期の移動平均線が長期の移動平均線を上から下に抜けて交差することをデッドクロス、下から上に抜けて交差することをゴールデンクロスといい、前者は株価が下落傾向、後者は上昇傾向にあると判断する。

3）**適切**。一般的にサイコロジカルラインが75％以上で売り、25％以下で買いと判断される。

4）**不適切**。ストキャスティクスは％K、％D、スロー％Dなどが、20〜30％が**安値**、70〜80％が**高値**と判断する。

問21 解答：**4**

1）**不適切**。キャップとは変動金利の上限のことをいう。また、キャップ取引とは、原資産である金利があらかじめ設定した金利を上回った場合に、その差額を受け取ることができる取引である。資金調達者の金利上昇リスクのヘッジに利用される。

2）**不適切**。ITM（イン・ザ・マネー）は、権利行使すると利益が出る状態のことをいう。したがって、次の状態である。

　　コール・オプションの場合　原資産価格＞権利行使価格

　　プット・オプションの場合　原資産価格＜権利行使価格

3）**不適切**。バリア条件は買い手に不利であるため、他の条件が同一でバリア条件のないオプションと比較すると、バリア・オプションはオプション料が低い。

4）**適切**。カラーとは、キャップとフロアの売買を組み合わせた取引である。カラーの買いは、キャップの買いとフロアの売りの組合せであり、カラーの売りは、キャップの売りとフロアの買いの組合せである。

問22 解答：**2**

相関係数は次の算式で求める。

$$\frac{\text{A資産とB資産の共分散}}{\text{A資産の標準偏差×B資産の標準偏差}}$$

$$=\frac{-60.50}{5.68 \times 13.38} = -0.796\cdots \;\rightarrow\; \underline{-0.80}$$

問23 解答：**1**

1）**不適切**。所得控除額は、まず総所得金額から控除するが、上場株式を譲渡したことによる譲渡所得以外の所得がない場合、当該株式に係る譲渡所得の金額から所得控除額を控除することになる。

2）**適切**。上場株式に係る譲渡損失の金額は、上場株式に係る譲渡所得の金額から控除することができる。非上場株式に係る譲渡所得の金額から控除できるのは、非上場株式に係る譲渡損失の金額である。

3）**適切**。国内に住所および居所を有しないこと（国外転出）となる一定の居住者が、時価1億円以上の有価証券等（対象資産）を所有等している場合には、その対象資産の含み益に所得税および復興特別所得税が課税される。これを国外転出時課税制度という。

4）**適切**。取得価額は、株式を取得したときに支払った払込代金や購入代金であり、売買委託手数料のほか購入時の名義書換料等の費用も含まれる。売買委託手数料には消費税および地方消費税を含める。

問24 解答：**4**

1）**不適切**。指定紛争解決機関は、金融商品・サービスに関する紛争解決手続の業務だけでなく、紛争に至らない苦情処理手続の業務も担うこととされている。

2）**不適切**。顧客が指定紛争解決機関に申し立てて紛争解決手続が開始された場合、当事者である金融機関は、原則として、その手続に応諾し、資料等を提出する義務がある。

3）**不適切**。指定紛争解決機関による紛争解決手続の内容は、原則として非公開である。

4）**適切**。金融ADRとは、金融機関と利用者とのトラブル（紛争）を、業界ごとに設立された金融ADR機関において、公正・中立な専門家（弁護士などの紛争解決委員）が和解案を提示するなどして、裁判以外の方法で解決を図る制度であり、指定紛争解決機関には、全国銀行協会、信託協会、生命保険協会、日本損害保険協会、証券・金融商品あっせん相談センター（FINMAC）、保険オンブズマン、日本貸金業協会などがある。

問25 解答：**1**

(a) **不適切**。原則として、その年分の法定申告期限から5年以内に限り、更正の請求書を提出して税金の還付を受けることができる。

(b) **不適切**。総合長期譲渡所得の金額に2分の1を乗じた金額が20万円以下であるときは、原則として、確定申告書を提出する必要はない。

(c) **適切**。なお、税務調査を受ける前に自主的に修正申告をした場合などは、過少申告加算税は加算されない場合がある。

したがって、適切なものは1つである。

問26 解答：**1**

1）**不適切**。「給与所得者の特定支出の控除の特例」の適用を受けるためには、その年中の給与等の収入金額の多寡にかかわらず、勤務先の年末調整で適用を受けることはできず、確定申告を行う必要がある。

2）**適切**。「給与所得者の特定支出の控除の特例」の対象となる金額は、特定支出の額の合計額のうち、給与所得控除額の2分の1を超えた額である。

3）**適切**。2020年分以降、給与等の収入金額が850万円を超えると、給与所得控除額は一律195万円となっている。

4）**適切**。自家用車や自転車で通勤している給与所得者が支給を受ける通勤手当は、片道の通勤距離に応じた一定の金額まで非課税となっている。

問27 解答：**3**

1）**適切**。生命保険料控除の対象となる生命保険契約等とは、一定の生命保険契約等で、その保険金等の受取人のすべてをその保険料の払込みをする者またはその配偶者その他の親族とするものをいう。したがって、納税者が保険料を支払った生命保険契約において、契約者および保険金受取人が配偶者である場合、納税者の生命保険料控除の対象となる。

2）**適切**。納税者が生計を一にする配偶者に係る確定拠出年金の個人型年金の掛金を支払った場合、納税者の小規模企業共済等掛金控除の対象とすることはできない。小規模企業共済等掛金控除は、本人のみ控除の対象とすることができる。

3）**不適切**。納税者が生計を一にする親族に係る社会保険料を支払った場合、親族の合計所得金額にかかわらず、その支払った社会保険料の全額が納税者の社会保険料控除の対象となる。

4）**適切**。医療費控除には、親族の所得要件はない。

問28 解答：**3**

① 課税総所得金額等※

$$\underset{\text{配当所得}}{\underline{300万円}} + \underset{\text{事業所得}}{\underline{1,010万円}} - \underset{\text{所得控除}}{\underline{250万円}} = 1,060万円$$

　　※　課税総所得金額等は所得控除後の金額である。

② 課税総所得金額等1,000万円超の部分

60万円※ × 5 ％ = 3 万円

　　※　1,060万円 − 1,000万円 = 60万円

③ 課税総所得金額等1,000万円以下の部分

(300万円 − 60万円) × 10% = 24万円

∴ ②+③ = <u>27万円</u>

問29 解答：**4**

(a) **不適切**。同族会社の使用人のうち、その法人の経営に従事している一定の者は、法人税法上、役員とみなされる。したがって、その者に対する給与は役員給与とみなされる。

(b) **不適切**。定期給与の額につき改定がされた場合には、改定後の各支給時期における支給額が同額であれば損金算入が認められる。4 月分から6 月分までの給与の増額分を7 月に一括支給する場合、7 月分の給与額と8 月分以降の給与額が同額にならないため、一括支給する増額分は損金算入できない。

(c) **不適切**。事前確定届出給与については、実際支給額があらかじめ届け出た支給額と異なる場合、その支給額全額が損金不算入となる。

したがって、適切なものはない。

問30 解答：**1**

1 ）**不適切**。取得価額が10万円未満の減価償却資産（貸付の用に供するもので一定のものを除く）を事業の用に供した場合、その使用可能期間の長短にかかわらず、取得価額の全額を損金経理により損金算入することができる。

2 ）**適切**。生産調整のために稼働を休止している機械装置でも、必要な維持補修が行われていつでも稼働し得る状態にあるときは、償却費の損金算入が可能である。

3 ）**適切**。減価償却資産の償却方法を変更する場合、原則として、新たに償却方法を採用しようとする事業年度開始の日の前日までに「減価償却資産の償却方法の変更承認申請書」を所轄税務署長に提出する必要がある。

4 ）**適切**。2020年 4 月 1 日から2024年 3 月31日までの間に取得した取得価額が30万円未満の減価償却資産（貸付の用に供するもので一定のものを除く）について、「中小企業者等の少額減価償却資産の取得価額の損金算入の特例」の適用を受けることができる法人は、中小企業者等で青色申告法人のうち、常時使用する従業員の数が500人以下の法人とされている。

問31 解答：**1**

貸倒引当金の繰入限度額は、個別評価金銭債権と一括評価金銭債権とに区分して計算することとされている。このうち、一括評価金銭債権は、原則として実績繰入率により計算するが、中小法人は実績繰入率に代えて法定繰入率を選択適用することができる。

・実績繰入率による繰入限度額の計算

　　一括評価金銭債権の帳簿価額の合計額×実績繰入率

$$= 1\,億5,000万円 \times \frac{8.6}{1,000} = 129万円$$

・法定繰入率による繰入限度額の計算

（一括評価金銭債権の帳簿価額の合計額－実質的に債権とみられない金額）×法定繰入率

$$= (1\,億5,000万円 - 1,200万円) \times \frac{10}{1,000} = 138万円$$

・判定

129万円＜138万円　　∴　138万円

・損金の額に算入されない貸倒引当金の繰入限度超過額

400万円－138万円＝262万円

問32 解答：**3**

(a) **不適切**。現状では、以下のとおり。

$$変動費率 = \frac{変動費}{売上高} = \frac{1\,億2,000万円}{4\,億円} = 0.3 \quad 限界利益率 = 1 - 変動費率 = 0.7$$

$$損益分岐点売上高 = \frac{固定費}{限界利益率} = \frac{7,000万円}{0.7} = 1\,億円$$

固定費を1,400万円削減した場合は、以下のとおり。

$$損益分岐点売上高 = \frac{7,000万円 - 1,400万円}{0.7} = 8,000万円$$

したがって、損益分岐点売上高は2,000万円（1億円－8,000万円）低下する。なお、低下する2,000万円は、次のように求めることもできる。

$$損益分岐点売上高の低下額 = \frac{固定費削減額}{限界利益率} = \frac{1,400万円}{0.7} = 2,000万円$$

(b) **不適切**。現状では、以下のとおり。

$$変動費率 = \frac{1\,億6,000万円}{4\,億円} = 0.4 \quad 限界利益率 = 1 - 0.4 = 0.6$$

$$損益分岐点売上高 = \frac{固定費}{限界利益率} = \frac{5,700万円}{0.6} = 9,500万円$$

変動費率が10ポイント上昇した場合は、以下のとおり。

変動費率＝0.4＋0.1＝0.5　限界利益率＝1－0.5＝0.5

$$損益分岐点売上高 = \frac{5,700万円}{0.5} = 1\,億1,400万円$$

したがって、損益分岐点売上高は1,900万円（1億1,400万円－9,500万円）上昇する。

(c) **不適切**。限界利益率は(b)と同様0.6である。

$$目標利益を達成する売上高 = \frac{固定費 + 目標利益}{限界利益率}$$

$$= \frac{6,100万円 + 2\,億円}{0.6} = 4\,億3,500万円$$

以上より、不適切なものは3つである。

問33 解答：**2**

1）**適切**。青色申告特別控除は、個人事業税における所得の金額の計算上適用されない。

2）**不適切**。個人事業税では、青色申告者の場合、最長3年間の損失の繰越控除の制度があるが、繰戻還付の制度はない。

3）**適切**。個人事業税は、法定業種（第1種～第3種）の事業を行っている個人に課税される。第3種事業のうち、コンサルタント業、弁護士業、税理士業などは5％、あんま、はり、きゅうなどの事業は3％である。なお、第1種事業に係る個人事業税の標準税率は5％、第2種事業は4％である。

4）**適切**。不動産の貸付は、一定の基準を満たした場合、個人事業税が課税される。一戸建て住宅以外の住宅の貸付では、10室未満の場合、原則として個人事業税は課されない。

問34 解答：**2**

1）**適切**。不動産の対抗要件は登記であるため、先に当該不動産を購入した買主であっても、当該売買の事実を知らない第三者（善意の買主）が先に所有権移転登記をした場合、当該不動産の所有権の取得を対抗することができない。

2）**不適切**。不動産登記法では、登記上の地目や地積に変更があった場合には、表題部所有者または所有権の登記名義人がその変更があった日から1カ月以内に、当該地目または地積に関する変更の登記を申請しなければならないとされている。

3）**適切**。登記識別情報とは、登記済証に代えて発行されるアラビア数字その他の符号の組合せからなる12桁の符号をいう。不動産および登記名義人となった申請人ごとに定められ、登記名義人となった申請人のみに通知されるため、本人確認書類として用いられる。

4）**適切**。登記事項要約書は、現在の権利のみが記載されているものであるが、登記官による認証文や職印は付されていない。

問35 解答：**4**

1）**不適切**。売買契約を締結し、売主が目的物を引き渡した場合、その目的物が当事者双方の責めに帰することができない事由によって滅失したときは、買主は、その滅失を理由として、代金の支払いを拒むことができない。なお、買主は、履行の追完請求、代金減額請求、損害賠償請求および契約解除をすることができない。

2）**不適切**。売主が債務を履行しない場合、買主が相当の期間を定めてその履行の催告をし、その期間内に履行がないときは、その期間を経過した時における債務の不履行により、その契約および取引上の社会通念に照らして軽微であるときを除き、買主は、その売買契約を解除することができる。

3）**不適切**。売買契約の不適合が買主の責めに帰すべき事由によるものである場合、買主は目的物の修補等による履行の追完を請求することができない。

4）**適切**。売主が目的物を引き渡す前に当事者双方の責めに帰することができない事由によって目的物が滅失したときは、買主は売主からの代金請求を拒絶することができる。なお、買主は売主からの代金請求を確定的に消滅させるため、契約の解除をすることができる。

問36 解答：**2**

(a) **適切**。高度利用地区は、準都市計画区域内に定めることができない。

(b) **不適切**。住居の環境を保護するために定める地域は8である。したがって、商業その他の業務の利便を増進するために定める2地域、工業の利便を増進するために定める3地域を合わせると合計13地域となる。

(c) **不適切**。防火地域および準防火地域は都市計画で指定されるものであり、用途地域内に必ず定めるべきものではない。

　　したがって、不適切なものは2つである。

問37 解答：**3**

1）**適切**。用途地域が商業地域の場合は、指定建蔽率が80％となる。指定建蔽率が80％の地域でかつ防火地域内に耐火建築物等を建てる場合は、建蔽率の制限はなくなる（建蔽率100％となる）。

2）**適切**。アパート・マンション等の共同住宅の場合、共用廊下や階段部分の床面積は、容積率の計算の基礎となる延べ面積に算入しない（容積率の不算入措置）。

3）**不適切**。容積率は、前面道路の幅が12m未満の場合に、用途地域によって制限される。なお、住居系用途地域の場合は、「前面道路幅×4/10」、その他の用途地域の場合は、「前面道路幅×6/10」で計算し、指定容積率と比較して小さいほうの数値を容積率の上限とする。

4）**適切**。建築物の地階で天井が地盤面からの高さ1m以下にあるものの住宅部分の床面積は、原則として、当該建築物の住宅部分の床面積の合計の3分の1までは、容積率を計算する際の延べ面積に算入されない。

問38 解答：**1**

1）**適切**。共用部分の持分割合は、各共有者が有する専有部分の水平投影面積（内法面積）による床面積の割合で決まる。

2）**不適切**。区分所有者は、規約で別段の定めがない限り、専有部分とその専有部分に係る敷地利用権とを分離して処分できない。

3）**不適切**。大規模滅失の復旧を行うためには、区分所有者および議決権の各4分の3以上の多数による決議が必要である。

4）**不適切**。占有者は、建物、敷地または付属施設の使用方法につき、区分所有者が規約または集会の決議に基づいて負う義務と同一の義務を負うことになるが、集会の決議に関する議決権はない。

問39 解答：**3**

1）**適切**。共有している財産を譲渡した場合、譲渡対価が1億円以下であることの判定は、各共有者の譲渡対価で行う。したがって、夫の持分に係る譲渡対価が8,000万円で、妻の持分に係る譲渡対価が4,000万円であり、いずれも1億円以下という要件を満たすため、本特例の適用を受けることができる。

2）**適切**。一旦、適法に特例の適用を受けた場合、その適用を撤回することはできない。したがって、本特例の適用を撤回し、異なる特例に切り替えることはできない。

3）**不適切**。居住の用に供している家屋とその敷地を譲渡した場合、家屋および敷地のいずれも、譲渡した年の1月1日において所有期間が10年超であるときに、本特例の適用を受けることができる。

4）**適切**。同一の場所で建て替えた場合、旧家屋の居住期間と新家屋の居住期間を通算することができる。したがって、建替え後の居住期間が10年未満であっても、旧家屋の居住期間を通算することで10年以上となるため、本特例の適用を受けることができる。

問40 解答：**4**

　　土地建物を同時に交換する場合でも、土地と土地、建物と建物の交換として、要件を判定する。問題文には「交換資産の価額以外の要件等はすべて満たしている」とあるため、本設問では、交換時の譲渡資産の時価と取得資産の時価との差額が、高いほうの時価の20％以内であるか判定すればよい。

建物については、時価の差額が300万円であり、高いほうの時価（1,900万円）の20％相当額以内であるため、本特例の適用を受けることができる。

土地については、時価の差額が300万円であり、高いほうの時価（3,400万円）の20％相当額以内であるため、本特例の適用を受けることができる。

したがって、選択肢4が正しい。

問41 解答：2

1）**適切**。収益還元法のうちDCF（＝Discounted Cash Flow）法は、連続する複数の期間に発生する純収益と復帰価格（将来の転売価格）を、その発生時期に応じて現在価値に割り引き、それぞれを合計することで対象不動産の収益価格を求める方法である。

2）**不適切**。NPV法（正味現在価値法）は、資産が生み出す将来の収益の現在価値の合計から、初期投資額を差し引いて、投資の適否を判定する方法である。本問のように、対象不動産に対する投資額が現在価値に換算した対象不動産の収益価格を上回っているということは、投資額の方が収益より大きいので、その投資は不利だと判定することになる。

3）**適切**。IRR法（内部収益率法）は、不動産投資の内部収益率と投資家の期待する収益率（期待収益率）を比較し、投資の適否を判定する方法である。内部収益率が期待収益率を上回ると、その投資は有利だと判定することになる。

4）**適切**。NOI（＝Net Operating Income）利回りは不動産投資の採算性の評価に用いられる純利回りのことであり、「年間純収益÷投資総額×100」で求められる。

問42 解答：3

1）**適切**。民法上、死因贈与契約には遺贈の規定が準用されるため、原則として、当事者は死因贈与契約を撤回することができる。

2）**適切**。民法上、死因贈与契約には遺贈の規定が準用されるが、契約であるため贈与者および受贈者の意思の合致が必要である。なお、死因贈与契約の効力は贈与者の死亡によって発生する。

3）**不適切**。負担付贈与契約により土地建物等の贈与を受けた者は、贈与税額の計算上、原則として、当該土地建物等の<u>通常の取引価額に相当する金額</u>から負担額を控除した金額を贈与により取得したものとされる。

4）**適切**。負担付贈与契約の負担から利益を受ける者は、贈与者に限らない。例えば、「BがCを扶養することを条件に、AがBに不動産を贈与する」という内容でもよい。

問43 解答：3

1）**不適切**。信託受益権等を贈与により取得をした日の属する年の前年分の受贈者の合計所得金額が1,000万円を超えている場合には、本特例は適用を受けることができない。

2）**不適切**。本特例の適用対象となる受贈者は教育資金管理契約を締結する日において30歳未満である者である。18歳以上という要件はない。

3）**適切**。管理残額が相続税の課税対象となる場合において、受贈者が相続人ではない孫であるときは、相続税額の2割加算の対象となる。

4）**不適切**。本特例の非課税限度額は受贈者一人につき1,500万円で、そのうち、学校以外に支払う金額については、500万円まで非課税となる。別枠で非課税となるわけではない。

問44 解答：**3**

1）**不適切**。贈与税の申告書の提出先は、受贈者の住所または居所の所在地を管轄する税務署長である。

2）**不適切**。贈与税の申告書の提出期限は、贈与があった年の翌年2月1日から3月15日までである。

3）**適切**。なお、この場合の申告書の提出先は、死亡した者の納税地の所轄税務署長である。

4）**不適切**。受贈者が相続または遺贈により財産を取得した場合は、相続開始年分の贈与も生前贈与加算の適用を受けて相続税の課税対象となるため贈与税の申告は不要である。しかし、受贈者が相続または遺贈により財産を取得しない場合は、生前贈与加算の適用がないため贈与税の申告が必要である。

問45 解答：**3**

1）**不適切**。成年被後見人の資産（不動産、預貯金、現金、株式、保険金など）、収入（給与、年金など）、負債などを調査し、年間の支出予定も立てたうえ、財産目録および年間収支予定表を作成して、選任から1カ月以内に家庭裁判所に提出しなければならない。

2）**不適切**。成年後見人が、成年被後見人の代わりに、成年被後見人の居住用不動産の売却や賃貸等をする場合、家庭裁判所の許可を得なければならない。

3）**適切**。本人以外が後見等の開始の申立てをする場合、後見・保佐については本人の同意が不要であるが、補助については本人の同意が必要である。

4）**不適切**。任意後見契約は、任意後見監督人の選任前であれば、本人または任意後見受任者が、いつでも公証人の認証を受けた書面によってその契約を解除することができる。

問46 解答：**4**

1）**不適切**。普通養子は、養親に対する相続権を有するとともに、実親との親族関係も継続するため、実親に対する相続権も有する。

2）**不適切**。養子の子が、被相続人と養子との養子縁組前に出生していた場合には、養子の子は代襲相続人とならない。

3）**不適切**。年上の者や尊属に該当する者を養子とすることはできない。

4）**適切**。未成年者を養子とする場合は家庭裁判所の許可が必要であるが、その未成年者が自己または配偶者の直系卑属である場合は、家庭裁判所の許可は不要である。

問47 解答：**1**

1）**適切**。異父姉Eさんは、母を同じくする半血兄弟姉妹で、その相続分は全血兄弟姉妹の2分の1となる。したがって、異父姉Eさんの法定相続分は20分の1である。

2）**不適切**。法定相続人は、妻Bさん、妹Cさん、異父姉Eさん、姪Gさんおよび姪Hさんの5人である。遺産に係る基礎控除額は、3,000万円+600万円×5人=6,000万円である。

3）**不適切**。相続税額の2割加算の対象となる者は、妹Cさん、異父姉Eさん、甥Fさん、姪Gさんおよび姪Hさんである。

4）**不適切**。姪Hさんは法定相続人であるため、18歳未満であれば未成年者控除の適用を受けることができる。

問48 解答：**1**

1）**不適切**。不動産等の価額が占める割合が50%未満で、延納税額が50万円未満である場合、原則として、延納期間は延納税額を10万円で除して得た数に相当する年数（1年未満の端数は1年に切上げ）を超えることができない。

25万円÷10万円＝2.5年 → 3年　　∴　最長3年である

2）**適切**。相続税の物納は、延納でも納付できない場合に利用できる方法である。延納と物納を任意に選択することはできない。

3）**適切**。延納の許可を受けた者が、資力の状況等により延納による納付が困難となった場合には、相続税の申告期限から10年以内に限り、延納税額からその納期限の到来した分納税額を控除した残額を限度として、物納を選択することができる。これを特定物納という。特定物納に係る財産の収納価額は、特定物納申請時の価額となる。

4）**適切**。物納に充てることができる財産には、次のように申請順位がある。

第1順位	・国債および地方債、不動産および船舶 ・社債、株式、証券投資信託・貸付信託の受益証券のうち上場されているもの ・投資証券等のうち上場されているもの
第2順位	社債、株式、証券投資信託・貸付信託の受益証券（第1順位に該当するものを除く）
第3順位	動産

問49 解答：**4**

上場株式は、次に掲げる価額のうち、最も低い価額により評価する。

① 課税時期の最終価格
② 課税時期の月の毎日の最終価格の平均額
③ 課税時期の月の前月の毎日の最終価格の平均額
④ 課税時期の月の前々月の毎日の最終価格の平均額

X社株式は、①6,000円、②6,150円、③6,300円、④5,700円となっているため、④5,700円を選択する。したがって、X社株式（2,000株）の相続税評価額は、次のとおりである。

5,700円×2,000株＝<u>1,140万円</u>

問50 解答：**1**

1）**適切**。有償で自己株式を取得するときは財源規制があり、株主に対して交付する金銭等の帳簿価額の総額は、取得の効力が生ずる日における分配可能額を超えてはならないと定められている。

2）**不適切**。会社が特定の株主から自己株式を有償で取得する場合、株主総会の特別決議が必要となるが、株主総会は、定時株主総会ではなく臨時株主総会でもさしつかえない。

3）**不適切**。会社が自己株式を消却した場合、発行済株式総数は減少するが資本金は減少しない。なお、発行済株式総数の減少については、効力発生日から2週間以内に発行済株式総数の変更登記をする必要がある。

4）**不適切**。会社が合併や会社分割などの組織再編を行う場合、所定の手続により、新たな株式の発行に代えて、既に保有する自己株式を交付することもできる。

第3予想・応用編

解答一覧・苦手論点チェックシート

※ 間違えた問題に✓を記入しましょう。

大問	問題	科目	論点	正解	難易度	配点	あなたの苦手※ 1回目	あなたの苦手※ 2回目
第1問	51	年金・社保	雇用保険の失業給付	①賃金 ②80 ③3 ④再就職手当 ⑤75 ⑥15 ⑦100 ⑧高年齢再就職	B	各1		
	52		公的介護保険	①18 ②特定疾病 ③30 ④220	B	各1		
	53		老齢年金	①719,465(円) ②1,474,534(円)	C	各4		
第2問	54	金融	財務分析	Ⅰ①2023年3月期の自己資本当期純利益率は3.83%である。 Ⅱ②2023年3月期の純資産配当率は2.00%である。	B	各4		
	55		インタレスト・カバレッジ・レシオ、限界利益率	①25.05(倍) ②21.25(%)	A	各3		
	56		ポートフォリオ	①6.90(%) ②7.42(%)	B	各3		
第3問	57	タックス	別表四	①5,300,000 ②3,000,000 ③10,200,000 ④3,000,000 ⑤490,080 ⑥22,000,000	B	各2		
	58		税額計算	3,657,900(円)	B	2		
	59		法人税額の特別控除	Ⅰ③情報技術事業適応設備等の取得価額の3%が税額控除限度額となる Ⅱ③税額控除額が控除対象雇用者給与等支給増加額の40%相当額となる	B	各3		
第4問	60	不動産	建築基準法、特定の事業用資産の買換えの特例	①低層住居専用 ②10 ③道路 ④1.25 ⑤10 ⑥300	A	各1		
	61		建蔽率・容積率	①400(㎡) ②2,160(㎡)	B	各4		
	62		譲渡所得の特例	①11,000,000(円) ②1,684,600(円) ③550,000(円)	B	各2		
第5問	63	相続	類似業種比準価額	1,511(円)	A	6		
	64		純資産価額・併用方式	①2,921(円) ②1,652(円)	A	各3		
	65		遺言・遺留分	①2人 ②法務局 ③検認 ④兄弟姉妹 ⑤遺留分侵害額請求権 ⑥2,500 ⑦10 ⑧特別受益	B	各1		

難易度　A…基本　B…やや難　C…難問

科目別の成績		
年金・社保	金融	タックス
1回目 　　/20	1回目 　　/20	1回目 　　/20
2回目 　　/20	2回目 　　/20	2回目 　　/20

不動産	相続
1回目 　　/20	1回目 　　/20
2回目 　　/20	2回目 　　/20

あなたの得点（基礎編）
1回目　/100

あなたの得点（応用編）
1回目　/100

合格点　120/200

合格への距離

あなたの得点（基礎編）
2回目　/100

あなたの得点（応用編）
2回目　/100

合格点　120/200

合格への距離

第3予想 応用編 ……… 解答・解説

【第1問】

問51 解答：①賃金（日額）　②80　③3（分の1）　④再就職手当　⑤75（%）　⑥15（%）　⑦100（日）　⑧高年齢再就職（給付金）

〈基本手当等〉

Ⅰ 「AさんがX社を定年退職し、再就職していない場合、所定の手続きにより、Aさんは、原則として、退職後の失業している日について雇用保険の基本手当を受給することができます。

　　基本手当の日額は、原則として、被保険者期間として計算された最後の6カ月間に支払われた賃金（賞与等を除く）の総額を基に算出した（①**賃金**）日額に、当該（①**賃金**）日額に応じた給付率を乗じて得た額となります。なお、（①**賃金**）日額には、下限額および受給資格者の年齢区分に応じた上限額が設けられています。また、（①**賃金**）日額に応じた給付率は、受給資格に係る離職日において60歳以上65歳未満である受給資格者の場合、100分の45から100分の（②**80**）の範囲です。

　　なお、Aさんが基本手当の受給中に安定した職業に就き、その安定した職業に就いた日の前日における基本手当の支給残日数が所定給付日数の（③**3**）分の1以上ある場合、所定の要件を満たせば、Aさんは（④**再就職手当**）を受給することができます」

〈高年齢雇用継続給付〉

Ⅱ 「AさんがX社の再雇用制度を利用して60歳以後も雇用保険の一般被保険者として同社に勤務し、かつ、60歳以後の各月（支給対象月）に支払われた賃金額（みなし賃金額を含む）が60歳到達時の賃金月額の（⑤**75**）%相当額を下回る場合、所定の手続きにより、Aさんは、原則として、雇用保険の<u>高年齢雇用継続基本給付金</u>を受給することができます。

　　<u>高年齢雇用継続基本給付金</u>の額は、支給対象月ごとに、その月に支払われた賃金額の低下率に応じて一定の方法により算定されますが、最高で賃金額の（⑥**15**）%に相当する額となります。

　　他方、AさんがX社を定年退職し、基本手当の支給を受け、その所定給付日数を（⑦**100**）日以上残して安定した職業に就き、雇用保険の一般被保険者となった場合、所定の要件を満たせば、Aさんは、（⑧**高年齢再就職**）給付金を受給することができます。Aさんに対する（⑧**高年齢再就職**）給付金は1年間（その期間内に65歳に達した場合は65歳到達月まで）支給されますが、Aさんがその就職について（④**再就職手当**）の支給を受けたときは、（⑧**高年齢再就職**）給付金は支給されません」

〈解説〉

Ⅰ　基本手当日額は、賃金日額に給付率を乗じて算出する。この賃金日額は、被保険者期間として計算された最後の6カ月間に支払われた賃金総額を、180で除して算定する。賃金日額に乗じる給付率は50%〜80%であるが、受給資格に係る離職日において、60歳以上65歳未満である受給資格者は、45%〜80%である。なお、再就職手当は、基本手当の支給残日数が所定給付日数の3分の1以上ある受給資格者が、安定した職業に再就職した場合や、一定の条件を備えて独立開業した場合に支給される。

Ⅱ　60歳以上65歳未満で、被保険者であった期間が5年以上の者に対して、賃金が60歳到達時に比べて75%未満となる場合に、原則として、各月に支払われた賃金の一定割合の高年齢雇用継続給付が支給される。60歳時点より61%未満の賃金となった場合、最高で賃金月額の15%が支給される。再雇用制度を利用して60歳以後も雇用保険の一般被保険者としてX社に勤務する場合、Aさんが受給できるのは高年齢雇用継続

192

基本給付金である。また、基本手当を受給後に再就職したＡさんが受給できるのは、高年齢再就職給付金である。基本手当の支給残日数が100日以上の者は１年間、200日以上の者は２年間受給できる。

問52 解答：①18（万円） ②特定疾病 ③30（日） ④220（万円）

「介護保険の被保険者は、65歳以上の第１号被保険者と40歳以上65歳未満の医療保険加入者である第２号被保険者に分けられます。介護保険料は、第１号被保険者で公的年金制度から年額（**①18**）万円以上の年金を受給している者については、原則として公的年金から特別徴収され、第２号被保険者については、各医療保険者が医療保険料と合算して徴収します。

保険給付は、市町村（特別区を含む）から要介護認定または要支援認定を受けた被保険者に対して行われますが、第２号被保険者に係る保険給付は、脳血管疾患などの（**②特定疾病**）が原因で要介護状態または要支援状態となった場合に限られます。

要介護認定または要支援認定の申請に対する処分は、原則として申請のあった日から（**③30**）日以内に行われ、その処分に不服がある場合、被保険者は介護保険審査会に審査請求をすることができます。

介護保険の保険給付を受ける被保険者は、原則として、費用（食費、居住費等を除く）の１割を負担することになります。ただし、本人の合計所得金額が（**④220**）万円以上であり、かつ世帯の年金収入とその他の合計所得金額の合計額が340万円以上である単身世帯の第１号被保険者については、負担割合が３割となります」

〈解説〉

公的介護保険を利用して介護サービスを受けるには、保険者である市区町村に申請をして、要介護認定または要支援認定を受ける必要がある。その際、要介護度の審査・判定を行う機関は「介護認定審査会」である。

要介護認定または要支援認定の申請に対する処分は、原則として、申請のあった日から30日以内に行われ、その申請日にさかのぼって効力を生ずる。その処分に不服がある場合、原則として、処分があったことを知った日の翌日から３カ月以内に、被保険者は「介護保険審査会」に審査請求をすることができる。

所得区分に応じて負担割合が異なるのは第１号被保険者のみであり、第２号被保険者は、原則どおり、１割負担である。

問53 解答：①719,465円 ②1,474,534円

① 老齢基礎年金の年金額

$$777{,}800円 \times \frac{444月}{480月} = \underline{719{,}465円}$$

② 老齢厚生年金の年金額

・報酬比例部分の額

$$360{,}000円 \times \frac{7.125}{1{,}000} \times 192月 + 540{,}000円 \times \frac{5.481}{1{,}000} \times 312月 = 1{,}415{,}918.88円 \rightarrow 1{,}415{,}919円$$

・経過的加算額

$$1{,}621円 \times 480月 - 777{,}800円 \times \frac{444月}{480月} = 58{,}615円$$

・老齢厚生年金の年金額

$$1{,}415{,}919円 + 58{,}615円 = \underline{1{,}474{,}534円}$$

〈解説〉

① 保険料納付済期間には、第2号被保険者のうち20歳以上60歳未満の期間が含まれる。Aさんは、1984年4月から1987年3月までの大学生であった期間（36月）は国民年金に任意加入していないため、この期間を40年（480月）から差し引く。

480月 － 36月 ＝ 444月

② 経過的加算額の計算における被保険者期間の月数の上限は480月である。また、厚生年金保険の被保険者期間のうち、1961年4月以後で20歳以上60歳未満の期間の老齢基礎年金相当額を算出する際の被保険者期間については、①の月数と同じである。

Aさんは、厚生年金保険の被保険者期間が20年（240月）以上あり、生計維持関係にある妻Bさんがいるが、Aさんの65歳時にBさんは65歳以上であるため、配偶者の加給年金額は加算されない。

【第2問】

問54

	下線部の番号	適切な内容
Ⅰ	①	2023年3月期の自己資本当期純利益率は3.83%である。
Ⅱ	②	2023年3月期の純資産配当率は2.00%である。

Ⅰ ① 自己資本 ＝ 株主資本 ＋ その他の包括利益累計額
　　　　　 ＝ 2,445,000百万円 ＋ 63,000百万円 ＝ 2,508,000百万円

$$自己資本当期純利益率（\%）＝ \frac{当期純利益}{自己資本} \times 100$$

$$＝ \frac{96,000百万円}{2,508,000百万円} \times 100 ＝ 3.827\cdots → \underline{3.83\%}$$

② $$総資産経常利益率（\%）＝ \frac{経常利益}{総資産} \times 100$$

（2022年3月期）　$\frac{412,500百万円}{8,280,000百万円} \times 100 ＝ 4.981\cdots → 4.98\%$

（2023年3月期）　$\frac{411,000百万円}{8,250,000百万円} \times 100 ＝ 4.981\cdots → 4.98\%$

③ $$売上高経常利益率（\%）＝ \frac{経常利益}{売上高} \times 100$$

（2022年3月期）　$\frac{412,500百万円}{5,850,000百万円} \times 100 ＝ 7.051\cdots → 7.05\%$

（2023年3月期）　$\frac{411,000百万円}{6,000,000百万円} \times 100 ＝ 6.85\%$　∴　悪化している

$$総資産回転率（回）＝ \frac{売上高}{総資産}$$

（2022年3月期）　$\frac{5,850,000百万円}{8,280,000百万円} ＝ 0.706\cdots → 0.71回$

（2023年3月期）　$\frac{6,000,000百万円}{8,250,000百万円} ＝ 0.727\cdots → 0.73回$　∴　良化している

Ⅱ ① 配当性向（%）＝ $\dfrac{配当金総額}{当期純利益}\times100$

（2022年3月期）　$\dfrac{55,500百万円}{165,000百万円}\times100=33.636\cdots\to 33.64\%$

（2023年3月期）　$\dfrac{60,000百万円}{96,000百万円}\times100=62.50\%$

② 純資産配当率（%）＝ $\dfrac{配当金総額}{純資産}\times100$

（2022年3月期）　$\dfrac{55,500百万円}{3,150,000百万円}\times100=1.761\cdots\to 1.76\%$

（2023年3月期）　$\dfrac{60,000百万円}{3,000,000百万円}\times100=\underline{2.00\%}$

問55 解答：①**25.05（倍）** ②**21.25（%）**

① インタレスト・カバレッジ・レシオ

$\dfrac{465,000百万円＋9,900百万円＋13,500百万円}{19,500百万円}=25.046\cdots\to \underline{25.05倍}$

② 限界利益率

$\dfrac{1,275,000百万円}{6,000,000百万円}\times100=\underline{21.25\%}$

〈解説〉

① インタレスト・カバレッジ・レシオ（倍）＝ $\dfrac{事業利益^{※1}}{金融費用^{※2}}$

※1　事業利益＝営業利益＋受取利息および受取配当＋有価証券利息

※2　金融費用＝支払利息および割引料＋社債利息

② 限界利益率（貢献利益率）（%）＝ $\dfrac{限界利益}{売上高}\times100$

$=\dfrac{売上高－変動費}{売上高}\times100$

$=\dfrac{売上総利益}{売上高}\times100$

※　変動費が売上原価に等しいので、以下のようになる。

　　限界利益＝売上高－売上原価＝売上総利益

問56 解答：①**6.90（%）** ②**7.42（%）**

① ポートフォリオの期待収益率

・Yファンドの期待収益率

20%×0.4＋10%×0.4＋（－15%）×0.2＝9%

・Zファンドの期待収益率

（－5%）×0.4＋5%×0.4＋10%×0.2＝2%

・ポートフォリオの期待収益率

$9\% \times 0.7 + 2\% \times 0.3 = \underline{6.90\%}$

② ポートフォリオの標準偏差
　・シナリオ1の期待収益率
　　$20\% \times 0.7 + (-5\%) \times 0.3 = 12.5\%$
　・シナリオ2の期待収益率
　　$10\% \times 0.7 + 5\% \times 0.3 = 8.5\%$
　・シナリオ3の期待収益率
　　$(-15\%) \times 0.7 + 10\% \times 0.3 = -7.5\%$
　・ポートフォリオの標準偏差
　　$\sqrt{(12.5\% - 6.9\%)^2 \times 0.4 + (8.5\% - 6.9\%)^2 \times 0.4 + (-7.5\% - 6.9\%)^2 \times 0.2}$
　　$= 7.418\cdots \rightarrow \underline{7.42\%}$

〈解説〉
① ポートフォリオの期待収益率は、シナリオに基づく生起確率でウエイトづけした予想収益率の総和である。したがって、以下の計算方法でもよい。
　・シナリオ1の期待収益率
　　$20\% \times 0.7 + (-5\%) \times 0.3 = 12.5\%$
　・シナリオ2の期待収益率
　　$10\% \times 0.7 + 5\% \times 0.3 = 8.5\%$
　・シナリオ3の期待収益率
　　$(-15\%) \times 0.7 + 10\% \times 0.3 = -7.5\%$
　・ポートフォリオの期待収益率
　　$12.5\% \times 0.4 + 8.5\% \times 0.4 + (-7.5\%) \times 0.2 = \underline{6.90\%}$
② 標準偏差と分散との関係は、以下のとおり。
　　標準偏差 $= \sqrt{分散}$
　　分散とは、実現性のある各予想収益率から期待収益率を差し引き、その差（偏差）を2乗して生起確率を乗じ、それらすべての値を合計した値である。

【第3問】

問57 解答：①**5,300,000** ②**3,000,000** ③**10,200,000** ④**3,000,000** ⑤**490,080**
⑥**22,000,000**

〈略式別表四（所得の金額の計算に関する明細書)〉　　　　　　　　　（単位：円)

区　　分		総　　額
当期利益の額		1,109,920
加	損金経理をした納税充当金	① 5,300,000)
	役員給与の損金不算入額	② 3,000,000)
	交際費等の損金不算入額	③ 10,200,000)
算	生命保険料の損金不算入額	④ 3,000,000)
	小　　計	21,500,000
減	納税充当金から支出した事業税等の金額	1,100,000
算	小　　計	1,100,000
仮　　計		21,509,920
法人税額から控除される所得税額（注)	⑤ 490,080)
合　　計		22,000,000
欠損金又は災害損失金等の当期控除額		0
所得金額又は欠損金額		⑥ 22,000,000)

（注）法人税額から控除される復興特別所得税額を含む。

・損金経理をした納税充当金

　　見積納税額（未払法人税等の当期末残高）5,300,000円（空欄①）は、損益計算書上、費用とされているが、法人税では損金算入できないため、「損金経理をした納税充当金」として加算する。

・役員給与の損金不算入額

　　事業年度開始の日から3カ月を経過する日までの改定または臨時改定に該当しないため、増額改定後の役員給与（月額）と改定前の役員給与（月額）との差額が損金不算入額となる。

　　定期同額給与に該当しない額＝（1,800千円－1,200千円）×5カ月＝3,000,000円（空欄②）

・交際費等の損金不算入額

　　中小企業者等は、交際費等の額のうち、ⓐ8,000千円とⓑ接待飲食費×50％とのいずれか大きいほうまで損金の額に算入することができる。

　　損金算入限度額：8,000千円＜18,000千円×50％＝9,000千円　∴9,000千円

　　損金不算入額＝20,100千円－900千円－9,000千円＝10,200,000円（空欄③）

・生命保険料の損金不算入額

　　契約者（＝保険料負担者）がX社、被保険者が役員・従業員全員、死亡保険金受取人が被保険者の遺族、満期保険金受取人がX社であるため、損金の額に算入することができる保険料は、支払った保険料の2分の1の3,000千円である。

　　損金不算入額＝6,000千円－3,000千円＝3,000,000円（空欄④）

・法人税額から控除される所得税額（復興特別所得税額を含む）

　　預金の利子から源泉徴収された所得税額および復興特別所得税額490,080円は、当期の法人税額から控除することを選択するため加算する（空欄⑤）。

・所得金額又は欠損金額

所得金額＝1,109,920円（当期利益）＋21,500,000円（加算項目小計）

－1,100,000円（減算項目小計）＋490,080円（所得税額および復興特別所得税額）

＝22,000,000円（空欄⑥）

問58 解答：**3,657,900（円）**

8,000,000円×15％＋（22,000,000円－8,000,000円）×23.2％＝4,448,000円

4,448,000円－490,080円－300,000円＝3,657,920円 → 3,657,900円（百円未満切捨て）

問59

	下線部の番号	適切な内容
I	③	情報技術事業適応設備等の取得価額の3％が税額控除限度額となる。
II	③	税額控除額が控除対象雇用者給与等支給増加額の40％相当額となる。

【第4問】

問60 解答：①**低層住居専用** ②**10** ③**道路** ④**1.25** ⑤**10** ⑥**300**

I 建築基準法では、都市計画区域と準都市計画区域内において、用途地域等に応じて、建築物の高さの制限が定められている。

第一種（①**低層住居専用**）地域、第二種（①**低層住居専用**）地域または田園住居地域内における建築物の高さは、原則として、（②**10**）mまたは12mのうち都市計画で定められた限度を超えてはならないとされている。

また、甲土地が所在する近隣商業地域に建築する建築物に適用される高さの制限には、（③**道路**）斜線制限と隣地斜線制限がある。このうち、（③**道路**）斜線制限は、用途地域および容積率の限度の区分に応じて定められた一定の範囲内において、前面道路の反対側の境界線からの水平距離に対する高さの比率を定めたもので、その比率は、住居系の用途地域では原則として（④**1.25**）、その他の用途地域では1.5と定められている。

II 「特定の事業用資産の買換えの場合の譲渡所得の課税の特例」（以下、「本特例」という）は、個人が事業の用に供している特定の地域内にある土地建物等（譲渡資産）を譲渡して、一定期間内に特定の地域内にある土地建物等の特定の資産（買換資産）を取得し、その取得の日から1年以内に買換資産を事業の用に供したときは、所定の要件のもと、譲渡益の一部に対する課税を将来に繰り延べることができる特例である。

譲渡資産および買換資産がいずれも土地である場合、原則として、買い換えた土地のうち、譲渡した土地の面積の5倍を超える部分は買換資産に該当せず、本特例の対象とならない。また、長期保有資産の買換え（いわゆる4号買換え）の場合、譲渡した土地の所有期間が譲渡した日の属する年の1月1日において（⑤**10**）年を超えていなければならず、買い換えた土地の面積が（⑥**300**）㎡以上でなければならない。

〈解説〉

I 隣地斜線制限は、建築物を建築する際、隣地境界線との間に一定の空間を設けるようにしなければならないという規制である。ただし、立上りの高さが、住居系では20m、その他の用途地域では31mであるため、これより低い建築物については適用されない。なお、第一種・第二種低層住居専用地域および田園住居地域においては、建築物の高さの制限（10mまたは12m）があるため、隣地斜線制限は適用されない。

II 「特定の事業用資産の買換えの場合の譲渡所得の課税の特例」は、事業用資産を譲渡し、一定の資産を

取得した場合において、その取得した買換資産を取得の日から1年以内に事業の用に供したときに、原則として、買い換えた部分の80%相当額の収入に対する課税を将来に繰り延べることができる特例である。

問61 解答：①**400（㎡）** ②**2,160（㎡）**

〈解説〉

① 甲土地が準防火地域内にあり、耐火建築物を建築するため、建蔽率は10%緩和される。また、特定行政庁から指定された角地であるため、建蔽率はさらに10%緩和される。

建蔽率の上限となる建築面積 $500㎡ × (60\% + 10\% + 10\%) = \underline{400㎡}$

② 前面道路は広いほうの6mである。

・特定道路までの距離による容積率制限の緩和

$$\frac{(12m - 6m) × (70m - 56m)}{70m} = 1.2m$$

・容積率の決定

$$(6m + 1.2m) × \frac{6}{10} = 432\% < 500\%（指定容積率）\quad ∴ \quad 432\%$$

・甲土地における容積率の上限となる延べ面積

$500㎡ × 432\% = \underline{2,160㎡}$

※「特定行政庁が都道府県都市計画審議会の議を経て指定する区域ではない」ため、法定乗数は、$\frac{6}{10}$を使用する。

問62 解答：①**11,000,000（円）** ②**1,684,600（円）** ③**550,000（円）**

① 課税長期譲渡所得金額

$60,000,000円 - 60,000,000円 × 80\% = 12,000,000円$

$(60,000,000円 × 5\% + 2,000,000円) × \dfrac{12,000,000円}{60,000,000円} = 1,000,000円$

$12,000,000円 - 1,000,000円 = \underline{11,000,000円}$

② 所得税および復興特別所得税の合計額

$11,000,000円 × 15\% = 1,650,000円$

$1,650,000円 × 2.1\% = 34,650円$

$1,650,000円 + 34,650円 = 1,684,650円 → \underline{1,684,600円}$

③ 住民税額

$11,000,000円 × 5\% = \underline{550,000円}$

〈解説〉

・取得費不明のため、概算取得費とする。

・課税の繰延割合が80%の地域にあるため、譲渡収入金額の20%が課税対象となる。

・取得費および譲渡費用についても20%分が譲渡収入金額から控除できる。

・「特定の事業用資産の買換えの場合の譲渡所得の課税の特例」の適用を受けることができるため、譲渡年の1月1日時点で10年超となっている。したがって、税率は所得税15%、住民税5%となる。復興特別所得税は、所得税額の2.1%である。

【第5問】

問63 解答：**1,511（円）**

- 1株当たりの資本金等の額を50円とした場合の株数
  8,000万円÷50円＝160万株
- 1株当たりの年配当金額

$$\frac{(600万円-70万円+548万円)÷2}{160万株}=3.36\cdots \rightarrow 3.3円$$

- 1株当たりの年利益金額
  4,700万円＞（4,700万円＋4,500万円）÷2＝4,600万円
  4,600万円÷160万株＝28.75 → 28円
- 1株当たりの資本金等の額
  8,000万円÷160,000株＝500円
- 類似業種の株価は、「課税時期の属する月の平均株価」「課税時期の属する月の前月の平均株価」「課税時期の属する月の前々月の平均株価」「課税時期の前年の平均株価」「課税時期の属する月以前2年間の平均株価」の5つの中から最も低い金額を選択するので、247円となる。

$$247円×\frac{\dfrac{3.3円}{4.3円}+\dfrac{28円}{23円}+\dfrac{254円}{232円}}{3}×0.6×\frac{500円}{50円}$$

$$=247円×\frac{0.76+1.21+1.09}{3}×0.6×\frac{500円}{50円}$$

$$=247円×1.02×0.6×10$$

$$=151.1円×10=\underline{1,511円}$$

〈類似業種比準価額の算式〉

$$類似業種比準価額＝A×\frac{\dfrac{ⓑ}{B}+\dfrac{ⓒ}{C}+\dfrac{ⓓ}{D}}{3}×E×\frac{1株当たりの資本金等の額}{50円}$$

A＝類似業種の株価
B＝類似業種の1株（50円）当たりの年配当金額
C＝類似業種の1株（50円）当たりの年利益金額
D＝類似業種の1株（50円）当たりの簿価純資産価額
ⓑ＝評価会社の1株（50円）当たりの年配当金額
ⓒ＝評価会社の1株（50円）当たりの年利益金額
ⓓ＝評価会社の1株（50円）当たりの簿価純資産価額
E＝斟酌率（大会社0.7、中会社0.6、小会社0.5）
※類似業種の株価については、課税時期の属する月以前3カ月間の各月の類似業種の株価のうち最も低いものとする。ただし、納税義務者の選択により、類似業種の前年平均株価または課税時期の属する月以前2年間の平均株価によることができる。

問64 解答：①**2,921（円）** ②**1,652（円）**

① 純資産価額
- 相続税評価額による純資産 　105,000万円－54,700万円＝50,300万円

- 帳簿価額による純資産　　　　95,380万円 − 54,700万円 = 40,680万円
- 評価差額　　　　　　　　　　50,300万円 − 40,680万円 = 9,620万円
- 評価差額に対する法人税額等　9,620万円 × 37% = 3,559.4万円
- 純資産価額　　　　　　　　　50,300万円 − 3,559.4万円 = 46,740.6万円
- 純資産価額方式による株価　　46,740.6万円 ÷ 16万株 = 2,921.2… → <u>2,921円</u>

② 類似業種比準方式と純資産価額方式の併用方式による価額

　1,511円 × 0.9 + 2,921円 × (1 − 0.9) = <u>1,652円</u>

〈解説〉

純資産価額の算式は以下のとおり。

$$\frac{(A−B) − \{(A−B) − (C−D)\} × 37\%}{E}$$

A：課税時期における相続税評価額で計算した総資産価額
B：課税時期における相続税評価額で計算した負債額（引当金等除く）
C：課税時期における帳簿価額で計算した総資産価額
D：課税時期における帳簿価額で計算した負債額（引当金等除く）
E：課税時期における議決権総数

併用方式による評価額の算式は以下のとおり。

類似業種比準価額 × Lの割合 + 純資産価額 × (1 − Lの割合)

※Lの割合

中会社の大	0.90
中会社の中	0.75
中会社の小	0.60
小会社	0.50

問65 解答：①**2人**　②**法務局**　③**検認**　④**兄弟姉妹**　⑤**遺留分侵害額請求権**
　　　　⑥**2,500**　⑦**10**　⑧**特別受益**

〈遺言〉

Ⅰ　民法に定める遺言の方式には普通方式と特別方式があり、普通方式には自筆証書遺言、公正証書遺言、秘密証書遺言がある。このうち、公正証書遺言は、証人（①**2人**）以上の立会いのもと、遺言者が遺言の趣旨を公証人に口授し、公証人がこれを筆記して作成する。

　　自筆証書遺言は、遺言者が、その全文、日付および氏名を自書し、これに押印して作成する。ただし、財産目録を添付する場合には、その目録については、自書することを要しないとされている。自筆証書遺言書保管制度を利用した場合、遺言書は（②**法務局**）で保管され、また、遺言者に相続が開始した時には家庭裁判所による（③**検認**）が不要になる。

〈遺留分〉

Ⅱ　遺留分とは、遺言によっても奪うことのできない一定割合の相続分のことで（④**兄弟姉妹**）以外の相続人に認められている。遺留分権利者は自己の遺留分が侵害された場合、（⑤**遺留分侵害額請求権**）を行使することにより侵害額に相当する金銭の支払いを請求することができる。仮にAさんの相続において、遺留分を算定する基礎となる財産の価額が3億円であった場合、長女Dさんの遺留分の額は（⑥**2,500**）万

円である。

　遺留分を算定するための財産の価額は、被相続人が相続開始の時において有した財産の価額に生前に贈与した財産の価額を加えた額から債務の金額を控除した額とされる。相続人に対する生前贈与財産は、相続開始前（⑦**10**）年以内にされた贈与で、（⑧**特別受益**）に該当するものが遺留分を算定するための財産の価額に算入される。

〈解説〉

Ⅰ　公正証書遺言は、遺言者本人が、公証人と2人以上の証人の立会いのもと遺言の内容を口頭で告げ、それが遺言者の真意であることを確認した上で、遺言者および証人に読み聞かせ、または閲覧させて内容に間違いがないことを確認してもらって作成する。公正証書遺言の原本は公証役場で保管されるため、紛失などの心配もない。自筆証書遺言は、遺言者がその全文、日付および氏名を自書し、これに押印して作成する。ただし、財産目録についてはパソコンで作成したものを添付したり、銀行通帳のコピーや不動産登記事項証明書等を財産目録として添付することも認められる。この場合、財産目録の毎葉に署名押印をしなければならない。

　自筆証書遺言は、遺言者が自ら保管するほか自筆証書遺言書保管制度を利用して法務局で保管してもらうこともできる。この場合、相続開始時における家庭裁判所の検認が不要になる。

Ⅱ　遺留分とは、相続に際して法律上取得することが保障されている遺産の一定の割合のことをいい、遺留分権利者は兄弟姉妹以外の相続人である。遺留分の割合は、直系尊属のみが相続人の場合は3分の1、それ以外の場合は2分の1である。遺留分を侵害された遺留分権利者は、遺留分侵害額に相当する金銭の支払いを請求することができる。

2023年5月試験をあてる
TAC直前予想模試　FP技能士1級

2023年2月25日　初　版　第1刷発行

編 著 者	Ｔ Ａ Ｃ 株 式 会 社	
		(FP講座)
発 行 者	多 田 敏 男	
発 行 所	ＴＡＣ株式会社　出版事業部	
		(TAC出版)

〒101-8383
東京都千代田区神田三崎町3-2-18
電話 03(5276)9492(営業)
FAX 03(5276)9674
https://shuppan.tac-school.co.jp

組 版	株 式 会 社 グ ラ フ ト	
印 刷	株 式 会 社 ワコープラネット	
製 本	東 京 美 術 紙 工 協 業 組 合	

© TAC 2023　Printed in Japan

ISBN 978-4-300-10422-4
N.D.C. 338

本書は，「著作権法」によって，著作権等の権利が保護されている著作物です。本書の全部または一部につき，無断で転載，複写されると，著作権等の権利侵害となります。上記のような使い方をされる場合，および本書を使用して講義・セミナー等を実施する場合には，小社宛許諾を求めてください。

乱丁・落丁による交換，および正誤のお問合せ対応は，該当書籍の改訂版刊行月末日までといたします。なお，交換につきましては，書籍の在庫状況等により，お受けできない場合もございます。
また，各種本試験の実施の延期，中止を理由とした本書の返品はお受けいたしません。返金もいたしかねますので，あらかじめご了承くださいますようお願い申し上げます。

ファイナンシャル・プランナー

TAC FP講座案内

TACのきめ細かなサポートが合格へ導きます！

合格に重要なのは、どれだけ良い学習環境で学べるかということ。資格の学校TACではすべての受講生を合格に導くために、誰もが自分のライフスタイルに合わせて勉強ができる学習メディアやフォロー制度をご用意しています。

入門編から実務まで。FPならTACにお任せ！

同じFPでも資格のレベルはさまざま。入門編の3級から仕事に活用するのに必須の2級（AFP）、グローバルに活躍できるCFP®まで、試験内容も異なるので、めざすレベルに合わせて効率的なプログラム、学習方法で学ぶことが大切です。さらにTACでは、合格後の継続教育研修も開講していますので、入門資格から実践的な最新知識まで幅広く学習することができます。

3級
金融・経済アレルギーを解消！

「自分の年金のことがよく分からない」「投資に興味はあるんだけど、どうしたらいいの？」「ニュースに出てくる経済用語の意味を実は知らない…」「保険は入っているものの…」など金融や経済のアレルギーを解消することができます。「この際、一からお金のことを勉強したい！」そんな方にオススメです。

2級・AFP
FPの知識で人の幸せを演出する！

就職や転職をはじめ、FPの知識を実践的に活かしたい場合のスタンダード資格が2級・AFPです。金融機関をはじめとした企業でコンサルティング業務を担当するなど、お客様の夢や目標を実現するためにお金の面からアドバイスを行い、具体的なライフプランを提案することもできます。「みんなが幸せに生きる手助けをしたい！」そんな夢を持った方にオススメです。

1級・CFP®
ビジネスの世界で認められるコンサルタントをめざす！

FP資格の最高峰に位置づけられるのが、1級・CFP®です。特にCFP®は、日本国内における唯一の国際FPライセンスです。コンサルタントとして独立開業する際に1級やCFP®を持っていると、お客様からの信頼度もアップします。「プロのコンサルタントとして幅広いフィールドで仕事がしたい！」そんな志を抱いている人は、ぜひ1級・CFP®を目指してください。

 教室講座 ビデオブース講座 Web通信講座 DVD通信講座

FP継続教育研修のご案内

合格後も知識をブラッシュアップ！

FPの学習範囲は法改正や制度変更が頻繁に行われるため、身につけた知識を活用するためには、試験に合格した後も継続的に学習を行うことが大切です。TAC FP講座では、FPに役立つ様々なテーマの講座を毎月開講しており、最新情報の入手に最適です。さらに、AFP、CFP®認定者の方には継続教育単位を取得できる講座となっています。

最新情報！ TACホームページ https://www.tac-school.co.jp/　TAC　検索

資格の学校 TAC

TAC FP講座 お薦めコース

過去問トレーニングで万全の試験対策を！

1級過去問解説講義

WEB講座専用コースで、いつでも好きな時間に学習できます。

FP技能検定試験の本試験問題を全問解説する講座です。答えを見ただけでは理解しにくい部分も、ベテラン講師が問題に書き込みながら行う解説により、しっかりと理解できるようになります。また本講座はWeb通信講座なので、いつでも講義を視聴することができ大変便利です。定番問題の解法テクニックの習得や試験直前の総まとめとしてご利用ください。

特長 POINT 1
TAC講師が過去問を全問解説

特長 POINT 2
Web配信なので24時間、好きな時間帯に自由に学習可能

特長 POINT 3
試験傾向も把握でき、重要論点を中心に効率よく学習できるようになる

講義時間
約90分 / 各回・各科目

受講料
¥2,100 / 各回・各科目
※入会金は不要です。
※受講料には消費税10%が含まれます。

【ご注意】
お申込みはe受付（インターネット）のみです。
インターネットによるお申込みの場合には、クレジットカード決済をご選択頂けます。
e受付はこちらから
→ https://ec.tac-school.co.jp

教材について

当コースには、本試験問題はついておりません。過去問題及び解答は、本試験実施団体（日本FP協会・金融財政事情研究会）のHPから無料でダウンロードできますので、ご自身でご用意ください。

○日本FP協会：
　https://www.jafp.or.jp/exam/1fp/

○金融財政事情研究会：
　https://www.kinzai.or.jp/fp

※WEBには視聴期限があります。

AFP認定研修を修了していない2級合格者に朗報

AFP認定研修（技能士課程）

2級FP技能士合格者限定 通信講座

2級FP技能検定の合格者を対象としたAFP認定研修コースです。CFP®を受験するための受験資格として、AFPに登録したい方や日本FP協会の資格会員になりたい方におススメです。

教材
- FP総論（日本FP協会）
- 基本テキスト（6冊）
- 提案書作成テキスト
  提案書作成講義DVD：1枚

提案書もTACのテキストならスムーズに作成できます！

受講料 >>
¥23,100
※入会金は不要です。
※受講料には教材費・消費税10%が含まれます。

※上記の教材構成および受講料等は2021年4月1日現在のものであり、予告なく変更する場合がございます。

資料のご請求・お問い合わせは　通話無料 **0120-509-117**
＜受付時間＞
月～金・土日祝10:00～17:00

FP（ファイナンシャル・プランナー）対策書籍のご案内

TAC出版のFP（ファイナンシャル・プランニング）技能士対策書籍は金財、日本FP協会それぞれに対応したインプット用テキスト、アウトプット用テキスト、インプット＋アウトプット一体型教材、直前予想問題集の各ラインナップで、受検生の多様なニーズに応えていきます。

みんなが欲しかった！シリーズ

『みんなが欲しかった！FPの教科書』
- ●1級 学科基礎・応用対策　●2級・AFP　●3級
- 1級：滝澤ななみ 監修・TAC FP講座 編著・A5判・2色刷
- 2・3級：滝澤ななみ 編著・A5判・4色オールカラー
- ■ イメージがわきやすい図解と、シンプルでわかりやすい解説で、短期間の学習で確実に理解できる！スマホ学習に対応しているのもポイント。

『みんなが欲しかった！FP合格へのはじめの一歩』
- 滝澤ななみ 編著・A5判・4色オールカラー
- ■ FP3級に合格できて、自分のお金ライフもわかっちゃう。本気でやさしいお金の入門書。自分のお金を見える化できる別冊お金ノートつきです。

『みんなが欲しかった！FPの問題集』
- ●1級 学科基礎・応用対策　●2級・AFP　●3級
- 1級：TAC FP講座 編著・A5判・2色刷
- 2・3級：滝澤ななみ 編著・A5判・2色刷
- ■ 無駄をはぶいた解説と、重要ポイントのまとめによる「アウトプット→インプット」学習で、知識を完全に定着。

『みんなが欲しかった！FPの教科書・問題集 速攻マスターDVD』
- ●2級・AFP　●3級
- TAC出版編集部 編著
- ■ 人気の『FPの教科書』『FPの問題集』に完全準拠の講義DVDがついに登場！TAC FP講座の専任講師が、わかりやすく丁寧な講義を展開。独学者にとって最強の味方になるDVD。

スッキリ シリーズ

『スッキリわかる FP技能士』
- ●1級 学科基礎・応用対策
- ●2級・AFP
- ●3級
- 白鳥光良 編著・A5判・2色刷
- ■ テキストと問題集をコンパクトにまとめたシリーズ。繰り返し学習を行い、過去問の理解を中心とした学習を行えば、合格ラインを超える力が身につきます！

『スッキリとける 過去＋予想問題 FP技能士』
- ●1級 学科基礎・応用対策
- ●2級・AFP
- ●3級
- TAC FP講座 編著・A5判・2色刷
- ■ 過去問の中から繰り返し出題される良問で基礎力を養成し、学科・実技問題の重要項目をマスターできる予想問題で解答力を高める問題集。

TAC出版

TAC PUBLISHING Group

よくわかるFPシリーズ

『合格テキスト FP技能士1級』
- ①ライフプランニングと資金計画・リスク管理
- ②年金・社会保険
- ③金融資産運用
- ④タックスプランニング
- ⑤不動産
- ⑥相続・事業承継

TAC FP講座 編著・A5判・2色刷

■ TAC FP講座公式教材。それぞれの論点について、「きちんとわかる」をコンセプトに、合格に必要な知識をすべて盛り込んだFP技能士1級対策基本書の決定版。

『合格トレーニング FP技能士1級』
TAC FP講座 編著・A5判・1色刷

■ TAC FP講座公式教材。本試験対応力を養う、総仕上げの問題集。出題傾向を徹底分析し、過去問題から頻出問題を厳選。覚えておくべき論点は「ポイントまとめ」で最終確認もバッチリ。

あてる直前予想模試 ＊本試験約3ヵ月前に改訂

『○年○月試験をあてる TAC直前予想模試 FP技能士』
- ●2級・AFP
- ●3級

TAC FP講座 編著・B5判・2色刷

■ 本試験の出題を予想した模試3回分に加えて、頻出の計算問題を収載した「計算ドリル」や、直前期の暗記に役立つ「直前つめこみノート」など、直前対策に役立つコンテンツを厳選収載！

- ●1級

TAC FP講座 編著・B5判・2色刷

■ 本試験の出題を予想した模試3回分に加えて、最新の法改正情報や実技試験対策も掲載！直前対策はこれ一冊で完璧。

啓蒙書 ほか

『FPの極意がわかる本
～活かし方・働き方・稼ぎ方～
第3版』
藤原久敏 著・A5判

『女性のための資格シリーズ
自力本願で
ファイナンシャル・プランナー』
森江加代 著・A5判

『47テーマで学ぶ家計の教科書
節約とお金の基本』
矢野きくの 北野琴奈 著・A5判

年度版マークのある書籍は、試験実施年月に合わせて年度改訂を行っています。
掲載の内容は、2022年5月現在の内容です。各書籍の価格等詳細につきましては、下記サイバーブックストアにてご確認ください。

TAC出版の書籍は
こちらの方法でご購入
いただけます

1. 全国の書店・大学生協
2. TAC各校 書籍コーナー
3. インターネット CYBER TAC出版書籍販売サイト BOOK STORE
アドレス https://bookstore.tac-school.co.jp/

書籍の正誤に関するご確認とお問合せについて

書籍の記載内容に誤りではないかと思われる箇所がございましたら、以下の手順にてご確認とお問合せをしてくださいますよう、お願い申し上げます。

なお、正誤のお問合せ以外の**書籍内容に関する解説および受験指導などは、一切行っておりません。**
そのようなお問合せにつきましては、お答えいたしかねますので、あらかじめご了承ください。

1 「Cyber Book Store」にて正誤表を確認する

TAC出版書籍販売サイト「Cyber Book Store」の
トップページ内「正誤表」コーナーにて、正誤表をご確認ください。

CYBER TAC出版書籍販売サイト
BOOK STORE

URL：https://bookstore.tac-school.co.jp/

2 **1**の正誤表がない、あるいは正誤表に該当箇所の記載がない
⇒ 下記①、②のどちらかの方法で文書にて問合せをする

★ご注意ください★

お電話でのお問合せは、お受けいたしません。
①、②のどちらの方法でも、お問合せの際には、「お名前」とともに、
「対象の書籍名（○級・第○回対策も含む）およびその版数（第○版・○○年度版など）」
「お問合せ該当箇所の頁数と行数」
「誤りと思われる記載」
「正しいとお考えになる記載とその根拠」
を明記してください。
なお、回答までに１週間前後を要する場合もございます。あらかじめご了承ください。

① ウェブページ「Cyber Book Store」内の「お問合せフォーム」より問合せをする

【お問合せフォームアドレス】

https://bookstore.tac-school.co.jp/inquiry/

② メールにより問合せをする

【メール宛先　TAC出版】

syuppan-h@tac-school.co.jp

※土日祝日はお問合せ対応をおこなっておりません。
※正誤のお問合せ対応は、該当書籍の改訂版刊行月末日までといたします。

乱丁・落丁による交換は、該当書籍の改訂版刊行月末日までといたします。なお、書籍の在庫状況等により、お受けできない場合もございます。
また、各種本試験の実施の延期、中止を理由とした本書の返品はお受けいたしません。返金もいたしかねますので、あらかじめご了承くださいますようお願い申し上げます。

TACにおける個人情報の取り扱いについて
■お預かりした個人情報は、TAC（株）で管理させていただき、お問合せへの対応、当社の記録保管にのみ利用いたします。お客様の同意なしに業務委託先以外の第三者に開示、提供することはございません（法令等により開示を求められた場合を除く）。その他、個人情報保護管理者、お預かりした個人情報の開示等及びTAC（株）への個人情報の提供の任意性については、当社ホームページ（https://www.tac-school.co.jp）をご覧いただくか、個人情報に関するお問い合わせ窓口（E-mail:privacy@tac-school.co.jp）までお問合せください。

（2022年7月現在）

直前予想模試　問題

- この色紙を残したまま、問題冊子をゆっくり引いて取り外してください（下の図を参照）。抜き取りの際の損傷についてのお取替えはご遠慮願います。
- 答案用紙は冊子の最終ページにございます。ハサミやカッターで切り取ってご使用ください。
- 答案用紙はダウンロードでもご利用いただけます。
TAC出版書籍サイト・サイバーブックストアにアクセスしてください。
https://bookstore.tac-school.co.jp/

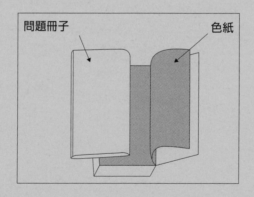

直前予想模試　問題

第1予想

　基礎編 ………………………………………………… 1

　応用編 ………………………………………………… 19

第2予想

　基礎編 ………………………………………………… 35

　応用編 ………………………………………………… 55

第3予想

　基礎編 ………………………………………………… 75

　応用編 ………………………………………………… 95

【答案用紙】 …………………………………………… 111

| FP | 1級 | 学科 |

2023年　5月
ファイナンシャル・プランニング技能検定対策

第1予想
1級　学科試験
〈基礎編〉

試験時間 ◆ 150分

★ 注 意 ★

1. 本試験の出題形式は、四答択一式50問です。
2. 筆記用具、計算機（プログラム電卓等を除く）の持込みが認められています。
3. 試験問題については、特に指示のない限り、2022年10月1日現在施行の法令等に基づいて解答してください。

解答にあたっての注意

1. 試験問題については、特に指示のない限り、2022年10月1日現在施行の法令等に基づいて解答してください。ただし、東日本大震災の被災者等に係る国税・地方税関係の臨時特例等の各種特例については考慮しないものとします。

2. 解答にあたっては、各問に記載された条件・指示に従うものとし、それ以外については考慮しないものとしてください。

3. 解答は、解答用紙に記入してください。

次の各問（《問1》～《問50》）について答を1つ選び、その番号を解答用紙にマークしなさい。

《問1》 後期高齢者医療制度に関する次の記述のうち、最も不適切なものはどれか。

1）後期高齢者医療制度の保険料には被保険者の世帯の所得に応じた軽減措置が設けられており、2022年度分の保険料については、均等割額の軽減割合が最大7割になり、所得割額の軽減措置はない。

2）後期高齢者医療制度の被保険者が保険医療機関等の窓口で支払う一部負担金の割合は、原則として、当該被保険者が現役並み所得者である場合は3割であり、それ以外の者である場合は1割である。2022年10月より単身世帯で年収200万円以上、夫婦世帯で年収計320万円以上の場合は2割負担になっている。

3）後期高齢者医療制度の保険料は、原則として、被保険者につき算定した所得割額および均等割額の合計額となるが、被保険者の収入が公的年金の老齢給付のみでその年金収入額が180万円以下の場合、所得割額は賦課されない。

4）後期高齢者医療制度の被保険者は、後期高齢者医療広域連合の区域内に住所を有する75歳以上の者、または後期高齢者医療広域連合の区域内に住所を有する65歳以上75歳未満の者であって一定の障害の状態にある旨の認定を受けた者であるが、生活保護受給者は被保険者とされない。

《問2》 雇用保険の就職促進給付に関する次の記述のうち、最も適切なものはどれか。

1）再就職手当および常用就職支度手当は、受給資格者が安定した職業に就いた日前5年以内の就職について再就職手当または常用就職支度手当の支給を受けたことがあるときは、支給されない。

2）就業促進定着手当は、再就職手当の支給に係る同一の事業主の適用事業にその職業に就いた日から引き続いて3カ月以上雇用される者であって、そのみなし賃金日額が算定基礎賃金日額を下回った者が支給対象となる。

3）再就職手当の支給を受けるためには、受給資格者が2年を超えて引き続き雇用されることが確実であると認められる職業に就くことや一定の事業を開始することが要件の1つとされるが、離職前の事業主に再び雇用された場合は支給されない。

4）就業手当の支給を受けるためには、職業に就いた日の前日における基本手当の支給残日数が所定給付日数の3分の1以上かつ45日以上であることが要件の1つとされ、その額は、現に職業に就いている日について、基本手当日額の30％相当額となる。

《問3》 公的介護保険（以下、「介護保険」という）に関する次の記述のうち、最も適切なものはどれか。

1）被保険者が介護サービスに要した1年間の自己負担額が一定の上限額を超えた場合は、所定の手続きにより、高額介護サービス費の支給を受けることができる。

2）介護保険において、特定疾病に該当するがんは、医師が一般に認められている医学的知見に基づき回復の見込みがない状態に至ったと判断したものに限られない。

3）被保険者が初めて要支援認定を受けた場合、当該要支援認定は、その申請のあった日に遡ってその効力を生じ、その有効期間は、原則として6カ月である。

4）第2号被保険者が介護サービスを利用した場合の自己負担割合は、当該被保険者の所得の額に応じて、1割、2割または3割である。

— 3 —

《問４》 厚生年金保険の被保険者であるＡさん（40歳）が死亡した場合の遺族厚生年金に関する次の記述のうち、最も不適切なものはどれか。なお、Ａさんは遺族厚生年金の保険料納付要件を満たしているものとし、記載のない事項については考慮しないものとする。

1）残された遺族がＡさんと同居して生計維持関係にあった妻（28歳）と長男（５歳）である場合、妻が取得する遺族厚生年金の受給権は、当該受給権を取得した日から起算して５年を経過しても消滅しない。

2）残された遺族がＡさんと同居して生計維持関係にあった父（70歳）と母（67歳）である場合、父と母のいずれも遺族厚生年金の受給権を取得することになる。

3）残された遺族がＡさんと同居して生計維持関係にあり、かつ、Ａさんの健康保険の被扶養者であった弟（17歳）のみである場合、弟には遺族厚生年金は支給されない。

4）残された遺族がＡさんと同居して生計維持関係にあった妻（35歳）のみで、かつ、Ａさんの死亡が業務上の理由によるものであり、妻に労働基準法の規定による遺族補償が支給される場合、死亡の日から８年間、妻に対する遺族厚生年金の支給が停止される。

《問５》 確定拠出年金に関する次の記述のうち、最も不適切なものはどれか。

1）企業型確定拠出年金の加入者が退職し、転職先の企業に企業型確定拠出年金制度がない場合、「個人型年金加入申出書」と「個人別管理資産移換依頼書」を運営管理機関等に提出して個人型確定拠出年金の加入者になることができる。

2）2022年10月に、企業型確定拠出年金の加入者が転職した場合、転職先では個人型確定拠出年金へ資産を移換することもできる。ただし、規約でマッチング拠出を認めている場合は企業型確定拠出年金で追加拠出するか、個人型確定拠出年金に加入して拠出するかのどちらかを選択する。

3）企業型確定拠出年金の加入者の資格を喪失してから６カ月以内に、個人型確定拠出年金または他の企業型確定拠出年金に資産を移換する（自動移換の場合あり）か、脱退一時金を請求（受給要件あり）しなければ、個人別管理資産は現金化されて国民年金基金連合会に自動移換される。

4）個人型確定拠出年金の通算拠出期間が６年、個人別管理資産が36万円の場合、要件を満たせば加入者資格を喪失した場合に脱退一時金を受給できる。

《問６》 確定給付企業年金に関する次の記述のうち、最も不適切なものはどれか。

1）リスク分担型企業年金は、事業主が所定の方法により測定された将来のリスクに応じた掛金を拠出し、運用の結果、給付額に満たない積立金の不足が生じた場合は、事業主がその不足分を補填する仕組みである。

2）確定給付企業年金による年金給付は、毎年１回以上の支給が終身または５年以上にわたって定期的に行われるものでなければならない。

3）確定給付企業年金の老齢給付金は、60歳以上70歳以下の規約で定める年齢に達したとき、または50歳以上70歳未満の規約で定める年齢に達した日以後に退職したときに支給が開始される。

4）確定給付企業年金の規約において、老齢給付金の給付を受けるための要件として、加入者期間を30年と定めることができる。

《問７》 生活福祉資金貸付制度に関する次の記述のうち、最も不適切なものはどれか。

1）年金担保融資制度が2022年３月末で新規貸付申込を終了していることに伴い、代替措置として一定の審査要件を満たす場合に利用できる全国社会福祉協議会の貸付制度である。

2）福祉費の貸付限度額は550万円以内であり、資金の用途に応じて上限目安額を設定している。

－ 4 －

3）福祉費は、貸付日から6月以内の据え置き期間を経過した後、20年以内を償還期限としている。

4）連帯保証人は原則必要であり、貸付利子が無利子になる。ただし、連帯保証人無しの場合にも貸付は可能であり、貸付利子が年1.5％である。

《問8》 産業雇用安定助成金に関する記述のうち、最も不適切なものはどれか。

1）産業雇用安定助成金は、出向元事業所と出向先事業所のいずれかが雇用保険の適用事業所であり、従業員が雇用保険の被保険者でなくても対象となる。

2）労働者が出向元事業所の従業員たる地位を保有しつつ出向先事業所において勤務する、いわゆる在籍型出向のみが助成対象となる。

3）出向契約期間が2年間の場合、同一の事業主に雇用された同一の労働者に対する本助成金の支給額は、12カ月（365日）を限度とする。

4）助成対象事業主について、雇用調整助成金（出向）の場合は出向元事業主のみが助成対象のところ、産業雇用安定助成金は出向先事業主も助成対象となる。

《問9》 各種傷害保険の一般的な商品性に関する次の記述のうち、最も適切なものはどれか。なお、記載のない事項については考慮しないものとする。

1）就業中のみの危険補償特約を付帯した普通傷害保険では、被保険者が職務に従事していない間に被った傷害について、保険金支払いの対象とならない。

2）普通傷害保険では、被保険者が自転車による通勤中において、自動車と接触して被った傷害について、保険金支払いの対象とならない。

3）海外旅行傷害保険では、旅行行程中に発生した地震によって被保険者が被った傷害について、保険金支払いの対象とならない。

4）国内旅行傷害保険では、旅行行程中に被保険者がかかったウイルス性食中毒について、保険金支払いの対象とならない。

《問10》 民法および「失火の責任に関する法律」（以下、「失火責任法」という）に関する次の記述のうち、不適切なものはいくつあるか。

(a) Aさんがガス爆発事故により隣家を損壊させ、Aさんに故意または重大な過失が認められない場合、民法の規定が適用されるため、Aさんは隣家の所有者に対して損害賠償責任を負う。

(b) Bさんが失火で隣家を全焼させ、Bさんに重大な過失が認められる場合、失火責任法の規定が適用されるため、Bさんは隣家の所有者に対して損害賠償責任を負うことはない。

(c) 賃貸住宅に住んでいる借家人Cさんが失火で借家を全焼させ、Cさんに重大な過失が認められない場合、民法の規定が適用されるため、Cさんは家主に対して損害賠償責任を負う。

(d) 賃貸住宅に住んでいる借家人Dさんが失火で借家を全焼させ、Dさんに重大な過失が認められる場合、失火責任法の規定が適用されるため、Dさんは家主に対して損害賠償責任を負うことはない。

1）1つ
2）2つ
3）3つ
4）4つ

《問11》 所得税の生命保険料控除に関する次の記述のうち、最も適切なものはどれか。なお、2012年1月1日以後に締結した保険契約等に基づく生命保険料控除を「新制度」とし、2011年12月31日以前に締結した保険契約等に基づく生命保険料控除を「旧制度」とする。

1）生命保険料控除の対象となる終身保険の保険料について、自動振替貸付によりその年の保険料の払込みに充当された金額は、その年分の生命保険料控除の対象とならない。

2）少額短期保険業者と締結した少額短期保険の保険料は、被保険者の死亡に基因して一定額の保険金が支払われる保険契約である場合、生命保険料控除の対象となる。

3）「旧制度」の対象となる定期保険特約付終身保険の保険料について、2021年中に定期保険特約の保険金額を減額した場合、減額後の保険料は「新制度」の対象とならない。

4）「旧制度」の対象となる終身保険の保険料について、2021年中に当該契約に指定代理請求特約を中途付加した場合、中途付加後の保険料は「新制度」の対象となる。

《問12》 Ｘ株式会社（以下、「Ｘ社」という）は、代表取締役社長であるＡさんを被保険者とする下記の定期保険を払済終身保険に変更した。払済終身保険への変更時の経理処理として、次のうち最も適切なものはどれか。

保健の種類	：無配当定期保険（特約付加なし）
契約年月日	：2016年4月1日
契約者（＝保険料負担者）	：Ｘ社
被保険者	：Ａさん（加入時における被保険者の年齢30歳）
死亡保険金受取人	：Ｘ社
保険期間・保険料払込期間	：70歳満了
年払保険料	：500万円
解約返戻金額	：700万円

1）

借方		貸方	
保険料積立金	700万円	雑収入	700万円

2）

借方		貸方	
保険料積立金	700万円	前払保険料	1,500万円
雑損失	800万円		

3）

借方		貸方	
現金・預金	700万円	雑収入	700万円

4）

借方		貸方	
現金・預金	700万円	前払保険料	1,500万円
雑損失	800万円		

《問13》 自動車損害賠償責任保険（以下、「自賠責保険」という）および政府の自動車損害賠償保障事業（以下、「政府保障事業」という）に関する次の記述のうち、最も適切なものはどれか。

1）政府保障事業には、損害賠償額が確定する前に、治療費などの当座の費用として仮渡金の支払を被害者が請求できる制度はない。

2）政府保障事業による損害のてん補は、自賠責保険の支払基準に準じて支払われるが、被害者が健康保険や労働者災害補償保険などの社会保険からの給付を受けることができる場合、その金額は差し引かれない。

3）自賠責保険では、被害者の過失割合が6割以上10割未満である場合、重過失減額制度により、原則として、自賠責保険により支払われるべき保険金等が被害者の過失割合に応じて減額される。

4）複数台の自動車による事故において、共同不法行為により身体に損害を被った場合も、1台の自動車による事故により身体に損害を被った場合も、自賠責保険により支払われる保険金等の合計額は、常に同額となる。

《問14》 外貨建て終身保険に関する次の記述のうち、最も不適切なものはどれか。

1）外貨建て終身保険の積立利率は、純保険料に対する外貨ベースの運用利回りを表したものであり、積立利率に最低保証利率を設定しているものもある。

2）外貨建て終身保険（平準払い）に円換算支払特約を付加することにより、保険金の支払いは円貨となるが、その円貨額は支払時の為替相場の影響を受けることになる。

3）外貨建て終身保険は、市場価格調整（MVA）機能を有しているものに限り、保険業法における特定保険契約に該当し、その販売・勧誘については金融商品取引法に規定された行為規制の一部が準用される。

4）外貨建て終身保険（一時払い）を解約し、解約差益が生じた場合、解約差益のうち保険差益に相当する部分の金額と為替差益に相当する部分の金額を区別することなく、一時所得として所得税の課税対象となる。

《問15》 個人事業主が、所有する事業用建物が火災により焼失したことにより、加入する各種損害保険から受け取った保険金の課税関係に関する次の記述のうち、最も適切なものはどれか。なお、各選択肢において、いずれも契約者（＝保険料負担者）は個人事業主であるものとする。

1）事業用建物が火災により焼失し、建物を保険の対象とする火災保険の保険金を受け取った場合、当該保険金は個人事業主の事業収入となり、課税対象となる。

2）事業用建物内で保管していた商品が火災により焼失し、商品を保険の対象とする火災保険の保険金を受け取った場合、当該保険金は非課税となる。

3）事業用建物内に設置していた営業用什器備品が火災により焼失し、営業用什器備品を保険の対象とする火災保険から廃棄損を上回る保険金を受け取った場合、当該保険金のうち廃棄損を上回る部分は非課税となる。

4）事業用建物が火災により焼失したことにより業務不能となり、店舗休業保険から保険金を受け取った場合、当該保険金は非課税となる。

《問16》　わが国の経済指標に関する次の記述のうち、最も適切なものはどれか。

1）日本銀行が集計・把握を行う貸出約定平均金利は、国内銀行（ゆうちょ銀行等を含む）および信用金庫における約定時の貸出金利を集計したものであり、「新規」「ストック」の2種類の計表がある。

2）完全失業率は、労働力人口に占める完全失業者の割合であり、景気動向指数において遅行系列に採用されている。

3）景気動向指数のDI（ディフュージョン・インデックス）は、採用系列の前月と比べた変化の大きさを合成して作成された指数であり、DI一致指数の動きと景気の転換点はおおむね一致する。

4）消費者態度指数は、消費者マインドを示す指標であり、消費者の「暮らし向き」「収入の増え方」「雇用環境」「耐久消費財の買い時判断」に関する今後1年間の見通しに基づき作成され、四半期ごとに公表される。

《問17》　ドルコスト平均法を利用して投資信託を15万円ずつ購入した場合、各回の購入単価（基準価額）が以下のとおりであるときの平均購入単価として、次のうち最も適切なものはどれか。なお、手数料等は考慮せず、計算結果は円未満を四捨五入すること。

購入時期	第1回	第2回	第3回	第4回	第5回
購入単価	3,750円	6,000円	7,500円	5,000円	6,000円

1）4,771円

2）5,064円

3）5,357円

4）5,650円

《問18》　以下の表に掲載されている割引債券の1年複利計算による単価（空欄①）と固定利付債券の単利計算による最終利回り（空欄②）の組合せとして、次のうち最も適切なものはどれか。なお、税金や手数料等は考慮せず、計算結果は表示単位の小数点以下第3位を四捨五入すること。

	割引債券	固定利付債券
単　　価	（　①　）円	100.85円
償還価格	100.00円	100.00円
表面利率	—	0.60%
最終利回り	0.40%	（　②　）%
残存期間	4年	7年

1）①　98.42　　②　0.47

2）①　98.42　　②　0.72

3）①　99.20　　②　0.47

4）①　99.20　　②　0.72

《問19》 海外の株価指標に関する次の記述のうち、最も不適切なものはどれか。

1）DAX指数は、フランクフルト証券取引所に上場している銘柄のうち、時価総額や流動性の観点から選定された銘柄を対象とする時価総額加重型の株価指数である。

2）FTSE100指数は、香港証券取引所に上場している銘柄のうち、時価総額が大きい100銘柄を対象とする時価総額加重型の株価指数である。

3）ダウ工業株30種平均は、ニューヨーク証券取引所等に上場し、米国経済を代表する30銘柄を対象とする修正平均株価である。

4）CAC40指数は、ユーロネクスト・パリ等に上場している銘柄のうち、時価総額上位40銘柄を対象とする時価総額加重型の株価指数である。

《問20》 下記の〈財務指標〉から算出されるサスティナブル成長率として、次のうち最も適切なものはどれか。なお、自己資本の額は純資産の額と同額であるものとし、計算結果は表示単位の小数点以下第3位を四捨五入すること。

〈財務指標〉

株 価 収 益 率	60.00倍
株価純資産倍率	4.50倍
配 当 利 回 り	0.80％
配 当 性 向	48.00％

1） 3.90％

2） 4.80％

3） 7.50％

4） 22.22％

《問21》 特定口座に関する次の記述のうち、最も不適切なものはどれか。なお、本問における簡易申告口座とは、特定口座のうち、源泉徴収がされない口座をいう。

1）簡易申告口座には、上場株式等の配当等や特定公社債等の利子等を受け入れることはできない。

2）簡易申告口座は、源泉徴収選択口座と同様に、その年中におけるその口座内の取引内容が記載された「特定口座年間取引報告書」が作成される。

3）源泉徴収選択口座に上場株式等の配当等を受け入れた場合、その支払の都度、当該口座内の上場株式等の譲渡損失の金額と損益通算される。

4）源泉徴収選択口座を開設している配偶者が確定申告をしない場合、当該口座内の上場株式等の譲渡益は、所得税の配偶者控除等の適用の有無を判定する際の当該配偶者の合計所得金額には含まれない。

《問22》 国内ポートフォリオ運用におけるパフォーマンス評価に関する次の記述のうち、最も不適切なものはどれか。

1）資本資産評価モデル（CAPM）におけるβ（ベータ）値は、市場全体に対するポートフォリオのシステマティック・リスクに対する感応度を測定した値である。

2）トレイナーの測度は、資本資産評価モデル（CAPM）により算出されるβ（ベータ）で、ポ

ートフォリオの超過収益率を除したものにより、ポートフォリオの運用成果を評価する手法である。

3）ジェンセンの測度は、資本資産評価モデル（CAPM）による期待収益率を上回った超過収益率により、ポートフォリオの運用成果を評価する手法である。

4）インフォメーション・レシオ（情報比）は、安全資産の収益率に対するポートフォリオの超過収益率をポートフォリオの標準偏差で除したものにより、ポートフォリオの運用成果を評価する手法である。

《問23》 株価が900円で期待利子率が4％、1株当たりの予想配当が20円の場合、定率で配当が成長して支払われる配当割引モデルにより計算した当該株式の配当に対する期待成長率として、次のうち最も適切なものはどれか。なお、計算結果は表示単位の小数点以下第3位を四捨五入すること。

1）0.56％

2）1.17％

3）1.78％

4）6.22％

《問24》 預金保険制度に関する次の記述のうち、最も適切なものはどれか。

1）国内銀行に預け入れた「有利息、要求払い、決済サービスを提供できること」という3つの要件を満たす決済用預金は、その金額の多寡にかかわらず、全額が預金保険制度の保護の対象となる。

2）外国銀行の在日支店に預け入れた外貨預金は預金保険制度の保護の対象とはならないが、国内銀行に預け入れた外貨預金は預金保険制度の保護の対象となる。

3）2行の国内銀行が合併した場合、その後1年間に限り、合併後の銀行に預け入れた一般預金等について、預金者1人当たり元本2,000万円までとその利息等が預金保険制度の保護の対象となる。

4）破綻金融機関に預け入れられていた普通預金については、当該預金者への払戻金が確定する前に、預金者の請求に基づき、暫定的に1口座当たり80万円を上限に仮払金が支払われることがある。

《問25》 居住者に係る所得税の退職所得に関する次の記述のうち、最も不適切なものはどれか。

1）勤続20年6カ月で障害者になったことに直接基因して退職することになった場合、退職所得の金額の計算上、退職所得控除額は970万円となる。

2）退職一時金の支払を受ける従業員が「退職所得の受給に関する申告書」を提出しない場合には、退職一時金の収入金額に対して20.42％を乗じた所得税および復興特別所得税を源泉徴収する。

3）法人の役員等が勤続年数5年以下で退職して受け取った退職手当等は、特定役員退職手当等として、その年中に支払を受ける退職手当等の収入金額から、その役員等の勤続年数に応じて計算した退職所得控除額を控除した残額が退職所得の金額となる。

4）法人の従業員が勤続年数5年以下で退職して受け取った退職手当等は、短期退職手当等（特定役員退職手当等を除く）として、その年中に支払を受ける退職手当等の収入金額から、その従業員等の勤続年数に応じて計算した退職所得控除額を控除した残額が300万円を超える場合には、

その残額が退職所得の金額となる。

《問26》 居住者に係る所得税の事業所得に関する次の記述のうち、**最も不適切なもの**はどれか。

1）個人事業主が生計を一にする父親名義の土地と建物を賃借して事業の用に供している場合、父親に支払う地代や家賃は、その額が社会通念上相当と認められる金額であったとしても、支払った年分における事業所得の必要経費に算入することはできない。

2）個人事業主が事業の用に供する減価償却資産を売却した場合、事業所得の金額の計算上、その減価償却資産の売却価額を総収入金額に計上し、その減価償却資産の未償却残高を必要経費に算入する。

3）青色申告者ではない個人事業主の配偶者が事業専従者である場合、「86万円」と「事業所得の金額を当該事業に係る事業専従者の数に1を加えた数で除して計算した金額」のいずれか低い金額を上限として、事業所得の必要経費に算入することができる。

4）青色申告者である個人事業主が青色事業専従者である長女に支払う退職金は、その額が一般の従業員と同様に退職給与規程に従って算出され、その労務の対価として適正な金額であったとしても、支払った年分における事業所得の必要経費に算入することはできない。

《問27》 居住者であるＡさんの2022年分の各種所得の収入金額等が下記のとおりであった場合の損益通算後の所得金額として、次のうち**最も適切なもの**はどれか。なお、記載のない事項については考慮しないものとする。

給与所得	勤務先から給与を受け取ったことによる所得
	収 入 金 額：350万円
	給与所得控除額：113万円
退職所得	勤務先から退職金を受け取ったことによる所得
	収 入 金 額：2,500万円
	退職所得控除額：1,360万円（勤続年数28年）
不動産所得	賃貸アパート経営による所得
	総 収 入 金 額：600万円
	必 要 経 費：960万円（当該所得を生ずべき土地の取得に要した負債の利子20万円を含んだ金額）
一時所得	生命保険の解約返戻金を受け取ったことによる所得
	総 収 入 金 額：400万円
	収入を得るために支出した金額：450万円

1）347万円
2）417万円
3）447万円
4）467万円

《問28》 住宅借入金等特別控除に関する次の記述のうち、**最も不適切なもの**はどれか。なお、記載のない事項については考慮しないものとする。

1）2023年4月に住宅ローンを利用して住宅を取得し入居した者が住宅借入金等特別控除の適用を

— 11 —

受ける場合の控除率は、控除対象となる年末借入金残高に対して0.7%である。

2）2023年4月に住宅ローンを利用して認定住宅等に該当しない一般住宅である中古住宅を取得し入居した者が、住宅借入金等特別控除の適用を受ける場合の控除対象期間は最長13年間である。

3）2023年4月に住宅ローンを利用して認定住宅等に該当しない一般住宅である中古住宅を取得し入居した者が、住宅借入金等特別控除の適用を受ける場合の控除対象となる年末借入金残高は最大2,000万円である。

4）住宅借入金等特別控除はその年分の合計所得金額が2,000万円を超える年については適用を受けることができない。

《問29》 居住者に係る所得税の青色申告に関する次の記述のうち、最も不適切なものはどれか。

1）事業所得を生ずべき業務を営む青色申告者が、「棚卸資産の評価方法の届出書」を納税地の所轄税務署長に提出しなかった場合、売上原価に計上する棚卸資産の期末評価額の評価方法は、最終仕入原価法となる。

2）白色申告者が死亡し、その業務を承継した相続人が、承継後の期間に係る所得税について青色申告書を提出する場合、原則として、その年の3月15日までに「青色申告承認申請書」を納税地の所轄税務署長に提出しなければならない。

3）青色申告者が、その年分以後の各年分の所得税について青色申告書の提出をやめようとするときは、原則として、やめようとする年の12月31日までに「青色申告の取りやめ届出書」を納税地の所轄税務署長に提出しなければならない。

4）青色申告者が不動産所得を生ずべき業務と事業所得を生ずべき業務のいずれも営む場合、貸借対照表は2つの業務に係るものを合併して作成し、損益計算書はそれぞれの業務に係るものの区分ごとに各別に作成することとされている。

《問30》 法人税法上の益金に関する次の記述のうち、最も適切なものはどれか。なお、各選択肢において、法人はいずれも内国法人（普通法人）であるものとする。

1）法人がその有する資産の評価換えをしてその帳簿価額を増額した場合、その増額した部分の金額（資産評価益）は、原則として、益金の額に算入する。

2）法人が法人税の還付を受けた場合、その還付された金額は、還付加算金と同様に益金の額に算入する。

3）法人が個人から債務の免除を受けた場合、その免除された債務の金額は、原則として、益金の額に算入する。

4）法人が受けた完全子法人株式等（完全支配関係のある法人の株式）に係る配当の額は、その全額が益金算入となる。

《問31》 法人とその役員間の取引における法人税および所得税の取扱いに関する次の記述のうち、最も適切なものはどれか。

1）役員が法人に対して無利息で金銭の貸付を行った場合、原則として、役員側では受取利息の認定が行われ、通常収受すべき利息の額が雑所得として課税される。

2）法人が役員に対して無利息で金銭の貸付を行った場合、原則として、法人側では受取利息の認定が行われ、役員側では一定の利息の額に係る経済的利益が給与所得として課税される。

3）役員が所有する資産を適正な時価の4分の3の価額で法人に譲渡した場合、法人側では時価と買入価額との差額が受贈益として取り扱われ、役員側では時価と取得費等との差額が譲渡所得とし

て課税される。

4）役員が所有する資産を適正な時価よりも高い価額で法人に譲渡した場合、法人側では時価と買入価額との差額について、役員に対して給与を支払ったものとして取り扱われ、役員側では時価と取得費等との差額が給与所得として課税される。

《問32》 青色申告法人の欠損金の繰越控除に関する次の記述のうち、最も適切なものはどれか。なお、各選択肢において、法人は資本金の額が5億円以上の法人に完全支配されている法人等ではない中小法人等であるものとし、ほかに必要とされる要件等はすべて満たしているものとする。

1）繰り越された欠損金額が2以上の事業年度において生じたものからなる場合、そのうち最も新しい事業年度において生じた欠損金額に相当する金額から順次損金の額に算入する。

2）欠損金額が生じた事業年度において青色申告書である確定申告書を提出した場合でも、その後の各事業年度について提出した確定申告書が白色申告書であったときは、欠損金の繰越控除の適用を受けることはできない。

3）資本金の額が1億円以下である普通法人が2023年4月1日に開始する事業年度において欠損金額を損金の額に算入する場合、繰越控除前の所得の金額を限度として、損金の額に算入することができる。

4）2013年4月1日に開始した事業年度以後の各事業年度において生じた欠損金額は、2023年4月1日に開始する事業年度において損金の額に算入することができる。

《問33》 2019年10月1日以降の消費税および地方消費税（以下「消費税等」という）の軽減税率制度に関する次の記述のうち、最も不適切なものはどれか。

1）消費税等の税率は、標準税率10％（消費税7.8％、地方消費税2.2％）および軽減税率8％（消費税6.24％、地方消費税1.76％）の複数税率である。

2）軽減税率が適用される飲食料品の譲渡における「飲食料品」とは、食品表示法に規定する食品（酒税法に規定する酒類を除く）である。

3）外食（食品衛生法施行令に規定する飲食店営業および喫茶店営業ならびにその他の飲食料品をその場で飲食させる事業を営む者が行う食事の提供）は、軽減税率の対象となる「飲食料品」の譲渡に該当しない。

4）週2回以上発行される、一定の題号を用い、政治、経済、社会、文化等に関する一般社会的事実を掲載する新聞は、すべて軽減税率の適用対象となる。

《問34》 不動産登記に関する次の記述のうち、最も適切なものはどれか。

1）所有権に関する仮登記に基づく本登記は、登記上の利害関係を有する第三者がいる場合、当該第三者の承諾の有無にかかわらず、申請することができない。

2）地目が異なる二筆の土地の場合、当該土地が接しており、表題部所有者または所有権の登記名義人が同一であるときは、合筆の登記をすることができる。

3）登記事項要約書は、インターネットを利用したオンラインによる交付請求をすることができず、当該不動産を管轄する登記所の窓口での請求に限られる。

4）登記事項証明書は、登記記録に記録されている事項の全部または一部が記載され、登記官による認証文や職印が付された書面であり、利害関係人に限りその交付を請求することができる。

《問35》 宅地建物取引業法に関する次の記述のうち、最も不適切なものはどれか。なお、本問においては、買主は宅地建物取引業者ではないものとする。

1）宅地建物取引業者が自ら売主となる宅地または建物の売買契約を締結した場合、あらかじめ買主の承諾を得たときは、売買代金の額や支払方法などの契約内容について、書面の交付に代えて、電子メールなどの電磁的方法による交付が認められる。

2）宅地建物取引業者が自ら売主となる宅地または建物の売買契約の締結に際して手付金を受領したときは、その手付金を解約手付と定めた場合に限り、買主が契約の履行に着手するまでは、当該宅地建物取引業者はその倍額を現実に提供して契約の解除をすることができる。

3）宅地建物取引業者は、宅地または建物の売買の媒介に際して、買主に対して、その売買契約が成立するまでの間に、売買の目的物に係る重要事項説明書を交付し、宅地建物取引士にその内容を説明させなければならない。

4）宅地建物取引業者が自ら売主となる宅地または建物の売買契約において、買主の債務不履行を理由とする契約の解除に伴う損害賠償の額を予定し、または違約金を定めた場合に、その合算額が売買代金の額の2割を超えるときは、当該2割を超える金額が無効となる。

《問36》 借地借家法に関する次の記述のうち、最も適切なものはどれか。なお、本問における普通借地権とは、定期借地権等以外の借地権をいう。

1）建物の所有を目的とする賃借権である借地契約の更新後に建物の滅失があった場合において、借地権者が借地権設定者の承諾を得ないで残存期間を超えて存続すべき建物を築造したときは、借地権設定者は、借地権者に対し、土地の賃貸借の解約の申入れをすることができる。

2）普通借地権の存続期間が満了し、普通借地契約を更新する場合において、当事者間の合意により更新後の期間を50年と定めることはできない。

3）建物の譲渡により建物譲渡特約付借地権が消滅した場合において、その建物の賃借人でその消滅後も建物の使用を継続している者と借地権設定者との間で、その建物について定期建物賃貸借契約を締結することはできない。

4）居住の用に供する賃貸マンションの事業運営を目的とし、かつ、存続期間を20年として定期借地権を設定することは可能である。

《問37》 農地法に関する次の記述のうち、最も適切なものはどれか。

1）個人が農地の所有権を相続により取得した場合、当該権利を取得したことを知った時点からおおむね10ヵ月以内に、農業委員会にその旨を届け出なければならない。

2）市街化区域内にある農地を物流倉庫の用地として転用する目的で譲渡する場合、その面積が3,000㎡以上のものは都道府県知事等の許可を受けなければならないが、3,000㎡未満のものは、あらかじめ農業委員会に届け出れば足りる。

3）個人が耕作する目的で農地を賃借する場合、賃貸借の存続期間は30年を超えることができず、契約でこれより長い期間を定めたときであっても、その期間は30年とされる。

4）農地の賃貸借は、その登記がなく、農地の引渡しのみである場合、これをもってその後その農地について物権を取得した第三者に対抗することができない。

《問38》 建物の区分所有等に関する法律に関する次の記述のうち、最も不適切なものはどれか。

1）規約を変更するためには、区分所有者および議決権の各3分の2以上の多数による集会の決議が必要であり、この変更が一部の区分所有者の権利に特別の影響を及ぼすときは、当該区分所有

— 14 —

者の承諾を得なければならない。

2）各区分所有者は、専有部分を目的とする所有権、敷地利用権、専有部分の床面積の割合による共用部分の持分を有し、かつ、規約に別段の定めがない限り、集会において、所有する専有部分の床面積の割合に応じた議決権割合を有する。

3）建替え決議を目的とする集会を招集する場合、原則として、招集の通知を会日より少なくとも2ヵ月前に発し、会日より少なくとも1ヵ月前までに、区分所有者に対し建替えを必要とする理由等の説明を行うための説明会を開催しなければならない。

4）形状または効用の著しい変更を伴う共用部分の変更を行うためには、原則として、区分所有者および議決権の各4分の3以上の多数による集会の決議が必要であるが、この区分所有者の定数については規約で過半数まで減ずることができる。

《問39》 登録免許税に関する次の記述のうち、最も不適切なものはどれか。

1）父から相続により土地を取得した母が、その相続登記をしないまま死亡し、長男が当該土地を相続により取得した場合、長男を当該土地の所有権の登記名義人とするため、あらかじめ母をその登記名義人とする登記については、登録免許税は課されない。

2）住宅用家屋の新築をするための借入金を担保する抵当権の設定登記に係る登録免許税の税率は、原則として0.4%であるが、「住宅取得資金の貸付け等に係る抵当権の設定登記の税率の軽減」の適用を受けることにより、その税率が0.2%に軽減される。

3）贈与により取得した住宅用家屋の所有権の移転登記に係る登録免許税については、「住宅用家屋の所有権の移転登記の税率の軽減」による税率の軽減措置は適用されない。

4）戸建て住宅を新築し、建設工事を請け負った工務店から引渡しを受け、直ちにその家屋の所在や種類、構造、床面積等を記録するための建物の表題登記をする場合、登録免許税は課されない。

《問40》 「相続財産に係る譲渡所得の課税の特例」（相続税の取得費加算の特例。以下、「本特例」という）に関する次の記述のうち、最も不適切なものはどれか。

1）相続または遺贈により取得した土地を譲渡した場合に、譲渡所得の金額の計算上、収入金額の5％相当額を当該土地の取得費とするときでも、本特例の適用を受けることができる。

2）相続または遺贈により取得した被相続人居住用家屋の敷地である土地を譲渡し、「被相続人の居住用財産（空き家）に係る譲渡所得の特別控除」の適用を受ける場合でも、本特例の適用を受けることができる。

3）相続または遺贈により取得した資産を、譲渡者の親族や同族会社などの特殊関係者に譲渡した場合でも、本特例の適用を受けることができる。

4）相続または遺贈により取得した資産を、当該相続の開始があった日の翌日から起算して3年を経過した日に譲渡した場合は、本特例の適用を受けることができる。

《問41》 不動産の有効活用の手法に関する次の記述のうち、不適切なものはいくつあるか。

(a) 事業受託方式は、その土地の立地調査、法的規制の調査、マーケティング、事業形態の決定、事業の収益性、事業資金の借入、近隣問題の解決、建設会社の選定、施工、監理、さらに事業化の過程での法律問題、税務問題等の一切の業務をディベロッパーが請け負う方式である。

(b) 建設協力金方式では、建物等を建設する際、事業パートナーが建設協力金（保証金や敷金）を事業資金に充当し、さらに建物完成後、建物を借り上げる際に保証金に転換するため、完成した建物の所有権は事業パートナーが有することになる。

— 15 —

(c) 等価交換方式は、土地の譲渡の範囲によって部分譲渡方式と全部譲渡方式に分けられるが、いずれの方式でも土地所有者は土地上の建物のすべての所有権を取得する。

(d) 定期借地権方式は、土地所有者が土地だけを借地人に賃貸し、借地人はその土地の上にオフィスビルやマンション等を建設して賃貸・運用する仕組みであるため、借地上の建物建設資金は借地人が調達する。

1) 1つ
2) 2つ
3) 3つ
4) 4つ

《問42》 贈与税の配偶者控除（以下、「本控除」という）に関する次の記述のうち、最も不適切なものはどれか。

1) 本控除の適用を受けるためには、戸籍の謄本または抄本、戸籍の附票の写し、居住用不動産の登記事項証明書を添付した贈与税の申告書を提出する必要がある。

2) 本控除の適用を受けるためには、贈与を受けた日において贈与者との婚姻期間が20年以上である必要がある。

3) 配偶者から相続税評価額が4,800万円である店舗併用住宅（店舗部分60％、居住用部分40％）の3分の1の持分の贈与を受けて本控除の適用を受けた場合において、同年中に他に贈与を受けていなくても、贈与税額が算出される。

4) 配偶者から店舗併用住宅の贈与を受けた場合に、その居住の用に供している部分の面積が、その家屋の面積のおおむね90％以上を占めているときは、その家屋の全部を居住用不動産に該当するものとして本控除の適用を受けることができる。

《問43》 相続時精算課税制度に関する次の記述のうち、最も適切なものはどれか。なお、各選択肢において、ほかに必要とされる要件等はすべて満たしているものとする。

1) 相続時精算課税適用者が、その特定贈与者から贈与を受けた場合、贈与を受けた財産の金額の合計額が2,500万円に達するまでは、贈与税の申告書を提出する必要はない。

2) 2023年4月1日に贈与により住宅取得等資金を取得した場合、贈与者の年齢がその年の1月1日において60歳未満であるときは、受贈者は相続時精算課税制度の適用を受けることはできない。

3) 養親から相続時精算課税を適用して贈与を受けた養子が、養子縁組の解消により、その特定贈与者の養子でなくなった場合でも、養子縁組解消後にその者からの贈与により取得した財産については、相続時精算課税制度が適用される。

4) 相続時精算課税の特定贈与者の相続において、相続時精算課税を適用して贈与を受けた財産を相続財産に加算した金額が遺産に係る基礎控除額以下であっても、相続税の申告は必要である。

《問44》 被相続人に対する特別の寄与に関する次の記述のうち、最も不適切なものはどれか。

1) 特別寄与者は、相続人に対し、特別寄与料の支払いの請求に代えて、遺産分割協議において遺産の全部または一部の分割を請求することはできない。

2) 被相続人と婚姻の届出をしていない内縁関係の者が、被相続人に対して無償で療養看護等をしたことにより特別の寄与をしていた場合、相続開始後、相続人に対し、特別寄与料の支払いを請

求することはできない。

3）特別寄与料の支払いについて当事者間で協議が調わない場合、または協議することができない場合、特別寄与者は、一定の期間内に、家庭裁判所に対して協議に代わる処分を請求することができる。

4）特別寄与者が複数の相続人に対して特別寄与料の支払いを請求した場合、各相続人が負担する額は、特別寄与料の額を当該相続人の数で均等に等分した額となる。

《問45》 相続の承認と放棄に関する次の記述のうち、最も不適切なものはどれか。

1）被相続人の負債額が不明であったために限定承認をした後、被相続人に2,500万円の資産と2,000万円の負債があることが判明した場合には、2,500万円の資産と2,000万円の負債が相続人に承継されることになる。

2）共同相続人のうちの1人が相続の放棄をした場合、他の相続人は、自己のために相続の開始があったことを知った時から3カ月以内に、全員が共同して申述することによっても、相続について限定承認をすることはできない。

3）相続人が、相続について単純承認したものとみなされた場合、当該相続人は、自己のために相続の開始があったことを知った時から3カ月以内であっても、相続の放棄をすることはできない。

4）被相続人が、契約者（＝保険料負担者）および被保険者、保険金受取人をその被相続人の相続人とする生命保険契約に基づき、当該相続人が死亡保険金を受け取った場合、その金額の多寡や使途にかかわらず、当該相続人は相続について単純承認したものとはみなされない。

《問46》 自筆証書遺言書保管制度に関する次の記述のうち、最も適切なものはどれか。

1）法務局において保管の対象となる遺言書は、法令で定める様式に従って作成した自筆証書遺言書で、これを封筒に入れて封印したうえで保管の申請を行う。

2）遺言書の保管の申請は、遺言者の住所地または本籍地を管轄する法務局だけでなく、推定相続人の住所地または本籍地を管轄する法務局でも行うことができる。

3）遺言書の保管の申請は、遺言者本人が法務局に出頭して行わなければならないため、遺言者本人が法務局に出頭できない場合にはこの制度を利用することができない。

4）遺言者の相続開始後、遺言者の相続人等はその遺言書を家庭裁判所に提出して検認の請求をしなければならない。

《問47》 相続税法上の債務控除に関する次の記述のうち、最も適切なものはどれか。なお、各選択肢において、相続人は日本国内に住所を有する個人であり、相続または遺贈により財産を取得したものとする。

1）被相続人が生前に購入した墓碑の購入費で、相続開始時に未払いであったものについて、相続開始後に相続人が支払った場合、その支払代金は債務控除の対象となる。

2）相続人が承継した被相続人の保証債務は、主たる債務者が弁済不能の状態であるかどうかにかかわらず、債務控除の対象となる。

3）相続人が、被相続人の1月1日から死亡日までの所得金額に係る確定申告書を提出して所得税を納付した場合であっても、その所得税額は債務控除の対象とならない。

4）相続人が、相続財産の価額の算定のために要する鑑定費用を支払った場合、その費用は、社会通念上相当な金額であっても、債務控除の対象とならない。

《問48》 「配偶者に対する相続税額の軽減」（以下、「本制度」という）に関する次の記述のうち、最も適切なものはどれか。なお、各選択肢において、相続財産には仮装または隠蔽されていた財産は含まれておらず、他に必要とされる要件等はすべて満たしているものとする。

1）本制度は、相続税の申告期限までに申告書を提出しなければ適用を受けることができない。

2）被相続人の配偶者が制限納税義務者に該当する場合でも、本制度の適用を受けることができる。

3）被相続人の配偶者が相続の放棄をした場合には、その配偶者が遺贈により取得したものとみなされる死亡保険金を受け取っていても、本制度の適用を受けることはできない。

4）配偶者は、本制度の適用を受けることにより、1億6千万円と配偶者の法定相続分相当額とのいずれか小さい金額まで財産を取得しても、納付すべき相続税額は算出されない。

《問49》 「小規模宅地等についての相続税の課税価格の計算の特例」（以下、「本特例」という）に関する次の記述のうち、最も不適切なものはどれか。なお、各選択肢において、ほかに必要とされる要件等はすべて満たしているものとする。

1）被相続人の居住の用に供されていた宅地について配偶者居住権を設定し、被相続人と同居していた配偶者が配偶者居住権に基づく敷地利用権を、同居していた子がその敷地所有権をそれぞれ相続により取得した場合、敷地利用権については特定居住用宅地等として本特例の適用を受けることができるが、敷地所有権については本特例の適用を受けることはできない。

2）被相続人の居住の用に供されていた宅地を被相続人と同居していた被相続人の子が相続により取得した場合、その子が相続開始前3年以内に国内にあるその者またはその者の配偶者の所有する家屋に居住したことがあったとしても、当該宅地は特定居住用宅地等として本特例の適用を受けることができる。

3）被相続人の居住の用に供されていた宅地を被相続人の親族でない者が遺贈により取得した場合、その者が被相続人と同居していた等の他の要件を満たしていても、当該宅地は特定居住用宅地等として本特例の適用を受けることはできない。

4）特定居住用宅地等（400㎡）、特定事業用宅地等（330㎡）の2つの宅地を相続により取得した場合、2つの宅地の面積の合計のうち660㎡までの部分について、本特例の適用を受けることができる。

《問50》 「個人の事業用資産についての贈与税の納税猶予及び免除」（以下、「本制度」という）に関する次の記述のうち、最も不適切なものはどれか。

1）贈与により特定事業用資産を取得した受贈者が本制度の適用を受けた場合、当該受贈者が納付すべき贈与税額のうち、本制度の適用を受ける特定事業用資産の課税価格に対応する贈与税額の納税が猶予される。

2）本制度の適用を受けた受贈者が死亡し、相続が発生した場合、相続税額の計算上、本制度の適用を受けた特定事業用資産について「小規模宅地等についての相続税の課税価格の計算の特例」の適用を受けることができる。

3）本制度の適用を受けるためには、受贈者は贈与者が事業の用に供している特定事業用資産を贈与により取得すればよいため、特定事業用資産のすべてを贈与により取得する必要はない。

4）本制度の対象となる特定事業用資産は、贈与者の事業の用に供されていた宅地等、建物および減価償却資産で、贈与者の前年分の事業所得に係る青色申告書に添付された貸借対照表に計上されているものとされている。

— 18 —

| FP | 1級 | 学科 |

**2023年 5月
ファイナンシャル・プランニング技能検定対策**

第1予想

1級　学科試験
〈応用編〉

試験時間 ◆ 150分

★ 注 意 ★

1．本試験の出題形式は、記述式等5題（15問）です。
2．筆記用具、計算機（プログラム電卓等を除く）の持込みが認められています。
3．試験問題については、特に指示のない限り、2022年10月1日現在施行の法令等に基づいて解答してください。

解答にあたっての注意

1. 試験問題については、特に指示のない限り、2022年10月1日現在施行の法令等に基づいて解答してください。なお、東日本大震災の被災者等に係る国税・地方税関係の臨時特例等の各種特例については考慮しないものとします。

2. 応用編の設例は、【第1問】から【第5問】まであります。

3. 各問の問題番号は、「基礎編」(50問)からの通し番号となっています。

4. 解答にあたっては、各設例および各問に記載された条件・指示に従うものとし、それ以外については考慮しないものとしてください。

5. 解答は、解答用紙に記入してください。

【第1問】 次の設例に基づいて、下記の各問（《問51》～《問53》）に答えなさい。

─《設 例》─

　X株式会社（以下、「X社」という）に勤務するAさん（40歳）は、妻Bさん（34歳）、長男Cさん（2歳）および二男Dさん（1歳）との4人暮らしである。Aさんは、子どもがまだ小さいことから、自分が就業できない状態になった場合や死亡した場合に労働者災害補償保険や公的年金制度からどのような給付が受けられるのかについて知りたいと思っている。また、公的年金制度からの障害給付や遺族給付についても理解したいと考えている。なお、親の介護に備えて介護休業に係る雇用保険からの給付についても知っておきたい。

　そこで、Aさんは、ファイナンシャル・プランナーのMさんに相談することにした。Aさんの家族に関する資料は、以下のとおりである。

〈Aさんの家族に関する資料〉
　(1)　Aさん（本人）
　　・1983年1月28日生まれ
　　・公的年金の加入歴
　　　2001年4月から現在に至るまで厚生年金保険の被保険者である（過去に厚生年金基金の加入期間はない）。
　　・全国健康保険協会管掌健康保険の被保険者である。
　　・2001年4月から現在に至るまで雇用保険の一般被保険者である。
　　・X社は労働者災害補償保険の適用事業所である。
　(2)　Bさん（妻）
　　・1988年6月3日生まれ
　　・公的年金の加入歴
　　　2007年4月から2019年3月まで厚生年金保険の被保険者である。
　　　2019年4月から現在に至るまで国民年金の第3号被保険者である。
　　・Aさんが加入する健康保険の被扶養者である。
　(3)　Cさん（長男）
　　・2020年6月20日生まれ
　(4)　Dさん（二男）
　　・2021年8月12日生まれ

※妻Bさん、長男Cさんおよび二男Dさんは、Aさんと同居し、Aさんと生計維持関係にあるものとする。
※家族全員、現在および将来においても、公的年金制度における障害等級に該当する障害の状態にないものとする。

※上記以外の条件は考慮せず、各問に従うこと。

─ 21 ─

《問51》　Mさんは、Aさんに対して、雇用保険の介護休業給付金について説明した。Mさんが説明した以下の文章の空欄①〜⑥に入る最も適切な数値を、解答用紙に記入しなさい。

　「雇用保険の一般被保険者および高年齢被保険者（以下、『被保険者』という）が、『育児休業、介護休業等育児又は家族介護を行う労働者の福祉に関する法律』に基づいて、配偶者、父母、子等の対象家族に係る介護休業を取得し、かつ、原則として、介護休業開始日前（　①　）年間にみなし被保険者期間が通算して（　②　）カ月以上ある被保険者は、雇用保険の介護休業給付金の支給対象となります。

　介護休業給付金は、同一の対象家族について介護休業を分割して取得する場合、介護休業を開始した日から通算して（　③　）日を限度に3回までに限り支給されます。なお、介護休業給付金は、一支給単位期間中に、公共職業安定所長が就業をしていると認める日数が（　④　）日以下でなければ、その支給単位期間については支給対象となりません。

　介護休業給付金の額は、介護休業期間中に事業主から賃金の支払いがない場合、一支給単位期間当たり『休業開始時賃金日額×支給日数×（　⑤　）％』の算式で算出されます。休業開始時賃金日額には、上限額および下限額が設けられており、この額は毎年8月1日に改定されます。

　介護休業給付金の支給申請は、原則として、介護休業終了日（介護休業期間が3カ月以上にわたるときは介護休業開始日から3カ月を経過する日）の翌日から起算して（　⑥　）カ月を経過する日の属する月の末日までに行う必要があります」

《問52》　Mさんは、Aさんに対して、労働者災害補償保険について説明した。Mさんが説明した以下の文章の空欄①〜⑥に入る最も適切な語句または数値を、解答用紙に記入しなさい。また、問題の性質上、明らかにできない部分は「□□□」で示してある。

　「労働者災害補償保険では、業務上の事由または通勤による労働者の負傷、疾病、障害、死亡等に対して保険給付を行うほか、社会復帰促進等事業として特別支給金等が支給されます。

　仮に、Aさんが業務上の事由による負傷または疾病の療養のために（　①　）日以上休業し、かつ、（　①　）日目以降の休業した日について事業主から賃金の支払いがない場合、所定の手続きにより、Aさんは、原則として、（　①　）日目以降の休業した日について、休業補償給付および休業特別支給金の支給を受けることができます。なお、休業の初日から（　②　）日目までの休業期間については、事業主が（　③　）法の規定に基づく休業補償を行わなければならないこととされています。

　その給付額は、原則として、休業1日につき、休業補償給付は休業給付基礎日額の□□□％相当額であり、休業特別支給金は休業給付基礎日額の（　④　）％相当額です。休業給付基礎日額とは、原則として、算定事由発生日以前3カ月間にその労働者に対して支払われた賃金の総額（賞与等を除く）を（　⑤　）で除した金額となります。

　また、療養開始後（　⑥　）を経過した日以後において、傷病が治癒せず、当該傷病による障害の程度が所定の傷病等級の第1級から第3級に該当する場合には、休業補償給付に代えて、傷病補償年金が支給されます。傷病補償年金の年金額は、その傷病等級に応じて、年金給付基礎日額の313日分、277日分または245日分となります」

— 22 —

《問53》 仮に、Ａさんが現時点（2023年6月23日）で死亡し、妻Ｂさんが遺族基礎年金、遺族厚生年金および遺族年金生活者支援給付金の受給権を取得した場合、Ａさんの死亡時における妻Ｂさんに係る遺族給付について、下記の〈条件〉に基づき、次の①～③に答えなさい。〔計算過程〕を示し、〈答〉は円単位とすること。また、年金額の端数処理は、円未満を四捨五入すること。

なお、年金額および給付金の額は年額とし、2022年度価額に基づいて計算するものとする。

① 遺族基礎年金の年金額はいくらか。
② 遺族厚生年金の年金額（本来水準による価額）はいくらか。
③ 遺族年金生活者支援給付金の額（年額）はいくらか。

〈条件〉
(1) 厚生年金保険の被保険者期間
・総報酬制導入前の被保険者期間：24月
・総報酬制導入後の被保険者期間：242月
(注) 要件を満たしている場合、みなし計算を適用すること。
(2) 平均標準報酬月額・平均標準報酬額（2022年度再評価率による額）
・総報酬制導入前の平均標準報酬月額：22万円
・総報酬制導入後の平均標準報酬額　：33万6,000円
(3) 報酬比例部分の給付乗率

総報酬制導入前		総報酬制導入後	
新乗率	旧乗率	新乗率	旧乗率
1,000分の7.125	1,000分の7.5	1,000分の5.481	1,000分の5.769

(4) 中高齢寡婦加算額
58万3,400円（要件を満たしている場合のみ加算すること）

— 23 —

【第2問】 次の設例に基づいて、下記の各問（《問54》～《問56》）に答えなさい。

《設 例》

Aさんは、上場株式と外貨建て金融商品への投資を行いたいと考えている。Aさんは、上場株式については同業種のX社とY社に関心を持っており、下記の財務データを入手した。外貨建て金融商品については、下記の米ドル建て定期預金に興味を持っている。

そこで、Aさんは、ファイナンシャル・プランナーのMさんに相談することにした。

〈X社とY社の財務データ〉 （単位：百万円）

		X社	Y社
資 産 の 部 合 計		2,600,000	3,200,000
負 債 の 部 合 計		1,790,000	2,276,000
純 資 産 の 部 合 計		810,000	924,000
内訳	株 主 資 本 合 計	730,000	744,000
	その他の包括利益累計額合計	70,000	154,000
	新 株 予 約 権	—	—
	非 支 配 株 主 持 分	10,000	26,000
売 上 高		1,100,000	1,140,000
売 上 総 利 益		280,000	340,000
営 業 利 益		104,000	132,000
営 業 外 収 益		7,000	6,000
内訳	受 取 利 息	1,000	1,200
	受 取 配 当 金	3,000	3,000
	そ の 他	3,000	1,800
営 業 外 費 用		15,000	18,000
内訳	支 払 利 息	12,000	14,000
	そ の 他	3,000	4,000
経 常 利 益		96,000	120,000
親会社株主に帰属する当期純利益		60,000	72,000
配 当 金 総 額		13,800	13,000
発 行 済 株 式 総 数		720百万株	440百万株

〈米ドル建て定期預金の概要〉

・預入期間：6カ月満期

・利率（年率）：1.0%（満期時一括償還）

・適用為替レート（円／米ドル）

	ＴＴＳ	ＴＴＭ	ＴＴＢ
購入時	123.00円	122.00円	121.00円
売却時	125.65円	124.65円	123.65円

※上記以外の条件は考慮せず、各問に従うこと。

— 24 —

《問54》 《設例》の〈X社とY社の財務データ〉に基づいて、Mさんが、Aさんに対して説明した以下の文章の空欄①～⑥に入る最も適切な語句または数値を、解答用紙に記入しなさい。なお、計算結果は表示単位の小数点以下第3位を四捨五入し、小数点以下第2位までを解答すること。また、問題の性質上、明らかにできない部分は「□□□」で示してある。

Ⅰ 「X社とY社を株式投資の代表的な評価指標である自己資本当期純利益率で比較すると、X社の値が□□□％、Y社の値が（ ① ）％であり、Y社の値のほうが上回っています。この自己資本当期純利益率は、売上高当期純利益率、使用総資本回転率、（ ② ）の3指標に分解して、その要因分析を行うことができます。使用総資本回転率については、X社の値が（ ③ ）回、Y社の値が□□□回であり、（ ② ）はX社の値が3.25倍、Y社の値が3.56倍であり、前者はX社の値のほうが上回っていますが、後者はY社の値のほうが上回っています。また、売上高当期純利益率は、X社の値が（ ④ ）％、Y社の値が□□□％であり、Y社の値のほうが上回っています」

Ⅱ 「X社とY社を財務的な安定性を測る指標であるインタレスト・カバレッジ・レシオで比較すると、X社の値が□□□倍、Y社の値が（ ⑤ ）倍であり、Y社のほうが財務的な余裕があるといえます」

Ⅲ 「X社とY社を株主への利益還元の度合いを測る指標である配当性向で比較すると、X社の値が□□□％、Y社の値が（ ⑥ ）％であり、X社のほうが株主への利益還元の度合いが高いといえます」

《問55》 《設例》の〈X社とY社の財務データ〉に基づいて、①X社のサスティナブル成長率と②Y社の使用総資本事業利益率をそれぞれ求めなさい。〔計算過程〕を示し、〈答〉は表示単位の小数点以下第3位を四捨五入し、小数点以下第2位までを解答すること。

《問56》 《設例》の〈米ドル建て定期預金の概要〉の条件で、為替予約を付けずに円貨を外貨に交換して当該外貨預金に預け入れ、満期時に円貨で受け取る場合における利回り（単利による年換算）を求めなさい。〔計算過程〕を示し、〈答〉は表示単位の小数点以下第3位を四捨五入し、小数点以下第2位までを解答すること。また、6カ月は0.5年として計算し、税金等は考慮しないものとする。

— 25 —

【第3問】 次の設例に基づいて、下記の各問（《問57》～《問59》）に答えなさい。

------《設 例》------

製造業を営むＸ株式会社（資本金40,000千円、青色申告法人、同族会社かつ非上場会社で株主はすべて個人、租税特別措置法上の中小企業者等に該当し、適用除外事業者ではない。以下「Ｘ社」という）の2023年3月期（2022年4月1日～2023年3月31日。以下、「当期」という）における法人税の確定申告に係る資料は、以下のとおりである。

〈資料〉

1．交際費等に関する事項

　　当期における交際費等の金額は19,800千円で、全額を損金経理により支出している。このうち、参加者1人当たり5千円以下の飲食費が900千円含まれており、その飲食費を除いた接待飲食費に該当するものが18,000千円含まれている（いずれも得意先との会食によるもので、専ら社内の者同士で行うものは含まれておらず、所定の事項を記載した書類も保存されている）。その他のものは、すべて税法上の交際費等に該当する。

2．減価償却に関する事項

　　当期における減価償却費は、その全額について損金経理を行っている。このうち、機械装置の減価償却費は8,400千円であるが、その償却限度額は8,170千円であった。一方、構築物の減価償却費は6,750千円で、その償却限度額は8,550千円であったが、この構築物の前期からの繰越償却超過額が1,500千円ある。

3．役員給与に関する事項

　　当期において、Ｘ社は、代表取締役であるＡさんから、時価17,000千円の土地を20,000千円で買い取った。なお、Ｘ社は、この土地の売買に係る事前確定届出給与に関する届出書は提出していない。

4．受取保険金に関する事項

　　当期において、Ｘ社が所有し、倉庫として利用していた建物（帳簿価額18,000千円）が火災により全焼した。Ｘ社は、契約している保険会社から受け取った火災保険の保険金60,000千円をもとに、代替となる建物（取得価額58,000千円）を新築し、当該建物について圧縮限度額の範囲内で帳簿価額を損金経理することにより減額した。

5．税額控除に関する事項

　　当期における所得拡大促進税制（給与等の支給額が増加した場合の法人税額の特別控除）に係る税額控除の額が200千円ある。

6．「法人税・住民税及び事業税」等に関する事項

(1)　損益計算書に表示されている「法人税、住民税及び事業税」は、預金の利子について源泉徴収された所得税額228千円・復興特別所得税額4,788円および当期確定申告分の見積納税額4,800千円の合計額5,032,788円である。なお、貸借対照表上に表示されている「未払法人税等」の当期末残高は4,800千円である。

(2)　当期中に「未払法人税等」を取り崩して納付した前期確定申告分の事業税（特別法人事業税を含む）が910千円ある。

(3)　源泉徴収された所得税額および復興特別所得税額は、当期の法人税額から控除することを選択する。

(4)　中間申告および中間納税については、考慮しないものとする。

— 26 —

※上記以外の条件は考慮せず、各問に従うこと。

《問57》 《設例》のＸ社の当期の〈資料〉と下記の〈条件〉に基づき、同社に係る〈略式別表四（所得の金額の計算に関する明細書）〉の空欄①～⑦に入る最も適切な数値を、解答用紙に記入しなさい。なお、別表中の「＊＊＊」は、問題の性質上、伏せてある。

〈条件〉
- 設例に示されている数値等以外の事項については考慮しないものとする。
- 所得の金額の計算上、選択すべき複数の方法がある場合は、所得の金額が最も低くなる方法を選択すること。

〈略式別表四（所得の金額の計算に関する明細書）〉　　　（単位：円）

区　　　分		総　額
当期利益の額		2,847,212
加	損金経理をした納税充当金	（　①　）
	減価償却の償却超過額	（　②　）
	役員給与の損金不算入額	（　③　）
算	交際費等の損金不算入額	（　④　）
	小　　計	＊＊＊
減	減価償却超過額の当期認容額	（　⑤　）
	納税充当金から支出した事業税等の金額	910,000
算	小　　計	＊＊＊
仮　　計		＊＊＊
法人税額から控除される所得税額（注）		（　⑥　）
合　　計		＊＊＊
欠損金又は災害損失金等の当期控除額		0
所得金額又は欠損金額		（　⑦　）

（注）法人税額から控除される復興特別所得税額を含む。

《問58》 前問《問57》を踏まえ、Ｘ社が当期の確定申告により納付すべき法人税額を求めなさい。〔計算過程〕を示し、〈答〉は100円未満を切り捨てて円単位とすること。

〈資料〉普通法人における法人税の税率表

	課税所得金額の区分	税率 2022年4月1日以後開始事業年度
資本金または出資金100,000千円超の法人および一定の法人	所得金額	23.2％
その他の法人	年8,000千円以下の所得金額からなる部分の金額	15％
	年8,000千円超の所得金額からなる部分の金額	23.2％

《問59》 法人税に関する以下の文章ⅠおよびⅡの下線部①〜③のうち、最も不適切なものをそれぞれ1つ選び、その適切な内容について簡潔に説明しなさい。

〈貸倒引当金〉

Ⅰ 貸倒引当金の繰入限度額は、個別評価金銭債権と一括評価金銭債権に区分して計算することとされている。

個別評価金銭債権は、①債務者において、更生計画認可の決定等の事由が生じたことその他一定の事由により、その一部につき回収の見込みがないと認められる金銭債権であり、一定の繰入限度額に達するまでの金額を損金の額に算入することができる。

これに対して、一括評価金銭債権は、売掛金、貸付金その他これらに準ずる金銭債権で、個別評価金銭債権を除いたものをいい、②原則として、実績繰入率に基づいて計算するが、中小法人または公益法人等もしくは協同組合等については法定繰入率に基づいて計算することが認められている。

実績繰入率は過去3年間の貸倒損失発生額に基づいて算出され、これを貸倒引当金の設定対象事業年度末の一括評価金銭債権の帳簿価額に乗じることにより、繰入限度額を算出する。また、法定繰入率は卸売業および小売業は1,000分の10、製造業は1,000分の8等一定の割合が定められており、③これを期末一括評価金銭債権の帳簿価額の合計額に乗じることにより、繰入限度額を算出する。

〈保険金等で取得した固定資産等の圧縮額の損金算入〉

Ⅱ 法人が、固定資産の滅失等により支払いを受けた保険金等をもって代替資産を取得した場合、圧縮限度額の範囲内で圧縮記帳が認められる。圧縮記帳の対象となる保険金は、固定資産の滅失等のあった日から3年以内に支払いの確定したものとされる。また、代替資産は、滅失等をした固定資産に代替する同一種類の固定資産とされ、滅失等をした固定資産が建物である場合、①一定期間内に取得した建物であれば代替資産となり、その構造や用途は問われない。

当期において火災保険の保険金の支払いを受けたX社においては、建物の滅失により支出した経費の額を6,000千円とした場合、②保険金等の圧縮記帳における圧縮限度額は42,000千円となる。

なお、圧縮限度額の計算上、固定資産の滅失等により支出した経費には、③類焼者に対する賠償金やけが人への見舞金、被災者への弔慰金は含まれない。

— 28 —

【第4問】 次の設例に基づいて、下記の各問（《問60》～《問62》）に答えなさい。

《設 例》

Ａさん（55歳）は、不動産業者からＡさんが所有する商業ビルの敷地を買い取りたいとの打診を受け、当該建物を取り壊して、その敷地（600㎡）を売却することにした。また、同年中に、その売却資金を元手として甲土地（取得価額：1億5,000万円、固定資産課税台帳登録価格：1億円）を取得し、甲土地の上に新たな商業ビルの建築を検討している。土地の買換えにあたっては、「特定の事業用資産の買換えの場合の譲渡所得の課税の特例」の適用を受ける予定である。

Ａさんが購入を検討している甲土地の概要は、以下のとおりである。

〈甲土地の概要〉

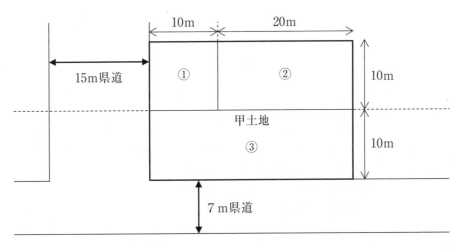

〈用途地域等〉

	①の部分	②の部分	③の部分
面　　　積	100㎡	200㎡	300㎡
用 途 地 域	準住居地域	第一種中高層住居専用地域	近隣商業地域
指 定 建 蔽 率	60%	60%	80%
指 定 容 積 率	300%	200%	400%
前面道路の幅員による容積率制限	$\frac{4}{10}$	$\frac{4}{10}$	$\frac{6}{10}$
防 火 規 制	防火地域	準防火地域	防火地域

（注）
・甲土地は600㎡の長方形の土地であり、①準住居地域に属する部分は100㎡、②第一種中高層住居専用地域に属する部分は200㎡、③近隣商業地域に属する部分は300㎡である。
・甲土地は、建蔽率の緩和について特定行政庁が指定する角地である。
・指定建蔽率および指定容積率とは、それぞれ都市計画において定められた数値である。
・特定行政庁が都道府県都市計画審議会の議を経て指定する区域ではない。

※上記以外の条件は考慮せず、各問に従うこと。

《問60》　甲土地に係る建築基準法上の規制および不動産の取得に係る税金に関する以下の文章の空
　　欄①〜⑩に入る最も適切な語句または数値を、解答用紙に記入しなさい。

〈建築基準法上の規制〉
Ⅰ　「甲土地は準住居地域、第一種中高層住居専用地域および近隣商業地域にまたがっているが、
　　甲土地に建築物を建築する場合、その建築物またはその敷地の全部について、（　①　）地域の
　　建築物の用途に関する規定が適用される」

Ⅱ　「建築基準法では、都市計画区域と準都市計画区域内において、用途地域等に応じて、建築物
　　の高さの制限を定めている。甲土地に建築する建築物に適用される高さの制限には道路斜線制限
　　と（　②　）斜線制限があり、さらに第一種中高層住居専用地域内においては、『日影による中
　　高層の建築物の高さの制限』が適用される場合を除き、（　③　）斜線制限がある。
　　　ただし、（　④　）率により計算した採光、通風等が各斜線制限により高さが制限された場合
　　と同程度以上である建築物については、各斜線制限は適用されない」

Ⅲ　「建築基準法では、建築物の延べ面積の敷地面積に対する割合（容積率）について、各種の緩
　　和措置を定めている。そのうち『特定道路までの距離による容積率制限の緩和』については、建
　　築物の敷地が、特定道路に接続する幅員6m以上12m未満の前面道路のうち当該特定道路からの
　　延長が（　⑤　）m以内の部分において接する場合に適用される。
　　　また、容積率の算定の基礎となる延べ面積の計算にあたって、専ら自動車または自転車の停留
　　または駐車のための施設の用途に供する部分（自動車車庫等部分）の床面積は、その敷地内の建
　　築物の各階の床面積の合計の（　⑥　）を限度として、延べ面積に算入しないこととされてい
　　る」

〈不動産の取得に係る税金〉
Ⅳ　「不動産の所有権を売買、交換、贈与などにより取得した場合、取得者に対して不動産取得税
　　が課される。また、取得した不動産の所有権の移転登記をする場合、登録免許税が課される。
　　　不動産取得税の額は、不動産を取得した時における不動産の価格に税率を乗じて算定される
　　が、取得した不動産が土地（宅地）である場合、不動産の価格の（　⑦　）相当額が課税標準額
　　となる。Aさんが甲土地を取得した場合、標準税率により計算した不動産取得税の額は
　　（　⑧　）万円となる。
　　　登録免許税の額は、課税標準に登記等の区分に応じた税率を乗じて算定されるが、税率には各
　　種の軽減措置が設けられており、土地の売買による所有権の移転登記に対する軽減税率は
　　（　⑨　）％とされている。Aさんが甲土地を取得し、取得後直ちに所有権の移転登記をする場
　　合、登録免許税の額は（　⑩　）万円となる」

－ 30 －

《問61》 甲土地に耐火建築物を建築する場合、次の①および②に答えなさい（計算過程の記載は不要）。〈答〉は㎡表示とすること。なお、記載のない事項については考慮しないものとする。

　① 建蔽率の上限となる建築面積はいくらか。
　② 容積率の上限となる延べ面積はいくらか。

《問62》 Aさんが、下記の〈条件〉で事業用資産である土地を譲渡し、甲土地を取得して、「特定の事業用資産の買換えの場合の譲渡所得の課税の特例」の適用を受けた場合、次の①～③に答えなさい。〔計算過程〕を示し、〈答〉は100円未満を切り捨てて円単位とすること。
　なお、譲渡所得の金額の計算上、取得費については概算取得費を用いることとし、課税の繰延割合は80％であるものとする。また、本問の譲渡所得以外の所得や所得控除等は考慮しないものとする。

　① 課税長期譲渡所得金額はいくらか。
　② 課税長期譲渡所得金額に係る所得税および復興特別所得税の合計額はいくらか。
　③ 課税長期譲渡所得金額に係る住民税額はいくらか。

〈条件〉

・譲渡資産の譲渡価額 ： 1億円
・譲渡資産の取得費　 ：不明
・譲渡費用　　　　　 ：1,800万円（仲介手数料等）
・買換資産の取得価額 ： 1億5,000万円

【第5問】次の設例に基づいて、下記の各問（《問63》～《問65》）に答えなさい。

――――――――――――――――《設 例》――――――――――――――――

　Aさん（67歳）は、非上場会社のX株式会社（以下、「X社」という）の代表取締役社長であり、推定相続人は妻Bさん（69歳）、長男Cさん（43歳）および長女Dさん（41歳）の3人である。Aさんは、近いうちに所有するX社株式をX社の専務取締役である長男Cさんに移転することを考えており、その評価額を引き下げる方策を検討している。

　また、Aさんは、長男Cさんに事業を承継するにあたり、X社の経営に一切関与していない弟Eさん（65歳）が所有しているX社株式を買い取っておきたいと考えている。

　X社の概要は、以下のとおりである。

〈X社の概要〉
　(1)　業種　飲食サービス業
　(2)　資本金等の額　8,000万円（発行済株式総数160,000株、すべて普通株式で1株につき1個の議決権を有している）
　(3)　株主構成

株主	Aさんとの関係	所有株式数
Aさん	本人	140,000株
Bさん	妻	10,000株
Eさん	弟	10,000株

　(4)　株式の譲渡制限　あり
　(5)　X社株式の評価（相続税評価額）に関する資料
　　・X社の財産評価基本通達上の規模区分は「中会社の大」である。
　　・X社は、特定の評価会社には該当しない。
　　・比準要素の状況

比準要素	X社	類似業種
1株（50円）当たりの年配当金額	2.5円	5.7円
1株（50円）当たりの年利益金額	39円	21円
1株（50円）当たりの簿価純資産価額	425円	213円

　　※すべて1株当たりの資本金等の額を50円とした場合の金額である。

　　・類似業種の1株（50円）当たりの株価の状況
　　　課税時期の属する月の平均株価　　　　　　515円
　　　課税時期の属する月の前月の平均株価　　　522円
　　　課税時期の属する月の前々月の平均株価　　492円
　　　課税時期の前年の平均株価　　　　　　　　445円
　　　課税時期の前々年の平均株価　　　　　　　440円
　　　課税時期の属する月以前2年間の平均株価　474円

― 32 ―

(6) X社の資産・負債の状況

直前期のX社の資産・負債の相続税評価額と帳簿価額は、次のとおりである。

科　目	相続税評価額	帳簿価額	科　目	相続税評価額	帳簿価額
流動資産	42,940万円	42,940万円	流動負債	14,420万円	14,420万円
固定資産	65,180万円	52,380万円	固定負債	12,900万円	12,900万円
合　計	108,120万円	95,320万円	合　計	27,320万円	27,320万円

※上記以外の条件は考慮せず、各問に従うこと。

《問63》 《設例》の〈X社の概要〉に基づき、X社株式の1株当たりの類似業種比準価額を求めなさい。〔計算過程〕を示し、〈答〉は円単位とすること。また、端数処理は、各要素別比準割合および比準割合は小数点第2位未満を切り捨て、1株当たりの資本金等の額50円当たりの類似業種比準価額は10銭未満を切り捨て、X社株式の1株当たりの類似業種比準価額は円未満を切り捨てること。

　なお、X社株式の類似業種比準価額の算定にあたり、複数の方法がある場合は、最も低い価額となる方法を選択するものとする。

《問64》 《設例》の〈X社の概要〉に基づき、X社株式の1株当たりの①純資産価額および②類似業種比準方式と純資産価額方式の併用方式による価額を、それぞれ求めなさい（計算過程の記載は不要）。〈答〉は円未満を切り捨てて円単位とすること。

　なお、X社株式の相続税評価額の算定にあたり、複数の方法がある場合は、最も低い価額となる方法を選択するものとする。

《問65》 X社株式の評価額を引き下げる方策およびX社による自己株式の買取りに関する以下の文章ⅠおよびⅡの下線部①～③のうち、最も不適切なものをそれぞれ1つ選び、その適切な内容について簡潔に説明しなさい。

〈X社株式の評価額を引き下げる方策〉
Ⅰ　類似業種比準価額については、配当を比準要素の1つとしているため、配当を低く抑えることで当該価額を引き下げることができる。また、X社が、①記念配当や特別配当などの非経常的な配当をした場合にも、類似業種比準価額を引き下げる効果が期待できる。

　純資産価額については、課税時期においてX社が有する資産を相続税評価額により評価して算出するため、相続税評価額が時価よりも低い資産を購入することにより引き下げる効果が期待できる。ただし、②純資産価額の計算上、課税時期前3年以内に取得等した土地や建物については、原則として通常の取引価額で評価することになる。

　また、Aさんの勇退時、X社の内部留保を原資として、③Aさんに適正な役員退職金を支払うことで、X社の純資産の額が引き下がるため、純資産価額を引き下げる効果が期待できるが、類似業種比準価額を引き下げる効果は期待できない。

〈X社による自己株式の買取り〉
Ⅱ　会社が個人株主との合意により自己株式を株主総会決議によって取得する場合、取得の財源に

— 33 —

ついては、自己株式の取得が剰余金の分配とされることから、取得価額の総額が分配可能額を超えることはできない。また、①取得した株式は、実質的に資本の払戻しと考えられるため、貸借対照表においては資産計上せず、取得価額をもって純資産の部の控除項目として表示することになる。

Eさんが、X社株式をX社に譲渡した場合、②譲渡価額のうち当該株式に対応する資本金等の額を超える部分の金額については、一時所得として総合課税の対象となる。

なお、仮に、Eさんが死亡し、Eさんの相続人がX社株式を相続により取得した場合に、X社が定款の定めによりEさんの相続人に対してX社株式の売渡請求を行うときには、③X社は相続があったことを知った日から1年以内に相続人に対して売渡しを請求しなければならない。

| FP | 1級 | 学科 |

2023年 5月
ファイナンシャル・プランニング技能検定対策

第2予想
1級　学科試験
〈基礎編〉

試験時間 ◆ 150分

★ 注 意 ★

1. 本試験の出題形式は、四答択一式50問です。
2. 筆記用具、計算機（プログラム電卓等を除く）の持込みが認められています。
3. 試験問題については、特に指示のない限り、2022年10月1日現在施行の法令等に基づいて解答してください。

解答にあたっての注意

1. 試験問題については、特に指示のない限り、2022年10月1日現在施行の法令等に基づいて解答してください。ただし、東日本大震災の被災者等に係る国税・地方税関係の臨時特例等の各種特例については考慮しないものとします。

2. 解答にあたっては、各問に記載された条件・指示に従うものとし、それ以外については考慮しないものとしてください。

3. 解答は、解答用紙に記入してください。

次の各問（《問1》〜《問50》）について答を1つ選び、その番号を解答用紙にマークしなさい。

《問1》 ファイナンシャル・プランニングを業として行ううえでの関連法規に関する次の記述のうち、最も適切なものはどれか。なお、本問における独占業務とは、当該資格を有している者のみが行うことができる業務であるものとし、各関連法規において別段の定めがある場合等は考慮しないものとする。

1）不動産の鑑定評価に関する法律により、他人の求めに応じて報酬を得て業として行う「不動産の鑑定評価」は、司法書士の独占業務である。

2）税理士法により、他人の求めに応じて業として行う「税務代理」「税務書類の作成」は、有償・無償を問わず、税理士の独占業務であるが、「税務相談」は、税理士の独占業務ではない。

3）社会保険労務士法により、他人の求めに応じて報酬を得て業として行う事務であって、労働社会保険諸法令に基づく「申請書等の作成、その提出に関する手続きの代行」「申請等の代理」は、社会保険労務士の独占業務であるが、「年金受給額の試算」は、社会保険労務士の独占業務でない。

4）土地家屋調査士法により、不動産の表示に関する登記について、他人の依頼を受けて業として行う「必要な土地または家屋に関する調査または測量」「登記の申請手続きまたはこれに関する審査請求の手続きについての代理」「筆界特定の手続きについての代理」は、土地家屋調査士の独占業務である。

《問2》 雇用保険マルチジョブホルダー制度に関する次の記述のうち、最も不適切なものはどれか。

1）複数の事業所で勤務する65歳以上の労働者が、そのうちの2つの事業所（1週間の所定労働時間が5時間以上20時間未満）での労働時間を合計して1週間の所定労働時間が20時間以上かつ雇用見込みが31日以上であれば、ハローワークに申し出ることによりマルチ高年齢被保険者になれる。希望しない場合は要件を満たしても、必ずしも加入する必要はない。

2）マルチ高年齢被保険者の週所定労働時間が1事業所で週20時間以上に契約変更された場合は、通常の高年齢被保険者にあたる。マルチ高年齢被保険者ではなくなるため、本人が住居所管轄ハローワークにマルチ喪失届を提出する必要がある。

3）マルチ高年齢被保険者として雇用保険の適用を希望する者は、雇用保険の資格を取得した日から雇用保険料の納付義務が発生する。

4）失業した場合に高年齢求職者給付金を受給するには、離職の日以前2年間に被保険者期間が通算1年以上あることが要件となる。被保険者期間のうち離職日から1か月ごとに区切った期間において、賃金支払基礎日数が11日以上ある月を1カ月とする。通算1年に満たない場合は、賃金支払基礎時間数が80時間以上ある月を1カ月とする。

《問3》 次の全国健康保険協会管掌健康保険の被保険者の親族のうち、全国健康保険協会管掌健康保険の被扶養者の範囲内にあるものはいくつあるか。なお、いずれも後期高齢者医療制度の被保険者等ではないものとし、主として被保険者により生計を維持しているものとする。

(a) 被保険者と同一の世帯に属する被保険者の孫（21歳）であって、年間収入が140万円のアルバイト収入のみで、その額が被保険者の年間収入の2分の1未満である者

(b) 被保険者と同一の世帯に属する被保険者の配偶者の母（70歳）であって、年間収入が190万円の公的年金のみで、その額が被保険者の年間収入の2分の1未満である者

— 37 —

(c) 被保険者と同一の世帯に属していないが、被保険者が仕送りを続けている被保険者の配偶者の弟（25歳）であって、収入のない大学院生である者

1）1つ
2）2つ
3）3つ
4）0（なし）

《問4》 公的年金の各種加算に関する次の記述のうち、最も不適切なものはどれか。
1）障害等級2級の障害厚生年金の受給権発生当時に配偶者を有しなかった者が、その後、婚姻により所定の要件を満たす配偶者を有することとなった場合でも、当該受給権者の障害厚生年金に加給年金額は加算されない。
2）中高齢寡婦加算が加算された遺族厚生年金の受給権者が65歳に達した場合、中高齢寡婦加算の支給は打ち切られるが、その者が1956年4月1日以前に生まれた者であるときは、遺族厚生年金に経過的寡婦加算が加算される。
3）夫が受給している老齢厚生年金の加給年金対象者である妻が老齢基礎年金の支給を繰り上げた場合でも、夫の老齢厚生年金に加算されていた加給年金額は打ち切られない。
4）振替加算が加算された老齢基礎年金を受給している妻が夫と離婚した場合でも、妻の老齢基礎年金に加算されていた振替加算の支給は打ち切られない。

《問5》 老齢基礎年金および老齢厚生年金の支給開始の繰上げ、繰下げに関する次の記述のうち、最も不適切なものはどれか。
1）振替加算の対象者が老齢基礎年金の繰下げ支給の申出をした場合、振替加算は、老齢基礎年金と異なり、繰り下げた月数に応じた増額の対象とならない。
2）60歳から寡婦年金を受給していた者は、老齢基礎年金の繰下げ支給の申出をすることができる。
3）65歳以後も引き続き厚生年金保険の被保険者である者が老齢厚生年金の繰下げ支給の申出をした場合、在職支給停止の仕組みにより支給停止とされる部分を含めた老齢厚生年金の年金額が、支給を繰り下げたことによる増額の対象となる。
4）1959年10月1日生まれの男性で、厚生年金保険の被保険者期間を有する者は、所定の要件を満たせば、64歳に達する前に特別支給の老齢厚生年金および老齢基礎年金を同時に繰り上げて受給することができる。

《問6》 公的年金制度の障害給付に関する次の記述のうち、最も不適切なものはどれか。
1）障害厚生年金の支給事由となった障害に係る障害認定日の属する月後における厚生年金保険の被保険者であった期間は、当該障害厚生年金の額の計算に反映される。
2）傷病の初診日において厚生年金保険の被保険者であった者が、その障害認定日において障害等級1級に該当する程度の障害の状態にあるときは、障害認定日において厚生年金保険の被保険者でなかったとしても、その者は障害厚生年金を受給することができる。
3）障害等級3級に該当する者に支給される障害厚生年金の額は、障害等級2級に該当する者に支給される障害基礎年金の額の4分の3相当額が最低保障される。
4）障害手当金は、障害等級3級に至らない程度の障害が残った者に対して一時金として支給され

— 38 —

るものであり、その額は、障害等級3級に該当した場合に支給される障害厚生年金の額の2倍に相当する額である。

《問7》 2023年5月に契約する住宅金融支援機構のフラット35およびリ・バース60に関する次の記述のうち、最も適切なものはどれか。

1）フラット35において、申込み本人（30歳、年収400万円）に同居予定の父（55歳、年収600万円）の収入を合算する場合、収入合算額を400万円とすれば借入期間を35年にできる。

2）フラット35の親子リレー返済において、満70歳以上でも申込み本人になれる。申込み本人（70歳11カ月）とその後継者である子（40歳1カ月）が2世代で住宅ローンを返済する場合、借入期間は最長39年にできる。

3）リ・バース60のノンリコース型は、担保物件（住宅および土地）の売却代金で返済した後に債務が残った場合に、残った債務を相続人が返済する必要がある。

4）リ・バース60の利用者が死亡した後に、連帯債務者ではない配偶者が融資住宅に居住している場合は、死亡した時から3年間は物件処分の手続を留保できる。

《問8》 2022年10月1日施行「育児・介護休業法」の改正事項に関する次の記述のうち、最も不適切なものはどれか。

1）育児休業については分割して2回まで取得が可能になり、出生時育児休業と合計すると1歳までの間に最大4回まで育児休業を取得することが可能になった。

2）1歳以降に育児休業を延長した場合、1歳6カ月および2歳までの間に育児休業を柔軟に開始できるようになったため、夫婦で育児休業を途中交代できるようになった。

3）出生時育児休業期間が28日間あるうち、15日間（1日8時間）就業した場合、全期間を通じて出生時育児休業給付金が支給される。

4）労使協定を締結している場合に限って、労働者の合意の下、出生時育児休業中に就業することが可能である。所定労働時間が1日8時間・1週間の所定労働日が5日の労働者が2週間休業する場合は、就業日数は5日以内・就業時間は40時間以内として、休業開始日および終了予定日の就業は8時間未満にしなければならない。

《問9》 各種賠償責任保険の一般的な補償内容に関する次の記述のうち、最も不適切なものはどれか。なお、各選択肢において、ほかに必要とされる要件等はすべて満たしているものとし、特約の付帯はないものとする。

1）サイバー保険の被保険者である会社において、テレワーク中の社員がウイルスの添付された電子メールを受領したことでパソコンがウイルス感染してしまい、出勤時に社内ネットワークに当該パソコンを接続したことで社内システムの情報が外部に漏えいしたことによる損害について、同保険の補償の対象になる。

2）個人情報漏洩保険の被保険者である小売店において、同店の営業秘密等の企業情報が漏洩した場合に、取引先に対して法律上の損害賠償責任を負担することによって生じた損害は、同保険の補償の対象となる。

3）生産物賠償責任保険（PL保険）の被保険者である配管工事業者において、工事完了後に配管工事のミスにより水漏れ事故が発生し、建物の内装が汚損した場合に、発注者に対して法律上の損害賠償責任を負担することによって生じた損害は、同保険の補償の対象となる。

4）会社役員賠償責任保険（D&O保険）の被保険者である会社において、従業員がインサイダー

取引をしたことで刑事責任を問われたことにより、会社の社会的信用が失墜した。従業員の背徳行為は、取締役らの善管注意義務違反によるものとして、株主から損害賠償を請求されたことによる損害は、同保険の補償の対象となる。

《問10》 保険法に関する次の記述のうち、最も不適切なものはどれか。

1） 保険契約者または被保険者になる者は、生命保険契約の締結に際し、保険事故の発生の可能性に関する重要な事項のうち保険者になる者が告知を求めたものについて、事実の告知をしなければならないとされている。

2） 保険法は、少額短期保険契約については適用対象となるが、共済契約については保険契約と同等の内容を有するものでも適用対象外である。

3） 被保険者は、保険契約者と信頼関係が損なわれるような重大な事由が生じた場合や親族関係が終了した場合に、保険契約者に対し、その保険契約を解除することを請求することができるとされている。

4） 保険金受取人が保険金を請求する権利および保険契約者が保険料の返還を請求する権利は、時効により3年で消滅するとされている。

《問11》 10年保証期間付終身年金（定額型）に加入していたAさんは、妻Bさんが65歳に達した2022年中に年額90万円の年金受取りが開始した。Aさんが受け取った年金に係る雑所得の金額として、次のうち最も適切なものはどれか。なお、配当金や他の所得については考慮しないものとし、計算過程における小数点以下第3位を切り上げること。

契約者（＝保険料負担者）	：Aさん（加入時48歳）
被保険者	：妻Bさん（加入時45歳）
年金受取人	：Aさん
既払込正味保険料総額	：960万円
年金支払開始日における被保険者の余命年数	：18年（所得税法施行令第82条の3）

1） 360,000円
2） 369,000円
3） 370,000円
4） 372,000円

《問12》 保険業法に関する次の記述のうち、最も適切なものはどれか。なお、各選択肢において、ほかに必要とされる要件等はすべて満たしているものとする。

1） 二以上の所属保険会社等が乗り合う保険代理店は、顧客の意向に沿った比較可能な商品の一覧を提供しなければならず、保険募集人の判断により特定の商品の提示や推奨を行ってはならない。

2） 疾病を原因とする死亡・重度障害の保険金額が500万円、保険期間が1年の定期保険は少額短期保険業者が原則として引き受けることができない。

3） 生命保険契約の契約者である個人が加入している生命保険契約を更新した場合、その者は、クーリング・オフ制度により保険契約の更新の申込みの撤回等をすることができる。

— 40 —

4）保険会社等が変額個人年金保険の契約締結をしようとするときは、あらかじめ、顧客に対し、損失が生じるおそれがあることなどを口頭で説明するルールになっている。当該契約の内容その他保険契約者等に参考となるべき情報の提供を行えば、書面を交付する必要はない。

《問13》　信用保証協会の信用保証制度に関する次の記述のうち、最も適切なものはどれか。

1）大規模な経済危機や災害等により著しい信用の収縮が全国的に生じている場合、危機関連保証として従来の保証限度額とは別枠で最大2.8億円の保証を実施する。危機関連認定案件が発動された場合に、要件に該当する中小企業者が審査のうえ認定される。

2）小規模事業者の持続的発展を支えるため、特別小口保険の保証限度額は1,250万円とされている。小口零細企業保証についても同様であり、保証割合は100％である。

3）創業チャレンジを促すべく創業関連保証の保証限度額は創業者の自己資金要件なしで、2,000万円とされている。保証割合は100％である。

4）事業承継に伴い支障が生じているとして、経済産業大臣の認定を受けた中小企業者の代表者個人が承継時に必要とする資金（株式取得資金等）の保証限度額は最大2.8億円とされている。保証割合は100％である。

《問14》　「災害被害者に対する租税の減免、徴収猶予等に関する法律」（以下、「災害減免法」という）による所得税額の軽減または免除に関する次の記述のうち、最も適切なものはどれか。なお、各選択肢において、保険金等により補てんされる金額はなく、雑損控除の適用は受けないものとし、ほかに必要とされる要件等はすべて満たしているものとする。

1）災害によって自己の所有に係る住宅や家財について生じた損害金額がその時価の2分の1であり、かつ、被害を受けた年分の合計所得金額が2,000万円である場合、災害減免法の適用を受けることができる。

2）災害によって自己の所有に係る住宅や家財について生じた損害金額がその時価の2分の1であり、かつ、被害を受けた年分の合計所得金額が1,000万円である場合は、災害減免法の適用を受けることにより、当該年分の所得税額の2分の1相当額が軽減される。

3）災害によって自己の所有に係る住宅や家財について生じた損害金額がその時価の3分の1であり、かつ、被害を受けた年分の合計所得金額が600万円である場合は、災害減免法の適用を受けることはできない。

4）災害によって自己の所有に係る住宅や家財について生じた損害金額がその時価の4分の1であり、かつ、被害を受けた年分の合計所得金額が700万円である場合、災害減免法の適用を受けることができる。

《問15》　法人が受け取る損害保険の保険金と圧縮記帳に関する次の記述のうち、最も不適切なものはどれか。なお、各選択肢において、ほかに必要とされる要件等はすべて満たしているものとする。

1）法人所有の倉庫建物内の商品が火災により全焼し、受け取った火災保険金でその事業年度中に焼失前と同一の商品を購入した場合、圧縮記帳の適用対象とならない。

2）法人所有の工場建物内の機械設備が火災により滅失し、火災保険金の額が確定する前に滅失した機械設備に係る代替資産を取得した場合でも、圧縮記帳の適用対象となる。

3）法人所有の工場建物が火災により滅失し、受け取った火災保険金を当該建物が滅失した時点において既に建設中であった工場建物の建設費用に充当した場合、圧縮記帳の適用対象となる。

― 41 ―

4）法人所有の工場建物が火災により滅失し、受け取った火災保険金でその事業年度中に倉庫建物を新たに取得した場合は、圧縮記帳の適用対象となる。

《問16》 投資信託に関する次の記述のうち、最も不適切なものはどれか。

1）投資信託の基準価額は、計算日における当該信託財産の価額の合計額を受益権総口数で除して得た額とされ、原則として毎営業日計算される。

2）運用管理費用（信託報酬）は、同一の投資信託の銘柄であれば、販売会社による差異はなく、一般に、アクティブ型投資信託よりもインデックス型投資信託のほうが高い傾向がある。

3）信託財産留保額は、通常、信託期間中に投資信託を換金する際に徴収され、換金時の基準価額に所定の料率を乗じて算出されるが、投資信託委託会社等の収入ではない。

4）投資信託のトータルリターンは、「評価金額＋累計受取分配金額＋累計売付金額－累計買付金額」により算出される金額とされ、原則として、販売会社は、投資者に対して年1回以上通知することが義務付けられている。

《問17》 各種信託商品の一般的な特徴に関する次の記述のうち、最も不適切なものはどれか。

1）暦年贈与信託は、委託者が拠出した信託財産のうち毎年一定額を受益者に給付する旨の贈与契約書を作成して設定される信託であり、年間給付額のうち贈与税の基礎控除額（110万円）までは非課税である。

2）後見制度支援信託では、信託契約の締結、一時金の交付、信託の変更・解約等の手続が、あらかじめ家庭裁判所が発行する指示書に基づいて行われる。

3）遺言代用信託は、委託者の生存中は委託者本人が受益者として給付を受け、委託者の死亡後には、委託者が信託設定にあたって作成した公正証書遺言がある場合に当該遺言により指定された者が給付を受けることができる仕組みである。

4）特定贈与信託は、特定障害者の生活の安定に資することを目的に設定される信託であり、委託者が拠出する信託財産について、受益者が特別障害者の場合は6,000万円、特別障害者以外の特定障害者の場合は3,000万円を限度に贈与税が非課税とされる。

《問18》 債券の利回りに関する次の記述のうち、最も適切なものはどれか。なお、計算過程は小数点以下第5位、解答は表示単位で小数点以下第3位を四捨五入すること。

1）表面利率0.6％、利払い年1回、複利最終利回り0.3％、残存期間3年の利付債券Xのデュレーションは、3.00年である。

2）単価96.97円、残存期間4年の割引債券Yの複利最終利回りは、年1.55％である。

3）残存期間の短い債券の利回りと残存期間の長い債券の利回りの差が大きくなると、イールドカーブはフラット化する。

4）純粋期待仮説が成立しているものとすると、将来の短期金利が上昇するという期待がある場合には、長期金利も時間の経過に伴って上昇することになり、イールドカーブは右上がりの順イールドになる。

《問19》 非課税累積投資契約に係る少額投資非課税制度に関する次の記述のうち、最も適切なものはどれか。なお、各選択肢において、当該非課税制度における累積投資勘定を「つみたてNISA勘定」という。

1）つみたてNISA勘定を通じて購入することができる公募株式投資信託等の限度額（非課税

－ 42 －

枠）は年間80万円であり、その分配金や譲渡益等の非課税期間は、当該つみたてNISA勘定が設けられた日の属する年の1月1日から最長10年間である。

2）つみたてNISA勘定を通じて購入することができる金融商品は、所定の要件を満たす公募株式投資信託、ETF（上場投資信託）およびJ-REIT（上場不動産投資信託）に限られ、上場株式や国債、社債などは対象とならない。

3）特定口座を開設している金融機関において、つみたてNISA勘定を設定した場合、特定口座に受け入れている公募株式投資信託等をつみたてNISA勘定に移管することができる。

4）つみたてNISA勘定を通じた公募株式投資信託等の購入は、累積投資契約に基づき、あらかじめ購入する銘柄を指定したうえで、定期的に継続して一定金額の購入を行う方法に限定されている。

《問20》 2022年4月4日に行われた東京証券取引所の市場構造の再編に関する次の記述のうち、最も適切なものはどれか。

1）東京証券取引所プライム市場に上場するための基準のうち、株主数については10,000人以上の要件を満たす必要がある。

2）東京証券取引所スタンダード市場に上場するための基準のうち、流通株式数については2,000単位以上の要件を満たす必要がある。

3）JPX日経インデックス400は、東京証券取引所プライム市場に上場している銘柄から一定の基準により選定された400銘柄を対象とする株価指数である。

4）東証株価指数（TOPIX）は、東京証券取引所プライム市場に上場している全銘柄を対象とする株価指数である。

《問21》 株式の信用取引に関する次の記述のうち、最も不適切なものはどれか。

1）制度信用取引では国内上場株式のうち、取引所が選定した制度信用銘柄が対象となるのに対し、一般信用取引では上場銘柄のうち、各証券会社が独自に選定した銘柄が対象となる。

2）制度信用取引において、顧客が預託する委託保証金は、金銭のほか、国債、上場株式、ETF（上場投資信託）などの有価証券で代用することが認められている。

3）一般信用取引を行う場合、貸借銘柄については逆日歩が発生することがあるが、制度信用取引を行う場合、逆日歩が発生することはない。

4）委託保証金率が30％である場合に、60万円の委託保証金を金銭で差し入れているときは、約定金額200万円まで新規建てすることができる。

《問22》 以下の〈条件〉で、為替予約を付けずに円貨を外貨に交換して外貨預金に預け入れ、満期時に円貨で受け取る場合における利回り（単利による年換算）として、次のうち最も適切なものはどれか。なお、6カ月は0.5年として計算し、税金等は考慮せず、計算結果は表示単位の小数点以下第3位を四捨五入すること。

〈条件〉
・外貨預金の期間、通貨、利率
　期間6カ月の米ドル建て定期預金、利率2.0％（年率）

— 43 —

・為替レート

	ＴＴＳ	ＴＴＭ	ＴＴＢ
預入時為替レート	112.15円	111.15円	110.15円
満期時為替レート	118.25円	117.25円	116.25円

1）3.27％

2）4.69％

3）6.54％

4）9.38％

《問23》 期待利子率が3.5％、期待成長率が1.63％、１株当たりの予想配当が15円の場合、定率で配当が成長して支払われる配当割引モデルにより計算した当該株式の内在価値（理論株価）として、次のうち最も適切なものはどれか。なお、計算結果は表示単位の小数点以下第３位を四捨五入すること。

1）292.40円

2）428.57円

3）802.14円

4）920.24円

《問24》 消費者契約法に関する次の記述のうち、最も不適切なものはどれか。

1）事業者が消費者契約の勧誘に際し、当該消費者契約の目的となるものの分量が当該消費者にとっての通常の分量を著しく超えるものであることを知っていた場合において、消費者がその勧誘により当該消費者契約の申込みをしたときは、消費者はこれを取り消すことができる。

2）事業者が消費者契約の勧誘に際し、当該消費者契約の目的となるものが当該消費者の重要な利益についての損害または危険を回避するために通常必要であると判断される事情について、事実と異なることを告げ、消費者がその内容が事実であると誤認をし、それによって当該消費者契約の申込みをしたときであっても、消費者の誤認に基づくものであることから、消費者はこれを取り消すことができない。

2）消費者契約法において、消費者契約の解除に伴って消費者が支払う損害賠償額を予定する条項を定めた場合において、その額が、当該契約と同種の消費者契約の解除に伴って事業者に生ずべき平均的な損害の額を超えるときは、その超える部分が無効とされる。

4）消費者が消費者契約法に基づく消費者契約の取消権を行使する場合、行使することができる期間は、消費者が追認をすることができる時から１年間または当該消費者契約の締結の時から５年間とされている。

《問25》 居住者に係る所得税の配当所得に関する次の記述のうち、最も不適切なものはどれか。

1）納税者が契約者（＝保険料負担者）となっている生命保険契約に基づいて受け取った契約者配当金は、配当所得としては課税されない。

2）内国法人から支払を受ける非上場株式の配当については、原則として、１銘柄につき１回の配当金額が10万円以下であれば、受け取った株主が有する当該株式の保有割合にかかわらず、確定申告不要制度を選択することができる。

3）内国法人から2023年９月30日以前に支払を受ける非上場株式の配当については、受け取った株

主が有する当該株式の保有割合が3％以上の場合に限り、その支払いの際に所得税および復興特別所得税が源泉徴収され、住民税は特別徴収されない。

4）内国法人から支払を受ける上場株式の配当について申告分離課税を選択した場合、その配当所得の金額は、同一年中に非上場株式を譲渡したことにより生じた損失の金額と損益通算することができない。

《問26》 居住者に係る所得税における減価償却に関する次の記述のうち、最も不適切なものはどれか。

1）現に採用している償却方法を変更しようとする場合には、新たな償却方法を採用しようとする年の3月15日までに、変更理由を記載した「減価償却資産の償却方法の変更承認申請書」を納税地の所轄税務署長に提出しなければならない。

2）新たな種類の減価償却資産を取得し、「減価償却資産の償却方法の届出書」を納税地の所轄税務署長に提出しなかった場合、その償却方法は定額法となる。

3）所定の要件を満たす青色申告者が、取得価額が10万円以上30万円未満の減価償却資産を取得して業務の用（貸付用ではない）に供した場合、その業務の用に供した年分における少額減価償却資産の取得価額の合計額が300万円に達するまでは、その取得価額の全額をその年分の必要経費に算入することができる。

4）取得して業務の用に供した減価償却資産の使用可能期間が3年未満である場合、取得に要した金額の多寡にかかわらず、その取得価額の全額をその業務の用に供した年分の必要経費に算入する。

《問27》 2022年分の居住者に係る所得税の「特定一般用医薬品等購入費を支払った場合の医療費控除の特例」（以下、「本特例」という）に関する次の記述のうち、最も不適切なものはどれか。

1）本特例の対象となる特定一般用医薬品等購入費は、要指導医薬品および一般用医薬品のうち、医療用から転用された医薬品（類似の医療用医薬品が医療保険給付の対象外のものを除く）等のうち一定のものの購入費である。

2）本特例の適用を受けるためには、特定健康診査、予防接種、定期健康診断、健康診査、がん検診等、健康の維持増進および疾病予防の一定の取組みを行っていなければならない。

3）本特例は、従来の医療費控除とは選択適用である。

4）本特例の控除額は、その年中に支払った特定一般用医薬品等購入費の合計額が1万2千円を超える場合、その超える部分の金額（10万円を限度とする）である。

《問28》 居住者に係る所得税の納付等に関する次の記述のうち、最も適切なものはどれか。

1）確定申告により納付すべき所得税額の3分の1に相当する金額以上の所得税を納期限までに納付した者は、納期限までに納税地の所轄税務署長に延納届出書を提出することにより、原則として、その年の5月31日までその残額の納付を延期することができる。

2）予定納税基準額が15万円以上である場合、原則として、7月1日から7月31日までの期間と11月1日から11月30日までの期間において、それぞれ予定納税基準額の3分の1に相当する金額の所得税を納付することとされている。

3）税務署長等の再調査の請求に係る決定後の処分になお不服があるときは、原則として、再調査決定書の謄本の送達があった日の翌日から6カ月以内に、国税不服審判所長に対して審査請求を

— 45 —

することができる。

4）税務署長等が行った更正や決定などの処分に不服があるときは、原則として、処分の通知を受けた日の翌日から6カ月以内に、処分をした税務署長等に対して再調査の請求をしなければならない。

《問29》 「特定居住用財産の譲渡損失の損益通算及び繰越控除」（以下、「本特例」という）に関する次の記述のうち、不適切なものはいくつあるか。

(a) 合計所得金額が3,000万円を超える年分については、本特例による損益通算の適用を受けることはできない。

(b) 本特例の対象となる譲渡損失の金額は、譲渡に係る契約を締結した日の前日における当該譲渡資産に係る住宅借入金等の残額が限度となる。

(c) 本特例の対象となる家屋は、現に居住の用に供している家屋または居住の用に供されなくなった日以後3年を経過する日までに譲渡される家屋に限られる。

(d) 本特例の適用を受けるためには、譲渡した居住用財産の所有期間が譲渡した日の属する年の1月1日において5年を超えていなければならない。

1）1つ
2）2つ
3）3つ
4）4つ

《問30》 株主は社長とその配偶者のみである株式会社X社（資本金3,000万円）について適用される法人税法上の欠損金の繰越控除と繰戻還付に関する次の記述のうち、最も不適切なものはどれか。なお、各選択肢において、ほかに必要とされる要件等はすべて満たしているものとする。

1）災害により被災した資産について生じた損失の金額は、青色申告書を提出していない事業年度において生じたものでも、繰越控除の適用が認められる。

2）欠損金額が生じた事業年度において青色申告書である確定申告書を提出していれば、繰戻を受ける事業年度について提出した確定申告書が青色申告書以外であっても、繰戻還付の適用が認められる。

3）欠損金額が生じた事業年度において青色申告書である確定申告書を提出していれば、その後の事業年度について提出した確定申告書が青色申告書以外であっても、繰越控除の適用が認められる。

4）2018年4月1日以後に開始する事業年度において生じた欠損金がある場合は、一定の要件を満たすことにより、10年間に限り各事業年度の所得の金額の計算上、各事業年度の所得の金額を限度として、その繰越欠損金が損金の額に算入される。

《問31》 法人の各種届等に関する次の記述のうち、最も適切なものはどれか。

1）内国法人である普通法人は、事業年度が6カ月を超える場合、原則として、納税地の所轄税務署長に対し、事業年度開始の日以後6カ月を経過した日から1カ月以内に法人税の中間申告書を提出し、事業年度終了の日の翌日から1カ月以内に法人税の確定申告書を提出することとされている。

2）過去に行った確定申告について、計算に誤りがあったことにより、納付した税額が過大であったことが判明した場合、原則として法定申告期限から3年以内に限り、更正の請求をすることができる。

3）法人を設立した場合には、設立の日以後2カ月以内に、所定の書類を添付して、法人設立届出書を納税地の所轄税務署長に提出することとされている。

4）内国法人である普通法人が設立第1期目から青色申告の承認を受けようとする場合、原則として、設立の日以後2カ月を経過した日と設立第1期の事業年度終了の日とのうちいずれか早い日の前日までに、青色申告承認申請書を納税地の所轄税務署長に提出することとされている。

《問32》 内国法人が支出する交際費等（租税特別措置法の「交際費等の損金不算入」に規定するものをいう）に関する次の記述のうち、最も適切なものはどれか。なお、当該法人は2022年4月1日から2023年3月31日までの間に事業を開始する1年決算法人であり、設立事業年度等ではないものとする。また、資本金の額が5億円以上の法人等による完全支配関係はないものとする。

1）期末の資本金の額が1億円を超える法人が支出した交際費等のうち、接待飲食費以外のために支出した額は、一定の金額を超えた部分につき損金不算入となる。

2）期末の資本金の額にかかわらず、法人が支出した交際費等のうち、接待飲食費の一定割合については、損金の額に算入できる。

3）期末の資本金の額が1億円以下である法人が支出した交際費等のうち、接待飲食費のために支出した額が2,000万円の場合、損金の額に算入できる交際費等の額は1,000万円である。

4）期末の資本金の額が1億円以下である法人が支出した接待飲食費を含む交際費等の額が年間1,000万円の場合、その全額を損金算入することができる。

《問33》 消費税に関する次の記述のうち、最も適切なものはどれか。

1）簡易課税制度の適用を受ける事業者が2種類以上の事業を行い、そのうち1種類の事業の課税売上高が全体の課税売上高の60％以上を占める場合は、その事業のみなし仕入率を全体の課税売上高に対して適用することができる。

2）消費税の課税事業者である個人は、原則として、消費税の確定申告書をその年の翌年3月15日までに納税地の所轄税務署長に提出しなければならない。

3）新たに開業した個人事業者は、開業した年分における課税売上高が1,000万円を超える場合、消費税の納税義務は免除されない。

4）簡易課税制度を選択し、課税売上高に係る消費税額からみなし仕入率による仕入れに係る消費税額を控除した金額がマイナスとなる場合でも、消費税額の還付を受けることはできない。

《問34》 筆界特定制度に関する次の記述のうち、最も不適切なものはどれか。

1）筆界特定制度は、隣接する土地との境界を定めるものであるため、筆界特定書の写しは、隣地所有者などの利害関係を有する者に限り、対象となった土地を管轄する登記所においてその交付を受けることができる。

2）隣接する土地との筆界について筆界特定の申請をする場合、各土地の所有者が共同して申請する必要はない。

3）筆界特定制度によらず各土地の所有者同士の合意により、隣接する土地との筆界を変更することはできない。

4）筆界特定制度は、筆界特定登記官が土地の筆界の現地における位置を特定する制度であるが、筆界特定により各土地の所有者が有する所有権の及ぶ範囲が確定することはない。

《問35》 宅地建物取引業法の媒介契約に関する次の記述のうち、最も適切なものはどれか。

1）専任媒介契約の有効期間は、依頼者の申出により更新することができるが、当初の契約締結時にあらかじめ自動更新する旨の特約を定めることも有効である。

2）専任媒介契約を締結した宅地建物取引業者は、契約の相手方を探索するため、専任媒介契約の締結の日から7日以内（休業日を除く）に指定流通機構に物件情報の登録をしなければならない。

3）専属専任媒介契約を締結した宅地建物取引業者は、依頼者に対し、当該専属専任媒介契約に係る業務の処理状況を、2週間に1回以上報告しなければならない。

4）専任媒介契約の有効期間は3カ月が上限とされるが、依頼者の申出により有効期間を更新する場合は、更新後の有効期間に上限はない。

《問36》 借地借家法に関する次の記述のうち、最も不適切なものはどれか。なお、本問においては、借地借家法における定期建物賃貸借契約を定期借家契約といい、それ以外の建物賃貸借契約を普通借家契約という。

1）自己の居住の用に供するために賃借している建物（床面積200㎡未満）の定期建物賃貸借契約において、転勤により建物を自己の生活の本拠として使用することが困難となったときは、賃借人は、解約の申入れの日から1ヵ月後に当該賃貸借を終了させることができる。

2）定期建物賃貸借契約は、契約の更新がなく、期間の満了により建物の賃貸借は終了するが、賃貸借について当事者間で合意すれば、定期建物賃貸借契約を再契約することができる。

3）定期借家契約は、公正証書等の書面または電磁的記録で締結しなければならないため、口頭によって契約の更新がない旨を定めた建物賃貸借契約を締結しても、その契約は定期借家契約とならない。

4）契約の更新がなく、期間満了により賃貸借が終了する旨を定めた建物賃貸借契約を締結した賃貸人が、あらかじめ賃借人に対してその旨を書面を交付または賃借人の承諾を得て当該書面に記載すべき事項を電磁的方法により提供して説明していなかった場合でも、賃貸借期間の満了時に、あらためて契約の更新がなく、期間満了により賃貸借が終了する旨を通知した賃貸人は、賃借人からの契約の更新の請求を拒絶することができる。

《問37》 建築基準法に規定する建築物の高さの制限、日影規制（日影による中高層の建築物の高さの制限）に関する次の記述のうち、最も不適切なものはどれか。

1）田園住居地域内における建築物の高さは、原則として、10mまたは12mのうち都市計画で定められた限度を超えることができない。

2）道路斜線制限は、すべての用途地域内における一定の建築物に適用される。

3）日影規制の対象区域外にある高さが5mを超える建築物で、夏至日において、日影規制の対象区域内の土地に日影を生じさせるものは、当該対象区域内にある建築物とみなして日影規制が適用される。

4）日影規制の対象となる建築物が、一定の採光、通風等が確保されるものとして天空率に適合する場合でも、日影規制の適用が緩和されることはない。

《問38》 建物の区分所有等に関する法律に関する次の記述のうち、最も不適切なものはどれか。

1）管理費が未払いのまま区分所有権の譲渡が行われた場合、管理組合は、元の所有者に対して当該管理費を請求できるだけではなく、買主に対しても当該管理費を請求することができる。

2）管理組合の法人化にあたっては、区分所有者および議決権の各4分の3以上の多数による集会の決議と、その主たる事務所の所在地において登記をする必要がある。

3）区分所有建物の建替え決議は、集会において区分所有者および議決権の各5分の4以上の多数による必要があり、この区分所有者および議決権の定数については規約で減ずることはできない。

4）専有部分が数人の共有に属するときは、共有者は総会に出席し、全員で議決権を行使することができる。

《問39》 不動産の取得に係る税金に関する次の記述のうち、最も不適切なものはどれか。なお、記載のない事項については考慮しないものとする。

1）被相続人の相続人以外の者が、被相続人が作成した遺言による特定遺贈により土地を取得した場合、不動産取得税が課される。

2）被相続人の相続人である者が、被相続人との死因贈与契約に基づき、被相続人の相続開始に伴って土地を取得した場合、不動産取得税が課される。

3）個人が所有する土地の上に新築した家屋について、所在、家屋番号、構造、床面積などが記録される表題登記を行う場合、登録免許税が課される。

4）父の相続により土地を取得した母が、その相続登記をしないまま死亡し、長男が当該土地を相続により取得した場合、母を当該土地の所有権の登記名義人とする相続登記については、登録免許税は課されない。

《問40》 借地権の設定に際して権利金を支払う取引上の慣行のある地域において、賃貸マンションおよび敷地である甲土地を所有しているAさんは、不動産管理会社の設立を検討している。Aさんが、設立した不動産管理会社に対して、賃貸マンションの建物を売買により移転し、甲土地を貸し付けた場合、「土地の無償返還に関する届出書」に関する次の記述のうち、最も不適切なものはどれか。

1）不動産管理会社が、権利金を支払わず、甲土地を通常の地代による賃貸借契約により借り受け、「土地の無償返還に関する届出書」を提出した場合において、Aさんに相続が開始したときは、相続税額の計算上、甲土地は「小規模宅地等についての相続税の課税価格の計算の特例」の適用を受けることができない。

2）不動産管理会社が、権利金や地代を支払わず、甲土地を使用貸借契約により借り受け、「土地の無償返還に関する届出書」を提出した場合において、Aさんに相続が開始したときは、相続税額の計算上、甲土地の価額は自用地評価額で評価される。

3）不動産管理会社が、権利金を支払わず、甲土地を通常の地代による賃貸借契約により借り受け、「土地の無償返還に関する届出書」を提出した場合において、Aさんに相続が開始したときは、相続税額の計算上、甲土地の価額は「自用地評価額×80％」の算式により評価される。

4）不動産管理会社が、権利金や地代を支払わず、甲土地を使用貸借契約により借り受けた場合において、「土地の無償返還に関する届出書」を提出しないときは、不動産管理会社に対して権利金の認定課税が行われる。

— 49 —

《問41》 下記の〈条件〉に基づく不動産投資におけるＤＳＣＲ（借入金償還余裕率）として、次のうち最も適切なものはどれか。なお、収入は年間の空室率を25％として計算し、記載のない事項については考慮せず、計算結果は小数点以下第3位を四捨五入すること。

〈条件〉

投 資 条 件：賃貸アパート（全20戸）
投 資 額：2億円（自己資金8,000万円、借入金額1億2,000万円）
賃 貸 収 入：月額家賃12万円（1戸あたり）
運 営 費 用：年間450万円（借入金の支払利息は含まれていない）
借入金返済額：年間700万円（元利均等返済、返済期間25年）
※1年目の内訳　元金部分320万円　利息部分380万円

1）2.44
2）3.09
3）3.47
4）4.11

《問42》 Ａさん（33歳）は、事業資金として、2023年2月に父親（69歳）から現金700万円の贈与を受け、2023年3月に叔母（63歳）から現金300万円の贈与を受けた。Ａさんの2023年分の贈与税額として、次のうち最も適切なものはどれか。なお、いずれも贈与税の課税対象となり、暦年課税を選択するものとする。また、Ａさんは2023年中にほかに贈与は受けていないものとする。

〈贈与税の速算表（一部抜粋）〉

基礎控除後の課税価格		特例贈与財産		一般贈与財産	
		税率	控除額	税率	控除額
万円超	万円以下				
	～ 200	10%	—	10%	—
200	～ 300	15%	10万円	15%	10万円
300	～ 400	15%	10万円	20%	25万円
400	～ 600	20%	30万円	30%	65万円
600	～ 1,000	30%	90万円	40%	125万円

1）177万円
2）193万2,000円
3）214万8,000円
4）231万円

《問43》 「直系尊属から住宅取得等資金の贈与を受けた場合の贈与税の非課税」（以下、「本特例」という）に関する次の記述のうち、最も不適切なものはどれか。なお、各選択肢において、受贈者が取得する住宅の対価等の額に含まれる消費税等の税率は10%であるものとする。

1）父母それぞれから住宅取得等資金の贈与を受け、一定の省エネ等住宅に該当する住宅用家屋の新築等に係る契約を締結して本特例の適用を受ける場合、父母から受けた贈与を合計した金額のうち、一定額までの贈与税が非課税とされる。

2）本特例の対象となる住宅取得等資金は、住宅用家屋の取得等の対価に充てるための金銭が対象となるため、不動産仲介手数料や不動産取得税、登録免許税などの住宅用家屋の取得等に要した費用に充てるための金銭は含まれない。

3）祖父から贈与を受けた住宅取得等資金により住宅用家屋の新築に先行してその敷地の用に供される土地を取得し、その翌年3月1日に当該土地の上に住宅用家屋を新築した場合、本特例の適用を受けることができる。

4）祖父から贈与を受けた住宅取得等資金により取得した店舗併用住宅について、店舗として使用する部分の床面積が100㎡で、住宅として使用する部分の床面積が150㎡である場合、本特例の適用を受けることができる。

《問44》 贈与税の課税財産に関する次の記述のうち、最も適切なものはどれか。

1）子が資力を喪失して銀行借入金を返済することが困難である状況にある場合において、父が子の銀行借入金を肩代わりしたときは、その子が受けた利益については贈与とみなされて贈与税が課税される。

2）父所有の土地の名義を子に変更した場合において、子が対価を支払わなかったときでも、子に贈与税は課税されない。

3）離婚による財産の分与として取得した財産は、その財産の価額の多寡にかかわらず、贈与税は課税されない。

4）生命保険契約に基づき満期保険金を受け取った場合において、受取人以外の者が保険料を負担していたときは、その満期保険金は贈与により取得したものとみなされる。

《問45》 民法における遺言に関する次の記述のうち、最も適切なものはどれか。

1）公正証書遺言の遺言者が、公正証書遺言の正本を故意に破棄した場合でも、その破棄した部分について遺言を撤回したものとはみなされない。

2）法務局による遺言書保管制度を利用した自筆証書遺言および秘密証書遺言は、相続開始後、家庭裁判所に提出して、その検認を請求する必要がない。

3）公正証書遺言を作成する際の証人として、遺言者の推定相続人および受遺者は証人になることができないが、受遺者の配偶者は証人になることができる。

4）遺言者が公正証書遺言と自筆証書遺言を作成しており、それぞれの内容が異なっている場合、民法上、その異なっている部分については、公正証書遺言の内容が優先して効力を有する。

《問46》 配偶者居住権および配偶者短期居住権に関する次の記述のうち、最も不適切なものはどれか。

1）配偶者居住権は、他者に譲渡することはできず、取得した配偶者が死亡した場合には、相続の対象となる。

2）配偶者居住権は、相続開始後に配偶者が対象となる建物を引き続き居住の用に供し、その設定

の登記をすることで、第三者に対抗することができる。
3）配偶者短期居住権は、遺産分割により対象となる建物の帰属が確定した日または相続開始の時から6カ月を経過する日のいずれか遅い日までの間、当該建物を無償で使用することができる権利である。
4）配偶者短期居住権を取得することができる配偶者は、被相続人との婚姻期間にかかわらず、相続開始時において、被相続人が所有していた建物に無償で居住していた者である。

《問47》 相続税額の2割加算に関する次の記述のうち、最も不適切なものはどれか。なお、各選択肢において、相続人はいずれも相続税の納付税額が発生するものとする。
1）相続において被相続人の妹の子（被相続人の姪）が財産を取得し、その姪が被相続人の妹の代襲相続人である場合、姪は相続税額の2割加算の対象となる。
2）相続において被相続人の子とその子（被相続人の孫）が財産を取得し、その孫が被相続人の養子となっている場合、孫は相続税額の2割加算の対象となる。
3）相続税額の2割加算の対象となる者が未成年者控除の適用を受ける場合、相続税額の計算上、その者の相続税額の100分の20に相当する金額を加算した後の金額から未成年者控除額を控除する。
4）2023年2月に贈与を受けた金銭につき「直系尊属から結婚・子育て資金の一括贈与を受けた場合の贈与税の非課税」の適用を受けた場合において、当該非課税に係る管理残額を遺贈により取得した孫は、相続税額の2割加算の対象とならない。

《問48》 2023年中に開始した相続における相続税の納税義務者と課税財産に関する次の記述のうち、最も不適切なものはどれか。なお、各選択肢において、相続人はいずれも個人であり、被相続人から日本国内にある財産（以下、「国内財産」という）および日本国外にある財産（以下、「国外財産」という）を相続により取得したものとする。また、相続時精算課税の適用を受けていないものとし、複数の国籍を有する者はいないものとする。
1）日本国籍を有する被相続人が相続開始時に日本国内に住所を有し、日本国籍を有する相続人が相続による財産取得時の15年前から日本国外に住所を有する場合、相続人が取得した国内財産および国外財産はいずれも相続税の課税対象となる。
2）日本国籍を有する被相続人が相続開始時の16年前から日本国外に住所を有し、日本国籍を有する相続人が相続による財産取得時の13年前から日本国外に住所を有する場合、相続人が取得した国外財産は相続税の課税対象とならない。
3）日本国籍を有する被相続人が相続開始時の8年前から日本国外に住所を有し、外国国籍を有する相続人が相続による財産取得時の20年前から日本国外に住所を有する場合、相続人が取得した国内財産および国外財産はいずれも相続税の課税対象となる。
4）日本国籍を有する被相続人が相続開始時の12年前から日本国外に住所を有し、日本国籍を有する相続人が相続による財産取得時の7年前から日本国外に住所を有する場合、相続人が取得した国外財産は相続税の課税対象とならない。

《問49》 相続税の申告に関する次の記述のうち、最も適切なものはどれか。
1）相続税の申告書の提出先は、被相続人の死亡の日における住所または居所を所轄する税務署長である。
2）相続税の申告期限までに遺産分割協議が成立しない場合には、申告期限の延長の申請をするこ

とにより、申告期限を最長6カ月間延長することができる。

3）相続または遺贈により財産を取得し、納付すべき相続税額がないために申告書の提出義務がな
かった者が、その後において遺言書が発見されたことにより新たに納付すべき相続税額があるこ
ととなった場合においては、修正申告書を提出することができる。

4）相続時精算課税適用者は、特定贈与者の死亡によりその特定贈与者から贈与により取得した財
産を相続税の課税価格に算入した財産の価額の合計額が遺産に係る基礎控除額以下である場合で
も、相続税の申告書を提出しなければならない。

《問50》 下記の〈X社の配当金額等のデータ〉に基づき、X社株式の1株当たりの配当還元価額と
して、次のうち最も適切なものはどれか。なお、記載のない事項については考慮しないもの
とする。

〈X社の配当金額等のデータ〉
・直前期の配当金額　　　：260万円
・直前々期の配当金額　　：380万円
・直前期末の資本金等の額：8,000万円
・直前期末の発行済株式数：16万株

1）200円
2）250円
3）300円
4）500円

| FP | 1級 | 学科 |

2023年 5月
ファイナンシャル・プランニング技能検定対策

第2予想
1級　学科試験
〈応用編〉

試験時間 ◆ 150分

★ 注 意 ★

1. 本試験の出題形式は、記述式等5題（15問）です。
2. 筆記用具、計算機（プログラム電卓等を除く）の持込みが認められています。
3. 試験問題については、特に指示のない限り、2022年10月1日現在施行の法令等に基づいて解答してください。

解答にあたっての注意

1. 試験問題については、特に指示のない限り、2022年10月1日現在施行の法令等に基づいて解答してください。なお、東日本大震災の被災者等に係る国税・地方税関係の臨時特例等の各種特例については考慮しないものとします。

2. 応用編の設例は、【第1問】から【第5問】まであります。

3. 各問の問題番号は、「基礎編」(50問) からの通し番号となっています。

4. 解答にあたっては、各設例および各問に記載された条件・指示に従うものとし、それ以外については考慮しないものとしてください。

5. 解答は、解答用紙に記入してください。

【第1問】 次の設例に基づいて、下記の各問（《問51》～《問53》）に答えなさい。

《設 例》

X株式会社（以下、「X社」という）に勤務するAさん（64歳）は、妻Bさん（59歳）との2人暮らしである。再雇用制度を利用して同社に再雇用されているため、最長で65歳まで勤務することができる。

Aさんは、X社の再雇用制度を利用して同社に勤務しているため、雇用保険法の高年齢雇用継続給付と公的年金制度からの給付額について理解を深めたいと思っている。また、自分が病気やケガにより生活や仕事が制限されるような一定の障害状態で受給できる障害年金についても知りたいと思っている。先日、長女から確定拠出年金について相談されたため、確定拠出年金についても基本的な知識を得たいと思っている。

そこで、Aさんは、ファイナンシャル・プランナーのMさんに相談することにした。Aさんの家族に関する資料は、以下のとおりである。

〈Aさんの家族に関する資料〉

(1) Aさん（本人）
・1958年12月19日生まれ
・公的年金の加入歴
1978年12月から1983年3月までの学生であった期間（52月）は国民年金に任意加入していない。
1983年4月から現在に至るまで厚生年金保険の被保険者である（過去に厚生年金基金の加入期間はない）。
・全国健康保険協会管掌健康保険の被保険者である。
・1983年4月から現在に至るまで雇用保険の一般被保険者である。

(2) Bさん（妻）
・1964年4月20日生まれ
・公的年金の加入歴
1983年4月から1990年9月まで厚生年金保険の被保険者である。
1990年10月から現在に至るまで国民年金の第3号被保険者である。

(3) 長女
・結婚して独立している。

※妻Bさんは、Aさんと同居し、現在および将来においても、Aさんと生計維持関係にあるものとする。

※Aさんと妻Bさんは、現在および将来においても、公的年金制度における障害等級に該当する障害の状態にないものとする。

※上記以外の条件は考慮せず、各問に従うこと。

《問51》 Mさんは、Aさんに対して、確定拠出年金について説明した。Mさんが説明した以下の文章の空欄①～③に入る最も適切な数値を、解答用紙に記入しなさい。

「専業主婦、公務員、私学共済加入者なども、確定拠出年金（個人型）に加入することができます。専業主婦などの国民年金第3号被保険者が確定拠出年金（個人型）に加入する場合、拠出限度額は年額（　①　）円ですが、公務員や私学共済加入者が確定拠出年金（個人型）に加入する場合、拠出限度額は年額（　②　）円です。

また、企業年金等を実施している企業に勤める国民年金第2号被保険者も確定拠出年金（個人型）に加入することができます。確定拠出年金（企業型）のみを実施している企業に勤める国民年金第2号被保険者は、2022年10月からは規約の定めがなくても確定拠出年金（個人型）に加入できるようになりました。ただし、各月の企業型の事業主掛金額と合算して月額（　③　）円を超えることはできません。また、掛金が各月拠出であること、企業型確定拠出年金のマッチング拠出を利用していないことが条件になります」

《問52》　Mさんは、Aさんに対して、公的年金制度の障害給付について説明した。Mさんが説明した以下の文章の空欄①～⑥に入る最も適切な語句または数値を、解答用紙に記入しなさい。また、問題の性質上、明らかにできない部分は「□□□」で示してある。

Ⅰ　「国民年金の被保険者期間中に初診日のある傷病によって、その初診日から起算して（　①　）を経過した日、または（　①　）以内に傷病が治ったときはその治った日において、国民年金法に規定される障害等級1級または2級に該当する程度の障害の状態にあり、かつ、一定の保険料納付要件を満たしている場合は、障害基礎年金の支給を請求することができます。

　　障害基礎年金の額は、障害等級1級に該当する場合は□□□円の□□□倍相当額である（　②　）円（2022年度価額）です。また、受給権者によって生計を維持している一定の要件を満たす（　③　）があるときは、障害基礎年金の額に加算額が加算されます」

Ⅱ　「厚生年金保険の被保険者期間中に初診日のある傷病によって、その初診日から起算して（　①　）を経過した日、または（　①　）以内に傷病が治ったときはその治った日において、厚生年金保険法に規定される障害等級1級から3級までのいずれかに該当する程度の障害の状態にあり、かつ、一定の保険料納付要件を満たしている場合は、障害厚生年金の支給を請求することができます。

　　また、厚生年金保険の被保険者期間中に初診日のある傷病が、初診日から（　④　）年以内に治った日において、その傷病により障害等級3級の障害の程度より軽度の障害の状態にある者は、一定の要件を満たすことにより障害手当金の支給を受けることができます。

　　障害厚生年金の額は、原則として、老齢厚生年金と同様に計算されます。ただし、受給権者の被保険者期間が（　⑤　）月に満たない場合は、（　⑤　）月とみなして計算されます。また、受給権者によって生計を維持している一定の要件を満たす（　⑥　）があるときは、障害等級1級または2級に該当する者に支給される障害厚生年金の額に加給年金額が加算されます」

《問53》 Ａさんが、Ｘ社の再雇用制度を利用して厚生年金保険の被保険者として同社に勤務し、63歳から特別支給の老齢厚生年金と高年齢雇用継続基本給付金を同時に受給しているため、特別支給の老齢厚生年金は、在職支給停止の仕組みにより支給調整され（以下、「在職老齢年金」という）、高年齢雇用継続基本給付金を受給することによりさらに調整される。この場合、2022年度における高年齢雇用継続基本給付金との調整を受けた後の在職老齢年金の年金額を求めなさい。〔計算過程〕を示し、〈答〉は円単位とすること。

なお、計算にあたっては、以下の〈条件〉と〈資料〉の計算式を利用し、支給停止基準額の計算上、支給停止調整開始額は2022年度価額（47万円）を使用すること。

〈条件〉
・60歳以後の賃金月額
　35万円
・60歳以後の標準報酬月額
　36万円（60歳以降、賞与の支給はない）
・60歳到達時の賃金月額（みなし賃金日額に30を乗じて得た額）
　60万円
・特別支給の老齢厚生年金（報酬比例部分）の年金額
　144万円

〈資料〉

在職支給停止の仕組みによる支給停止基準額
支給停止基準額＝（総報酬月額相当額＋基本月額－支給停止調整開始額）×$\frac{1}{2}$×12

【第２問】　次の設例に基づいて、下記の各問（《問54》～《問56》）に答えなさい。

──────────────────────《設 例》──────────────────────

　Aさん（57歳）は、余裕資金を利用し、上場株式への投資を行いたいと考えている。Aさんは、同業種のX社およびY社に興味を持っており、連結財務諸表などから作成した【財務データ】等を参考にして、投資判断を行いたいと考えている。Aさんは、上場株式を購入した経験がなく、各種投資指標の意味がよくわからないため、ファイナンシャル・プランナーのMさんに相談することにした。また、ＮＩＳＡを利用してみたいとも考えている。

【財務データ】　　　　　　　　　　　　　　　　　　　　　　（単位：百万円）

		X社	Y社
資　産　合　計		3,420,000	805,000
負　債　合　計		1,510,000	498,200
純　資　産　合　計		1,910,000	306,800
内訳	株　主　資　本	1,828,500	293,000
	その他の包括利益累計額	14,200	1,100
	非　支　配　株　主　持　分	67,300	12,700
売　　　上　　　高		3,487,000	725,000
営　業　利　益		398,000	76,100
営　業　外　収　益　合　計		27,300	3,900
内訳	受　取　利　息	6,200	800
	受　取　配　当　金	8,300	500
	そ　　の　　他	12,800	2,600
営　業　外　費　用　合　計		23,400	4,400
内訳	支　払　利　息	21,000	3,600
	そ　　の　　他	2,400	800
経　常　利　益		401,900	75,600
親会社株主に帰属する当期純利益		187,000	41,600
配　当　金　総　額		30,400	7,000

【株式に関するデータ】

X社：株価3,990円、発行済株式総数７億６千万株、１株当たり配当金40円（年間）

Y社：株価1,250円、発行済株式総数２億８千万株、１株当たり配当金25円（年間）

※上記以外の条件は考慮せず、各問に従うこと。

《問54》 Mさんは、Aさんに対して、「非課税上場株式等管理契約に係る少額投資非課税制度」（以下、当該非課税措置は「NISA」、当該非課税口座は「NISA口座」という）の仕組みについて説明した。Mさんが説明した以下の文章の空欄①～③に入る最も適切な語句または数値を、解答用紙に記入しなさい。

「NISAは、NISA口座の非課税管理勘定に受け入れた上場株式や公募株式投資信託等について、本来は課税される配当金や譲渡益等が非課税となる制度です。当該非課税管理勘定に2023年中の非課税枠（NISA口座に受け入れることができる上場株式等の限度額）は（ ① ）万円であり、非課税期間（その配当金や譲渡益等について非課税となる期間）は、当該非課税管理勘定が設けられた日の属する年の1月1日から最長（ ② ）年間です。NISA口座の非課税管理勘定に受け入れた上場株式の配当金を非課税とするためには、配当金の受取方法として（ ③ ）方式を選択する必要があります。

《問55》 《設例》の【財務データ】に基づいて、X社の使用総資本事業利益率を求めなさい。〔計算過程〕を示し、〈答〉は表示単位の小数点以下第3位を四捨五入すること。

《問56》 《設例》の【財務データ】【株式に関するデータ】に基づいて、Mさんが、Aさんに対して説明した以下の文章の空欄①～⑥に入る最も適切な語句または数値を、解答用紙に記入しなさい。なお、計算結果は表示単位の小数点以下第3位を四捨五入すること。また、問題の性質上、明らかにできない部分は「□□□」で示してある。

Ⅰ 「X社とY社の財務データについて比較検討すると、売上高はX社がY社の4.8倍以上ありますが、売上高当期純利益率ではX社の値が（ ① ）％、Y社の値が□□□％であり、ややY社の値が上回っていますが、おおむね同水準であるといえます。次に、使用総資本回転率は、X社の値がY社の（ ② ）回を上回っています。また、財務レバレッジでは、X社の値がY社の（ ③ ）倍を下回っています。売上高当期純利益率、使用総資本回転率、財務レバレッジの3つの指標を用いると、ROEを導くことができ、ROEは（ ④ ）社のほうが上回っています」

Ⅱ 「株主還元率としての（ ⑤ ）の比較では、X社の16.26％に対してY社は16.83％となり、ほぼ同水準であるといえます。他方、配当利回りは、X社株式が（ ⑥ ）％に対してY社株式は□□□％となります」

【第3問】 次の設例に基づいて、下記の各問（《問57》～《問59》）に答えなさい。

── 《設 例》──

　X株式会社に勤務するAさんは、加入していた生命保険契約を2022年8月に解約し、1,420万円の解約返戻金を受け取った。Aさんの家族構成および2022年分の収入等に関する資料は、以下のとおりである。

〈Aさんとその家族に関する資料〉

　Aさん　　　　（51歳）：給与所得者

　妻Bさん　　　（46歳）：2022年中にパートにより給与収入160万円を得ている。

　長女Cさん　　（25歳）：大学院生。2022年中に収入はない。

　二女Dさん　　（21歳）：大学生。2022年中にアルバイトにより給与収入70万円を得ている。

　母Eさん　　　（81歳）：2022年中に老齢基礎年金60万円を受け取っている。

〈Aさんの2022年分の収入および支出に関する資料〉

　Ⅰ．給与所得に関する事項：給与収入1,075万円

　Ⅱ．Aさんが2022年中に解約した生命保険に関する事項

	一時払終身保険	一時払変額個人年金保険 （10年確定年金）
契約年月	2020年9月	2015年6月
契約者（＝保険料負担者） および被保険者	Aさん	Aさん
解約返戻金額	830万円	590万円
正味払込済保険料	900万円	420万円

　Ⅲ．Aさんが2022年中に支払った医療費等に関する事項

　　① 母Eさんの医療費

　　　　入院期間：2021年12月25日～2021年12月31日

　　　　支払日　：2022年1月6日

　　　　総支払額：80万円（②特定一般用医薬品等購入費に該当する金額を含まない）

　　　　保険金等により補てんされる部分の金額：72万円

　　② 特定一般用医薬品等購入費

　　　　総支払額：85,000円（①母Eさんの医療費に該当する金額を含まない）

　　　　保険金等により補てんされる部分の金額：なし

　Ⅳ．その他の支出（所得控除額）

　　　社会保険料控除：200万円

　　　生命保険料控除：10万円

※妻Bさん、長女Cさん、二女Dさんおよび母Eさんは、Aさんと日本国内で同居し、生計を一にしている。

※Aさんとその家族は、いずれも障害者および特別障害者には該当しない。

※Aさんとその家族の年齢は、いずれも2022年12月31日現在のものである。

— 63 —

※上記以外の条件は考慮せず、各問に従うこと。

《問57》 所得税における所得控除に関する以下の文章の空欄①～⑥に入る最も適切な語句または数値を、解答用紙に記入しなさい。

Ⅰ 「所得控除のうち、（ ① ）、医療費控除および雑損控除については、年末調整では適用を受けることができないため、これらの控除の適用を受けるためには所得税の確定申告が必要である。

医療費控除は、総所得金額等の合計額が（ ② ）円以上である者の場合、その年中に支払った医療費の総額（保険金等により補てんされる部分の金額を除く）が（ ③ ）円を超えるときは、その超える金額を（ ④ ）円を上限としてその年分の総所得金額等から控除することができるものである」

Ⅱ 「医療費に関する所得控除として、『特定一般用医薬品等購入費を支払った場合の医療費控除の特例』（以下、『本特例』という）もある。本特例は、健康の保持増進および疾病の予防への取組みとして一定の取組みを行う個人が、2017年1月1日から2026年12月31日までの間に、自己または自己と生計を一にする配偶者その他の親族に係る特定一般用医薬品等購入費を支払った場合において、その年中に支払ったその対価の額（保険金等により補てんされる部分の金額を除く）の合計額が（ ⑤ ）円を超えるときは、その超える部分の金額を（ ⑥ ）円を上限としてその年分の総所得金額等から控除することができるものである。

なお、本特例は、従来の医療費控除と選択適用とされている」

《問58》 《設例》の各資料に基づいて、Aさんの2022年分の所得税における、①総所得金額と②所得控除の合計額をそれぞれ求めなさい。①についてのみ〔計算過程〕を示し、〈答〉は円単位とすること。なお、計算上、選択すべき複数の方法がある場合は、Aさんにとって有利になるような方法を選択することとし、記載のない事項については考慮しないものとする。

《問59》 前問《問58》を踏まえ、Aさんの2022年分の課税総所得金額に対する算出所得税額（復興特別所得税については考慮せず、税額控除前の金額）を求めなさい。〔計算過程〕を示し、〈答〉は100円未満を切り捨てて円単位とすること。なお、記載のない事項については考慮しないものとする。

〈資料〉給与所得控除額

給与収入金額		給与所得控除額
万円超	万円以下	
～	180	収入金額×40％－10万円（55万円に満たない場合は、55万円）
180 ～	360	収入金額×30％＋8万円
360 ～	660	収入金額×20％＋44万円
660 ～	850	収入金額×10％＋110万円
850 ～		195万円

〈資料〉子ども・特別障害者等を有する者等の所得金額調整控除

|給与等の収入金額（1,000万円を超える場合は1,000万円）－850万円|×10％

※要件を満たす場合のみ考慮すること。

〈資料〉公的年金等控除額の速算表（抜粋）
公的年金等に係る雑所得以外の所得に係る合計所得金額が1,000万円以下の者

納税者区分	公的年金等の収入金額		公的年金等控除額
65歳未満		130万円以下	60万円
	130万円超	410万円以下	収入金額×25％＋ 27.5万円
	410万円超	770万円以下	収入金額×15％＋ 68.5万円
	770万円超	1,000万円以下	収入金額× 5 ％＋145.5万円
	1,000万円超		195.5万円
65歳以上		330万円以下	110万円
	330万円超	410万円以下	収入金額×25％＋ 27.5万円
	410万円超	770万円以下	収入金額×15％＋ 68.5万円
	770万円超	1,000万円以下	収入金額× 5 ％＋145.5万円
	1,000万円超		195.5万円

〈資料〉配偶者控除額

	本人の合計所得金額		
	900万円以下	900万円超 950万円以下	950万円超 1,000万円以下
控除対象配偶者	38万円	26万円	13万円
老人控除対象配偶者	48万円	32万円	16万円

〈資料〉配偶者特別控除額

配偶者の合計所得金額		本人の合計所得金額		
		900万円以下	900万円超 950万円以下	950万円超 1,000万円以下
48万円超	95万円以下	38万円	26万円	13万円
95万円超	100万円以下	36万円	24万円	12万円
100万円超	105万円以下	31万円	21万円	11万円
105万円超	110万円以下	26万円	18万円	9 万円
110万円超	115万円以下	21万円	14万円	7 万円
115万円超	120万円以下	16万円	11万円	6 万円
120万円超	125万円以下	11万円	8 万円	4 万円
125万円超	130万円以下	6 万円	4 万円	2 万円
130万円超	133万円以下	3 万円	2 万円	1 万円

〈資料〉基礎控除

合計所得金額		控除額
	2,400万円以下	48万円
2,400万円超	2,450万円以下	32万円
2,450万円超	2,500万円以下	16万円
2,500万円超		0円

〈資料〉所得税の速算表

課税総所得金額			税率	控除額
万円超		万円以下		
		195	5%	―
195	～	330	10%	9万7,500円
330	～	695	20%	42万7,500円
695	～	900	23%	63万6,000円
900	～	1,800	33%	153万6,000円
1,800	～	4,000	40%	279万6,000円
4,000	～		45%	479万6,000円

【第4問】 次の設例に基づいて、下記の各問（《問60》～《問62》）に答えなさい。

《設 例》

　Aさんは、妻Bさんと暮らしている自宅を取り壊してその敷地を売却し、甲土地を取得して新たに自宅を建築することを検討している。
　甲土地の概要は、以下のとおりである。

〈甲土地の概要〉

第一種中高層住居専用地域
指定建蔽率： 60％
指定容積率：200％
前面道路の幅員
による容積率制限 : $\frac{4}{10}$
防火規制なし

第一種住居地域
指定建蔽率： 80％
指定容積率：400％
前面道路の幅員
による容積率制限 : $\frac{4}{10}$
防火規制：準防火地域

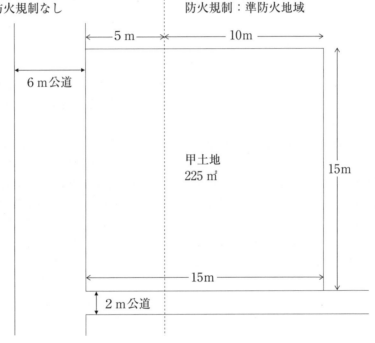

（注）
・甲土地は225㎡の正方形の土地であり、第一種中高層住居専用地域に属する部分は75㎡、第一種住居地域に属する部分は150㎡である。
・幅員2mの公道は、建築基準法第42条第2項により特定行政庁の指定を受けた道路である。2m公道の道路中心線は、当該道路の中心部分にある。また、2m公道の甲土地の反対側は宅地であり、がけ地や川等ではない。
・甲土地は、建蔽率の緩和に関する角地の指定を受けている。
・指定建蔽率および指定容積率とは、それぞれ都市計画において定められた数値である。
・特定行政庁が都道府県都市計画審議会の議を経て指定する区域ではない。

※上記以外の条件は考慮せず、各問に従うこと。

《問60》 建築基準法の規定および「特定の居住用財産の買換えの場合の長期譲渡所得の課税の特例」に関する以下の文章の空欄①～⑧に入る最も適切な語句または数値を、解答用紙に記入しなさい。

〈建築基準法の規定〉

Ⅰ　甲土地上の第一種中高層住居専用地域に属する部分および第一種住居地域に属する部分に渡って建築物を建築する場合、その建築物の全部について、（　①　）地域の用途に関する規定が適用される。

Ⅱ　容積率の算定の基礎となる延べ面積の計算にあたって、建築物の地階でその天井が地盤面からの高さ１ｍ以下にあるものの住宅の用途に供する部分の床面積は、原則として、当該建築物の住宅の用途に供する部分の床面積の合計の（　②　）を限度として、延べ面積に算入されない。また、専ら自動車または自転車の停留または駐車のための施設の用途に供する部分（自動車車庫等部分）の床面積は、その敷地内の建築物の各階の床面積の合計の（　③　）を限度として、延べ面積に算入されない。

〈特定の居住用財産の買換えの場合の長期譲渡所得の課税の特例〉

Ⅲ　「特定の居住用財産の買換えの場合の長期譲渡所得の課税の特例」（以下、「本特例」という）は、居住用財産を買い換えた場合に、所定の要件を満たせば、譲渡益に対する課税を将来に繰り延べることができる特例である。

　Aさんが、居住の用に供していた家屋を取り壊してその敷地である土地を譲渡し、本特例の適用を受けるためには、その土地について、その家屋が取り壊された日の属する年の１月１日において所有期間が（　④　）年を超えるものであり、その土地の譲渡に関する契約がその家屋を取り壊した日から（　⑤　）年以内に締結され、かつ、その家屋を居住の用に供さなくなった日以後（　⑥　）年を経過する日の属する年の（　⑦　）までに譲渡したものでなければならず、その譲渡に係る対価の額が1億円以下でなければならない。また、買換資産として取得する土地については、その面積が（　⑧　）㎡以下でなければならない。

— 68 —

《問61》　甲土地上の第一種中高層住居専用地域に属する部分および第一種住居地域に属する部分に渡って準耐火建築物を建築する場合、次の①および②に答えなさい（計算過程の記載は不要）。〈答〉は㎡表示とすること。なお、記載のない事項については考慮しないものとする。

　　① 　建蔽率の上限となる建築面積はいくらか。
　　② 　容積率の上限となる延べ面積はいくらか。

《問62》　Ａさんが、下記の〈譲渡資産および買換資産に関する資料〉に基づき、自宅を買い換えた場合、次の①および②に答えなさい。〔計算過程〕を示し、〈答〉は100円未満を切り捨てて円単位とすること。なお、本問の譲渡所得以外の所得や所得控除等は考慮しないものとする。

　　① 　「特定の居住用財産の買換えの場合の長期譲渡所得の課税の特例」の適用を受けた場合の譲渡所得の金額に係る所得税および復興特別所得税、住民税の合計額はいくらか。
　　② 　「居住用財産を譲渡した場合の3,000万円の特別控除」および「居住用財産を譲渡した場合の長期譲渡所得の課税の特例」の適用を受けた場合の譲渡所得の金額に係る所得税および復興特別所得税、住民税の合計額はいくらか。

〈譲渡資産および買換資産に関する資料〉

・譲渡資産の譲渡価額：7,000万円
・譲渡資産の取得費　：不明
・譲渡費用　　　　　：300万円
・買換資産の取得価額：4,200万円

第2予想
応用編

― 69 ―

【第5問】 次の設例に基づいて、下記の各問（《問63》～《問65》）に答えなさい。

《設　例》

　Aさん（70歳）は、非上場会社のX株式会社（以下、「X社」という）の代表取締役社長である。電子回路製造業を営むX社は、近年の業績は好調であるが、過去には経営が困難であった時期もあり、その際にAさん個人がX社に貸し付けた4,000万円が現在もそのまま残っている。

　X社の専務取締役を務めている長男Cさんが十分に経験を積み、後継者として周囲の理解も得られたことから、Aさんは、長男Cさんに事業を承継して勇退することを検討している。そのため、Aさんは、長男Cさん以外の子どもたちにそれぞれ資金援助をすることで、長男Cさんへ事業を承継することに対する理解を得たいと考えている。なお、二男Eさんは身体に障害があり、配偶者もいないため、Aさんは、二男Eさんの将来を心配している。

　X社の概要およびAさんに関する資料は、以下のとおりである。

〈X社の概要〉

(1) 業種　電子回路製造業

(2) 資本金等の額　9,000万円（発行済株式総数180,000株、すべて普通株式で1株につき1
　　　　　　　　　　個の議決権を有している）

(3) 株主構成　Aさんが100％保有

(4) 株式の譲渡制限　あり

(5) X社株式の評価（相続税評価額）に関する資料

　・X社の財産評価基本通達上の規模区分は「中会社の中」である。

　・X社は、特定の評価会社には該当しない。

　・比準要素の状況

比準要素	X社	類似業種
1株（50円）当たりの年配当金額	1.3円	2.0円
1株（50円）当たりの年利益金額	17円	9円
1株（50円）当たりの簿価純資産価額	139円	120円

※すべて1株当たりの資本金等の額を50円とした場合の金額である。

　・類似業種の1株（50円）当たりの株価の状況

課税時期の属する月の平均株価	136円
課税時期の属する月の前月の平均株価	131円
課税時期の属する月の前々月の平均株価	134円
課税時期の前年の平均株価	110円
課税時期の属する月以前2年間の平均株価	115円

〈Aさんに関する資料〉
(1) Aさんの親族関係図

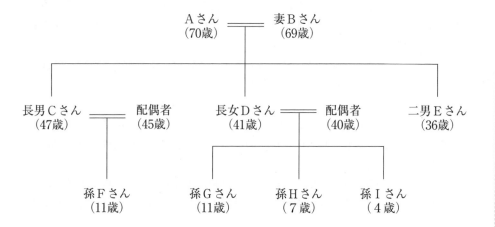

(2) Aさんが保有する財産（相続税評価額）
現預金　　　　　：7,000万円
上場株式　　　　：8,000万円
X社株式　　　　：1億5,000万円
X社への貸付金　：4,000万円
自宅（建物）　　：2,000万円
自宅（敷地480㎡）：4,800万円（「小規模宅地等についての相続税の課税価格の計算の特例」適用前の金額）

(3) Aさんが加入している生命保険の契約内容
保険の種類　　　　　　　　　　：終身保険
契約年月　　　　　　　　　　　：1991年4月
契約者（＝保険料負担者）・被保険者：Aさん
死亡保険金受取人　　　　　　　：妻Bさん
死亡保険金額　　　　　　　　　：5,000万円

※上記以外の条件は考慮せず、各問に従うこと。

《問63》 《設例》の〈X社の概要〉に基づき、X社株式の1株当たりの類似業種比準価額を求めなさい。〔計算過程〕を示し、〈答〉は円単位とすること。また、端数処理は、各要素別比準割合および比準割合は小数点第2位未満を切り捨て、1株当たりの資本金等の額50円当たりの類似業種比準価額は10銭未満を切り捨て、X社株式の1株当たりの類似業種比準価額は円未満を切り捨てること。

　　なお、X社株式の類似業種比準価額の算定にあたり、複数の方法がある場合は、できるだけ低い価額となる方法を選択するものとする。

《問64》 《設例》の〈Aさんに関する資料〉に基づき、仮にAさんが現時点（2023年5月28日）で死亡して相続が開始した場合の相続税の総額を求めなさい。〔計算過程〕を示し、〈答〉は万円単位とすること。

　　なお、自宅の建物および敷地は妻Bさんが相続するものとし、自宅の敷地について「小規模宅地等についての相続税の課税価格の計算の特例」の適用を受けるものとする。

〈資料〉相続税の速算表

法定相続分に応ずる取得金額			税率	控除額
万円超		万円以下		
		1,000	10%	—
1,000	～	3,000	15%	50万円
3,000	～	5,000	20%	200万円
5,000	～	10,000	30%	700万円
10,000	～	20,000	40%	1,700万円
20,000	～	30,000	45%	2,700万円
30,000	～	60,000	50%	4,200万円
60,000	～		55%	7,200万円

《問65》 相続税の税額控除等に関する以下の文章の空欄①～⑥に入る最も適切な語句または数値を、解答用紙に記入しなさい。

〈配偶者に対する相続税額の軽減〉

Ⅰ　被相続人の配偶者が当該被相続人から相続または遺贈により財産を取得し、「配偶者に対する相続税額の軽減」（以下、「本制度」という）の適用を受けた場合、原則として、相続または遺贈により取得した財産の額が（　①　）円と配偶者の法定相続分相当額とのいずれか多い金額までは、納付すべき相続税額が算出されない。

　　なお、原則として、相続税の申告期限までに分割されていない財産は本制度の対象とならないが、相続税の申告書に「申告期限後（　②　）以内の分割見込書」を添付して提出し、申告期限までに分割されなかった財産について申告期限から（　②　）以内に分割したときは、分割が成立した日の翌日から（　③　）以内に更正の請求をすることによって、本制度の適用を受けることができる。

〈障害者控除〉

Ⅱ　相続または遺贈により財産を取得した者が、被相続人の法定相続人であり、かつ、一般障害者または特別障害者に該当する場合、その者の納付すべき相続税額の計算上、障害者控除として一定の金額を控除することができる。

　　障害者控除の額は、その障害者が満（　④　）歳になるまでの年数1年（年数の計算に当たり、1年未満の端数は1年に切り上げて計算する）につき、一般障害者は（　⑤　）万円、特別障害者は（　⑥　）万円で計算した額である。

― 73 ―

| FP | 1級 | 学科 |

2023年　5月
ファイナンシャル・プランニング技能検定対策

第3予想

1級　学科試験
〈基礎編〉

試験時間 ◆ 150分

★ 注 意 ★

1. 本試験の出題形式は、四答択一式 50問です。
2. 筆記用具、計算機（プログラム電卓等を除く）の持込みが認められています。
3. 試験問題については、特に指示のない限り、2022年10月1日現在施行の法令等に基づいて解答してください。

解答にあたっての注意

1. 試験問題については、特に指示のない限り、2022年10月1日現在施行の法令等に基づいて解答してください。ただし、東日本大震災の被災者等に係る国税・地方税関係の臨時特例等の各種特例については考慮しないものとします。

2. 解答にあたっては、各問に記載された条件・指示に従うものとし、それ以外については考慮しないものとしてください。

3. 解答は、解答用紙に記入してください。

次の各問（《問1》～《問50》）について答を1つ選び、その番号を解答用紙にマークしなさい。

《問1》社会保険の給付に係る併給調整や支給停止に関する次の記述のうち、最も不適切なものはどれか。

1）健康保険の傷病手当金の支給を受けるべき者が、同一の傷病により障害厚生年金の支給を受けることができるときは、障害厚生年金の支給を受けている間、傷病手当金は減額支給となる。

2）業務中に死亡した労働者の遺族が、遺族厚生年金と労働者災害補償保険の遺族補償年金の支給を受けることができるときは、遺族厚生年金の支給を受けている間、遺族補償年金は減額支給となる。

3）厚生年金保険の被保険者が、特別支給の老齢厚生年金と雇用保険の高年齢雇用継続給付の支給を同時に受けることができるときは、特別支給の老齢厚生年金は、在職支給停止の仕組みに加えて、毎月、最大で標準報酬月額の6％相当額が支給停止となる。

4）障害基礎年金および障害厚生年金の受給権者が、65歳到達日に老齢基礎年金および老齢厚生年金の受給権を取得した場合、当該受給権者は、「障害基礎年金と障害厚生年金」「老齢基礎年金と老齢厚生年金」「老齢基礎年金と障害厚生年金」のいずれかの組合せによる年金の受給を選択することができる。

《問2》 Aさん（40歳）は、65歳から10年間にわたって毎年600千円を受け取ったあとに1,000万円残すために、65歳までの25年間、年金原資を毎年均等に積み立てることを考えている。この場合、40歳から65歳までの25年間の毎年の積立額として、次のうち最も適切なものはどれか。

なお、積立期間および取崩期間中の運用利回り（複利）は年2％とし、積立ておよび取崩しは年1回行うものとする。また、下記の係数表を利用して算出し、計算結果は千円未満を切り捨て、手数料や税金等は考慮しないものとする。

〈年2％の各種係数〉

	終価係数	年金終価係数	資本回収係数
5年	1.1041	5.2040	0.2122
10年	1.2190	10.9497	0.1113
15年	1.3456	17.2934	0.0778
20年	1.4859	24.2974	0.0612
25年	1.6406	32.0303	0.0512

1）320千円
2）372千円
3）424千円
4）472千円

《問3》 労働者災害補償保険に関する次の記述のうち、最も不適切なものはどれか。

1）業務上の疾病により療養していた労働者が、疾病が治って業務に復帰後、その疾病が再発した場合、再発した疾病が、新たな業務上の事由によって発病したものでなくても、業務上の疾病と認められる。

— 77 —

2）派遣労働者が、派遣元事業主と労働者派遣契約を締結している派遣先で業務に従事している間に、業務上の負傷をした場合、派遣元を適用事業とする労働者災害補償保険が適用される。

3）労働者が、就業場所から住居までの帰路の途中、合理的な経路を逸脱して理髪店に立ち寄り、散髪を終えて合理的な経路に復した後に交通事故に遭って負傷した場合、一般に、通勤災害に該当しない。

4）遠方の取引先を訪問するため、前日から出張して取引先の近くにあるホテルに宿泊した労働者が、翌朝、ホテルから取引先へ合理的な経路で向かう途中、歩道橋の階段で転倒して足を骨折した場合、一般に、業務災害に該当する。

《問4》 国が日本政策金融公庫を通じて行う「教育一般貸付（国の教育ローン）」に関する次の記述のうち、最も不適切なものはどれか。

1）返済は借入日の翌月または翌々月の返済希望日から開始し、在学期間中であっても、元金および利息の返済が必要であり、元金の返済を据え置き、利息のみの返済とすることはできない。

2）公益財団法人教育資金融資保証基金の保証を利用する場合、融資額や返済期間に応じた保証料が、融資金から一括して差し引かれる。

3）融資限度額は、原則として学生・生徒1人につき350万円であるが、外国の高等学校・短期大学・大学・大学院・語学学校に3カ月以上在籍する資金として利用する場合は450万円となる。

4）融資の対象となる学校は、中学校卒業以上の者を対象とする教育施設であり、高等学校、大学、大学院などのほか、職業能力開発校などの教育施設も含まれる。

《問5》 居住者が受け取る公的年金等に係る課税関係に関する次の記述のうち、最も不適切なものはどれか。なお、各選択肢において、公的年金等には非課税となるものは含まれないものとし、記載のない事項については考慮しないものとする。

1）65歳到達時に老齢基礎年金の受給権を取得し、70歳に達する前に当該老齢基礎年金を請求していなかった者が、70歳時に5年分の年金を一括して受給した場合、その年金は、各年分の雑所得として総合課税の対象となる。

2）老齢基礎年金および老齢厚生年金の受給権者が死亡し、その死亡した者に支給すべき年金給付で死亡後に支給期の到来する年金を相続人が受け取った場合、相続人が受け取った当該未支給年金は、相続人の一時所得として所得税の課税対象となる。

3）その年の12月31日において65歳以上の者がその年中に支払いを受けるべき公的年金等の金額が158万円未満であるときは、その支払いの際、所得税および復興特別所得税は源泉徴収されない。

4）公的年金等の支払者に対して「公的年金等の受給者の扶養親族等申告書」を提出した場合、公的年金等に係る源泉徴収税率（所得税および復興特別所得税の合計税率）は10.21％である。

《問6》 厚生年金保険の被保険者に支給される老齢厚生年金に関する次の記述のうち、最も不適切なものはどれか。なお、記載のない事項については考慮しないものとする。

1）Aさん（63歳）の基本月額が15万円、2023年2月の標準報酬月額が17万円、60歳以後は賞与が支給されていない場合、2023年2月分の特別支給の老齢厚生年金は全額が支給される。

2）Bさん（66歳）の基本月額が20万円、2023年2月の標準報酬月額が24万円、2023年2月以前1年間の標準賞与額の総額が48万円の場合、2023年2月分の老齢厚生年金は全額が支給される。

3）加給年金対象者である配偶者を有するCさん（67歳）に対する老齢厚生年金について、在職支給停止の仕組みにより、その一部が支給停止となる場合でも、老齢厚生年金に加算される加給年

金額については、その全額が支給される。

4）Dさん（68歳）に対する老齢厚生年金について、在職支給停止の仕組みにより、その全部が支給停止となる場合でも、老齢厚生年金に加算される経過的加算額については、その全額が支給される。

《問7》　成年後見制度と都道府県・指定都市社会福祉協議会の日常生活自立支援事業に関する次の記述のうち、最も適切なものはどれか。

1）精神上の障害により事理弁識する能力が不十分または欠く常況に在る認知症高齢者や知的障害者・精神障害等に対して、日常生活自立支援事業を利用するために社会福祉協議会と契約するように促した。

2）成年後見制度を利用する場合に、本人・配偶者・四親等以内の親族・検察官・市町村長等が家庭裁判所に申し立てをすると、家庭裁判所によって成年後見人等が選任される。後見人や保佐人が選任される場合は本人の同意は不要である。

3）日常生活自立支援事業による援助の内容は家庭裁判所によって決定される。その内容としては、福祉サービスの利用手続きの援助、日常的金銭管理に伴う預貯金の払出し等の代理・代行等が挙げられる。また、預貯金通帳や証券等の書類を保管して紛失を防ぐことにより福祉サービスの円滑な利用を支援する。

4）成年後見人には、財産管理処分・遺産分割協議・介護保険サービス契約・身上監護等に関する法律行為について取消権も同意権もない。代理権を付与する委任契約であるため、本人の行為能力が制限されることはない。

《問8》　金融機関からの資金調達に関する次の記述のうち、最も不適切なものはどれか。

1）インパクトローンは、企業等が為替リスクを回避する等のために、米ドル、スイスフラン等の外貨によって資金を調達する方法であり、その資金使途は限定されていない。

2）手形貸付は、借入れについての内容、条件等を記載した金銭消費貸借契約証書により、資金を調達する方法である。

3）信用保証協会保証付融資（マル保融資）は、中小企業者であれば、ほとんどの業種が対象となるが、農林漁業、宗教法人、非営利団体等、一部の業種は対象外となっている。

4）ＡＢＬ（動産・債権担保融資）は、企業の保有する売掛債権や在庫・機械設備等の動産を担保として資金調達する方法である。担保の対象となる動産には、米や冷凍水産物等の食料品、肥育牛や肉豚等の家畜なども含まれ、多岐にわたる。

《問9》　企業年金等に拠出した掛金に係る法人税および所得税の取扱いに関する次の記述のうち、不適切なものはいくつあるか。

(a)　確定拠出年金の個人型年金において、加入者である妻の掛金を生計を一にする夫が支払った場合、その掛金は夫の所得控除の対象とならない。

(b)　確定拠出年金の企業型年金において、法人の事業主が拠出した掛金は損金の額に算入することができ、加入者が拠出した掛金は社会保険料控除として所得控除の対象となる。

(c)　確定給付企業年金において、法人の事業主が拠出した掛金は損金の額に算入することができ、加入者が拠出した掛金は小規模企業共済等掛金控除として所得控除の対象となる。

(d)　個人事業主が拠出した国民年金基金の掛金および小規模企業共済の掛金は、事業所得の金額の計算上、必要経費とすることができない。

1） 1つ
2） 2つ
3） 3つ
4） 4つ

《問10》 生命保険会社の健全性・収益性に関する指標等に関する次の記述のうち、最も適切なものはどれか。

1） 基礎利益は、保険会社の基礎的な期間損益の状況を表す指標であり、経常利益から有価証券売却損益などの「臨時損益」と危険準備金繰入額などの「キャピタル損益」を除いて算出される。

2） 保有契約高は、保険会社が保障する金額の総合計額であり、個人保険については、責任準備金の額の合計額となる。

3） ＥＶ（エンベディッド・バリュー）は、保険会社の企業価値を表す指標であり、保有契約に基づき計算される「修正純資産」と貸借対照表などから計算される「保有契約価値」を合計して算出される。

4） ソルベンシー・マージン比率は、保険会社が有する保険金等の支払余力を表す指標であり、内部留保や有価証券含み損益などの合計である「ソルベンシー・マージン総額」を保険リスクや予定利率リスクなどを数値化した「リスクの合計額」の2分の1相当額で除して算出される。

《問11》 株式会社Ｘ社（以下、「Ｘ社」という）は、以下の定期保険（無配当）に加入する。当該定期保険に関する次の記述のうち、最も不適切なものはどれか。

保険の種類	：無配当定期保険（特約付加なし）
契約年月日	：2022年11月1日
契約者（＝保険料負担者）	：Ｘ社
被保険者	：代表取締役社長Ａさん（40歳）
死亡保険金受取人	：Ｘ社
保険期間・保険料払込期間	：100歳満了
死亡保険金額	：1億円
年払保険料	：250万円
65歳時の解約返戻金額	：4,800万円
最高解約返戻率	：70％

1） 最高解約返戻率が高い契約ほど、損金算入が制限されて資産計上額は大きくなる。

2） 契約から25年後（Ａさん65歳時）に当該保険契約を解約する場合、それまで資産に計上していた前払保険料2,500万円を取り崩し、受け取った解約返戻金の額との差額を雑収入として経理処理する。

3） 契約から24年後（Ａさん64歳時）に契約者（＝保険料負担者）をＡさん、死亡保険金受取人をＡさんの配偶者に名義変更し、当該保険契約を退職金の一部として支給した場合、支給時における解約返戻金相当額がＡさんの退職所得に係る収入金額となる。

4） 1〜24年目において年払保険料250万円のうち、損金算入額は150万円となり、資産計上額は100万円になる。

《問12》 年金生活者支援給付金に関する次の記述のうち、最も不適切なものはどれか。

1） 障害年金・遺族年金を含まない前年の公的年金等の収入金額とその他の所得との合計額が781,200円超881,200円以下である一定の者には、補足的老齢年金生活者支援給付金が支給される。

2） 老齢年金生活者支援給付金の額は、月額5,020円（2022年度価額）を基準に、保険料納付済期間と保険料免除期間に応じて算出される。

3） 前年所得額が「4,721,000円＋扶養親族の数×38万円（同一生計配偶者のうち70歳以上の者または老人扶養親族の場合は48万円、特定扶養親族または16歳以上19歳未満の扶養親族の場合は63万円）」以下の障害基礎年金を受けている者は、障害年金生活者支援給付金が支給される。障害等級が1級の場合は月額6,275円、2級の場合は月額5,020円となる（2022年度価額）。

4） 遺族年金生活者支援給付金は、遺族基礎年金の受給権者で所定の所得要件を満たす者が支給対象となり、その額は、受給資格者が1人である場合、月額5,020円（2022年度価額）、受給資格者が3人である場合、月額15,060円（2022年度価額）である。

《問13》 保険始期が2022年10月1日である火災保険および地震保険に関する次の記述のうち、最も不適切なものはどれか。

1） 家財を対象とする場合、1個または1組の価額が30万円を超える貴金属や書画、骨董品については、火災保険では契約時に申告して申込書等に明記することにより、保険の対象とすることができるが、地震保険では保険の対象とすることができない。

2） 地震保険では、保険金は、保険の対象となっている建物や家財の損害の程度を「全損」「大半損」「小半損」「一部損」に区分し、保険金額にその区分に応じた割合を乗じて決定されるが、火災保険では、当該区分により保険金額は決定されない。

3） 火災保険の保険期間は1年単位で5年まで、地震保険の保険期間は1年単位で5年までそれぞれ選択することができ、長期契約の保険料を一括払いした場合には、いずれも保険料に対して所定の割引率が適用される。

4） 店舗併用住宅を対象とする場合、火災保険では、所在地や建物の構造の区分が同一であれば、専用住宅との保険料率の差異はないが、地震保険では、専用住宅と異なる保険料率が適用されることがある。

《問14》 法人向け損害保険に関する記述のうち、不適切なものはいくつあるか。なお、記載のない事項については考慮しないものとする。

a） 施設所有（管理）者賠償責任保険は、本社ビルの使用・管理上の不備により本社ビルの施設が破損した場合の修理費用を補償する。

b） 動産総合保険では補償の対象となる動産について、地震や津波を含む偶発的な事故により生じた損害を補償する。

c） 取引信用保険では、継続的に商取引を行っている取引先の倒産等による売上債権の回収ができないことによって会社が被る損害を補償する。

d） 雇用慣行賠償責任保険では会社内で発生した従業員のパワーハラスメント等の不当行為に起因して、会社が法律上の損害賠償責任を負担することによって被る損害を補償する。

1） 1つ

2） 2つ

3） 3つ

— 81 —

4）4つ

《問15》 個人年金保険の課税関係に関する次の記述のうち、最も不適切なものはどれか。なお、各
選択肢において、契約者（＝保険料負担者）・被保険者・年金受取人は同一人であり、契約
者は個人（居住者）であるものとする。また、記載のない事項については考慮しないものと
する。

1）定額個人年金保険（10年確定年金）において、生命保険会社が支払う年金額からそれに対応す
る保険料等を控除した残額が年間25万円以上である場合、その金額から10.21％の税率による所
得税および復興特別所得税が源泉徴収される。

2）一時払変額個人年金保険（終身年金）を保険期間の初日から5年以内に解約し、解約差益が生
じた場合、その解約差益は源泉分離課税の対象とならない。

3）定額個人年金保険（保証期間付終身年金）の年金受取人が、年金支払開始日後に保証期間分の
年金額を一括して受け取った場合、その一時金は一時所得として所得税の課税対象となる。

4）年末調整の対象となる給与所得者が、一時払変額個人年金保険（終身年金）を保険期間の初日
から18年経過後に解約し、払い込んだ一時払保険料が500万円、受け取った解約返戻金額が600万
円である場合、その年分の所得税について確定申告書を提出する必要がある。

《問16》 金投資に関する次の記述のうち、最も不適切なものはどれか。なお、各選択肢において、
金の売買は国内の証券会社を通じて行われるものとする。

1）金地金は、その購入時に消費税が課されず、換金時にも売却価格に消費税が上乗せされること
はない。

2）純金積立は、一定の月間投資金額を営業日数で除し、その金額で金を毎日購入する仕組みが一
般的である。

3）給与所得者が金地金を売却したことによる譲渡所得の金額の計算上生じた損失の金額は、給与
所得などの他の所得の金額と損益通算することができない。

4）給与所得者が金地金を売却したことによる譲渡所得は、譲渡した日における所有期間が5年以
下である場合、短期譲渡所得として総合課税の対象となる。

《問17》 個人向け国債に関する次の記述のうち、最も適切なものはどれか。

1）個人向け国債の利子は、原則として、支払時に20.315％の税率により源泉（特別）徴収され、
源泉分離課税の対象とされているが、確定申告不要制度を選択することもできる。

2）個人向け国債は、原則として発行から1年経過後、1万円単位で中途換金することができ、そ
の換金金額は、額面金額に経過利子相当額を加えた金額から中途換金調整額を差し引いた金額と
なる。

3）個人向け国債には、毎月発行される「固定金利型3年満期」および「固定金利型5年満期」
と、四半期ごとに発行される「変動金利型10年満期」の3種類がある。

4）変動金利型の個人向け国債の各利払期における適用利率（年率）は、基準金利から0.66％を差
し引いた値であるが、0.05％が下限とされ、その利払日は、原則として毎年の発行月および発行
月の半年後の15日である。

－ 82 －

《問18》　Aさん（居住者）は、2020年4月に特定口座でXファンド（公募追加型株式投資信託、当初1口1円、年1回分配）10,000口を基準価額13,000円で購入した。下記の〈Xファンドの分配金実績・分配落後基準価額の推移〉に基づき、2023年3月期における10,000口当たりの収益分配金について、所得税および復興特別所得税、住民税の源泉（特別）徴収後の手取金額として、次のうち最も適切なものはどれか。なお、源泉（特別）徴収される税額は円未満切捨てとすること。

〈Xファンドの分配金実績・分配落後基準価額の推移〉（10,000口当たりの金額）

決　算　日	2021年3月期	2022年3月期	2023年3月期
分 配 金 実 績	1,000円	1,000円	800円
分配落後基準価額	13,500円	12,500円	12,000円

1）699円
2）719円
3）740円
4）760円

《問19》　株式累積投資および株式ミニ投資に関する次の記述のうち、最も不適切なものはどれか。
1）株式累積投資は、一般に、毎月1万円以上100万円未満で設定した一定の金額（1,000円単位）で同一銘柄の株式を継続的に買い付ける投資方法である。
2）株式累積投資を利用して株式を買い付けた場合、当該株式が単元株数に達していなくても、配当金は配分される。
3）株式ミニ投資は、一般に、株式を、単元株数の100分の1の整数倍で、かつ、単元株数に満たない株数で買い付けることができる投資方法である。
4）株式ミニ投資は、通常の株式取引と異なり、指値による注文ができない。

《問20》　株式のテクニカル分析手法の一般的な特徴に関する次の記述のうち、最も不適切なものはどれか。
1）ボリンジャーバンドは、移動平均線に標準偏差を加減して作成され、株価は約95％の確率で「移動平均線±2σ」の範囲内に収まるとされている。
2）短期の移動平均線が長期の移動平均線を上から下に抜けて交差することをデッドクロスといい、株価が下落傾向にあると判断される。
3）サイコロジカルラインは、一定期間内において株価が前日比で上昇した日数の割合を示し、投資家心理を数値化した指標とされ、主に売買時期の判断に使用される。
4）ストキャスティクスは％K、％D、スロー％Dなどの数値を用い、それらが0％から100％の範囲を往復する動きをみせるが、一般的には20〜30％が高値、70〜80％が安値と判断する。

《問21》　オプション取引に関する次の記述のうち、最も適切なものはどれか。
1）キャップは、キャップの買い手が売り手に対してオプション料を支払うことにより、原資産である金利があらかじめ設定した金利を下回った場合に、その差額を受け取ることができる取引である。
2）ITM（イン・ザ・マネー）は、コール・オプションの場合は原資産価格が権利行使価格を下

— 83 —

回っている状態をいい、プット・オプションの場合は原資産価格が権利行使価格を上回っている状態をいう。

3）ノックイン・オプションやノックアウト・オプションなどのバリア・オプションは、バリア条件のないオプションと比較すると、他の条件が同一である場合、一般に、オプション料は高くなる。

4）カラーの買いは、キャップの買いとフロアの売りを組み合わせたものであり、カラーの買い手は売り手に対してオプション料を支払うことにより、原資産である金利があらかじめ設定した上限を超えた場合に、その差額を受け取ることができる。

《問22》　下記の〈A資産とB資産の期待収益率・標準偏差・共分散〉から算出されるA資産とB資産の相関係数として、次のうち最も適切なものはどれか。なお、計算結果は小数点以下第3位を四捨五入すること。

〈A資産とB資産の期待収益率・標準偏差・共分散〉

	期待収益率	標準偏差	A資産とB資産の共分散
A資産	5.50％	5.68％	−60.50
B資産	1.00％	13.38％	

1）　−0.67
2）　−0.80
3）　−0.88
4）　−0.92

《問23》　居住者による株式の譲渡に係る税金に関する次の記述のうち、最も不適切なものはどれか。なお、記載のない事項については考慮しないものとする。

1）同一年中に上場株式を譲渡したことによる譲渡所得以外の所得を得ていない者は、当該株式に係る課税譲渡所得の金額の計算上、基礎控除などの所得控除額を控除することができない。

2）2022年分において生じた上場株式に係る譲渡損失の金額で2023年分に繰り越されたものについては、2023年分における非上場株式に係る譲渡所得の金額から控除することができない。

3）時価1億円の上場株式を所有している者が国外転出した場合、国外転出した時に、国外転出の時における金融商品取引所の公表する最終価格で当該株式の譲渡があったものとみなして、当該株式の含み益に対して所得税および復興特別所得税が課される。

4）上場株式を譲渡したことによる譲渡所得の金額の計算上、購入のために要した費用として取得価額に含めることができる売買委託手数料は、その手数料に係る消費税および地方消費税を含めた金額となる。

《問24》　金融ＡＤＲ制度（金融分野における裁判外紛争解決制度）に関する次の記述のうち、最も適切なものはどれか。

1）金融庁長官の指定を受けた指定紛争解決機関は、金融商品・サービスに関する紛争解決手続の業務を行うことを目的としているため、紛争に至らない苦情処理手続の業務を行うことはない。

2）顧客が指定紛争解決機関に申し立てて紛争解決手続が開始された場合、当事者である金融機関は、原則として、その手続に応諾しなければならないが、資料等の提出は任意である。

３）指定紛争解決機関による紛争解決手続の内容は、当事者間の和解成立前は非公開とされているが、和解成立後は原則として公開される。

４）指定紛争解決機関として金融庁長官の指定を受けた団体には、全国銀行協会、信託協会、生命保険協会、日本損害保険協会、証券・金融商品あっせん相談センター（FINMAC）などがある。

《問25》 居住者に係る所得税の確定申告および納付に関する次の記述のうち、適切なものはいくつあるか。なお、記載のない事項については考慮しないものとする。

(a) その年分の確定申告書を提出し、納付した税額が過大であったことが法定申告期限経過後に判明した場合、原則としてその年の翌年１月１日から５年以内に限り、更正の請求書を提出して税金の還付を受けることができる。

(b) 年末調整の対象となる給与所得者が給与所得以外に総合長期譲渡所得の金額を有する場合には、その総合長期譲渡所得の金額が20万円以下であるときは、原則として、確定申告書を提出する必要はない。

(c) 所得税の確定申告書を申告期限内に提出した場合において、税務調査に基づく更正により納付すべき所得税額が生じたときは、原則として、納付すべき税額に応じた過少申告加算税が課される。

１）１つ

２）２つ

３）３つ

４）０（なし）

《問26》 居住者に係る所得税の給与所得に関する次の記述のうち、最も不適切なものはどれか。

１）「給与所得者の特定支出の控除の特例」の適用を受けるためには、原則として、確定申告を行う必要があるが、その年中の給与等の収入金額によっては、勤務先の年末調整で適用を受けることができる。

２）給与所得者が支出した特定支出の額の合計額が給与所得控除額の２分の１相当額を超えた場合、「給与所得者の特定支出の控除の特例」の適用を受けることにより、給与所得の金額は、給与等の収入金額から給与所得控除額を控除した残額からその超える部分の金額を控除した金額となる。

３）給与所得控除額は給与等の収入金額に応じて計算され、2022年分の上限額は、195万円である。

４）電車やバスなどの交通機関を利用せず、自家用車や自転車で通勤している給与所得者が支給を受けた通勤手当は、給与所得の金額の計算上、その一定金額までは非課税である。

《問27》 居住者に係る所得税の所得控除に関する次の記述のうち、最も不適切なものはどれか。なお、各選択肢において、ほかに必要な要件等はすべて満たしているものとする。

１）納税者が生計を一にする配偶者を保険金受取人とする生命保険契約の保険料を支払った場合、当該生命保険契約の契約者が配偶者であるときは、その支払った保険料は納税者の生命保険料控除の対象となる。

２）納税者が生計を一にする配偶者に係る確定拠出年金の個人型年金の掛金を支払った場合、その配偶者の合計所得金額にかかわらず、その支払った掛金は納税者の小規模企業共済等掛金控除の対象とならない。

3) 納税者が生計を一にする親族に係る社会保険料を支払った場合、その親族の合計所得金額が48万円を超えるときは、その支払った社会保険料は納税者の社会保険料控除の対象とならない。

4) 納税者が生計を一にする親族に係る医療費を支払った場合、その親族の合計所得金額にかかわらず、その支払った医療費は納税者の医療費控除の対象となる。

《問28》 居住者であるＡさんの2022年分の所得の金額等が下記のとおりであった場合の所得税の配当控除の額として、最も適切なものはどれか。なお、配当所得は、東京証券取引所に上場している国内株式の配当を受け取ったことによる所得で、総合課税を選択したものとする。また、記載のない事項については考慮しないものとする。

配当所得の金額	：	300万円
事業所得の金額	：	1,010万円
所得控除の額の合計額	：	250万円

1) 15万円
2) 18万円
3) 27万円
4) 30万円

《問29》 内国法人に係る法人税における役員給与に関する次の記述のうち、適切なものはいくつあるか。

(a) 法人税法上の役員給与は、役員として選任された者に支給される給与に限られ、使用人（従業員）に対する給与が役員給与とみなされることはない。

(b) 6月の定時株主総会において役員に対して支給する定期給与の増額改定を決議し、4月分から6月分までの給与の増額分を7月に一括支給する場合、その支給額は、一括支給する増額分を含め、定期同額給与として損金の額に算入することができる。

(c) 事前確定届出給与において、あらかじめ所轄税務署長に届け出た金額よりも多い金額を支給した場合、損金の額に算入することができる金額は届け出た金額が限度となり、届け出た金額を超える部分の金額は損金の額に算入することができない。

1) 1つ
2) 2つ
3) 3つ
4) 0（なし）

《問30》 内国法人に係る法人税における減価償却に関する次の記述のうち、最も不適切なものはどれか。なお、各選択肢において、当期とは2022年4月1日から2023年3月31日までの事業年度であるものとする。

1) 当期に取得価額が10万円未満の減価償却資産（貸付の用に供するものではない）を取得して事業の用に供した場合、その使用可能期間が1年未満である資産に限り、当期においてその取得価

額の全額を損金経理により損金の額に算入することができる。

2）生産調整のために稼働を休止している機械装置は、必要な維持補修が行われていつでも稼働し得る状態にある場合、その償却費を損金の額に算入することができる。

3）事業の用に供している減価償却資産の償却方法を変更する場合、原則として、新たな償却方法を採用しようとする事業年度開始の日の前日までに「減価償却資産の償却方法の変更承認申請書」を納税地の所轄税務署長に提出しなければならない。

4）当期において取得した取得価額が30万円未満の減価償却資産（貸付の用に供するものではない）について「中小企業者等の少額減価償却資産の取得価額の損金算入の特例」の適用を受けることができる法人は、中小企業者等で青色申告法人のうち、常時使用する従業員の数が500人以下の法人とされている。

《問31》 小売業を営むＸ株式会社（以下、「Ｘ社」という）は、当期（2022年4月1日〜2023年3月31日）において損金経理により一括評価金銭債権に係る貸倒引当金を400万円繰り入れた。Ｘ社の当期末における一括評価金銭債権の帳簿価額等が下記のとおりである場合、損金の額に算入されない貸倒引当金の繰入限度超過額として、次のうち最も適切なものはどれか。

なお、Ｘ社は資本金3,000万円の中小法人であり、資本金5億円以上の法人に完全支配されている法人等ではないものとする。また、繰入限度額が最も高くなるように計算することとし、記載のない事項については考慮しないものとする。

期末の一括評価金銭債権の帳簿価額	：1億5,000万円
実質的に債権とみられない金銭債権の金額	：1,200万円
小売業に係る法定繰入率	：1,000分の10
貸倒実績率（実績繰入率）	：1,000分の8.6

1）262万円
2）271万円
3）329万円
4）388万円

《問32》 損益分岐点分析に関する次の記述のうち、不適切なものはいくつあるか。

(a) 売上高が4億円である場合の変動費が1億2,000万円、固定費が7,000万円である企業は、固定費を1,400万円削減すれば、損益分岐点が1,000万円低下することになる。

(b) 売上高が4億円である場合の変動費が1億6,000万円、固定費が5,700万円である企業は、変動費率が10ポイント上昇すると、損益分岐点が2,000万円上昇することになる。

(c) 売上高が4億円である場合の変動費が1億6,000万円、固定費が6,100万円である企業が2億円の利益をあげるために必要な売上高は、4億円である。

1）1つ
2）2つ
3）3つ
4）0（なし）

《問33》　個人事業税に関する次の記述のうち、最も不適切なものはどれか。

1）個人事業税の課税標準は、原則として所得税法の不動産所得の金額と事業所得の金額の算出方法により計算されるが、青色申告特別控除は個人事業税における所得の金額の計算上適用されない。

2）個人事業税における所得の金額の計算上生じた損失の金額がある場合、青色申告者に限り、最長3年間の損失の繰越控除または純損失の繰戻還付の適用を受けることができる。

3）第3種事業のうちコンサルタント業に係る個人事業税の標準税率は、100分の5である。

4）アパート・貸間等の一戸建住宅以外の住宅の貸付を行っている場合において、居住の用に供するために独立的に区画された一つの部分の数が10室未満であるときは、その貸付事業の所得に対しては原則として個人事業税は課税されない。

《問34》　不動産の登記に関する次の記述のうち、最も不適切なものはどれか。

1）売主から不動産を購入した買主がその所有権移転登記をする前に、第三者が当該売主から当該不動産を購入して所有権移転登記をした場合、第三者が当初の売買の事実を知らなかったときは、当初の買主は第三者に対して所有権の取得を対抗することができない。

2）地目または地積について変更があったときは、表題部所有者または所有権の登記名義人は、その変更があった日から1年以内に、当該地目または地積に関する変更の登記を申請しなければならない。

3）権利に関する登記を申請する場合、申請人は、原則としてその申請情報と併せて、申請人が登記名義人であることを証するものとして登記識別情報を提供しなければならない。

4）登記事項要約書は、登記記録に記録されている事項の概要が記載され、誰でもその交付を請求することができるが、登記官による認証文や職印は付されていない。

《問35》　民法における不動産の売買に関する次の記述のうち、最も適切なものはどれか。

1）売買契約を締結し、売主が買主に目的物を引き渡した後、その目的物が当事者双方の責めに帰することができない事由によって滅失した場合、買主は、その滅失を理由として代金の支払いを拒むことができる。

2）売主が債務を履行しない場合において、買主が相当の期間を定めてその履行の催告をし、その期間内に履行がないときは、その期間を経過した時における債務の不履行の程度を問わず、買主は、その売買契約を解除することができる。

3）売主から引き渡された目的物が種類、品質または数量に関して売買契約の内容に適合しないものである場合、その不適合が買主の責めに帰すべき事由によるものであるときでも、買主は、売主に対し、目的物の修補等による履行の追完を請求することができる。

4）売買契約の締結後、当事者双方の責めに帰することができない事由によって売主が買主に目的物を引き渡すまでの間に滅失した場合、買主は、その滅失を理由として、代金の支払いを拒むことができる。

《問36》　都市計画法に関する次の記述のうち、不適切なものはいくつあるか。

(a) 高度利用地区は、建築物の容積率の最高限度および最低限度、建築物の建蔽率の最高限度、建築物の建築面積の最低限度、壁面の位置の制限を定める地区であるが、準都市計画区域内の用途地域が指定された区域に定めることはできない。

(b) 用途地域は、土地の計画的な利用を図るために定められるもので、住居の環境を保護するため

に定める7地域、商業その他の業務の利便を増進するために定める2地域、工業の利便を増進するために定める3地域の合計12地域とされている。

(c) 防火地域および準防火地域は、市街地における火災の危険を防除するために定められるもので、都市計画区域内の用途地域が指定された区域については、防火地域または準防火地域のいずれかを定めるものとされている。

1) 1つ
2) 2つ
3) 3つ
4) 0 (なし)

《問37》 建築基準法に関する次の記述のうち、最も不適切なものはどれか。

1) 商業地域内で、かつ、防火地域内にある耐火建築物等については、建蔽率に関する制限の規定は適用されない。

2) 共同住宅の共用の廊下や階段の用に供する部分の床面積は、建築物の容積率の算定の基礎となる延べ面積に算入しない。

3) 前面道路の幅員が15m未満である建築物の容積率は、都市計画で定められた数値および当該前面道路の幅員に10分の4または10分の6を乗じた数値以下でなければならない。

4) 建築物の地階でその天井が地盤面からの高さ1m以下にあるものの住宅の用途に供する部分の床面積は、原則として、当該建築物の住宅の用途に供する部分の床面積の合計の3分の1を限度として、建築物の容積率の算定の基礎となる延べ面積に算入されない。

《問38》 建物の区分所有等に関する法律に関する次の記述のうち、最も適切なものはどれか。

1) 共用部分に対する区分所有者の共有持分は、規約に別段の定めがない限り、各共有者が有する専有部分の壁その他の区画の内側線で囲まれた部分の水平投影面積による床面積の割合による。

2) 敷地利用権が数人で有する所有権である場合、区分所有者は、規約に別段の定めがない限り、その有する専有部分とその専有部分に係る敷地利用権とを分離して処分することができる。

3) 建物の一部が滅失し、滅失部分が建物価格の2分の1を超える場合において、滅失した共用部分の復旧を行うためには、区分所有者および議決権の各5分の4以上の多数による決議が必要である。

4) 専有部分を賃借している借家人等の占有者は、建物、敷地または付属施設の使用方法につき、区分所有者が規約または集会の決議に基づいて負う義務と同一の義務を負う。また、集会の決議に関する議決権も持つことになる。

《問39》 「特定の居住用財産の買換えの場合の長期譲渡所得の課税の特例」（以下、「本特例」という）に関する次の記述のうち、最も不適切なものはどれか。なお、各選択肢において、ほかに必要とされる要件等はすべて満たしているものとする。

1) 夫妻で共有している家屋とその敷地を譲渡した場合に、夫の持分に係る譲渡対価の額が8,000万円で、妻の持分に係る譲渡対価の額が4,000万円であるときは、夫妻はいずれも本特例の適用を受けることができる。

2) 家屋とその敷地を譲渡した翌年に買換資産を取得する予定の者が、その取得価額の見積額をもって申告して本特例を選択した場合に、翌年、買換資産の取得を自己都合で取りやめたときは、

修正申告によっても、譲渡した家屋とその敷地について、「居住用財産を譲渡した場合の3,000万円の特別控除」の適用に切り替えることはできない。
3）居住の用に供している家屋とその敷地を譲渡した場合に、譲渡した年の1月1日において、家屋の所有期間が10年以下でも、敷地の所有期間が10年超であるときは、家屋および敷地に係る譲渡所得はいずれも本特例の適用を受けることができる。
4）20年以上居住の用に供していた家屋を同一の場所で建て替え、建替え後に引き続き居住の用に供した家屋とその敷地を譲渡した場合に、家屋の建替え後の居住期間が10年未満であっても、本特例の適用を受けることができる。

《問40》 Aさんは、その所有する甲土地および乙建物を、Bさん（Aさんの親族など特殊関係者ではない）が所有する丙土地および丁建物と、現金の授受をすることなく交換したいと考えている。この場合、「固定資産の交換の場合の譲渡所得の特例」（以下、「本特例」という）適用後の譲渡所得の収入金額に関する次の記述のうち、最も適切なものはどれか。
　なお、AさんおよびBさんが所有する土地および建物の時価（通常の取引価額で、かつ、当事者間において合意された価額）は、下記のとおりである。また、本特例の適用にあたって、交換資産の価額以外の要件等はすべて満たしているものとし、記載のない事項については考慮しないものとする。

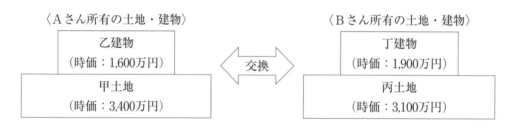

1）甲土地および乙建物と丙土地および丁建物の交換について本特例の適用を受けることはできないため、Aさんの譲渡所得の収入金額は5,000万円となる。
2）乙建物と丁建物の交換については本特例の適用を受けることができるが、甲土地と丙土地の交換については本特例の適用を受けることができないため、Aさんの譲渡所得の収入金額は3,100万円となる。
3）甲土地と丙土地の交換については本特例の適用を受けることができるが、乙建物と丁建物の交換については本特例の適用を受けることができないため、Aさんの譲渡所得の収入金額は1,900万円となる。
4）甲土地および乙建物の時価と丙土地および丁建物の時価は異なるが、それぞれの交換について本特例の適用を受けることができる。

《問41》 不動産の投資判断手法に関する次の記述のうち、最も不適切なものはどれか。
1）DCF法は、連続する複数の期間に発生する純収益および復帰価格を、その発生時期に応じて現在価値に割り引き、それぞれを合計して対象不動産の収益価格を求める手法である。
2）NPV法による投資判断においては、対象不動産に対する投資額が現在価値に換算した対象不動産の収益価格を上回っている場合、その投資は有利であると判定することができる。
3）IRR法による投資判断においては、対象不動産の内部収益率が対象不動産に対する投資家の

期待収益率を上回っている場合、その投資は有利であると判定することができる。

4）ＮＯＩ利回りは、対象不動産から得られる年間純収益を総投資額で除して算出される利回りであり、不動産の収益性を測る指標である。

《問42》　贈与契約に関する次の記述のうち、最も不適切なものはどれか。

1）死因贈与契約は、当該契約が書面によってなされた場合でも、原則として、当事者は撤回することができる。

2）死因贈与契約は、民法における遺贈に関する規定が準用されるが、遺贈と異なり、贈与者および受贈者の意思の合致により成立する。

3）負担付贈与契約により土地の贈与を受けた者は、贈与税額の計算上、原則として、当該土地の相続税評価額から負担額を控除した金額を贈与により取得したものとされる。

4）負担付贈与契約は受贈者に一定の負担を課す贈与であるが、その受贈者の負担から利益を受ける者は贈与者に限らない。

《問43》　「直系尊属から教育資金の一括贈与を受けた場合の贈与税の非課税の特例」（以下、「本特例」という）に関する次の記述のうち、最も適切なものはどれか。

1）信託受益権等を贈与により取得をした日の属する年分の受贈者の合計所得金額が1,000万円を超えている場合には、本特例は適用を受けることができない。

2）本特例の適用対象となる受贈者は教育資金管理契約を締結する日において18歳以上30歳未満である者である。

3）教育資金管理契約が終了する前に贈与者が死亡し、非課税拠出額から教育資金支出額を控除した残額が相続税の課税対象となる場合において、その受贈者が孫（相続人ではない）であるときは、相続税額の2割加算の適用がある。

4）本特例の非課税限度額は受贈者一人につき1,500万円で、学校以外に支払う金額については、別枠で500万円まで非課税となる。

《問44》　贈与税の申告に関する次の記述のうち、最も適切なものはどれか。なお、相続時精算課税については考慮しないものとする。

1）贈与税の申告書の提出先は、贈与者の住所または居所の所在地を管轄する税務署長である。

2）贈与税の申告書の提出期限は、贈与があった年の翌年1月1日から3月15日までである。

3）贈与税の申告書の提出義務のある者が、その申告書の提出期限前にその申告書を提出しないで死亡した場合には、その死亡した者の相続人はその相続があったことを知った日の翌日から10カ月以内に死亡した者が提出すべきであった申告書を提出しなければならない。

4）贈与者が贈与をした年に死亡した場合には、その受贈者がその死亡した者から相続または遺贈により財産を取得したか否かにかかわらず、その贈与財産は相続税の課税対象となるため、贈与税の申告書の提出は不要である。

《問45》　成年後見制度に関する次の記述のうち、最も適切なものはどれか。

1）成年後見人に選任された者は、遅滞なく成年被後見人の財産の調査に着手し、原則として3カ月以内に、その調査を終了し、かつ、財産目録を作成しなければならない。

2）成年後見人が、成年被後見人に代わって、成年被後見人の居住用不動産の売却や賃貸等をする場合、公証人による宣誓認証を受けた文書を作成しなければならない。

3）精神上の障害により事理を弁識する能力が不十分である者について、本人の配偶者または4親等内の親族が補助開始の申立てを行う場合、本人の同意が必要である。
4）任意後見契約は、任意後見監督人が選任されているかどうかにかかわらず、本人または任意後見受任者が、公証人の認証を受けた書面によっていつでも解除することができる。

《問46》 普通養子に関する次の記述のうち、最も適切なものはどれか。なお、本問においては、特別養子縁組以外の縁組による養子を普通養子といい、記載のない事項については考慮しないものとする。
1）普通養子は、養子縁組の日から養親の嫡出子としての身分を取得し、養親に対する相続権を有するが、実親との親族関係は断絶するため、実親に対する相続権は消滅する。
2）子を有する者を普通養子とした後、養親の相続開始前にその普通養子が死亡した場合、養親の相続において、普通養子の子は、普通養子の相続権を代襲する。
3）養子となる者の年齢制限は定められていないため、年長者である兄や姉を普通養子とすることはできる。
4）子を有する者と婚姻した後、その子を普通養子とする場合、その子が未成年者であっても、家庭裁判所の許可を得る必要はない。

《問47》 2023年1月に死亡したAさんの下記の親族関係図に基づき、民法上の相続人等に関する次の記述のうち、最も適切なものはどれか。なお、Aさんの父母、母の前夫および弟DさんはAさんの相続開始前に死亡している。また、妻Bさん、妹Cさん、異父姉Eさん、甥Fさん、姪Gさんおよび姪Hさんは、いずれもAさんから相続または遺贈により財産を取得し、相続税額が算出されるものとする。

〈被相続人Aさんの親族関係図〉

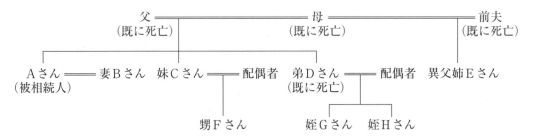

1）異父姉Eさんの法定相続分は、20分の1である。
2）相続税額の計算における遺産に係る基礎控除額は、5,400万円である。
3）相続税額の計算上、相続税額の2割加算の対象となる者は、妹Cさん、異父姉Eさんおよび甥Fさんである。
4）姪Hさんは、Aさんの相続が開始した日において18歳未満であっても、相続税額の計算上、未成年者控除の適用を受けることができない。

《問48》 相続税の延納および物納に関する次の記述のうち、最も不適切なものはどれか。
1）相続財産のうち不動産等の価額が占める割合が50％未満であり、延納税額が25万円である場合、延納税額の延納期間は、最長4年となる。

２）延納によっても金銭で納付することを困難とする事由がある場合、納税者は、納期限までに所定の申請をすることにより、相続税の物納の許可を受けることができる。

３）相続税の延納の許可を受けた者が、その後の資力の変化等により物納に変更する場合、当該物納に係る財産の収納価額は、原則として、物納に変更する申請時の当該財産の価額となる。

４）物納に充てることができる財産には、その種類による申請順位があり、不動産、国債・地方債、上場株式は第１順位、非上場株式は第２順位、動産は第３順位とされている。

《問49》　証券会社を通じて購入した上場株式であるＸ社株式を2,000株所有しているＡさんが、2023年４月10日に死亡した。Ａさんの相続において、下記の〈Ｘ社株式の終値〉から算出されるＸ社株式（2,000株）の相続税評価額として、次のうち最も適切なものはどれか。

　　　なお、Ｘ社株式の権利落ちや配当落ちはないものとし、記載のない事項については考慮しないものとする。

〈Ｘ社株式の終値〉

2023年４月10日の終値	6,000円
2023年４月の毎日の終値の月平均額	6,150円
2023年３月の毎日の終値の月平均額	6,300円
2023年２月の毎日の終値の月平均額	5,700円
2023年１月の毎日の終値の月平均額	5,400円
2022年12月の毎日の終値の月平均額	5,550円
2022年の毎日の終値の年平均額	5,250円
2021年の毎日の終値の年平均額	5,550円
2023年４月以前２年間の毎日の終値の平均額	5,400円

１）1,050万円
２）1,080万円
３）1,110万円
４）1,140万円

《問50》　株式のすべてに譲渡制限のある会社（公開会社ではない）における自己株式の取得、保有および処分に関する次の記述のうち、最も適切なものはどれか。

１）会社が特定の株主から自己株式を有償で取得する場合、取得の対価として交付する金銭等の帳簿価額の総額は、取得の効力発生日における分配可能額の範囲内でなければならない。

２）会社が特定の株主から自己株式を有償で取得する場合、株主総会の特別決議が必要となるが、株主総会は定時株主総会ではなくてはならない。

３）会社が自己株式を消却した場合、発行済株式総数および資本金の額が減少する。

４）会社の合併や分割等の組織再編において、合併で消滅する会社の株主や、分割される会社に対して、合併や分割の対価として、保有する自己株式を交付することはできない。

| FP | 1級 | 学科 |

2023年 5月
ファイナンシャル・プランニング技能検定対策

第3予想
1級 学科試験
〈応用編〉

試験時間 ◆ 150分

★ 注 意 ★

1. 本試験の出題形式は、記述式等5題（15問）です。
2. 筆記用具、計算機（プログラム電卓等を除く）の持込みが認められています。
3. 試験問題については、特に指示のない限り、2022年10月1日現在施行の法令等に基づいて解答してください。

┌ 解答にあたっての注意 ─────────────────────────

1. 試験問題については、特に指示のない限り、2022年10月1日現在施行
   の法令等に基づいて解答してください。なお、東日本大震災の被災者等
   に係る国税・地方税関係の臨時特例等の各種特例については考慮しない
   ものとします。

2. 応用編の設例は、【第1問】から【第5問】まであります。

3. 各問の問題番号は、「基礎編」（50問）からの通し番号となっています。

4. 解答にあたっては、各設例および各問に記載された条件・指示に従う
   ものとし、それ以外については考慮しないものとしてください。

5. 解答は、解答用紙に記入してください。

【第1問】　次の設例に基づいて、下記の各問（《問51》～《問53》）に答えなさい。

──────────── 《設　例》 ────────────

　　X株式会社（以下、「X社」という）に勤務するAさん（59歳）は、妻Bさん（60歳）との
2人暮らしである。X社は、満60歳の定年制を採用しているが、再雇用制度が設けられてお
り、その制度を利用して同社に再雇用された場合、最長で65歳まで勤務することができる。A
さんは、定年退職して他社で再就職した場合と再雇用制度を利用してX社に勤務し続けた場合
における雇用保険からの給付や公的年金制度からの老齢給付について知りたいと思っている。
また、Aさんは、妻Bさんが療養のために入院したのを機に、今後自分が疾病により介護が必
要となった場合における公的介護保険からの給付についても知りたいと思っている。
そこで、Aさんは、ファイナンシャル・プランナーのMさんに相談することにした。Aさんの
家族に関する資料は、以下のとおりである。

〈Aさんの家族に関する資料〉
（1）　Aさん（本人）
　　・1964年4月10日生まれ
　　・公的年金の加入歴
　　　1984年4月から1987年3月までの大学生であった期間（36月）は国民年金に任意加入し
　　　ていない。
　　　1987年4月から現在に至るまで厚生年金保険の被保険者である。
　　・全国健康保険協会管掌健康保険の被保険者である。
　　・1987年4月から現在に至るまで雇用保険の一般被保険者である。
（2）　Bさん（妻）
　　・1963年5月12日生まれ
　　・公的年金の加入歴
　　　1982年4月から1991年4月まで厚生年金保険の被保険者である。
　　　1991年5月から現在に至るまで国民年金の第3号被保険者である。
（3）　子ども（2人）
　　・長男と長女がおり、いずれも結婚して独立している。

※妻Bさんは、Aさんと同居し、現在および将来においても、Aさんと生計維持関係にあるも
　のとする。
※Aさんと妻Bさんは、現在および将来においても、公的年金制度における障害等級に該当す
　る障害の状態にないものとする。

※上記以外の条件は考慮せず、各問に従うこと。

《問51》 Mさんは、Aさんに対して、雇用保険の失業等給付について説明した。Mさんが説明した以下の文章の空欄①～⑧に入る最も適切な語句または数値を、解答用紙に記入しなさい。なお、問題の性質上、明らかにできない部分は「□□□」で示してある。

〈基本手当等〉

Ⅰ 「AさんがX社を定年退職し、再就職していない場合、所定の手続きにより、Aさんは、原則として、退職後の失業している日について雇用保険の基本手当を受給することができます。

基本手当の日額は、原則として、被保険者期間として計算された最後の6カ月間に支払われた賃金（賞与等を除く）の総額を基に算出した（ ① ）日額に、当該（ ① ）日額に応じた給付率を乗じて得た額となります。なお、（ ① ）日額には、下限額および受給資格者の年齢区分に応じた上限額が設けられています。また、（ ① ）日額に応じた給付率は、受給資格に係る離職日において60歳以上65歳未満である受給資格者の場合、100分の45から100分の（ ② ）の範囲です。

なお、Aさんが基本手当の受給中に安定した職業に就き、その安定した職業に就いた日の前日における基本手当の支給残日数が所定給付日数の（ ③ ）分の□□□以上ある場合、所定の要件を満たせば、Aさんは（ ④ ）を受給することができます」

〈高年齢雇用継続給付〉

Ⅱ 「AさんがX社の再雇用制度を利用して60歳以後も雇用保険の一般被保険者として同社に勤務し、かつ、60歳以後の各月（支給対象月）に支払われた賃金額（みなし賃金額を含む）が60歳到達時の賃金月額の（ ⑤ ）％相当額を下回る場合、所定の手続きにより、Aさんは、原則として、雇用保険の□□□を受給することができます。

□□□の額は、支給対象月ごとに、その月に支払われた賃金額の低下率に応じて一定の方法により算定されますが、最高で賃金額の（ ⑥ ）％に相当する額となります。

他方、AさんがX社を定年退職し、基本手当の支給を受け、その所定給付日数を（ ⑦ ）日以上残して安定した職業に就き、雇用保険の一般被保険者となった場合、所定の要件を満たせば、Aさんは、（ ⑧ ）給付金を受給することができます。Aさんに対する（ ⑧ ）給付金は1年間（その期間内に65歳に達した場合は65歳到達月まで）支給されますが、Aさんがその就職について（ ④ ）の支給を受けたときは、（ ⑧ ）給付金は支給されません」

《問52》 Mさんは、Aさんに対して、公的介護保険（以下、「介護保険」という）について説明した。Mさんが説明した以下の文章の空欄①～④に入る最も適切な語句または数値を、解答用紙に記入しなさい。

「介護保険の被保険者は、65歳以上の第1号被保険者と40歳以上65歳未満の医療保険加入者である第2号被保険者に分けられます。介護保険料は、第1号被保険者で公的年金制度から年額（ ① ）万円以上の年金を受給している者については、原則として公的年金から特別徴収され、第2号被保険者については、各医療保険者が医療保険料と合算して徴収します。

保険給付は、市町村（特別区を含む）から要介護認定または要支援認定を受けた被保険者に対して行われますが、第2号被保険者に係る保険給付は、脳血管疾患などの（ ② ）が原因で要介護状態または要支援状態となった場合に限られます。

要介護認定または要支援認定の申請に対する処分は、原則として申請のあった日から（ ③ ）

— 98 —

日以内に行われ、その処分に不服がある場合、被保険者は介護保険審査会に審査請求をすることができます。

　介護保険の保険給付を受ける被保険者は、原則として、費用（食費、居住費等を除く）の１割を負担することになります。ただし、本人の合計所得金額が（　④　）万円以上であり、かつ世帯の年金収入とその他の合計所得金額の合計額が340万円以上である単身世帯の第１号被保険者については、負担割合が３割となります」

《問53》　Ａさんが、定年退職後もＸ社の再雇用制度を利用して厚生年金保険の被保険者として同社に勤務し、65歳で退職して再就職しない場合、Ａさんが原則として65歳から受給することができる公的年金の老齢給付について、次の①および②に答えなさい。〔計算過程〕を示し、〈答〉は円単位とすること。また、年金額の端数処理は、円未満を四捨五入すること。

　なお、計算にあたっては、下記の〈条件〉に基づき、年金額は、2022年度価額に基づいて計算するものとする。また、妻Ｂさんは、63歳から特別支給の老齢厚生年金を受給しているものとする。

①　老齢基礎年金の年金額はいくらか。
②　老齢厚生年金の年金額（本来水準による価額）はいくらか。

〈条件〉
(1)　厚生年金保険の被保険者期間
　・総報酬制導入前の被保険者期間：192月
　・総報酬制導入後の被保険者期間：312月（65歳到達時点）
(2)　平均標準報酬月額・平均標準報酬額（65歳到達時点、2022年度再評価率による額）
　・総報酬制導入前の平均標準報酬月額：36万円
　・総報酬制導入後の平均標準報酬額　：54万円
(3)　報酬比例部分の給付乗率
　・総報酬制導入前の乗率：1,000分の7.125
　・総報酬制導入後の乗率：1,000分の5.481
(4)　経過的加算額

$$1,621円 \times 被保険者期間の月数 - \square\square\square円 \times \frac{1961年４月以後で20歳以上60歳未満の厚生年金保険の被保険者期間の月数}{加入可能年数 \times 12}$$

　※「□□□」は、問題の性質上、伏せてある。
(5)　加給年金額
　388,900円（要件を満たしている場合のみ加算すること）

【第2問】 次の設例に基づいて、下記の各問（《問54》～《問56》）に答えなさい。

───《設　例》───

　Aさん（47歳）は、将来に向けた資産形成のため、上場株式と投資信託への投資を行いたいと考えている。Aさんは、上場株式についてはX社に興味を持ち、下記の財務データを入手した。投資信託については、YファンドとZファンドの購入を考えている。

　そこで、Aさんは、ファイナンシャル・プランナーのMさんに相談することにした。

〈X社の財務データ〉 (単位：百万円)

		2022年3月期	2023年3月期
資 産 の 部 合 計		8,280,000	8,250,000
負 債 の 部 合 計		5,130,000	5,250,000
純 資 産 の 部 合 計		3,150,000	3,000,000
内訳	株 主 資 本 合 計	2,415,000	2,445,000
	その他の包括利益累計額合計	252,000	63,000
	新 株 予 約 権	4,500	3,900
	非 支 配 株 主 持 分	478,500	488,100
売 上 高		5,850,000	6,000,000
売 上 総 利 益		1,245,000	1,275,000
営 業 利 益		444,000	465,000
営 業 外 収 益		45,000	42,000
内訳	受 取 利 息	10,950	9,900
	受 取 配 当 金	8,250	13,500
	そ の 他	25,800	18,600
営 業 外 費 用		76,500	96,000
内訳	支 払 利 息	22,500	19,500
	そ の 他	54,000	76,500
経 常 利 益		412,500	411,000
親会社株主に帰属する当期純利益		165,000	96,000
配 当 金 総 額		55,500	60,000

〈Yファンド・Zファンドの予想収益率〉

	生起確率	Yファンドの予想収益率	Zファンドの予想収益率
シナリオ1	40％	20％	△5％
シナリオ2	40％	10％	5％
シナリオ3	20％	△15％	10％

(注)「△」はマイナスを表している。

※上記以外の条件は考慮せず、各問に従うこと。

─ 100 ─

《問54》 《設例》の〈X社の財務データ〉に基づいて、Mさんが、Aさんに対して説明した以下の文章ⅠおよびⅡの下線部①～③のうち、最も不適切なものをそれぞれ1つ選び、その適切な内容について簡潔に説明しなさい。なお、計算結果は表示単位の小数点以下第3位を四捨五入すること。また、計算にあたっては、すべて期末の数値を使用すること。

Ⅰ 「X社の2023年3月期の当期純利益は大幅に減少して前期比約6割となっていますが、経常利益は微減であるため、特別損失の金額が大きいことが推察されます。そのため、①2023年3月期の自己資本当期純利益率は3.93％であり、前期と比べて大きく悪化しています。一方、特別損益の影響を受けない②総資産経常利益率については、2023年3月期は4.98％であり、前期とほぼ変わりません。

なお、総資産経常利益率は、売上高経常利益率と総資産回転率の2指標に分解することができます。この③売上高経常利益率と総資産回転率の2指標を前期と比較すると、前者は悪化し、後者は良化しています」

Ⅱ 「株主への利益還元の度合いを測る指標として、配当性向や純資産配当率があります。X社では、増配と大幅な減益の影響を受け、①配当性向について、2022年3月期は33.64％でしたが、2023年3月期は62.50％となっています。一方、②純資産配当率については、2022年3月期は1.76％、2023年3月期は2.11％となっています。

また、企業の内部留保と利益率から今後の成長率を予測する際に用いる指標である③サスティナブル成長率は、『ROE×（1－配当性向）』の算式で算出することができます」

《問55》 《設例》の〈X社の財務データ〉に基づいて、①X社の2023年3月期のインタレスト・カバレッジ・レシオと、②変動費が売上原価に等しいと仮定した場合のX社の2023年3月期の限界利益率（貢献利益率）を、それぞれ求めなさい。〔計算過程〕を示し、〈答〉は表示単位の小数点以下第3位を四捨五入すること。なお、計算にあたっては、すべて期末の数値を使用すること。

《問56》 《設例》の〈Yファンド・Zファンドの予想収益率〉に基づいて、YファンドとZファンドをそれぞれ7：3の割合で購入した場合の①ポートフォリオの期待収益率と②ポートフォリオの標準偏差を、それぞれ求めなさい。〔計算過程〕を示し、〈答〉は表示単位の小数点以下第3位を四捨五入すること。

— 101 —

【第3問】次の設例に基づいて、下記の各問（《問57》～《問59》）に答えなさい。

《設　例》

　製造業を営むX株式会社（資本金40,000千円、青色申告法人、同族会社かつ非上場会社で株主はすべて個人、租税特別措置法上の中小企業者等に該当する。以下「X社」という）の2023年3月期（2022年4月1日～2023年3月31日。以下、「当期」という）における法人税の確定申告に係る資料は、以下のとおりである。

〈資料〉

1．交際費等に関する事項

　　当期における交際費等の金額は20,100千円で、全額を損金経理により支出している。このうち、参加者1人当たり5千円以下の飲食費が900千円含まれており、その飲食費を除いた接待飲食費に該当するものが18,000千円含まれている（いずれも得意先との会食によるもので、専ら社内の者同士で行うものは含まれておらず、所定の事項を記載した書類も保存されている）。その他のものは、すべて税法上の交際費等に該当する。

2．役員給与に関する事項

　　当期において、取締役のAさんに対して支給した役員給与は、2022年4月分から2022年10月分までは月額1,200千円であったが、2022年11月分から2023年3月分までは月額1,800千円に増額した。このAさんに対する役員給与について、増額する臨時改定事由は特になく、X社は所轄税務署長に対して事前確定届出給与に関する届出書を提出していない。

3．生命保険の保険料に関する事項

　　当期において、契約者（＝保険料負担者）をX社、被保険者を役員・従業員の全員、死亡保険金受取人を被保険者の遺族、満期保険金受取人をX社とする養老保険（特約付加なし）の保険料6,000千円について、全額を損金経理により支出している。

4．税額控除に関する事項

　　当期における「給与等の支給額が増加した場合の法人税額の特別控除」に係る税額控除の額が300千円ある。

5．「法人税・住民税及び事業税」等に関する事項

(1)　損益計算書に表示されている「法人税、住民税及び事業税」は、預金の利子について源泉徴収された所得税額480千円・復興特別所得税額10,080円および当期確定申告分の見積納税額5,300千円の合計5,790,080円である。なお、貸借対照表上に表示されている「未払法人税等」の当期末残高は5,300千円である。

(2)　当期中に「未払法人税等」を取り崩して納付した前期確定申告分の事業税（特別法人事業税を含む）が1,100千円ある。

(3)　源泉徴収された所得税額および復興特別所得税額は、当期の法人税額から控除することを選択する。

(4)　中間申告および中間納税については、考慮しないものとする。

※上記以外の条件は考慮せず、各問に従うこと。

《問57》　X社の当期の〈資料〉と下記の〈条件〉に基づき、同社に係る〈略式別表四（所得の金額の計算に関する明細書)〉の空欄①～⑥に入る最も適切な数値を、解答用紙に記入しなさい。なお、別表中の「＊＊＊」は、問題の性質上、伏せてある。

〈条件〉

・設例に示されている数値等以外の事項は、いっさい考慮しないこととする。

・所得金額の計算上、選択すべき複数の方法がある場合は、X社にとって有利になる方法を選択すること。

〈略式別表四（所得の金額の計算に関する明細書)〉　　　（単位：円）

区　　　分	総　　額
当期利益の額	1,109,920
加　算　損金経理をした納税充当金	（　①　）
役員給与の損金不算入額	（　②　）
交際費等の損金不算入額	（　③　）
生命保険料の損金不算入額	（　④　）
小　　計	＊＊＊
減　算　納税充当金から支出した事業税等の金額	1,100,000
小　　計	1,100,000
仮　　計	＊＊＊
法人税額から控除される所得税額（注）	（　⑤　）
合　　計	＊＊＊
欠損金又は災害損失金等の当期控除額	0
所得金額又は欠損金額	（　⑥　）

（注）法人税額から控除される復興特別所得税額を含む。

《問58》　前問《問57》を踏まえ、X社が当期の確定申告により納付すべき法人税額を求めなさい。〔計算過程〕を示し、〈答〉は100円未満を切り捨てて円単位とすること。

〈資料〉普通法人における法人税の税率表

	課税所得金額の区分	税率 2022年4月1日以後開始事業年度
資本金または出資金 100,000千円超の法人 および一定の法人	所得金額	23.2%
その他の法人	年8,000千円以下の所得金額 からなる部分の金額	15%
	年8,000千円超の所得金額 からなる部分の金額	23.2%

— 103 —

《問59》　法人税に関する以下の文章ⅠおよびⅡの下線部①～③のうち、最も不適切なものをそれぞれ１つ選び、その適切な内容について簡潔に説明しなさい。

〈デジタルトランスフォーメーション投資促進税制〉

Ⅰ　「青色申告書を提出する法人で産業競争力強化法の認定事業適応事業者であるものが、指定期間内に、認定事業適応計画に従って、情報技術事業適応設備等の取得等をして事業の用に供した場合において、①情報技術事業適応設備等の取得価額の合計額が300億円以下のときは、原則として特別償却または税額控除を選択して適用することができる。

　　なお、特別償却を選択した場合には、②情報技術事業適応設備等の取得価額の30％が特別償却限度額となる。また、税額控除を選択した場合には、原則として、③情報技術事業適応設備等の取得価額の５％が税額控除限度額となる。ただし、この税額控除を適用する前の法人税額の20％を上限とする。」

〈中小企業等における賃上げ促進税制〉

Ⅱ　2022年４月１日以後開始の事業年度（以下、当期という）においてＸ社が「中小企業等における賃上げ促進税制」（以下、「本制度」という）の適用を受けるためには、①雇用者の前期の給与等支給額に対して、当期の給与等支給額の増加額の割合が1.5％以上でなければならない。

　　Ｘ社が当期において本制度の適用を受けることによる税額控除額は、原則として、②雇用者給与等支給額から前期の雇用者給与等支給額を控除した金額（控除対象雇用者給与等支給増加額）の15％相当額である。

　　ただし、雇用者の前期の給与等支給額に対して、当期の給与等支給額の増加額の割合が2.5％以上である場合には、税額控除額が控除対象雇用者給与等支給増加額の30％相当額になる。また、雇用者の前期の教育訓練費の額に対して、当期の教育訓練費の額の増加額が10％以上である場合には、税額控除額が控除対象雇用者給与等支給増加額の25％相当額となる。さらに、当期の給与等支給額の増加割合が2.5％以上であり、かつ、当期の教育訓練費の額の増加割合が10％以上である場合には③税額控除額が控除対象雇用者給与等支給増加額の50％相当額となる。

— 104 —

【第4問】 次の設例に基づいて、下記の各問（《問60》～《問62》）に答えなさい。

《設 例》

Aさん（68歳）は、15年前に父親の相続により取得した貸駐車場用地（300㎡）を売却して、その売却資金を元手として甲土地を取得し、甲土地の上に店舗併用型賃貸住宅を建築することを検討している。土地の買換えにあたっては、「特定の事業用資産の買換えの場合の譲渡所得の課税の特例」の適用を受ける予定である。

Aさんが購入を検討している甲土地の概要は、以下のとおりである。

〈甲土地の概要〉

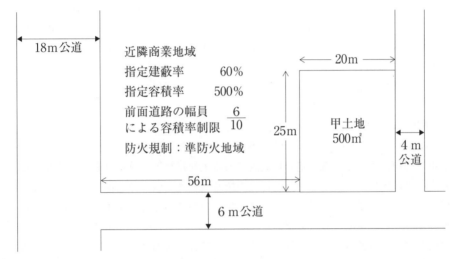

（注）
・甲土地は500㎡の長方形の土地である。
・甲土地は、建蔽率の緩和について特定行政庁が指定する角地である。
・幅員18mの公道は、建築基準法第52条第9項の特定道路であり、特定道路から甲土地までの延長距離は56mである。
・指定建蔽率および指定容積率とは、それぞれ都市計画において定められた数値である。
・特定行政庁が都道府県都市計画審議会の議を経て指定する区域ではない。

※上記以外の条件は考慮せず、各問に従うこと。

《問60》 建築基準法の規定および「特定の事業用資産の買換えの場合の譲渡所得の課税の特例」に
　　　　関する以下の文章の空欄①～⑥に入る最も適切な語句または数値を、解答用紙に記入しなさ
　　　　い。

〈建築基準法の規定〉

Ⅰ　建築基準法では、都市計画区域と準都市計画区域内において、用途地域等に応じて、建築物の
　高さの制限が定められている。

　　第一種（　①　）地域、第二種（　①　）地域または田園住居地域内における建築物の高さ
　は、原則として、（　②　）mまたは12mのうち都市計画で定められた限度を超えてはならない
　とされている。

　　また、甲土地が所在する近隣商業地域に建築する建築物に適用される高さの制限には、
　（　③　）斜線制限と隣地斜線制限がある。このうち、（　③　）斜線制限は、用途地域および容
　積率の限度の区分に応じて定められた一定の範囲内において、前面道路の反対側の境界線からの
　水平距離に対する高さの比率を定めたもので、その比率は、住居系の用途地域では原則として
　（　④　）、その他の用途地域では1.5と定められている。

〈特定の事業用資産の買換えの場合の譲渡所得の課税の特例〉

Ⅱ　「特定の事業用資産の買換えの場合の譲渡所得の課税の特例」（以下、「本特例」という）は、
　個人が事業の用に供している特定の地域内にある土地建物等（譲渡資産）を譲渡して、一定期間
　内に特定の地域内にある土地建物等の特定の資産（買換資産）を取得し、その取得の日から１年
　以内に買換資産を事業の用に供したときは、所定の要件のもと、譲渡益の一部に対する課税を将
　来に繰り延べることができる特例である。

　　譲渡資産および買換資産がいずれも土地である場合、原則として、買い換えた土地のうち、譲
　渡した土地の面積の５倍を超える部分は買換資産に該当せず、本特例の対象とならない。また、
　長期保有資産の買換え（いわゆる４号買換え）の場合、譲渡した土地の所有期間が譲渡した日の
　属する年の１月１日において（　⑤　）年を超えていなければならず、買い換えた土地の面積が
　（　⑥　）㎡以上でなければならない。

《問61》 甲土地に耐火建築物を建築する場合、次の①および②に答えなさい（計算過程の記載は不要）。〈答〉は㎡表示とすること。なお、記載のない事項については考慮しないものとする。

① 建蔽率の上限となる建築面積はいくらか。

② 容積率の上限となる延べ面積はいくらか。なお、特定道路までの距離による容積率制限の緩和を考慮すること。

〈特定道路までの距離による容積率制限の緩和に関する計算式〉

$$W_1 = \frac{(a - W_2) \times (b - L)}{b}$$

W_1：前面道路幅員に加算される数値
W_2：前面道路の幅員（m）
L ：特定道路までの距離（m）

《問62》 Ａさんが、以下の〈条件〉で事業用資産である土地を譲渡し、甲土地を取得して、「特定の事業用資産の買換えの場合の譲渡所得の課税の特例」の適用を受けた場合、次の①～③に答えなさい。〔計算過程〕を示し、〈答〉は100円未満を切り捨てて円単位とすること。なお、譲渡資産および買換資産は、課税の繰延割合が80％の地域にあるものとする。また、本問の譲渡所得以外の所得や所得控除等は考慮しないものとする。

① 課税長期譲渡所得金額はいくらか。
② 課税長期譲渡所得金額に係る所得税および復興特別所得税の合計額はいくらか。
③ 課税長期譲渡所得金額に係る住民税額はいくらか。

〈条件〉

〈譲渡資産および買換資産（甲土地）に関する資料〉
・譲渡資産の譲渡価額：6,000万円
・譲渡資産の取得費 ：不明
・譲渡費用 ：200万円（仲介手数料等）
・買換資産の取得価額：1億円

【第5問】 次の設例に基づいて、下記の各問（《問63》～《問65》）に答えなさい。

―――――――《設 例》―――――――

　非上場会社のＸ株式会社（以下、「Ｘ社」という）の代表取締役社長であるＡさん（74歳）の推定相続人は、妻Ｂさん（70歳）、長男Ｃさん（47歳）、長女Ｄさん（45歳）および二女Ｅさん（40歳）の4人である。

　Ａさんは、所有するＸ社株式をＸ社の専務取締役である長男Ｃさんに移転して第一線を退く決意を固めた。Ａさんは、子どもたちの仲は良好であるため特に心配はしていないが、長男Ｃさん以外の子どもたちにはそれぞれ生前に贈与をすることで、長男Ｃさんに事業を承継することに対する理解を得たいと考えている。また、遺言の作成方法などについて知りたいと考えている。

　Ｘ社に関する資料は、以下のとおりである。なお、〈Ｘ社の概要〉の「□□□」は、問題の性質上、伏せてある。

〈Ｘ社の概要〉
(1) 業種　情報通信機械器具製造業
(2) 資本金等の額　8,000万円（発行済株式総数160,000株、すべて普通株式で1株につき1個の議決権を有している）
(3) 株主構成

株主	Ａさんとの関係	所有株式数
Ａさん	本人	130,000株
Ｂさん	妻	20,000株
Ｃさん	長男	10,000株

(4) 株式の譲渡制限　あり
(5) Ｘ社株式の評価（相続税評価額）に関する資料
　・Ｘ社の財産評価基本通達上の規模区分は「中会社の大」である。
　・Ｘ社は、特定の評価会社には該当しない。
　・比準要素の状況

比準要素	Ｘ社	類似業種
1株（50円）当たりの年配当金額	□□□円	4.3円
1株（50円）当たりの年利益金額	□□□円	23円
1株（50円）当たりの簿価純資産価額	254円	232円

　※すべて1株当たりの資本金等の額を50円とした場合の金額である。
　・類似業種の1株（50円）当たりの株価の状況
　　課税時期の属する月の平均株価　　　　　255円
　　課税時期の属する月の前月の平均株価　　247円
　　課税時期の属する月の前々月の平均株価　258円
　　課税時期の前年の平均株価　　　　　　　275円
　　課税時期の属する月以前2年間の平均株価　269円

(6) X社の過去3年間の決算（売上高・所得金額・配当金額）の状況

事業年度	売上高	所得金額（注1）	配当金額
直前期	70,000万円	4,700万円	600万円（注2）
直前々期	65,000万円	4,500万円	548万円
直前々期の前期	67,000万円	3,900万円	580万円

（注1）所得金額は、非経常的な利益金額等の調整後の金額である。

（注2）直前期の配当金額（600万円）には記念配当70万円が含まれている。

(7) X社の資産・負債の状況

直前期のX社の資産・負債の相続税評価額と帳簿価額は、次のとおりである。

科目	相続税評価額	帳簿価額	科目	相続税評価額	帳簿価額
流動資産	55,200万円	55,200万円	流動負債	26,500万円	26,500万円
固定資産	49,800万円	40,180万円	固定負債	28,200万円	28,200万円
合計	105,000万円	95,380万円	合計	54,700万円	54,700万円

※上記以外の条件は考慮せず、各問に従うこと。

《問63》 《設例》の〈X社の概要〉に基づき、X社株式の1株当たりの類似業種比準価額を求めなさい。〔計算過程〕を示し、〈答〉は円単位とすること。また、端数処理は、計算過程において1株当たりの資本金等の額を50円とした場合の株数で除した年配当金額は10銭未満を切り捨て、1株当たりの資本金等の額を50円とした場合の株数で除した年利益金額は円未満を切り捨て、各要素別比準割合および比準割合は小数点第2位未満を切り捨て、1株当たりの資本金等の額50円当たりの類似業種比準価額は10銭未満を切り捨て、X社株式の1株当たりの類似業種比準価額は円未満を切り捨てること。

なお、X社株式の類似業種比準価額の算定にあたり、複数の方法がある場合は、できるだけ低い価額となる方法を選択するものとする。

《問64》 《設例》の〈X社の概要〉に基づき、X社株式の1株当たりの①純資産価額と②類似業種比準方式と純資産価額方式の併用方式による価額を、それぞれ求めなさい。〔計算過程〕を示し、〈答〉は円未満を切り捨てて円単位とすること。

なお、X社株式の相続税評価額の算定にあたり、複数の方法がある場合は、できるだけ低い価額となる方法を選択するものとする。

《問65》 遺言および遺留分に関する以下の文章の空欄①〜⑧に入る最も適切な語句または数値を、解答用紙に記入しなさい。

〈遺言〉

I 民法に定める遺言の方式には普通方式と特別方式があり、普通方式には自筆証書遺言、公正証書遺言、秘密証書遺言がある。このうち、公正証書遺言は、証人（ ① ）以上の立会いのもと、遺言者が遺言の趣旨を公証人に口授し、公証人がこれを筆記して作成する。

自筆証書遺言は、遺言者が、その全文、日付および氏名を自書し、これに押印して作成する。ただし、財産目録を添付する場合には、その目録については、自書することを要しないと

されている。自筆証書遺言書保管制度を利用した場合、遺言書は（　②　）で保管され、また、遺言者に相続が開始した時には家庭裁判所による（　③　）が不要になる。

〈遺留分〉

Ⅱ　遺留分とは、遺言によっても奪うことのできない一定割合の相続分のことで（　④　）以外の相続人に認められている。遺留分権利者は自己の遺留分が侵害された場合、（　⑤　）を行使することにより侵害額に相当する金銭の支払いを請求することができる。仮にAさんの相続において、遺留分を算定する基礎となる財産の価額が３億円であった場合、長女Dさんの遺留分の額は（　⑥　）万円である。

　遺留分を算定するための財産の価額は、被相続人が相続開始の時において有した財産の価額に生前に贈与した財産の価額を加えた額から債務の金額を控除した額とされる。相続人に対する生前贈与財産は、相続開始前（　⑦　）年以内にされた贈与で、（　⑧　）に該当するものが遺留分を算定するための財産の価額に算入される。

第1予想　基礎編　答案用紙

氏名	フリガナ	
	漢　字	

点数 ／100

問題番号	解　答　番　号	問題番号	解　答　番　号
問　1	① ② ③ ④	問　26	① ② ③ ④
問　2	① ② ③ ④	問　27	① ② ③ ④
問　3	① ② ③ ④	問　28	① ② ③ ④
問　4	① ② ③ ④	問　29	① ② ③ ④
問　5	① ② ③ ④	問　30	① ② ③ ④
問　6	① ② ③ ④	問　31	① ② ③ ④
問　7	① ② ③ ④	問　32	① ② ③ ④
問　8	① ② ③ ④	問　33	① ② ③ ④
問　9	① ② ③ ④	問　34	① ② ③ ④
問　10	① ② ③ ④	問　35	① ② ③ ④
問　11	① ② ③ ④	問　36	① ② ③ ④
問　12	① ② ③ ④	問　37	① ② ③ ④
問　13	① ② ③ ④	問　38	① ② ③ ④
問　14	① ② ③ ④	問　39	① ② ③ ④
問　15	① ② ③ ④	問　40	① ② ③ ④
問　16	① ② ③ ④	問　41	① ② ③ ④
問　17	① ② ③ ④	問　42	① ② ③ ④
問　18	① ② ③ ④	問　43	① ② ③ ④
問　19	① ② ③ ④	問　44	① ② ③ ④
問　20	① ② ③ ④	問　45	① ② ③ ④
問　21	① ② ③ ④	問　46	① ② ③ ④
問　22	① ② ③ ④	問　47	① ② ③ ④
問　23	① ② ③ ④	問　48	① ② ③ ④
問　24	① ② ③ ④	問　49	① ② ③ ④
問　25	① ② ③ ④	問　50	① ② ③ ④

キリトリ線

〈第1予想　基礎編〉

第1予想　応用編　答案用紙

氏 名	フリガナ	
	漢　字	

点 数	
	／100

【第1問】

《問51》

①	②	③
（年間）	（カ月）	（日）
④	⑤	⑥
（日）	（％）	（カ月）

《問52》

①	②	③
（日）	（日目）	（法）
④	⑤	⑥
（％）		

《問53》

〈答〉①　　　　　　（円）　②　　　　　　（円）　③　　　　　　（円）

〈第1予想　応用編①〉

【第2問】

《問54》

①	②	③
（％）		（回）
④	⑤	⑥
（％）	（倍）	（％）

《問55》

〈答〉①　　　　　（％）　②　　　　　（％）

《問56》

〈答〉　　　　　（％）

【第3問】

《問57》

①	②	③
④	⑤	⑥
⑦		

《問58》

	〈答〉　　　　　　　　　　　（円）

《問59》

	下線部の番号	適切な内容
Ⅰ		
Ⅱ		

〈第1予想　応用編③〉

【第4問】

《問60》

①	②	③
（地域）	（斜線制限）	（斜線制限）
④	⑤	⑥
（率）	（m）	
⑦	⑧	⑨
	（万円）	（％）
⑩		
（万円）		

《問61》

①	②
（㎡）	（㎡）

《問62》

〈答〉①　　　　　　（円）　②　　　　　　（円）　③　　　　　　（円）

〈第1予想　応用編④〉

【第5問】

《問63》

〈答〉　　　　　　　　　　　（円）

《問64》

〈答〉①　　　　　　　（円）　②　　　　　　　（円）

《問65》

	下線部の番号	適切な内容
Ⅰ		
Ⅱ		

〈第1予想　応用編⑤〉

第2予想　基礎編　答案用紙

氏	フリガナ	
名	漢　字	

点数 ／100

問題番号	解　答　番　号				問題番号	解　答　番　号			
問　1	1	2	3	4	問　26	1	2	3	4
問　2	1	2	3	4	問　27	1	2	3	4
問　3	1	2	3	4	問　28	1	2	3	4
問　4	1	2	3	4	問　29	1	2	3	4
問　5	1	2	3	4	問　30	1	2	3	4
問　6	1	2	3	4	問　31	1	2	3	4
問　7	1	2	3	4	問　32	1	2	3	4
問　8	1	2	3	4	問　33	1	2	3	4
問　9	1	2	3	4	問　34	1	2	3	4
問　10	1	2	3	4	問　35	1	2	3	4
問　11	1	2	3	4	問　36	1	2	3	4
問　12	1	2	3	4	問　37	1	2	3	4
問　13	1	2	3	4	問　38	1	2	3	4
問　14	1	2	3	4	問　39	1	2	3	4
問　15	1	2	3	4	問　40	1	2	3	4
問　16	1	2	3	4	問　41	1	2	3	4
問　17	1	2	3	4	問　42	1	2	3	4
問　18	1	2	3	4	問　43	1	2	3	4
問　19	1	2	3	4	問　44	1	2	3	4
問　20	1	2	3	4	問　45	1	2	3	4
問　21	1	2	3	4	問　46	1	2	3	4
問　22	1	2	3	4	問　47	1	2	3	4
問　23	1	2	3	4	問　48	1	2	3	4
問　24	1	2	3	4	問　49	1	2	3	4
問　25	1	2	3	4	問　50	1	2	3	4

キリトリ線

〈第2予想　基礎編〉

第2予想　応用編　答案用紙

氏名	フリガナ		点数	
	漢　字			/100

【第1問】

《問51》

①	②	③
（円）	（円）	（円）

《問52》

①	②	③
（以内）	（円）	
④	⑤	⑥
（年）	（月）	

《問53》

〈答〉　　　　　　　　（円）

〈第2予想　応用編①〉

【第2問】

《問54》

①	②	③
（万円）	（年間）	（方式）

《問55》

<答>　　　　　　（％）

《問56》

①	②	③
（％）	（回）	（倍）
④	⑤	⑥
（社）		（％）

〈第2予想　応用編②〉

【第3問】

《問57》

①	②	③
	(円)	(円)
④	⑤	⑥
(円)	(円)	(円)

《問58》

〈答〉①   (円)   ②   (円)

《問59》

〈答〉   (円)

【第4問】

《問60》

①	②	③
(地域)		
④	⑤	⑥
(年)	(年)	(年)
⑦	⑧	
	(㎡)	

《問61》

①	②
(㎡)	(㎡)

《問62》

〈答〉①　　　　　　　(円)　②　　　　　　　(円)

〈第2予想　応用編④〉

【第5問】

《問63》

〈答〉 （円）

《問64》

〈答〉 （万円）

《問65》

①	②	③
（円）	（以内）	（以内）
④	⑤	⑥
（歳）	（万円）	（万円）

〈第2予想　応用編⑤〉

第3予想　基礎編　答案用紙

氏	フリガナ	
名	漢　字	

点 数	/100

問題番号	解　答　番　号				問題番号	解　答　番　号			
問　1	1	2	3	4	問　26	1	2	3	4
問　2	1	2	3	4	問　27	1	2	3	4
問　3	1	2	3	4	問　28	1	2	3	4
問　4	1	2	3	4	問　29	1	2	3	4
問　5	1	2	3	4	問　30	1	2	3	4
問　6	1	2	3	4	問　31	1	2	3	4
問　7	1	2	3	4	問　32	1	2	3	4
問　8	1	2	3	4	問　33	1	2	3	4
問　9	1	2	3	4	問　34	1	2	3	4
問　10	1	2	3	4	問　35	1	2	3	4
問　11	1	2	3	4	問　36	1	2	3	4
問　12	1	2	3	4	問　37	1	2	3	4
問　13	1	2	3	4	問　38	1	2	3	4
問　14	1	2	3	4	問　39	1	2	3	4
問　15	1	2	3	4	問　40	1	2	3	4
問　16	1	2	3	4	問　41	1	2	3	4
問　17	1	2	3	4	問　42	1	2	3	4
問　18	1	2	3	4	問　43	1	2	3	4
問　19	1	2	3	4	問　44	1	2	3	4
問　20	1	2	3	4	問　45	1	2	3	4
問　21	1	2	3	4	問　46	1	2	3	4
問　22	1	2	3	4	問　47	1	2	3	4
問　23	1	2	3	4	問　48	1	2	3	4
問　24	1	2	3	4	問　49	1	2	3	4
問　25	1	2	3	4	問　50	1	2	3	4

キリトリ線

〈第3予想　基礎編〉

第3予想　応用編　答案用紙

氏	フリガナ	
名	漢　字	

点	
数	／100

【第1問】

《問51》

①	②	③
（日額）		
④	⑤	⑥
	（％）	（％）
⑦	⑧	
（日）	（給付金）	

《問52》

①	②	③
（万円）		（日）
④		
（万円）		

《問53》

〈答〉①　　　　　　　（円）　②　　　　　　　（円）

〈第3予想　応用編①〉

キリトリ線

【第2問】

《問54》

	下線部の番号	適切な内容
Ⅰ		
Ⅱ		

《問55》

〈答〉① 　　　　　　　　（倍）　　②　　　　　　　　　（％）

《問56》

〈答〉① 　　　　　　　　（％）　　②　　　　　　　　　（％）

〈第3予想　応用編②〉

【第3問】

《問57》

①	②	③
④	⑤	⑥

《問58》

〈答〉　　　　　　　　　　　　　　　　　（円）

《問59》

	下線部の番号	適切な内容
Ⅰ		
Ⅱ		

〈第3予想　応用編③〉

【第4問】

《問60》

①	②	③
（地域）	（m）	（斜線制限）
④	⑤	⑥
	（年）	（㎡）

《問61》

①	②
（㎡）	（㎡）

《問62》

〈答〉① （円）　② （円）　③ （円）

〈第3予想　応用編④〉

【第5問】

《問63》

〈答〉 （円）

《問64》

〈答〉 ① （円） ② （円）

《問65》

①	②	③
（以上）		
④	⑤	⑥
（以外）		（万円）
⑦	⑧	
（年）		

〈第3予想　応用編⑤〉